湖里年鉴

2014

湖里区地方志编纂委员会办公室　编

方志出版社
Publishing House of Local Records

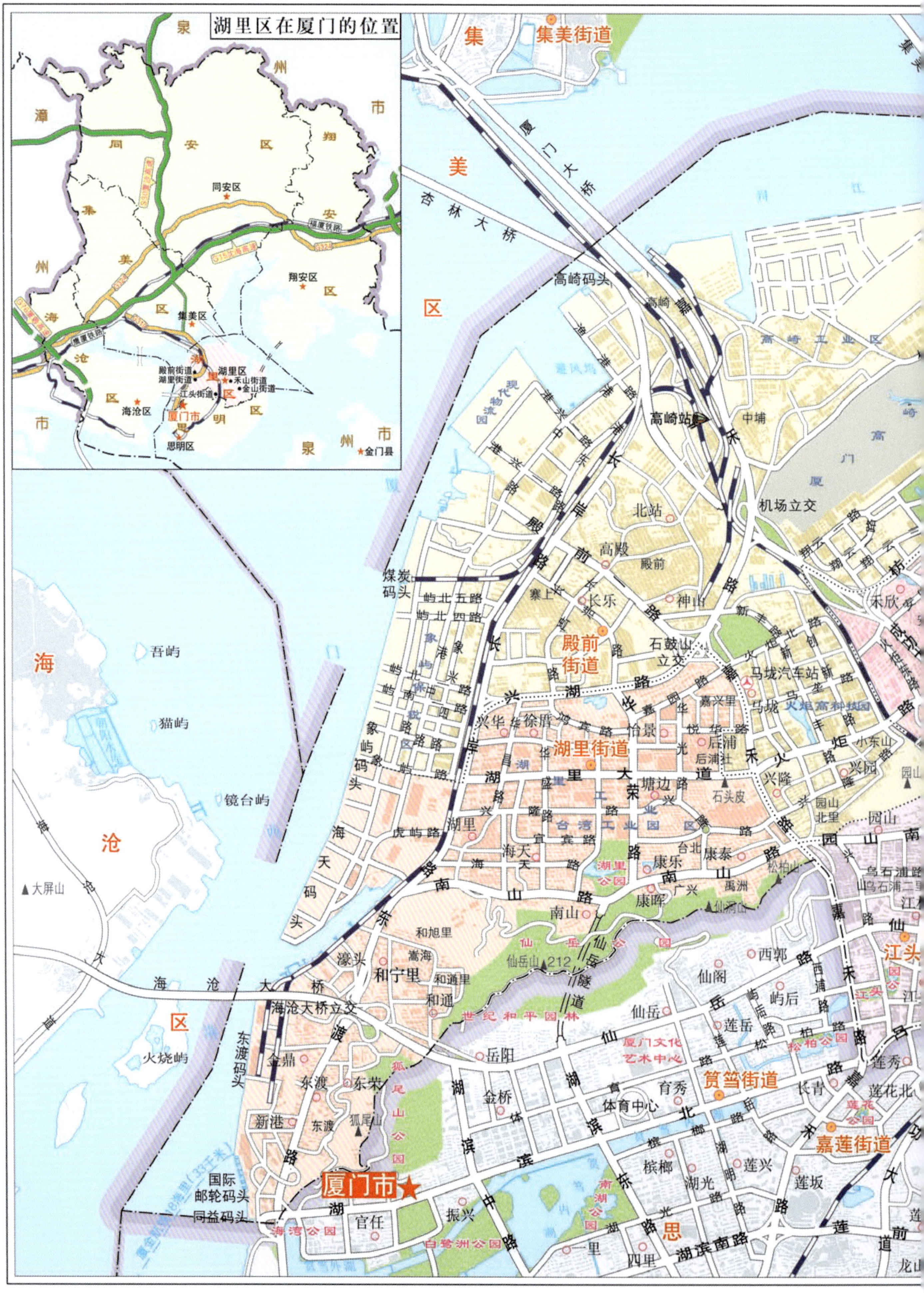
湖里区在厦门的位置
泉
州
市
漳
州
市
同
安
区
同安区
集
美
区
集美区
翔
安
区
翔安区
海
沧
区
海沧区
湖
里
区
湖里区
殿前街道
湖里街道
禾山街道
金山街道
江头街道
厦门市
思
明
区
思明区
泉
州
市
金门县
福厦铁路
鹰厦铁路
集美街道
集
美
区
厦
门
大
桥
杏
林
大
桥
高崎码头
高崎
高崎工业区
现代物流园
高崎站
中埔
长
乐
路
殿
前
路
机场立交
北站
高殿
殿前
煤炭码头
屿北五路
屿北四路
寨上
长乐
神山
殿前街道
石鼓山立交
马垅汽车站
马垅
火炬高科技园
兴
湖
路
兴华
徐厝
怡景
嘉兴里
后浦
后浦社
湖里街道
湖
里
大
道
塘边
石头皮
兴隆
兴园
小东山
园山
园山北里
台湾工业园区
湖里
虎屿路
象屿码头
海天码头
海天
台北
康乐
康泰
松柏山
湖里公园
禹洲
康晖
广兴
仙洞山
南
山
路
南山
和旭里
嵩海
壕头
和宁里
和通里
和通
仙岳公园
仙岳山 212
仙岳隧道
世纪和平园林
西郭
仙阁
屿后
仙岳
莲岳
厦门文化艺术中心
松柏公园
仙
岳
路
岳阳
海沧大桥
海沧大桥立交
东渡码头
金鼎
东渡
东荣
狐尾山公园
狐尾山
新港
国际邮轮码头
同益码头
厦门市
金桥
体育中心
育秀
贺笃街道
长青
莲秀
莲花北
莲花公园
嘉莲街道
槟榔
湖光
莲兴
莲坂
官任
振兴
海湾公园
白鹭洲公园
南湖公园
湖
滨
北
路
湖滨南路
一里
四里
思
莲
前
道
龙山
江头
江头公园
乌石浦
吾屿
猫屿
镜台屿
大屏山
海
沧
区
火烧屿
海
沧
大
桥
嘉
禾
路
厦金航线8海里（33千米）

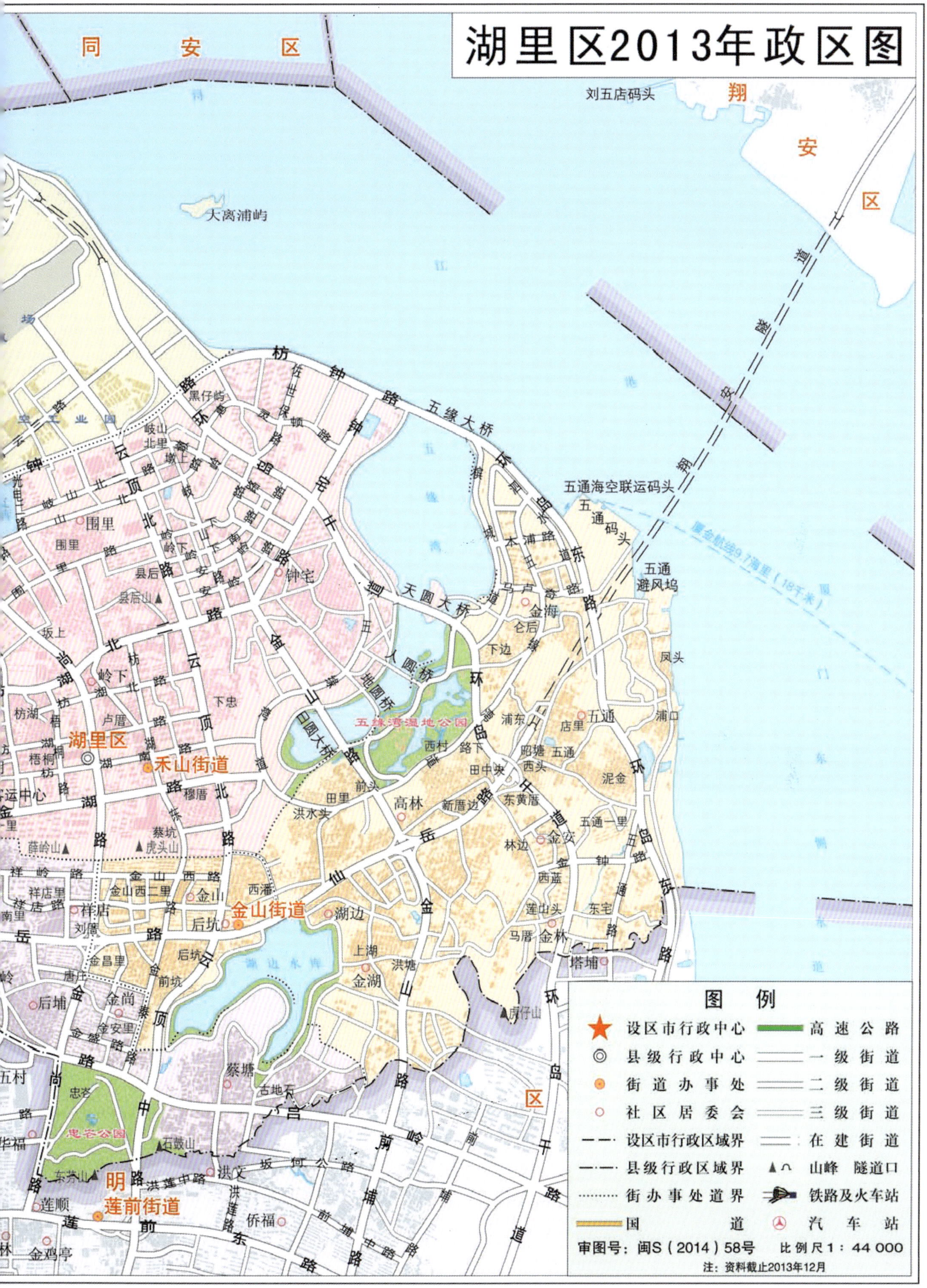
湖里区2013年政区图
同安区
翔安区
刘五店码头
大离浦屿
五缘大桥
五通海空联运码头
五通码头
五通避风坞
厦金航线9.7海里（18千米）
天圆大桥
人圆桥
地圆桥
日圆大桥
五缘湾湿地公园
湖边水库
忠仑公园
湖里区
禾山街道
金山街道
江头街道
殿前街道
莲前街道
黑仔屿
岐山北里
墩上
围里
县后
县后山
钟宅
坂上
岭下
杨湖
卢厝
梧桐
下忠
穆厝
蔡坑
虎头山
薛岭山
祥店里
祥店
刘厝
金山西二里
金山
后坑
金昌里
唐厝
前坑
后埔
金尚
金安里
蔡塘
古地石
石鼓山
东芳山
莲顺
洪文
侨福
金鸡亭
五村
华福
马垅
金海
仓后
下边
浦东
五通
店里
昭塘
西头
田中央
浦口
泥金
凤头
西村
路下
前头
田里
高林
新厝边
东黄厝
洪水头
五通一里
金安
林边
西蓝
钟
西潘
湖边
上湖
洪塘
金湖
莲山头
东宅
马厝
金林
塔埔
虎仔山
图例
设区市行政中心
县级行政中心
街道办事处
社区居委会
设区市行政区域界
县级行政区域界
街办事处道界
国道
高速公路
一级街道
二级街道
三级街道
在建街道
山峰 隧道口
铁路及火车站
汽车站
审图号：闽S（2014）58号
比例尺1：44 000
注：资料截止2013年12月

崛起中的湖里

（李鸾汉　摄）

五缘湾新旧对比

（李鸾汉　摄）

东渡港

（王火焱　摄）

搏　　（洪樵浦　摄）

海天物流　　（李鸾汉　摄）

国际游轮码头　　（朱庆福　摄）

特区发祥地　　（陈孟哲　摄）

建设者　　　　　　　　　　　　　　　　　　　　　　　　　　　　（郑惠民　摄）

起航　　　　　　　　　　　　　　　　　　　　　　　　　　　　　（张文胜　摄）

台湾阿美族民族歌舞（何松青 摄）

钟宅烧王船　　（赵建军　摄）

摇摆祈福　　（余智龙　摄）

展翅

（黄锦城　摄）

11 月，中共厦门市委书记王蒙徽（左二）到金尚社区调研

7 月，区委书记刘育生到困难家庭慰问　　（邓建华　摄）

5 月 10 日，厦门市长刘可清（中）考察蔡塘社区市容市貌环境整治

6 月 21 日，区长张毅恭检查安全生产

5 月 29 日，湖里区人大常委会殿前街道工作委员会挂牌

8 月 5 日，湖里区公共卫生综合楼乔迁揭牌　　　　（黄文选　摄）

12 月 4 日，湖里区行政服务中心启用

9 月 10 日，湖里区“9·8”投资说明会

6 月 24 日，蔡塘社区发展中心封顶

2 月 24 日，领导与小朋友共同开启第九届元宵民俗文化节

3 月 30 日启用的厦门市图书馆殿前分馆

3 月 2 日，金门进香团到访湖里

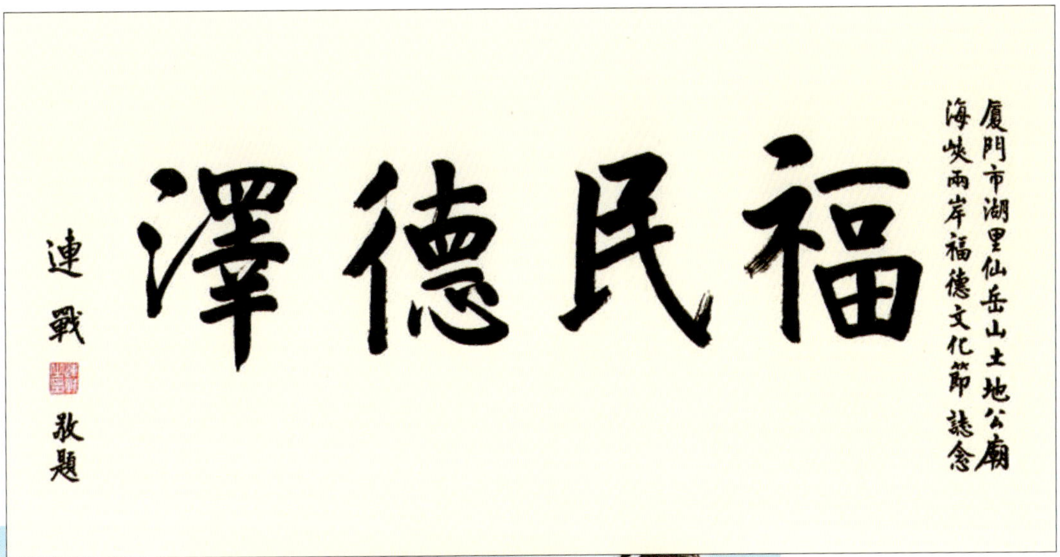

中国国民党荣誉主席连战题词

湖里区第六届福德文化节

数字湖里

- 湖里辖区 5 个街道、52 个社区居委会，年末户籍总人口 257009 人。
- 地区生产总值 732.16 亿元，第二产业增加值 382.52 亿元，第三产业 349.65 亿元，三次产业的比重为 0 ：52.2 ：47.8。
- 全区规模以上工业企业 340 家，现价工业总产值 1497.41 亿元，实现现价增加值 319.99 亿元。
- 财政总收入 106.01 亿元，其中区级财政收入 33.05 亿元。
- 全社会固定资产投资（不含农户）239.35 亿元。
- 社会消费品零售总额 285.73 亿元。
- 合同利用外资 3.87 亿美元，实际利用外资 2.66 亿美元。
- 金融业实现增加值 34.43 亿元
- 城镇居民人均可支配收入 43127 元。
- 高等学校 2 所，在校生人数 2368 人。
- 中小学 58 所，在校生人数 64139 人。
- 幼儿园 100 所，学年初在园人数 23527 人。

《湖里年鉴》编纂委员会

主任委员	张毅恭				
副主任委员	庄海英	张家伟	陈　枫		
委　　员	黄　伟	黄双凤	杨运华	林秀瑜	洪奕文
	周　怡	陈开惠	欧阳平	胡　军	陈　媛
	王太兴	吴智明	章再耕	辜琦皇	刘秋生
	王华安	郭漳楚	肖德良	李　东	吴淑真
	傅伯伟	张金坪	陈颢颖	裴再生	范金炉
	黄伟清	许付志	张建华	吴开盛	罗辉明
	洪德军	郭晓平	王水可	蒋晓民	黄锦城
	林志荣				

《湖里年鉴》编纂委员会下设办公室，主任欧阳平（兼）

《湖里年鉴》编纂机构组成人员

主　　编	张毅恭				
副 主 编	庄海英	张家伟	陈　枫	李北斗（执行）	
编辑室成员	张宪敏	蔡培育			

开篇

湖里区历史上第一本综合年鉴——《湖里年鉴（2014）》出版了。在此，谨向关心、支持、撰写、编纂年鉴的单位和个人致以诚挚的谢忱和崇高的敬意。

2013 年是全面实施“十二五”规划的第三年，是深入学习贯彻中共十八大和十八届三中全会精神，着力转方式促提升、抓项目促增长、惠民生促和谐的一年。《湖里年鉴（2014）》全面、系统地反映了 2013 年湖里人民在区委、区政府的领导下，在各条战线、各个领域工作的基本情况和取得的主要成就。今后，《湖里年鉴》将一年出版一卷，忠实记录湖里人民大力弘扬特区发祥地精神，为实现“两个一百年”目标和中华民族伟大复兴中国梦的奋斗历程，成为认识、了解、研究、宣传湖里的窗口和平台，服务湖里各界民众的园地，架起湖里与外界沟通的桥梁。

年鉴利查询，益资政，可鉴戒，善教化，供存史，其权威性为其他书刊所不能替代。“年年岁岁花相似，岁岁年年人不同。”希望《湖里年鉴》常编常新，紧跟时代步伐，创新办刊理念，树立精品意识，以忠实记载湖里人民在区委、区政府领导下的伟大实践为己任，增强权威性、史料性和实用性，做到为现实服务与对历史负责相统一、传播先进文化与服务社会大众相结合，为湖里区经济社会全面持续健康发展做出积极贡献。

湖里区人民政府区长　张毅恭

2014 年 12 月

编辑说明

一、《湖里年鉴》是湖里区人民政府主管，湖里区地方志编纂委员会主办，湖里区地方志编纂委员会办公室承编的大型资料性年刊，具有政府公报性质。2014 卷为创刊号，以后逐年编辑出版，以出版年号为卷次名称，国内外公开发行。

二、《湖里年鉴（2014）》以马克思列宁主义，毛泽东思想、邓小平理论、“三个代表”重要思想、科学发展观为指导，贯彻习近平总书记系列重要讲话精神，主要记载 2013 年 1 月 1 日至 12 月 31 日湖里区经济、政治、文化、社会的发展情况。由于本卷年鉴为创刊号，对个别发生在 2013 年以前的背景资料适当回溯。

三、《湖里年鉴》采用分类编辑法，主体内容分为类目、分目、条目 3 个层次，部分分目下设次分目，以条目为记述的基本形式。全书条目标题统一用黑体加方头括号【 】标示，个别条目包含多方面资料，用楷体加层次性小标题。

四、《湖里年鉴（2014）》设特载、大事记、区情述要、城市建设环境保护、城市管理、工业、商贸旅游与服务业、经济管理、中共地方组织、人大政府政协、民主党派群众团体、法治武装、教育科技、文化体育、卫生和计划生育、人力资源和社会保障、民政民族与宗教事务、港澳台侨、街道、人物、附录 21 个类目。

五、《湖里年鉴（2014）》稿件由在湖里区的各单位提供，并经单位负责人审核。统计数据以湖里区统计局提供的统计公报和数据为准。

六、《湖里年鉴》配备双重检索系统，书前刊有目录，书后配有索引。索引采用主题分类法，款目按汉语拼音字母顺序排列。

七、《湖里年鉴》的编纂工作得到区委、区政府各部门和各有关单位的大力支持，谨表谢忱。疏漏和差错之处，敬请读者指正。

目　录

特　载

大事记

区情述要

城市建设　环境保护

城市管理

工 业

商贸旅游与服务业

经济管理

人大　政府　政协

民主党派　群众团体

法治　武装

教育　科技

文化　体育

卫生和计划生育

人力资源和社会保障

民政　民族与宗教事务

港澳台侨

街 道

人　物

附　录

索　引

CONTENTS

Economic Management

Local Organization of the Chinese Communist Party

The People' s Congress, Government, and Political Consultative Conference

Democratic Parties and Mass Organizations

Legal System and Armed Forces

Education and Technology

Culture and Sports

Health and Family Planning

Human Resource and Social Security

Civil, Ethnic, and Religious Affairs

Hong Kong, Macao, Taiwan, and Overseas Chinese

Street Communities

Figures

Appendix

中共湖里区委关于贯彻落实党的十八届三中全会省委九届十次全会和市委十一届六次全会精神全面深化改革的实施意见

（2013 年 12 月 20 日中共湖里区委七届九次全体会议通过）

为深入贯彻党的十八届三中全会和省委九届十次全会、市委十一届六次全会精神，认真落实中央和省委、市委关于全面深化改革的《决定》，区委七届九次全会就全面深化改革，建设民富区强美丽幸福湖里，提出如下实施意见：

一、全面深化改革的重大意义和指导思想

1. 重大意义。党的十八届三中全会是在我国改革开放新的重要关头召开的一次重要会议，是全面深化改革的又一次总部署、总动员，是我们党在新的历史起点上全面深化改革的科学指南和行动纲领，必将对推动中国特色社会主义事业产生重大而深远影响。湖里区是厦门经济特区发祥地，诞生于改革开放的初期，受益于改革开放的政策，离不开改革创新的路子。我们要按照中央和省委、市委的部署，深入学习、深刻领会《中共中央关于全面深化改革若干重大问题的决定》精神，牢牢把握在新的历史起点上全面深化改革的重大机遇，发扬特区发祥地精神，以强烈的历史使命感，以更大的政治勇气和智慧、更有力的措施和办法推进改革，努力增创改革新优势，开创湖里改革发展新局面。

2. 指导思想。深入贯彻落实党的十八届三中全会和省委九届十次全会、市委十一届六次全会精神，按照中央全面深化改革的总目标和“六个紧紧围绕”的总要求，深入落实综合配套改革试验总体方案和美丽厦门战略规划，进一步解放思想、解放和发展社会生产力、解放和增强社会活力，凝聚共识、统筹谋划、先行先试、协同推进，率先在经济转型升级、区域一体化发展、社会治理体系和治理能力现代化上取得突破，率先形成系统完备、科学规范、运行有效的制度体系，到 2020 年率先建成展现国家治理体系和治理能力现代化的典范城区，为建设民富区强美丽幸福湖里，提供强大动力和体制机制保障。

二、完善促进产业发展的体制机制，推动产业转型升级

3. 构建“5+3”现代产业支撑体系。构建以商务商贸、金融服务、现代物流、电子商务以及文化创意为重点，以园区载体、龙头项目、创新环境为抓手的现代产业支撑体系。建立以产业龙头项目延伸拓展产业链的体制机制，完善园区载体聚集生产要素的体制机制，营造促进产业创新发展的良好环境。

4. 创新保障产业转型发展的体制机制。建立研究论证到位、保障要素到位、责任落实到位的产业推进工作机制。梳理完善促进经济转型发展的政策体系，建立区、街两级税收激励机制，健全飞地工业园区建设和运营机制。抓住我市创建国家信息消费示范城市的机遇，创新信息消费发展模式，发挥信

息化引领作用。加大对中小企业和科技创新型企业的融资、担保环节的扶持力度。

5. 完善企业自主创新服务体系。建立健全以企业为主体的创新体系。健全科技资金投入机制，建设科技金融综合服务平台，建立多元化的科技投入途径。整合利用科技专项扶持资金，建立健全财政专项资金对创新型企业研发直接补助的机制。完善项目生成、评审、筛选机制，加大对高新技术企业培育和扶持力度。加大对品牌建设保护力度，促进企业运用知识产权转型升级。

三、完善现代市场体系，加快政府职能转变

6. 深化政府机构改革。处理好政府与市场、政府与社会的关系，围绕市场在资源配置中起决定性作用，推行政府机构改革，逐步取消学校、医院等单位行政级别。健全政府向社会购买服务机制，凡属事务性管理服务，通过竞争机制以公开、公平方式向社会购买。

7. 深化审批制度改革。落实商事登记制度改革和负面清单管理。压缩和规范行政审批自由裁量权，逐步实现行政审批零收费。优化行政审批流程，大力推行并联审批，实现审批时限在原有基础上再提速，提高审批效率。推行行政权力网上公开透明运行，逐步实现所有审批服务全部网上办理，电子监察实时监控和审批信息部门共享。

8. 深化投融资体制改革。扶持民营银行、小额贷款公司、私人信托、融资租赁、财务管理等民营金融业发展。吸引社会资本参与有合理回报和一定投资回收能力的公益事业和公共基础设施项目建设。

9. 大力发展多种所有制经济。推动国有企业完善现代企业制度，继续推进国有企业人事、用工、分配三项制度改革，建立健全国有企业法人治理机构的监督、评价、考核体系，从2014年起，国有资本收益上缴比例逐年提高，至2018年上缴比例调高至30%。促进非公有制经济发展，加强对民营经济的扶持服务，全面落实促进民营经济发展的一系列政策，稳步推进民营经济的转型发展。加强银企对接，拓宽民营经济投融资渠道。

四、健全城市化体制机制，推动区域一体化发展

10. 以差异发展的理念划定主体功能区。建立主体功能区划分机制，西部以邮轮母港、现代物流为主，中部以商贸商务为主，东部以金融服务、旅游会展为主，五缘湾南片区、机场北片区、东渡港片区等片区以总部经济为主。合理界定区、街、居的主体功能，区政府统筹经济发展和社会事务管理，以不同区域的定位确定相应的主体功能，街道以社会管理为主体功能，居委会以社区服务为主体功能。

11. 完善推进旧村改造的体制机制。完善征地拆迁工作机制，探索实施货币化安置和异地安置政策，健全安置房建设、管理、安置体系，实现拆迁、建设、安置有序衔接，提高安置房使用效率。探索村民积极参与，一、二级房地产市场联动开发的新机制，破解旧村改造的难题。

12. 健全老工业区改造提升机制。适应中心城区发展需求，加强老工业区产业布局规划，着力提升老工业区基础设施和公建配套，健全工业企业搬迁转移的体制机制，加快推进老工业区厂房改造，促进生产型工业区向服务型城区转型，提升老工业区服务功能。

13. 建立区域统筹发展机制。要以重大片区为载体，以项目建设为抓手，以功能完善为目标，科学合理布局产业发展。加快推进两岸金融中心、国际邮轮母港建设，促进片区已落户项目建成，完善五缘湾片区、湖边水库片区、机场北片区等新城公建配套，增强中心城区聚集辐射功能，提高承载经济发展能力。建立城乡均等化的财政保障机制，推动“村改居”社区和城市社区一体化。

14. 强化城市化进程中原村民权益保障机制。建立土地流转服务机构，配合推进集体经济发展用地流转政策的落实，鼓励采取货币补偿、置换、再征收、委托出让、参股合作等方式在本区范围内流转。加快发展用地开发建设，完善运营管理，促进项目可持续发展。

五、构建扩大开放体制机制，提升对外开放水平

15. 推进两岸区域性金融服务中心建设。加快两岸金融中心平台建设，大力推进东宅金融核心区的招商，依托两岸股权交易中心，建设投融资交流对接平台，打造金融洼地，形成金融服务产业链。大力吸引境内外金融机构尤其是台湾金融机构在我区设立区域性总部或分支机构，吸引金融总部在我区设立信用卡中心、信息服务中心、研发中心等金融后台服务机构和培训基地。

16. 完善招商引资体制机制。加强对厦门争取设立自由贸易区出现的新需求、新契机以及商事登记制度改革出现的新变化研究，统筹全区招商资源，建立专业化招商引资机制，引导各街道招商错位有序发展。创新促进企业投资服务机制，加强事后管理和服务，重点推进总部经济聚集区招商引资，构建全面开放的新格局。

17. 深化对台交流合作机制。创新对台工作的体制机制，整合全区对台交流合作资源，构建党政引导、民间推动、社会参与和市场运作并举的对台工作格局。促进两岸产业深度合作，完善台资项目服务体系，扩大两岸人员往来渠道，拓展交流活动平台，完善两岸经贸、教育、文化、体育等交流交往机制。完善两岸基层对接交流机制，鼓励和支持台胞融入社区生活，参与社区服务和社会管理。

六、健全社会主义民主法治，加强政治文明建设

18. 推进人大工作与时俱进。坚持和完善人民代表大会制度，推进人民代表大会制度理论和实践创新。进一步完善监督机制。健全“一府两院”由人大产生，对人大负责，受人大监督制度。支持人大综合运用各种法定的监督方

式，加强对事关改革发展的重大问题和重要民生问题的监督，加强对法律法规执行情况的监督，加强人大全口径预算决算审查监督、国有资产监督职能，以及对人大及其常委会选举和任命干部的监督。

积极探索充分发挥代表作用的机制，扩大代表对监督工作的参与，提高对代表的服务和保障水平。推动代表信息公开，完善代表联系群众制度，创新代表联系群众方式。

健全人大讨论、决定重大事项制度，政府重大决策出台前向人大报告。完善人大工作机制，通过询问、质询、特定问题调查、备案审查等积极回应社会关切。加强基层政权建设，完善基层民主自治，引导居民群众依法有序参与社会管理和民主自治。

19. 推动协商民主广泛多层制度化发展。不断完善协商工作机制，深入开展行政协商、民主协商、参政协商、社会协商等。规范协商内容、协商程序，做好协商建议的办理、落实和反馈。健全党和各民主党派的联络沟通机制，区委根据年度工作重点提出计划，采取协商会、谈心会、座谈会等听取各民主党派、无党派人士意见并进行协商，建立民主党派支委直接向中共湖里区委提出建议制度。

完善人民政协制度体系，重点推进政治协商、民主监督、参政议政制度化、规范化、程序化。区委、区政府、区政协制定并组织实施协商年度工作计划。拓展协商民主形式，有序地组织专题协商、对口协商、界别协商、提案办理协商。在政协健全委员联络机构，完善委员联络制度。探索邀请新的社会阶层人士代表协商议政，网上征求提案线索，委员与网民网上交流等形式，扩大公民有序政治参与。

20. 健全科学有效的权力制约协调和反腐败机制。坚持完善民主集中制，建立健全"集体领导、民主决策、正职监督、副职分管"的机制。推行党委（党工委）主要领导向区委述职制度。深化党建和党风廉政建设责任制检查巡查和抽点述职工作，强化对预算执行情况和专项经费的审计监督，健全离任审计制度。完善选人用人专项检查和责任追究制度。推行政府及其部门权力清单制度，依法公开权力运行流程。健全党务、政务和各领域办事公开制度，完善我区网上办事公开综合平台，推进决策公开、管理公开、服务公开、结果公开。加快推进公务用车制度改革。2014年起对我区财政预决算及"三公"经费实行公开。

健全反腐败领导体制和工作机制，落实党风廉政建设责任制，区委负主体责任，区纪委负监督责任，健全责任追究制度，建立完善我区相关实施细则和标准罚则。区纪委要履行协助区委加强党风廉政建设和组织协调反腐败工作的职责，加强对区委特别是常委会成员的监督。

完善党的纪律检查工作双重领导体制机制，强化上级纪委对下级纪委的领导。查办腐败案件以上级纪委领导为主，线索处置和案件查办在向同级党委报告的同时必须向上级纪委报告。各级纪委书记、副书记的提名和考察以上级纪委会同组织部门为主。

健全反腐倡廉制度体系，完善惩治和预防腐败、防控廉政风险、防止利益冲突、任职回避、领导干部轮岗交流、领导干部报告个人有关事项等方面的制度规定，制定领导干部报告个人有关事项抽查核实工作意见，推行新提任领导干部有关事项公开制度，对其他领导干部每年按一定比例进行抽查。建立健全对国家工作人员配偶子女移居国（境）外的管理制度，制定配偶移居国（境）外的国家工作人员任职岗位管理的具体办法。完善干部任前考廉制度，健全领导干部廉政谈话提醒、任前考廉谈话、诫勉谈话和述职述廉制度，将监督关口前移。健全民主监督、法律监督、舆论监督机制，运用和规范互联网监督。加快建设集行政审批、行政执法、资源交易和电子监察等于一体的权力网上公开透明运行平台。

21. 深化机关作风和效能建设。健全落实领导干部带头改进作风、"四下基层"和领导干部直接联系群众、服务群众制度。建立追究问责督办机制和典型案例通报制度。完善并严格执行领导干部亲属经商、担任公职和社会组织职务等相关制度规定。

强化机关效能建设，改革政绩考核机制。建立健全经济发展、就业、居民收入、社会保障、人民健康、生态文明和环境保护多维一体的评价体系。全面落实"马上就办、办就办好"要求，解决庸作为、虚作为、慢作为、不作为、乱作为等问题。加强绩效管理，强化绩效评估结果的运用，探索试行将绩效评估结果作为下一年度预算、工作目标和工作任务、行政问责、年终奖励以及职务变动的依据。

22. 完善依法治区体制机制。健全司法运行的体制机制，启动区审判综合改革实施计划，建立健全保障人民法院、人民检察院依法独立公正行使审判权、检察权的机制。严格落实法官、检察官、人民警察在职责范围内执法办案质量终身负责制，健全错案防止、纠正、责任追究机制。简化执法司法各个环节办事程序，提高便民服务质量。完善惩治、监管和矫正工作机制。完善司法救助体系，扩大法律援助范围，依法保护外来务工人员尤其是被欠薪员工的合法权益。深化行政执法体制改革。健全查处失职渎职、利用职权谋取私利案件的机制，坚决纠正越权行政行为。

七、深化文化和社会事业改革，提升公共服务水平

23. 深化文化发展体制机制。创新文化产业发展机制，鼓励非公有制文化企业发展。扩大政府文化资助和文化采购，加强版权保护。健全文化产品创作、评价体系，建立优秀文化产品奖励办法，推出更多具有湖里特色的文化精品。建立公共文化服务体系建设绩效考核机制，完善公共文化服务体系，健全主要公共文化产品和服务项目、公益性

文化活动纳入公共财政经常性支出预算的财政投入体制，鼓励街道文化站、社区文化活动中心实现社会化、专业化运作。创新公共文化服务社会购买机制，鼓励社会力量、社会资本参与公共文化服务体系建设。

24. 深化教育和卫生体制改革。完善教育公平制度，统筹义务教育资源均衡配置，实行公办学校标准化建设和校长教师交流轮岗，不设重点学校重点班。推进信息技术与教学的深度融合，创新网络教学教研模式，实现“同步课堂”功能。健全残疾儿童少年接受义务教育保障机制和家庭经济困难学生的资助体系。推进教学改革，完善有利于学生个性化发展、减轻课业负担的学习制度，建立绿色质量评价机制。支持和规范民办中小学，实行民办义务教育学校分级管理，健全民办义务教育学校年检制度。引导鼓励社会力量举办公益性、普惠性幼儿园，实施民办幼儿园分级收费管理和财政补助制度。完善外来务工人员随迁子女入学招生办法。

深化卫生体制综合改革。完善覆盖全民的基本医疗保险体系，健全重特大疾病医疗保险和疾病应急救助制度。协调理顺社区卫生服务中心管理体制，建立健全对基本公共卫生服务项目的业务指导和考核机制。创新社会资本办医模式，完善鼓励社会资本办医的政策措施，优先支持社会资本举办非营利性医疗机构。创新高层次卫生专业人才的培养、引进模式。健全慢性非传染性疾病综合防控体系，完善慢性病管理机制。实施基层中医药服务能力提升工程。

25. 深化就业和社保体制改革。健全促进就业创业体制机制。完善促进全民就业、全民创业的政策扶持体系、公共就业管理服务体系，建立针对高校毕业生和就业困难人员、被征地人员、退养渔民等就业困难群体的就业援助机制。实施用工服务进社区、招聘信息进家庭、技能培训进企业的“三进计划”。推进就业信息服务平台建设，建设信息化、智能化管理辅助系统，逐步实现充分就业社区全覆盖。建立健全创业帮扶机制，强化创业技能培训。整合人才市场、劳动力市场平台资源，针对大中专毕业生和各类失业人员建设统一管理、信息共享、对接通畅的现场及网络用工对接平台。

建立更加公平可持续的社会保障制度。以制度全覆盖向全民覆盖发展为重点，打造便民惠民的社会保险体系。积极搭建社会保险多渠道办理平台，延伸社会保险经办网络，试行设立街道社会保险业务服务窗口，将生育、失业、参保登记等部分社保业务延伸至街道、社区办理，推行网上申请社会保险待遇业务。推广医养结合的养老机构，鼓励社会养老机构参与社区养老和居家养老。发挥慈善组织志愿者在社会救助、扶贫济困等方面的积极作用。

八、完善共同缔造体制机制，提升社会治理能力

26. 创新美丽厦门共同缔造的体制机制。创新治理体制。整合社会建设资源，建立区、街社会工作机制，统筹协调全区及各街道社会工作。转变街道职能，强化街道社会管理功能。完善社区网格化管理，优化管理网络，促进社区信息资源共享，推动形成区、街道、社区三级联通互动的网格化社会服务治理体系。

创新工作方法。完善居民（代表）会议制度，建立健全人民心声反映机制，定期讨论社区重大事务，由群众决定共同缔造项目。设立社区事务监督委员会，检查监督居民（代表）会议决定落实情况。建立民主评议社区工作制度，对社区干部、社区工作进行测评，把群众评价纳入社区考核体系。建立社区评议各职能部门的测评机制，作为对政府部门考核的依据。建立物业与社区的相互评议制度。

创新社区治理机制。理顺社区职能，推动简政放权，减轻社区负担。构建街道机构主导、社区组织负责、社会组织协同、全体居民参与的基层社会治理体系。加快实施“村改居”社区治理机制改革。建立多元主体参与社区共治体系，引导驻区单位和基层各类群体依法有序参加社区“同驻共建”，实行财力共建、人力共建、项目共建制度。

创新工作推进激励机制。建立“以奖代补”的激励机制。因地制宜，拓展“以奖代补”内涵和外延。统筹确定“以奖代补”项目，合理确定奖励标准，制定项目立项和验收标准。实现“以奖代补”项目一般管理向建立长效管理机制转变。

创新社会组织培育机制。完善社会组织登记管理制度，建立分类发展、分类管理制度，大力发展经济交流、文艺科技、公益慈善、社区服务等社会组织。建立民办社会工作机构培育发展孵化机制。建立健全支持和发展志愿者服务组织的机制。

27. 深化平安湖里建设机制。健全源头治理机制。落实社会稳定风险评估制度，在全社会营造“依法办事、依法维权”的法治氛围，加强网上信访工作，把涉法涉诉信访逐步纳入法治轨道解决。完善流动人口信息社会化采集机制，落实派出所、社区民警、出租房东三级管理责任制，实现对流动人口和出租房屋的有效服务管理。

创新有效预防化解社会矛盾机制。健全矛盾纠纷定期排查、预警、化解、处置机制，健全医患纠纷调解机制，完善人民调解、行政调解与司法调解有机结合以及警民联调、诉调对接、检调对接等多元调解机制，构建具有湖里特色的“大调解”工作格局。

完善社会公共安全体系。巩固深化“城中村”社区“五四三”治安防控工程建设，坚持平安联建、厂企联防等防控机制，形成人防物防技防有机结合的立体化治安防控网络。全面推行安全生产标准化管理，完善安全生产隐患排查和预防控制体系建设。强化食品药品、道路交通、消防安全等民生领域的安全监督管理。健全完善应急救援和处置机制。

28. 完善文明城区创建的体制机制。

优化创建体制机制，坚持全民参与、共建共享，推动创建工作标准化、精细化、品牌化、常态化、责任化。致力打造品牌、争当示范，不断创新形式丰富内容，搭建群众广泛参与的平台。致力于常态化，建立健全常态督查、常态测评、常态整改的有效机制。

九、创新资源环境保护体制机制，建设生态文明城区

29. 健全生态环境保护管理体制。建立责权一致的环境监管组织体系，健全严格的生态保护制度，探索建立环境污染诉讼体制和公益赔偿机制，严格执行生态环境损害赔偿制度，依法追究刑事责任。创新公园建设方式，引进社会资金进行公园改造提升。建立健全鼓励居民共同参与绿化养护管理机制。

30. 实施绿色低碳发展。创新统筹资源环境发展机制，建立产业升级和环境升级并重的发展模式，以美好环境建设为载体，努力构建市民健康的生活方式和人与自然和谐发展的空间格局。建立健全重点行业节能减排和考核体系，大力推行合同能源管理。

31. 大力推进生态型政府建设。坚持“在保护中发展，在发展中保护”的环境保护政策导向，大力推进生态型政府建设。把强化责任意识、加强宏观管理、提供政策和制度支持、优化政府治理模式和提高绿色领导素质作为推进生态型政府建设的重要内容。完善辖区环境基础设施建设，强化环境执法，切实解决影响民生的环境突出问题，努力建成生态文明城区。

十、加强和改善党对全面深化改革的领导

32. 统一思想，加强组织领导。充分发挥区委总揽全局、协调各方的领导核心作用。要大力培育和践行社会主义核心价值观，加强创新宣传思想文化工作，凝聚改革发展共识，营造良好舆论环境。建设学习型、服务型、创新型党组织，提高领导水平和执政能力，确保各项改革取得成功。区委成立全面深化改革领导小组，负责统筹协调、整体推进、督促落实。各级党组织要切实履行对改革的领导责任，完善科学民主决策机制，以重大问题为导向，强化执行和跟踪督查，把各项改革措施落到实处。加强各级领导班子建设。充分发扬党内民主，坚决维护中央权威，保证政令畅通，坚定不移实现中央和省委、市委对深化改革的决策部署。

33. 发挥人民群众主体作用。建立领导班子重大决策征求意见、定期联系基层、定期听取群众意见和研究解决基层群众反映的突出问题等制度，健全完善服务群众“五步工作法”。创新基层党建工作，总结推广社区服务型党组织建设的成功经验，全面推进服务如“金”质过硬，口碑如“金”字闪光的“金服务工程”。大力推进区域化党建工作，开展在职党员向社区报到工作，形成党组织有责、在职党员有为、社区群众受益的工作模式。以“1+X”为抓手，大力推进非公有制企业和新社会组织党建工作。深入实施“党建富民强村工程”。积极探索新形势下党员队伍服务教育管理有效形式。推进组织制度创新，落实和完善党的代表大会任期制，抓好党代表工作室和服务站建设。健全社会参与机制，充分发挥工会、共青团、妇联等人民团体作用，最大限度地发动群众广泛参与，齐心协力推进改革。

34. 建立科学有效的干部人才队伍管理体制机制。坚持党管干部原则，坚持选人用人正确导向，发挥党组织领导和把关作用，强化党委（党组）、分管领导和组织部门在干部选拔任用中的权重和干部考察识别的责任。深化干部人事制度改革，构建科学有效的干部培养、考核、使用机制。

大力提升干部素质能力。落实大规模干部教育培训规划，加强干部参加各级党校培训的计划安排，强化理论武装和党性教育，提高干部领导力和执行力。坚持按需培训，形成办班集训、基地教学、专题培训、网络选学、异地委培等五位一体新格局，满足干部多层次多元化学习需求。大力实施“走出去”战略，不断提高领导干部推动改革发展能力。

改进干部考核评价工作。根据市委对各区、街道党政班子设置的综合考核评价体系，按功能定位和职能特点，完善我区政府工作部门、街道领导班子和领导干部年度考核评价办法。探索建立区直部门、街道定期对班子及干部队伍建设的分析研判制度，对缺乏责任心、不思进取的干部进行组织调整，探索干部“能下”的渠道。

加强和改进干部培养工作。积极探索创新实践培养模式，选派干部到基层、急难险重任务中接受实践锻炼。开展干部队伍现状调研，大力培养选拔年轻干部、党外干部、妇女干部，优化干部队伍结构，推动干部资源向基层一线、重点项目倾斜。

不断激发干部队伍活力。加大全区处、科级干部和区、街两级干部轮岗、交流任职力度，推进事业单位干部交流轮岗工作。完善和落实领导干部问责制，完善从严管理干部队伍制度体系，引导和促使干部敢于担当、勇于负责、主动作为。完善干部竞争性选拔工作，用好各年龄段干部，进一步调动干部工作积极性。

建设湖里人才高地。完善人才政策体系，进一步修订完善“550”人才计划，加大人才引进力度。创新人才引进机制，逐步建立包含优惠政策、优质服务、优良环境的“三优”引才机制。结合我区区域功能定位和产业发展布局，推动建立人才创业集中区，形成人才集聚效应。落实党管人才原则，建立人才工作目标责任制。建立健全柔性引才制度，采用短期聘用、项目外包等方式柔性引进急需紧缺的人才。

深入贯彻落实党的十八届三中全会精神 全面深化改革　建设美丽厦门幸福湖里

——在区委七届九次全体（扩大）会议上的讲话

刘育生

（2013 年 12 月 20 日）

这次全会的主要任务是，深入学习贯彻党的十八届三中全会和省委九届十次全会、市委十一届六次全会精神，研究部署全面深化改革和建设美丽厦门幸福湖里工作，审议通过中共湖里区委《关于全面深化改革的实施意见》，动员全区干部群众进一步解放思想，开拓创新，全面深化改革，建设美丽厦门幸福湖里，为全市发展大局做出新的贡献。

根据区委常委会研究意见，我讲四个方面意见。

一、深刻领会中央和省委、市委部署，切实增强全面深化改革、建设美丽厦门幸福湖里的责任感和紧迫感

党的十八届三中全会，是在我国改革开放新的历史关头召开的一次重要会议，是全面深化改革的一次总部署、总动员，在建设中国特色社会主义的奋斗历程中具有里程碑意义。习近平总书记的重要讲话和全会审议通过的《决定》，明确提出了全面深化改革的战略重点、优先顺序、主攻方向、工作机制、推进方式和时间表、路线图，是我们党在新的历史起点上全面深化改革的科学指南和行动纲领。

省委九届十次全会贯彻落实党的十八届三中全会精神，紧密结合福建实际，对全面深化改革作出总体部署，审议通过了省委关于全面深化改革的《决定》，对推动全省新一轮改革和科学发展跨越发展具有重大指导意义。市委十一届六次全会贯彻落实党的十八届三中全会和省委九届十次全会精神，讨论修改了《美丽厦门战略规划》，审议通过了市委关于全面深化改革的《决定》，对建设美丽厦门提出明确要求，对全面深化改革作出总体部署。全区各级党组织和广大党员要认真学习贯彻中央和省委、市委全会精神，切实把思想和行动统一到中央和省委、市委的决策部署上来，凝聚全面深化改革的强烈共识，以改革创新精神推进美丽厦门幸福湖里建设，努力再创特区发祥地新辉煌。

第一，全面深化改革是我们肩负的重要使命。湖里区作为厦门经济特区发祥地，应改革而生，因改革而兴，是改革开放的最直接受益者。新的历史时期，中央作出全面深化改革的部署，省委要求厦门当好全面深化改革的排头兵，我们理应牢固树立进取意识、机遇意识、责任意识，全面推进机制体制创新，以全面深化改革的新业绩来体现特区发祥地的历史担当。全面深化改革也是我区当前发展的迫切需要，经过建区 20 多年建设，发展中各种不平衡不协调的问题日益凸显，许多深层次矛盾和问题亟待破解，比如产业结构不够优化、城市化水平有待提升、超百万人口服务管理难，等等。解决这些问题，需要我们以敢于攻坚涉险的勇气，大胆改革创新，努力在新一轮全面深化改革中勇立潮头。

第二，建设美丽厦门是市委、市政府推动科学发展的战略抉择。建设美丽厦门是市委、市政府围绕贯彻党的十八大关于“五位一体”战略布局、实现“两个百年”奋斗目标、建设美丽中国等一系列战略部署而提出的重大决策部署，是推动厦门科学发展的战略抉择，目的是实现厦门人民追求美好生活的梦想，打造美丽中国的典范城市和展现中国梦的样板城市。建设美丽厦门是全市人民的共同目标，我们的各项工作都要围绕这一中心任务来展开，要认真总结我区前一阶段“美丽厦门共同缔造”工作，学习借鉴思明、海沧试点经验，努力提升工作水平，全面推进美丽厦门建设。

第三，全面深化改革是建设民富区强美丽幸福湖里的重要保证。建设美丽厦门落实到我区，就是要加快转型升级，建设民富区强美丽幸福湖里。为此，需要对传统的经济发展模式、行政管理体制、社会治理体系进行整体转型提升，这必须通过全面深化改革才能得以实现。全面深化改革为建设美丽厦门幸福湖里提供了实现目标的“桥和路”，我们要以建设美丽厦门统领各个领域的工作，把全面深化改革贯穿于经济社会发展的各个环节，冲破陈旧观念的障碍，打破一切阻碍科学发展的框框套套，不断开创改革发展的新境界，努力建设民富区强美丽幸福湖里。

二、推进美丽厦门建设，加快我区转型升级步伐

今年 8 月以来，我区积极响应市

委、市政府的号召，认真落实“美丽厦门共同缔造”行动，成立区、街缔造办，深入宣传美丽厦门战略规划，策划实施首批32个行动项目，着力开展10个社区试点工作，取得了阶段性的成效。市委十一届六次全会对建设美丽厦门提出了新要求，结合我区实际，工作中要突出把握以下两个方面：

（一）坚持“四个发展”

建设美丽厦门，核心是推进科学发展，实现城市发展的转型升级。各级各部门要以此为契机，创新发展理念、发展思路和发展机制，推动湖里在科学发展道路上迈出新步伐。一是坚持统筹发展。注重统筹兼顾，细化主体功能，突出特色优势，努力实现“让该干什么的地方干什么”“让能干什么的人干什么”；加强通盘谋划，努力解决好经济与社会协调发展、“村改居”社区与城市社区一体化发展、人与自然和谐发展方面的突出问题，提高发展的协调性。二是坚持创新发展。以全面深化改革为契机，着力创新理念、机制、技术、管理和业态，优化发展路径，推动转型升级；加强科技创新和创新型城区建设，积极打造智慧城区、智慧社区，着力引进创新创业型人才；大力发展电子商务、文化创意、旅游会展、总部经济等新业态，推动产业向价值链高端延伸。三是坚持绿色发展。围绕“百姓富、生态美”的要求，加强生态环境保护，建设山地公园和绿道慢行系统，加快市政管网清淤截污，发展绿色低碳产业，推进节能减排，倡导低碳健康的消费模式和生活方式，打造资源节约、环境友好、生态优美的宜居环境。四是坚持为民发展。持续加大对社会事业和公共服务的投入，努力办好事关群众切身利益的每一件实事小事，切实发挥社会政策的托底功能，突出保障基本民生、底线民生、热点民生，积极创新社会治理，维护社会和谐稳定，让美丽厦门建设成果惠及全区人民。

（二）抓好“四个落实”

1. 要落实战略规划。市委、市政府在广泛深入调研、凝聚全市智慧、组织专家论证的基础上，科学编制并启动实施美丽厦门战略规划，规划还将提交明年市“两会”审议通过，使之成为全市人民的共同意志和共同行动。美丽厦门战略规划是指导全市今后一个时期科学发展的纲领性文件，我们必须严格执行、严格遵循，自觉在规划的框架内找准自身定位，主动融入三大发展战略，积极对接十大行动计划，加快科学发展、转型升级，为实现“美丽厦门”两个百年愿景和五个城市目标努力做贡献。

2. 要落实五位一体。建设美丽厦门，是一个庞大的战略系统。方法上要注重协同推进，合力配置工作的力量、资源，明确各阶段的重点、次序，统筹落实各项行动计划，推动经济建设、政治建设、文化建设、社会建设、生态文明建设同步发展。载体上要注重有机联动，以主体功能区和社区为主要空间载体，合理布局产业发展、公共服务、生态保护，促进各类载体有机衔接、良性互动，形成生产空间集约高效、生活空间宜居适度、生态空间山清水秀的美丽格局。

3. 要落实项目带动。建设美丽厦门不是朝夕之功，需要持之以恒推进。要按照美丽厦门战略规划的部署，结合我区经济社会发展各项目标任务，抓紧制定三年行动方案和明年工作计划，并细化到具体项目上，创新项目招商、建设、激励、考核机制，明确责任单位和完成时限，加强项目调度和督查推进，为美丽厦门建设提供坚实的项目支撑。要坚持尽力而为、量力而行，既有效增加财政投入，集中力量办好一批发展大事、民生实事，努力让群众受益；又要坚持量力而行，力戒急功近利、承诺过度。

4. 要落实共同缔造。进一步发挥群众主体作用，尊重群众首创精神，以群众参与为核心，以培育精神为根本，以奖励优秀为动力，深入开展美丽厦门共同缔造行动，切实把群众和政府的关系从“你和我”变为“我们”，把“要我做”变为“我要做”。坚持决策共谋、发展共建、建设共管、效果共评、成果共享，创新方式方法，打造多方参与平台，利用各种社会资源，从房前屋后和实事小事做起，激发群众参与城市建设管理的热情，凝聚建设美丽厦门的强大合力。

三、全面深化体制机制改革，增创我区发展新优势

围绕贯彻中央和省委、市委部署，立足湖里实际，区委常委会研究提出我区全面深化改革的指导思想是：深入贯彻落实党的十八届三中全会和省委九届十次全会、市委十一届六次全会精神，按照中央全面深化改革的总目标和“六个紧紧围绕”的总要求，深入落实综合配套改革试验总体方案和美丽厦门战略规划，进一步解放思想、解放和发展社会生产力、解放和增强社会活力，凝聚共识、统筹谋划、先行先试、协同推进，率先在经济转型升级、区域一体化发展、社会治理体系和治理能力现代化上取得突破，率先形成系统完备、科学规范、运行有效的制度体系，到2020年率先建成展现国家治理体系和治理能力现代化的典范城区，为建设民富区强美丽幸福湖里，提供强大动力和体制机制保障。

这次全会提交的《关于全面深化改革的实施意见》，对我区今后一个时期的改革做出了全面安排，各级各部门要认真抓好落实。工作中要突出把握以下两个方面：

（一）处理好四个方面关系

全面深化改革是一项复杂的系统工程，涵盖我们事业发展的各个领域各个环节，必须加强协调计划，正确处理其中关系。一是处理好“管”与“放”的关系。一方面要不断健全市场体系，大胆简政放权，能由市场和企业做的事尽量交给市场和企业，让“看不见的手”充分发挥作用，使市场在资源配置中起决定性作用；另一方面要创新政府管理机制，切实转变政府职能，加强监管和

服务，使“看得见的手”真正有效。二是处理好“点”与“面”的关系。要加强对改革的通盘谋划，将重点突破与整体推进有机结合起来，选择经济社会发展最突出的问题，以及城市化进程中旧村改造机制、原村民权益保障机制等群众最期盼的领域作为突破口，细化方案、强化攻坚，以点带面牵引带动改革全面深化。三是处理好“远”与“近”的关系。改革既要有长计划，又要有短安排。要立足当前，对条件成熟、方向明确的改革事项，不拖不等，坚决试，大胆改；还要着眼长远，围绕改革目标制定长远计划，明确各阶段的工作重点和实施方案，使各项改革紧密衔接，朝着既定目标整体有序推进。四是处理好“变”与“稳”的关系。战略上要勇于进取，战术上则要稳扎稳打，统筹考虑改革力度、发展速度和社会可承受度；每一项改革政策出台前，要权衡利弊、科学论证，统筹兼顾各方利益，做好社会风险评估，在维护社会稳定的前提下深化改革、推动发展。

（二）重点在五个方面取得突破

1. 在优化投资环境上取得突破。围绕构建开放型经济体系，营造高效规范透明的投资环境，要加快两岸金融中心（湖里片区）建设，用好用足两岸金融合作先行先试政策，大力吸引境内外金融机构尤其是台湾金融机构设立区域性总部或分支机构，积极引进股权投资等新兴金融业态，努力建设两岸区域性金融服务中心；要统筹全区招商资源，对接商事登记制度改革，建立专业化招商引资机制，改进招商服务，提高投资促进水平；要加快转变政府职能，落实新一轮政府机构改革，精简行政审批事项，最大限度下放行政审批权限，让政府、市场和企业各自归位、各尽其责。

2. 在产业转型升级上取得突破。要大力完善促进产业发展的体制机制，强化创新驱动，加快退二进三，打造富有竞争力的产业体系。积极创建国家信息消费示范城市，创新信息消费发展模式，发挥信息化引领作用。出台鼓励引导传统工业企业外迁的政策，创新老工业区改造和异地共建产业园区相结合的模式，加快推进“腾巢换凤”。完善科技服务体系，健全产学研协同创新机制，整合利用科技专项扶持资金，促进企业运用知识产权转型升级，强化企业的创新主体地位。建立现代服务业培育机制，加大产业政策扶持力度，努力打造一批总部经济集聚区、电子商务大厦、文化创意产业园，推进现代服务业发展提速、比重提高、水平提升。

3. 在区域一体化发展上取得突破。破解区域二元结构性矛盾，推动“村改居”社区和城市社区同城化，对我区长远发展和改善民生至为关键。要提高城市化水平，推动完善征地补偿包干制度，建立货币补偿、就地安置、异地安置等多元安置方式，实施“自求平衡、自我改造、自我约束、自我发展”的旧村改造新机制，努力破解征地拆迁难题。要健全公共财政体制，建立城乡均等化的财政保障机制，加大对“村改居”社区的投入，推动完善东部公建配套设施，促进教育、文化、卫生等公共服务均等化，加快区域一体化发展。要强化原村民权益保障，积极稳妥推进集体资产改制，发展社区股份合作经济，落实社区发展用地“富民工程”项目，推广“蔡塘社区发展中心”模式，让群众充分共享城市化成果。

4. 在创新社会治理上取得突破。要以推进美丽厦门共同缔造为载体，加快建立政府主导、社会协调、公众参与的社会治理模式，实现政府治理与社会自我调节、居民自治良性互动。创新基层治理模式，突出简政放权，强化社区的自我管理、自我服务职能，扩大群众参与，建立共同缔造“以奖代补”激励机制，引导多元主体参与社区共治。加快建立完善的社会组织体系，落实社会组织登记管理制度改革，建立社会组织培育孵化机制，完善政府向社会组织购买服务制度，推进社会组织去行政化，激发社会组织活力。全面推进平安湖里建设，健全信访工作机制，完善矛盾纠纷“大调解”体系和源头治理机制，创新立体化治安防控体系，健全公共突发事件应急救援处置机制，提高平安创建水平。

5. 在干部人才队伍管理上取得突破。全面深化改革，需要有力的组织保证和人才支撑。要坚持党管干部原则，完善和落实政府工作部门、街道领导班子和领导干部年度考核评价办法，加强对干部队伍的综合分析研判和考核结果运用，改进年轻干部培养选拔机制，用好各年龄段干部，真正把信念坚定、为民服务、勤政务实、敢于担当、清正廉洁的好干部选拔出来。加大全区处、科级干部和区、街两级干部轮岗、交流任职力度，以部分事业单位整合为契机，推进事业单位干部交流轮岗，不断激发干部队伍活力。进一步修订完善“550”人才计划，创新人才引进、培养和使用机制，努力做到选贤用能、用当其时，知人善用、人尽其才。

四、要以改革创新精神，加强对全面深化改革、建设美丽厦门幸福湖里工作的领导

全面深化改革、建设美丽厦门幸福湖里，需要凝聚全社会的智慧和力量，需要全区上下齐心协力、共同奋斗，需要各级干部以会干肯干敢干干好的良好作风抓落实。

（一）要加强组织领导。区委将成立全面深化改革领导小组，充实区缔造办力量，加强对全面深化改革和建设美丽厦门的统筹协调、整体推进、督促落实。各街道各部门要紧紧围绕深化改革和美丽厦门建设大局，各司其职、各负其责，特别是对任务分解中涉及多个单位的工作，牵头单位要牵头抓总，协作单位要主动配合，形成推进工作的统一步调。要大力支持和保障人大、政协充分履行职能，发挥统一战线、各民主党派和工、青、妇等人民团体的优势和作用，在更大范围内做好统一思想、凝聚共识的工作。要充分发挥群众主体作用，创新联系服务群众机制，畅通群众参与渠道，引导广大群众更加理解

支持、主动参与改革发展和共同缔造行动，聚全区之力推动深化改革，建设美丽厦门幸福湖里。

（二）要强化责任担当。当前改革发展和建设美丽厦门幸福湖里的各项任务繁重，全面完成这些目标任务，需要凝聚各方力量，更需要各级干部的主动担当。要增强忧患意识，充分看到明年国内外经济形势的不确定性和复杂性，清醒认识我区发展还存在不少薄弱环节，把可能遇到的困难估计得更充分一些，把应对的措施考虑得更周全一些，牢牢把握工作的主动权。要善于抢抓机遇，面对十八届三中全会带来改革的制度红利，厦门深化综改试验、推进自贸区建设、建设两岸区域性金融服务中心带来的发展机遇，以及建设美丽厦门带来的作为空间，积极创造条件，主动对接落实，抓住机遇，用好机遇。要敢于攻坚克难，面对各种矛盾和困难问题，拿出逢山开路、遇河架桥的气魄，迎难而上，不等不拖，敢啃硬骨头，努力在推进深化改革、征地拆迁、项目建设、维护稳定等重大任务中破解难题，体现作为、体现价值，切实担当时代和全区人民赋予的重任。

（三）要增强能力素质。要认真落实市委要求，努力提高“三力”，即学习力、执行力、创造力。学习力，只有学习才能不断进步，适应时代发展的要求。要自觉将学习当作一种责任，加强各项知识学习，丰富知识储备，完善知识结构，打牢履职尽责的知识基础；还要善于总结群众的生动实践，借鉴别人的先进经验，努力提高谋划和推进工作的水平。执行力，就是交给你的工作，要结合实际想方设法做起来。习近平总书记强调：“一分部署，九分落实。”抓工作不能停留在层层传达、文来文往上，或当甩手掌柜，要把工作分解到位、责任到人，明确由谁干、干什么、怎么干，这样任务才能落实。创造力，就是形势变了，条件变了，不能一个办法走到底，要有创新精神，创造性地解决问题。工作中总会碰到各种问题，问题面前少说不能办、多想怎么办，少说以前怎么做、多考虑现在怎样做得更好，善于运用改革的手段，采用超常规、不违规的办法解决问题、完成任务。

（四）要抓好作风转变。在市委全会上，市委王书记痛批了领导干部中存在的庸作为现象。庸作为误事误民，为害不浅，我们要引以为戒。要大兴实干之风，大力倡导会干肯干敢干干好的工作作风，对认准的事、既定的部署，拿出真招实招，专心致志、持之以恒干下去，干一件成一件，不达目标不罢休。要坚决贯彻群众路线，扎实开展群众路线教育实践活动，下大力气整治形式主义、官僚主义、享乐主义和奢靡之风这“四风”方面存在的突出问题，以优良的作风取信于民。要深化勤廉双优，强化绩效管理，加强效能问责，严肃处理“慢作为、庸作为、虚作为、不作为、乱作为”的人；严格执行中央八项规定等相关制度，加强对党员干部的教育、管理和监督，严肃查处违法违纪行为，营造风清气正的创业氛围。

同志们，全面深化改革的号角已经吹响，建设美丽厦门的蓝图已经绘就。让我们在市委的坚强领导下，解放思想，开拓创新，奋力作为，勇于担当，努力在全面深化改革、建设民富区强美丽幸福湖里中建功立业，共同开创特区发祥地更加灿烂美好的未来！

政府工作报告

——2014年1月9日在湖里区第七届人民代表大会第三次会议上

区长　张毅恭

各位代表：

现在，我代表湖里区人民政府，向大会作工作报告，请予审议，并请区政协委员和各位列席人员提出意见。

2013年工作回顾

2013年，在市委、市政府和区委的坚强领导下，在区人大和区政协的监督支持下，我们团结带领全区人民，深入学习贯彻党的十八大和十八届三中全会精神，着力转方式促提升、抓项目促增长、惠民生促和谐，较好地完成了区七届人大二次会议确定的工作任务。全年实现地区生产总值700亿元（预计数，下同），增长12.0%；规模以上工业总产值1485亿元，增长16.0%；财政总收入106亿元，增长20.3%，其中区级财政收入32.9亿元，增长26.9%；社会消费品零售额280亿元，增长15.0%；完成全社会固定资产投资232亿元；城镇居民人均可支配收入43520元，增长10.0%；节能减排指标预计可以完成。各项主要经济指标增长位居全市各区前列。获评全国社区教育实验区、福建省双拥模范区、福建省劳动合同制度实施示范区，顺利通过“2011—2012年全国科技进步区”考核、全国文明城市检查、省级文明城区复查，创建国家级慢性病综合防控示范区工作获全省总分第一。

一年来的主要工作和成效是：

一、经济实力持续提升

产业转型步伐加快。加大企业扶持力度，累计安排2.07亿元扶持总部经济、重点制造业、电子商务等行业的发展。成立全市首家小额贷款公司，缓解小微企业融资难题。积极推进企业上市工作，欣贺服饰、亿联网络、好利来科技、鹭燕（福建）药业等9家高成长型企业加快上市步伐。先进制造业实力增强，宸鸿科技、联想移动等18家产值10亿元以上重点企业产值占全区工业总产值的78.7%。加快推进产业创新，引进太古部件维修（厦门）有限公司，落户镁尔捷能源科技、点晶石网络科技等双百项目11个，完成企业技术对接项目55个。高新技术产业不断壮大，辖区现有高新技术企业220家，总收入占全市的42.3%。吉比特网络、雅迅网络、趣游科技等软件企业加快发展。引导传统工业企业外迁，积极开展飞地工业园区建设调研洽谈工作。实施商标品牌战略，新注册商标4921件，新认定省著名商标8件、市著名商标17件。第三产业发展强劲，增加值占GDP比重达47.0%，其中商务、物流、金融及新型房地产业增加值260亿元，占全区第三产业增加值的81.0%。电子商务发展迅猛，限额以上电商企业零售额增长163.6%，占全市76.0%。商贸业进一步发展，东部商圈逐步繁荣，凤湖商圈、江头商圈业态不断升级。总部楼宇经济加快发展，新确定37家总部企业，新增亿元税收楼宇5幢。

项目建设扎实推进。开展“大包干”政策试点，有序推进土地房屋征收，完成征地809.8亩，拆迁房屋55万平方米，公开出让10幅地块，总用地面积24.9万平方米。大力推动征地拆迁资金垫付、逾期过渡费、乌石浦改造等历史遗留问题的解决，积极争取市政府对82个涉及资金95.8亿元的老项目进行批量清理结算。加快安置房建设，启动墩上岭下、福厦公铁大桥项目安置返迁工作。完善项目建设推进机制，健全项目挂钩联系制度，扎实推进“五大战役”，38个区级重点项目累计完成投资70.1亿元，超额完成年度投资任务，市级重点项目提前半年完成投资任务。轨道交通1号线（湖里段）项目准备工作有序展开，两岸金融中心的鼎泰和、众赢国际等8个项目实现开工，T4航站楼、航空港物流中心、闽南古镇、五缘湾特易购、中央湾区等项目进展顺利。加快推进“三旧改造”，完成湖里老工业区、濠头片区等控制性详细修编工作，联发3、4号厂房改造建成海峡建筑设计文创园，华信石油、五矿大厦、名鞋库等项目改造取得进展。

选商引资成效显著。合同利用外资3.86亿美元，实际利用外资2.66亿美元，引进内资255.5亿元，超额完成市下达的目标任务。新设立5000万元以上内资项目37个，增资5000万元以上项目52个，恒安增资3.8亿元建设恒安国际广场和希尔顿逸林酒店。加快推进东部总部集聚区招商，主动对接中国工艺集团南方总部、中城建惠农资本等央企项目，IOI、裕景等总部项目，金利丰金融集团、英蓝集团等金融项目意向入驻两岸金融中心。厦门市两岸股权交易中心签约落户。金日集团直销总部、亿联网络等总部项目入驻湖里高新技术园。对接邮轮母港新城建设和厦门国际邮轮母港集团的成立，做好香港招商局集团、美高梅等大型办公、商业综合体项目的跟踪促进工作。积极开展省民企对接活动，完成民营企业对接项目66个，投资总额177.1亿元。做好“9·8”招商工作，共洽谈推进项目55

个，投资总额326亿元，项目对接成果位居全市第二。

二、城市功能持续完善

基础设施明显改善。开展“美丽厦门共同缔造”活动，实施完善“村改居”市政设施等32个行动项目。投入3659万元，实施海天路、悦华路西段、枋湖路东段等7条道路改造。投入4200万元改造提升五缘湾、湖边水库、枋湖片区、湖里老工业区等绿化景观，实施金尚路、仙岳路等立面整治、夜景提升以及飞机航道下殿前片区屋顶绿化美化工程，启动佛祖山社区公园建设，加快薛岭山北门入口和上山步游道等建设。投入967万元改善环卫基础设施，新建7座清洁楼、3座公厕、4座环卫职工爱心服务点。安排800多万元专项补助资金，建设和改造“村改居”社区自来水管网、路网、公厕、排污沟等公共设施。集中整治内陆水域的防洪排涝、污水排放，改造新丰水库、埭辽水库，推进中埔、环岛路、湖边水库截污工程。

城市管理明显提升。完善《湖里区城市管理考评奖惩办法》，投入6892万元，开展“村改居”社区环卫一体化管理和道路清洗等工作。蔡塘“村改居”社区小区式市容与环卫管理模式在全市推广，“村改居”社区市容环境卫生管理在市级历次考评中位列第一。积极推动7个小区纳入全市老旧住宅小区改造整治。推进“数字城管”建设，建成“数字城管”指挥中心一期并投入试运行。大力开展枋湖路等占道经营专项整治，辖区主干道占道经营现象得到基本遏制。改造规范台湾街、禾山路等13条城区道路的广告店招。扎实开展道路交通安全综合整治行动，投入350多万元增设道路隔离护栏、完善校园周边等道路交通安全设施，推动完成公交网线始末场站规划设计，协调增开4条公交线路，开通全市首条“社区公交”。加强机动车停放秩序整治，新划设一批停车位，查处各类交通违法行为59.7万起。推行城管网格化管理，严厉打击违法建设，查处违建296起，实现了非法占地违法建设“零形成”的目标。深化文明城区创建活动，通过全省城市（区）文明程度指数测评，未成年人思想道德建设工作获得全省第一。推进重大污染企业转型，改造、关停一批污染严重企业和项目。

社区建设明显加强。深化完善社区网格化建设，52个社区均建立了网格管理综合信息服务平台。积极推进社区服务站“一站式”服务标准化建设，打造社区综合服务平台。协调解决塘边、金海等7个社区的用房问题。开办全市首家社区大学—高殿社区大学。建立“补贴启动、奖励先进”机制，推动10个社区开展试点工作，提升社区服务水平。推进新孵化园建设，新扶持培育3家民办社工机构。出台《政府购买社会工作服务项目实施办法（试行）》，推进政府购买社工服务社区全覆盖。殿前街道荣获第五届全国服务农民、服务基层建设先进集体。和通社区荣获“全国侨务示范单位”，欣华社区荣获“全国志愿者服务示范社区”，岭下社区荣获“全国综合减灾示范社区”，金安社区荣获首届“全国敬老文明号”称号。

三、社会事业持续发展

教育文体卫生等事业协调发展。投入教育经费8.74亿元，积极创建全省“教育强区”。新建扩建县后小学、林边小学等8所中小学校，新建湖里实验、加州花园等2所公办幼儿园，开办高林南区等5所公办、集体办幼儿园。加强师资队伍建设，新招聘189名教师，实施公、民办学校结对帮扶办法，教育教学质量不断提升，中、高考成绩再创佳绩。区教师进修学校获评全国示范性县级教师培训机构。完成国家公共文化示范区创建任务，基本建成覆盖全区、功能完善的基层文化服务网络。区青少年校外体育活动中心主体封顶，区老年活动中心用房改造进入装修阶段。大力推广“幸福广场秀”活动，成功举办元宵民俗文化节、城市诵读节、社区文化艺术节、福德文化节、“中国俱乐部杯”帆船赛等品牌活动。广泛开展全民健身和各类体育竞赛活动，第19届市运会金牌总数及团体总分全市第二。建成并启用湖里区公共卫生综合楼，助推厦门眼科中心动工扩建。大力开展“健康服务走进社区”活动，顺利通过省地方病“十二五”防治规划中期考核评估。规范医疗和计生服务环境，有效防控H7N9等流行性疾病，立案查处“两非”案件48　件、非法行医案件62件，取缔无证行医68处，出生人口政策符合率达91.7%，出生性别比降到104.4，免费孕前优生健康检查覆盖率100%，区人口计生工作获得全市一等奖，江头街道获评全国人口计生依法行政示范街道。

民生保障水平不断提高。出台新一轮促进就业优惠政策，实现城镇各类人员再就业12364人，完成劳动技能鉴定1406人、农民工技能提升培训1469人，兑现各项优惠金1589.6万元，审核发放灵活就业人员社保补贴4804.6万元。及时足额落实参保人员各项社会保险待遇。大力解决失地、失海居民的生活保障问题，积极推动新发展用地建设，已落实或正在办理手续的新发展用地16块，总用地面积超过40万平方米，枋湖社区发展中心即将开工，江村社区发展中心近期封顶，蔡塘社区发展中心进入全面装修并争取到市政府补助1160万元。积极推动东部6个地块生鲜超市项目建设。出台《湖里区困难家庭临时救助实施细则（暂行）》《湖里区关爱专项资金管理使用暂行办法》，发放一次性动态生活补助金152.6万元、各类慰问金254.5万元、慈善款物1123万元。无偿为1361名群众提供法律援助，案件受理数位居全省第二位。筹集资金近千万元，为辖区老人购买居家养老社会工作服务。认真做好保障性租赁住房、经济适用房申请受理工作，发放住房租金补助647.9万元。开展食品安全系列整治行动，率先建立食品安全监管长效机制。

社会保持和谐稳定。深化“平安湖

设，巩固提升文明城区创建成果，打好省检、国检攻坚战。

三、着力增进民生福祉，不断提升社会保障能力

坚持为民发展，发展为民，持续加大社会事业和公共服务投入，不断提高民生保障能力，提升群众幸福指数。

抓好教育均衡发展。开办林边小学、新蔡塘学校，启用县后小学扩建项目，新增中、小学学位4300个；开办湖里实验等4所公办幼儿园、回收4所国有民办幼儿园，增加公办学位2340个。完成湖里中学、东渡小学、高崎小学、厦门三中等拆除重建项目，确保下忠学校主体竣工，力争动工建设塘边、新港等3所幼儿园，力促街道和社区新办一批集体公益性幼儿园。积极推进素质教育，引进10名“550”高层次教育人才，进一步提升教育教学质量。研究出台进城务工人员随迁子女就学新办法，统筹民办学校招生，完善民办学校绩效考评办法。确保通过省级“教育强区”评估验收。

抓好就业和社会保障。实施新一轮促进就业优惠政策，继续开发公益性岗位安置就业困难人员。推广“1+1创业”培训，加大创业及带动就业奖励力度，扶持居民创业，鼓励带动更多居民就业。落实统筹城乡养老保险政策，扩大社会保险参保覆盖面，逐步提高居民养老待遇。推进辖区城乡居民基本医疗保险全覆盖和医疗救助“一站式”结算服务，逐步提高基本医疗保障水平。推进建立与物价变动挂钩的补贴机制，保障低收入家庭基本生活。完善慈善捐助减免税制度，发挥慈善事业扶贫济困作用，建设社区慈善驿站，开展救灾捐赠和经常性捐赠慈善活动；进一步拓宽募捐筹资渠道，支持红十字事业发展。实施“两个关爱”工程，大力开展“六爱六助”系列活动，帮扶救助更多困难群众。

抓好公共服务建设。加大基层公共文化基础设施建设，完善公共文化服务体系，建成并启用区青少年校外体育活动中心、区老年活动中心，推进区职工文体中心、区社会福利服务中心项目建设，做好区文化馆、图书馆的迁建工作。推广吕岭社区文化志愿者“自助式”管理模式，开展读书公园系列活动，增配一批24小时自助图书机。继续开展“幸福广场秀”活动，打造一批新的示范点，不断丰富基层文化活动。启动五缘湾综合医院建设，加快厦门眼科医院扩建进度，支持区妇幼保健院创建二级甲等妇幼保健医院。探索推行社区公共卫生服务机构市、区共管模式，动工建设殿前街道社区卫生服务中心，启动禾山街道社区卫生服务中心新增用房改造，分批增设社区卫生服务分中心。持续开展打击“两非”和非法行医专项整治行动，建成国家级慢性非传染性疾病防控示范区。全面实施“生育文明·幸福家庭”促进计划，加强人口文化建设，完善利益导向措施，继续稳定低生育水平，促进出生人口性别比保持正常值。认真贯彻落实新“两纲”，扎实做好妇女儿童工作。做好保障性住房申请受理和“三年一审”工作。

四、着力改革创新，不断提升发展活力

改革创新是谋求新发展、实现新突破的根本所在。必须坚持把改革创新精神贯穿于建设美丽厦门幸福湖里的各领域、全过程，努力激发市场和社会的内在活力。

着力体制机制创新。大力推进政府职能转变，认真落实新一轮政府机构改革，稳妥推进事业单位分类改革，进一步理顺政府与市场关系，减少对微观事务的干预。创新政府服务管理方式，加快行政审批制度改革，配合推进厦门申报自贸区，落实商事登记制度改革和负面清单管理，推进行政资源和社会公共资源配置市场化改革，发挥市场在公共资源配置中的决定性作用，努力促进投资环境国际化。加快投融资体制改革，推进投融资平台建设，完善金融服务体系。修订完善财政扶持政策，推动优势主导产业、自主创新企业做大做强，促进产业结构转型升级。积极推动对台先行先试，加强对台经贸、教育、文体、人文等交流合作。推进公共服务领域的社会化改革，探索社会事业公办民营融资模式，鼓励社会资本参与兴办教育、医疗、卫生、文体、养老等社会事业。深化国有企业改革，完善国有资产监督管理体系，实现国有资产保值增值。

着力社会治理创新。深化落实社会稳定风险评估机制，创新社会管理综合防控体系，实行社会防控网格化管理，发展壮大治安志愿者、社工等群防群治力量，建立健全社会治安重点整治长效机制。持续推进综合警务机制改革，依法严厉打击各类违法犯罪，不断增强群众安全感。进一步完善“大调解”工作体系，拓宽群众诉求表达渠道，推进行业性、专业性调委会规范化建设，建立区医患纠纷调解中心，深入开展矛盾纠纷排查调处活动，促进社会稳定和谐。加强劳资纠纷隐患排查预警，做好突发群体性劳资纠纷事件处置，构建和谐劳动关系。强化公共安全监管，严厉打击食品药品领域犯罪活动，加大消防安全、危险化学品、建筑施工、客货运输等重点领域、行业的监管力度，进一步落实企业安全生产主体责任，实现全区安全生产形势持续稳定好转。加强“六五”普法工作，推进社区矫正服务中心和社区服务基地建设，创新平安建设长效机制。

着力社区建设创新。深化社区“五二工程”建设，开展全国和谐社区建设示范城区创建活动，继续打造一批建设全面、特色突出、具有引领标杆作用的品牌社区。加强社区网络化、信息化、精细化建设，推进街道网格管理综合信息服务平台建设，实现街、居两网对接。推动社区一站式服务、社会工作服务和居务公开标准化建设，实现社区服务全覆盖。建立社区治理多元主体参与机制，进一步理顺社区职能，切实减轻社区负担。出台社区用房建设及管理使用规定，统筹解决部分社区用房问题。创新“美丽厦门共同缔造”体制机制，树立决策共谋、发展共建、社会共管、成果共享的理念，动员广大居民群众积极参与建设美丽湖里行动，引导驻区单位和基层各类群体依法有序参加社区“同驻共建”，健全“以奖代补”的激励机制，继续推行社区建设试点工作，推动改造完善一批老旧小区软硬件设施；推行社区事务听评会制度，提高社区居民自我管理、自我服务能力。加强社会工作人才队伍建设综合试点工作，培育发展民办社工机构，推行政府购买社工服务。开展“三关爱”志愿服务，完善志愿服务长效机制，提升社区服务管理水平。

五、着力优化政府服务，不断提升行政能力

全面深化改革、建设美丽厦门幸福湖里，需要努力打造依法行政、公正透明、廉洁高效的服务型政府。

全面推进依法行政。加强民主法制建设，实行科学民主决策，坚持把行政决策纳入法制化轨道，建立专家咨询、评估机制，完善重大决策合法性审查机制，实现决策权力和决策责任的有机统一。坚决执行区人大及其常委会的决议、决定，自觉接受人大、政协监督，广泛听取社会各界的意见建议，认真做好人大代表议案、建议和政协委员提案的办理工作，完善办理机制，提高办理质量。全面落实行政权力公开透明运行，加大政府信息公开力度，创新行政执法监督模式，强化对行政权力的监督制约。健全规范性文件事前审查和事后备案制度，推行依法行政示范单位创建工作。

努力提高服务效能。扎实开展党的群众路线教育实践活动，大力加强作风建设，创新政府服务方式，清理整合考核、评比、检查等项目与内容，为基层群众提供优质、便捷服务。继续深化效能建设、“勤廉双优”活动，整治“庸懒散奢”等不良作风，开展“四风”整治，简化办事程序、压缩办事时限，提升“马上就办、办就办好”的实效。推进电子政务、电子公共服务等互联互通、资源共享，抓好区行政服务中心、街道便民服务中心标准化建设，强化网上办事公开平台日常管理，推进办事公开标准化建设。加大履职监督和效能监察力度，加强对重大决策部署贯彻落实情况的监督检查，完善绩效考评评估体系，强化行政问责，推动建立纠风工作长效机制。

不断深化廉政建设。坚决落实党风廉政建设责任制，深化廉政风险防控，加强重点工程、重点领域、重点环节和重点部门的监管。认真落实中央“八项规定”，严格执行《党政机关厉行节约反对浪费条例》和《党政机关国内公务接待管理规定》，强化预算管理，严格控制“三公”支出，改进文风、会风。进一步加强公务员队伍建设，强化行政监察和审计监督，严肃查处违纪违法行为。

各位代表！空谈误国，实干兴邦。让我们在市委、市政府和区委的坚强领导下，同心同德，奋力拼搏，改革创新，开拓进取，为建设美丽厦门幸福湖里而努力奋斗！

名词解释

1.“三维”招商：央企、外企、民企招商。

2.社区公交：作为主干线公交线路的补充，是解决小区居民出行“最后一公里”难题的微循环公交系统，类似BRT链接线。

3.“五大战役”：省委、省政府提出的经济建设“五大战役”，包括重点项目建设战役、新增长区域发展战役、城市建设战役、小城镇改革发展战役（湖里区为旧村改造战役）和社会事业民生工程战役。

4.小微企业：小型企业、微型企业、家庭作坊式企业、个体工商户的统称。

5.“三乱”：乱涂写、乱张贴、乱悬挂。

6.“两非”：非医学需要的胎儿性别鉴定、非医学需要的人工终止妊娠。

7.“550”高层次人才：湖里区为实现人才强区战略而制订的计划，即5年内引进和培育“高层次创新创业人才、重点产业紧缺人才、台湾专业人才、民生急需人才、党政管理人才”等五大类、每类约50名的高层次人才。

8.数字化城管：依托计算机网络技术、移动通信技术等多种数字城市技术，进一步提高城市管理水平和管理效率。

9.“两纲”：《中国妇女发展纲要（2011—2020年）》和《中国儿童发展纲要（2011—2020年）》。

10.“大调解”体系：在党委的统一领导下，建立综治部门综合协调，有关部门各负其责，以人民调解为基础，人民调解、行政调解、司法调解既充分发挥作用，又相互衔接配合，综合运用多种手段化解社会矛盾纠纷的工作机制。

11.文明创建“五化”工作法：标准化、精细化、品牌化、常态化、责任化。

12.社区“五二工程建设”：包括完善社区组织和社区服务两个体系，建设社区工作人员和志愿服务两支队伍，搭建社区综合信息服务和社区公建设施两个平台，完善社区社会工作和文体活动两个项目，形成社区矛盾纠纷联排联调和共驻共建协调两个机制。

13.“三关爱”：关爱他人、关爱社会、关爱自然。

14.“六爱六助”：针对户籍在湖里区且常住在本辖区的特别困难家庭、低收入家庭、困难老人、困难残疾人、孤儿、困难优抚对象以及民政部门认定应当予以关爱救助的特殊家庭和人员，提供助困、助残、助老、助特、助医、助灾等六类救助。

15.“五四三”治安防控工程：出租户管理做到一个管理员、一本登记簿、一个民警提示、一个监控探头、一扇技防门等“五个一”，社区防控措施具备平安眼、平安铃、平安员、平安街等“四平”，工作机制实现治安管理网络化、出租管理等级化、热点整治常态化等“三化”。

16.“三公”经费：用财政拨款开支的因公出国（境）经费、公务用车购置及运行费、公务接待费。

大事记

1月

3日　福建省首届成人公开水域游泳锦标赛暨“禾山杯”2013年海峡两岸畅游冬泳活动在五缘湾沙滩举行。共有39支5百多冬泳爱好者参加，厦门、漳州和福州分获团体前三名。

4日　湖里区召开区委七届七次全体（扩大）会议。会上，区委副书记、区长张毅恭简要回顾了2012年湖里区经济社会工作情况及部署2013年重点工作，区委书记刘育生代表区委常委会作了《凝聚全区力量，会干肯干敢干，为建设民富区强和谐幸福湖里而努力奋斗》的大会报告。

7日　湖里区首支正式挂牌的社区艺术团在禾盛社区成立。该团有声乐、器乐、戏曲（曲艺）、舞蹈、主持礼仪、绘画书法及工艺培训等7支队伍，近400人。

14日　湖里区慈善会举行“情暖湖里迎新春”行动，为300位特殊困难老人发放30万元慰问金，每位老人收到1000元的“红包”。

26日　五通码头新候船楼工程全面启用。新出境大厅面积1500平方米，旅客通道数增加至12个。

2月

1日　厦门口腔医院蔡塘总院投入使用，缓解湖里区东部居民看病难题。

24日　厦门第九届元宵民俗文化节在红星美凯龙开幕。本届文化节共包含大小活动19项。

26日　为期一个月的湖里春季企业用工招聘会在五缘湾乐购广场启动。此次招聘会共有386家企业进驻，提供1.8万个岗位，吸引6000多名应聘者。

27日至3月1日　区委书记刘育生、区长张毅恭、区政协主席林凡和挂钩联系街道的相关区领导及部门负责人，到5个街道调研检查一季度工作。

29日　2000多户低保边缘户以及400多户退休劳模和烈属等，提前收到来自湖里区慈善会的爱心“年夜饭”。这些“年夜饭”总价值超过73万元，平均每份价值300元。

是月　龙润商务中心正式开工建设。该中心是厦门市首批“三旧”改造项目，位于东渡路紧邻国际邮轮母港地段，建筑面积6000平方米，用地面积4424.39平方米，总投资5000万元。

是月　正阳直升机旅游服务中心投入试运营，占地面积3万平方米，基础投资1.5亿元，是福建省首个直升机观光旅游基地。

3月

1日　即日起，湖里“失独”家庭每人每月补助1000元，由市、区、街共同出资，直至再生育或合法收养为止。

是日　《湖里区困难家庭临时救助实施细则（暂行）》正式实施，因医治危重疾病、遭遇火灾车祸等突发意外和子女教育造成负担过重的困难家庭，可向街道、民政部门申请救助，其中，因病致贫的困难群众获得的救助金最高可达3万元。

8日　下午，在SM东长廊举行“江头街道2013年度企业用工专场招聘会”。邀请98家企业参加，带来2000多个就业岗位。

16日　湖里区七届人大二次会议召开。市人大常委会副主任杜明聪出席开幕式。与会代表听取湖里区政府工作报告，并展开讨论。出席政协湖里区七届二次会议的全体委员列席会议，听取并讨论“一府两院”工作报告。17日，湖里区“两会”闭幕。

是日　厦门市湖里区社区矫正工作心理测评系统正式投入使用，是区司法局与厦门爱恩心理咨询中心合作启动“打开心墙”社区矫正心理干预系统中的一部分。

17日　金山街道在BRT车站附近举行大型招聘会，100多家企业参与其中，推出3000多个岗位，吸引近万名求职者前来应聘。

30日　湖里区最大的图书馆——殿前图书馆正式启用。该馆建筑面积920平方米，设有书刊借阅区、少儿阅览区、电子阅览区、文化信息共享工程基层点、科技活动室等。2012年8月开始筹建，总投入185万元。馆内藏书3万册。

同日　湖里区2012年度纳税企业表彰大会召开，152家纳税先进企业受到表彰。其中，全年纳税额过亿的有8家。

是月　湖里区对校园周边文化市场开展整治行动，依法取缔“黑网吧”3家，暂扣电脑65台，销毁电子游戏机14台。

4月

9日　厦门首座健康养生城——绿金谷国际养生中心在湖里街道联发5号厂房落成开业。养生城建设面积1.9万平方米，总投资5500万元，是集国医中药养生、高端医疗服务等产业于一体的健康产业资源运营管理平台。

是日　厦门市首个诉调对接中心——湖里区人民法院诉调对接中心正式挂牌成立。该中心主要负责诉前调解，调解协议确认，小额诉讼、物业纠纷和群体性劳动争议案件的审理，制定调解工作制度，管理调解员，案件对外委托调解、无讼创建等工作。

18日　湖里诚泰小额贷款股份有限公司开业。该公司由金圆集团旗下的市担保公司发起，是厦门市首家获准筹建、首家获批开业和首家正式授信的小额贷款公司。

20日　第五届厦门（湖里）城市诵读节暨湖里悦读季在湖里万达广场举行，吸引上万名市民参与。

25日　首批“海峡两岸（厦门）交流基地”授牌仪式在厦门上古文化艺术馆举行。厦门惠和石文化园、厦门上古文化艺术馆、厦门市福德文化联谊会被市台办授予“海峡两岸（厦门）交流基地”称号。

28日　“关爱老人善行天下”大型公益系列活动在厦门万禹国际广场启动。万禹国际广场与湖里8个社区签署购买一年“居家养老”社工服务项目协议，对这些社区70岁以上近6000名的老人提供专属家庭护理综合服务，是福建省首家购买居家养老服务的企业单位。

是月　截至当年第一季度，湖里区GDP增速连续9个季度名列全市各区第一，并在全国29个副省级以上城市主要城区中居榜首。

是月　湖里公安分局联手市公安局相关部门，经过数月努力，成功摧毁一个广西籍盗销一条龙特大扒窃团伙，抓获14名犯罪嫌疑人，缴获赃物手机300余台。

5月

是月上旬　湖里区投入200万元，组织实施7批“幸福工程—救助贫困母亲”项目，惠及人口273户930人。

15日　第五届海峡杯帆船赛在五缘湾帆船港开赛，来自海峡两岸的8支船队参赛。

17日　湖里区财政国资党委与区检察院签订廉洁保障共建协议，根据协议，湖里区财政国资党委与区检察院建立联席会议制度。拟建立廉政信息交流平台，加强干部的法制教育与政治教育。

19日　湖里区率先全市挂牌成立党代表社区服务站与党代表联络工作室，并同时在康乐、兴园、金尚、禾欣、金安5个社区开展驻站党代表集体接待日活动。

29日　湖里区教师进修学校在国家教育部面向全国启动的新一轮评估认定中，被教育部认定为全国县级示范性教师培训机构。全国有47家，福建省有2所学校获此荣誉。

30日　湖里区教师进修学校被教育部认定为全国县级示范性教师培训机构。福建省获得认定的该类机构只有2家。

30—31日　“中国机场发展大会”在上海召开，厦门高崎国际机场获“最受推崇国际机场”称号。

5—9月　湖里13个党代表联络工作室和52个社区党代表社区服务站全面启用。605名区、街党代表每周六固定到所联系的社区服务站轮值接访群众。共接待党员群众1334人次，收集群众意见895件，办结835件。

6月

1日　忠仑公园儿童园开园，该园由嬉戏游乐区、感知体验区、奇趣探险区和传统游戏区四大区组成。

3日　岛内最大的露天垃圾场旗山垃圾场正式关闭，全市最大的“村改居”社区高殿社区，结束十多年靠露天垃圾场转运垃圾的历史。

7日　18时20分一辆载满乘客的BRT公交车途经金山站南500米处突然起火，共造成47人死亡、34人受伤。经查，本次火灾是厦门人陈水总为发泄对社会不满而纵火，其本人也在这次火灾中丧生。

17日　厦门海堤公园建成。公园内建有海堤纪念馆、休息廊、中心广场、海堤石小品和停车场等设施，纪念碑和观堤亭也纳入其中。纪念馆里展出海堤建设珍贵的资料，通过图片文字、实物道具、模型雕塑和多媒体等形式，展现厦门建设海堤移山填海的伟大壮举。

17日　湖里蔡塘学校、江头中心小学6堂“先学后教·反馈矫正”示范课向全省网络直播，全省近5000名师生观摩学习。

21日　福建省首个出口电光源及灯具质量安全示范区在湖里区正式启动，示范区首批入选企业55家。

是日　湖里区安全生产大检查正式启动，湖里区委区政府组织公安、消防、安监、质监等部门，组成6个检查小组，对辖区内的企事业单位和人员密集场所开展安全生产检查。此次检查着重开展隐患排查和重点行业领域“打非治违”。

23日　经市统计部门核准，2013年1—5月，湖里区合同利用外资增幅、规模以上工业总产值以及增幅3项主要经济指标位居全市各区之首。

是日　厦门市首个社区发展用地建设试点项目——蔡塘社区发展中心正式封顶。该项目用地面积3.1万平方米，建筑面积12.89万平方米，总投资5.5亿元，集商贸、餐饮、休闲娱乐于一体多功能城市综合体，是厦门首家由居民集资入股兴建的城市综合体。

25日　湖里区党群活动服务中心在殿前街道正式启动，这个建筑面积近3000平方米的活动中心成为党员群众又一个“家”。

是月　湖里区获第五批“全国社区教育实验区”称号。

上半年　湖里区电商企业网络零售额位居全市第一，限额（销售额超500万元）以上电商企业实现零售额10.65亿元，占全市同类企业零售额的81.8%。

7月

2日　全省首个政府投资项目信息管理系统在湖里区正式上线运行。

4日　湖里区公布2013年的小学招生办法，全面实行网上预报名，外来务工人员子女首次按满足条件的年限来作为优先派入公办小学的依据，即符合条件的年限越久，越先派位。

是日　湖里公安分局和湖里区城市管理行政执法局联合推动区委、区政府投入千万余元专项资金，用于建设覆盖全区的视频监控系统，提升社会综合管理水平。

5日　湖里区第五届社区文化艺术节在五缘湾乐都汇广场正式启动。文化节期间举行广场舞、美术、书法、摄影等多项比赛。

11日　湖里区网上行政审批系统正式上线运行。首批进驻发改、教育、建设、市政园林、文体、投促、安监、人社、卫生9个部门77项审批事项。

是日　市人口计生委联合湖里区在SM广场举办“纪念世界人口日专场文艺演出”。演出包括歌曲、舞蹈、相声、器乐、魔术等内容，宣传计划生育、青少年生殖健康、优生优育、奖扶政策。

12日　马来西亚巫统干部考察团到金山社区参观考察，重点了解社区建设“全国学习型家庭示范区”工作情况。

17日　由区经发局携手阿里巴巴共同举办的第二季“闽汕网商达人赛总决赛厦门站”在翔鹭国际大酒店举行。此次网商达人赛活动历时4个月，经过海选、初赛、区域决赛层层选拔，最终7名网商从闽汕大区脱颖而出。

是月　东渡港区1#—4#泊位货运功能的搬迁工作启动，该泊位区将在3—4年时间内发展成为与城市功能融合的邮轮母港及相关服务功能区。

8月

1日　厦门首条社区公交线路在禾山街道正式开通。是主干公交线路的补充，用来解决市民出行“最后一公里”的难题。

5日　湖里公共卫生楼举行揭牌仪式。该卫生楼2009年年底开工，占地面积近1.3万平方米，包括2栋十一层建筑、1栋五层连廊建筑、一层地下室，总投资1.78亿元，是湖里区最大的公共卫生事业项目。

24日　湖里区进行公办小学一年级招生电脑派位。针对部分外来务工人员随迁子女未能派入小学就读的情况，湖里区政府想方设法挖潜扩容，增加民办小学班次和学位，对未派入公办小学的随迁子女进行民办小学派位，并对符合派位条件且愿意到岛外公办小学就读的随迁子女给予交通补助，对扩班的区属民办学校给予教学设备补助。多措并举，使外来务工人员随迁子女就学问题得到基本解决。

25日　湖里区工会组织区第三届职工技术大赛，分为水果拼盘和烘焙制作两个项目，共有24个单位、58名选手参赛。

是月　湖里区在福建省卫生厅对全省申报国家级慢性病综合防控示范区进行综合考评中，以总分1132分位列第一，通过省级考评，达到申报国家级创建标准。

是月　在新一轮全省文明指数测评中，湖里区未成年人思想道德工作以问题最小最少再获得第一名。

8—11月　“2013年湖里购物节”正式开幕，万达广场、SM城市广场等大型商场及近百家中小商家参与。

9月

11日　岛内唯一民族幼儿园——钟宅幼儿园开园。该园是由钟宅畲族社区创办的一所集体公办性质的幼儿园。占地3100平方米，有9个班，在园幼儿280人。

18日　湖里区为建设“美丽厦门”

启动“深度帮扶”民办学校工程，涉及公民办学校试卷共享、相互听课、共同备课，教学设备捐赠等。

24 日　第六届福德文化节在厦门市湖里区开幕，来自海峡两岸和东南亚、美国等十多个国家的 2000 多名信众，齐聚厦门交流福德文化信仰。此次福德文化节以“文化同根、福祉同享、梦想同圆”为主题。

26 日　张涵、张辉和刘元飞三兄弟获“第四届全国道德模范”称号。

是月　投洽会期间，湖里区洽谈推进项目 55 个，总投资额 326 亿元。其中，纳入厦门团成果统计外资项目 9 个，合同利用外资 3.03 亿美元，项目对接成果位居全市各区第二。

10 月

4 日　主题为“美丽厦门·扬帆远航”的第九届中国俱乐部帆船挑战赛在厦门五缘湾帆船港扬帆开赛。来自上海、厦门、海南、深圳等地的 31 支代表队约 220 名帆船高手参赛。

8 日　全国妇联权益部部长蒋月娥一行到兴华社区进行反家暴工作调研。

12 日　厦门举行两岸金融中心核心启动区项目签约仪式。中国工商银行、平安银行、安邦金融中心、瑞达国际金融中心 4 家金融企业签署入驻片区意向协议，是首批签约企业。

是日　湖里区专门为外来员工子女设立的“希冀”关爱基金援助项目——“希冀班”在湖里实验中学开班，40 名品学兼优的外来员工子女入学。“希冀”关爱基金由湖里团区委与区青年企业家协会共同创立，募集资金超过 10 万元。

20 日　湖里中心小学“鹭帆”管乐团参加首届“中国青少年鼓管乐展演活动”，与来自全国各地的 13 只代表队同台竞技，获得此次比赛的金奖、最佳演奏奖、最佳创作奖、优秀组织奖 4 项奖项。

是月　殿前街道的《社区青年志愿者培训基地建设的实验》《青少年心理健康教育实验》，湖里街道的《外来务工人员教育培训模式的实验》和禾山街道的《面向弱势群体开展教育培训活动的实验》被教育部确定为 2013—2014 年全国社区教育实验项目。

11 月

8 日　第六届厦门国际游艇展在五缘湾游艇帆船港开幕。展会共有 160 家参展商，其中境外展商近 20 家，300 多艘国内外知名船艇、近 400 个品牌在五缘湾登场亮相。

8—11 日　第九届中国俱乐部杯帆船挑战赛第二赛段在五缘湾扬帆开赛，8 支队伍参赛，最终蓝海游艇队夺得“大贝壳”杯。

11 日　福建省第二届成人公开水域游泳锦标赛在五缘湾沙滩附近海域举行，湖里区游泳协会获得团体第三名，郑可心获女子 D 组冠军。

16 日　金门珠山薛氏宗亲首次到湖里区寻根谒祖，成立首届海峡两岸薛氏宗亲联谊会，举办祭祖、踩街等活动。

20 日　湖里区举办首届“技能之星”比赛。比赛分为电工、缝纫工两个项目，辖区企业 21 名电工和 27 名缝纫工参加。

27 日　圭亚那人民进步党、牙买加人民民族党、格林纳达新民族党三国执政党干部考察团到金尚社区参观考察。

是月　湖里区东荣、金安社区被中国计生协会授予“全国人口和计划生育基层群众自治示范村（居）”。

是月　福建省唯一一座可拆卸式停车楼——SM 城市广场全钢结构停车楼在厦门正式开建。该停车楼由 SM 集团斥资 1500 万元建设，停车楼占地 4000 多平方米，总建筑面积近 1 万平方米，是目前厦门最大的钢结构停车楼，异地重复使用率将达 95% 以上。

12 月

3 日　湖里区行政服务中心正式启用。中心位于湖里高新技术园内的鲁班大厦 1—3 层，面积约 4000 平方米，进驻中心的部门 20 余家、办理窗口 60 余个、办理事项 200 余项。

4 日　殿前街道兴隆社区聘请台湾同胞熊麒担任社区主任助理，此举在大陆尚属首例。

5 日　湖里区在五缘湾乐都汇广场举行“美丽厦门共同缔造”学习雷锋志愿者服务现场观摩暨表彰会，11 名志愿者被评为“2013 年度的优秀志愿者”。

23 日　据民政部公告，湖里区被确定为首批全国社会服务标准化建设示范地区。

24 日　厦门市首批金牌人民调解员评选结果揭晓，来自湖里区的殿前司法所司法助理员陈莽治、禾山街道的林毅辉、蔡塘社区的王逞凯获此荣誉。

30 日　厦门两岸股权交易中心在湖里区正式成立，该中心位于湖里区高新技术园创业大厦。

是月　湖里区获评创建国家公共文化服务体系示范区先进区，基层文化场所自助式服务等 5 条创建经验获文化部考评组好评。

（张宪敏）

区情述要

建置区划

【位置　面积】湖里区位于福建东南沿海台湾海峡西岸厦门岛的北部。东面濒临浔江港，与翔安区相对；北面通过高集海堤、厦门大桥与集美区毗邻；西面为厦门西港岸线，借助海沧大桥与海沧区相通；南面与思明区接壤。湖里区与思明区区界线西起湖滨北路西端入海处，向东依次穿越狐尾山、仙岳山、仙洞山山脊，连接嘉禾路后南折，至吕岭路后东进，接金尚路后南行，至东芳山后沿山脊往东，穿越古地石、虎仔山山脊，在五通东宅入海。2013 年，全区陆地面积 73.77 平方千米；海域面积约 30 平方千米。

【唐至中华民国建置】唐天宝十四年（755）前后，湖里区境域隶属南安县新城一部分。唐大中十一年（857）前后，改同安县嘉禾里。五代后唐长兴四年（933），改属同安县嘉禾里。此后，历经宋、元、明，直至清初，均隶属同安县。清顺治十二年（1655），辖区隶属郑成功所设思明州。康熙二年（1663），清军攻占厦门岛后，辖区无人管辖。康熙八年（1669），郑成功之子郑经据有厦门岛，辖区归郑经管辖。康熙十九年（1680），清军攻占厦门，辖区境域重新隶属同安县绥德乡嘉禾里。民国元年（1912）4 月，设思明县。辖区境域设 16 保 144 社，直属思明县。民国 24 年（1935）4 月，成立厦门市。辖区境域成立禾山特种区，直属福建省政府，由同安县代管。民国 26 年（1937）7 月，禾山特种区改为禾山甲种区，隶属厦门市。民国 27 年（1938）5 月，日本侵略军侵占厦门。民国 34 年（1945）10 月，国民政府收复厦门市，辖区境域复隶属厦门市禾山区。

【中华人民共和国成立后建置】1949 年 10 月 17 日，厦门解放。辖区境域设立禾山区公所，隶属厦门市。1954 年 3 月，禾山区公所改为禾山区人民政府。1957 年 8 月，禾山区隶属厦门市郊区行政办事处。1958 年 1 月，撤销禾山区，辖区境域江头、五通、高殿、钟宅等 4 个乡隶属厦门市郊区。同年 10 月，辖区境域隶属厦门市郊区前线人民公社，设后坑、五通、高林、钟宅、枋湖、江头、高殿、湖里等 8 个大队。1980 年 10 月，在湖里大队地域内划出 2.5 平方公里土地创办厦门经济特区。同年 11 月，前线人民公社改为禾山人民公社，辖区境域设蔡塘、后坑、五通、高林、钟宅、县后、枋湖、后埔、高殿、湖里、西郭、江头、马垅、塘边、东渡等 15 个大队。1981 年 8 月，在原湖里大队内成立湖里街道，归开元区管辖，辖区境域设 5 个居委会。1984 年 10 月，撤销禾山人民公社，成立禾山乡人民政府，辖区境域设 11 个行政村和 1 个居委会。1987 年 11 月，湖里区正式成立，隶属厦门市管辖。下辖湖里街道所属的 8 个居委会和禾山乡所属的 12 个村委会。1989 年 5 月，禾山乡改建制为禾山镇。2000 年 5 月，禾山镇析出 4 个居委会和 2 个行政村设立殿前街道办事处。2004 年 6 月，撤销禾

2013 年湖里区行政区划表

表 1

街道名称	社区数（个）	社区名称
湖里街道	18	湖里、村里、徐厝、濠头、东渡、塘边、后浦、金鼎、南山、东荣、康乐、康晖、康泰、怡景、和通、新港、海天、兴华
殿前街道	7	兴隆、长乐、北站、神山、高殿、马垅、兴园
江头街道	9	江头、吕厝、吕岭、园山、金尚、江村、蔡塘、后埔、祥店
禾山街道	9	枋湖、坂尚、钟宅、岭下、围里、禾欣、禾盛、禾山、禾缘
金山街道	9	高林、五通、后坑、金山、金林、金安、湖边、金湖、金海

山镇，设立禾山、江头、金山3个街道办事处。此后，湖里区境域行政区划屡有调整，隶属关系未发生变化。

【行政区划】2013年，湖里区有湖里、殿前、江头、禾山、金山5（个）街道，共52个社区。其中根据2012年1月18日批复的《湖里区人民政府关于同意成立禾山社区居委会的批复》（厦湖府〔2012〕10号），成立禾山社区；根据2012年4月25日批复的《湖里区人民政府关于同意成立禾缘社区居委会的批复》（厦湖府〔2012〕45号），成立禾缘社区。

自然环境

【地质】湖里区所在的厦门岛是中新生代断块岛，被数条深大断裂从大陆切割出来。湖里区地属厦门岛北部区域，地质构造位置属于“闽东燕山断坳带”的东缘，“闽东南沿海变质带”的西南部。东面濒临台湾海峡中新生代沉降带。辖区基本构架形成于燕山期。规模巨大的中生代燕山运动，改造了古生代华力西—印支运动形成的基底构造。早侏罗世时以褶皱造山运动作用为主，晚侏罗世至白垩世则以断块造山作用为主。喜马拉雅期构造特点以继承性断裂复活活动和断块差异活动较显著。第四纪以来，地壳运动以断块垂直差异升降运动为主。早更新世—中更新世的地壳以上升为主。晚更新世期间，地壳有两次升降运动，发生两次海进，第一次发生在距今3万—4万年前，第二次发生在1.6万年前，沉积有上更新统上、下两段海陆过渡相地层，构成第二、三级阶地。全新世境内仍然有两次地壳升降运动，也出现两次海浸，第一次在距今6000—7000年前，第二次在距今3000—4000年前，从而形成下全新统和上全新统海相地层。构成现今的海蚀阶地（台地）及沿海海积阶地和滩涂。台地形成后经过长期风化，形成几米至几十米厚的红色风化壳（红土残积层），即红土台地。

【地貌】湖里区地貌类型划分原则以形态和成因相结合，根据海拔高度和相对切割深度的差别，可分为5种类型。

高丘陵　海拔高度200—500米，相对切割深度100—300米。分布于辖区南部与思明区交界处，由火山岩和花岗岩构成，受构造和岩性的影响均较明显。由花岗岩构成的高丘陵常呈孤丘状，若地表植被遭受破坏，基岩裸露，山势陡峭。由火山岩构成的高丘陵坡度较为和缓，顶部浑圆，土层较深厚，植被覆盖度也较好。辖区的仙岳山属于火山岩高丘陵，为湖里区唯一的高丘陵，在湖里区与思明区交界处，海拔212米。

低丘陵　海拔高度50—200米，相对切割深度30—100米。辖区内的低丘陵有15座，分别是寨子山、仙洞山、狐尾山、虎山、园山、松柏山、牛头山、石头皮山、赤坡山、薛岭山、金山、风动山、双狮山、安兜山、钟山。

阶地（台地）海拔高度5—50米，相对切割深度3—30米。广泛分布于海拔高50米以下的山前地带、河谷两侧和沿海地区。辖区有2种类型阶地。二级河流台地高出河流平水位10—15米，分布零散，多属基座台地，上部由河流冲积层和残积层组成，下部由基岩构成，基座牢固，宜作为工程建设用地，如高崎、江头等地的红土台地。海蚀台地广泛分布于辖区北部。一般可分为三级：一级海蚀台地的海拔高度为5—10米，分布于沿海地区和平原外侧，如辖区境域的厦门机场就建在一级海蚀台地上；二级海蚀台地海拔高度为10—15米；三级海蚀台地的海拔高度为25—30米。在海蚀台地分布地区，由于流水的侵蚀作用。常形成一些浅坳谷或低洼地，是水土条件较好的耕作区。辖区内台地有15个，分别是马山、神山、鸡山、龙头山、关刀山、百果山、骑马山、虎头山、县后山、大石湖山、后尾山、澳头山、觉性院山、马垅山。

平原　海拔高度2—5米，相对切割深度1—3米。平原分布在钟宅至筼筜港一带。

海滩　海拔高度0—1米。海滩分布于滨海地带。20世纪80年代后，因建造港口、码头和湿地公园，滨海滩涂大部消失。

【土壤类型】湖里境内土壤类型分为砖红壤性红壤、红壤、黄壤、水稻土、风沙土、盐土和潮土等7个土类、19个亚类、34个土属、55个土种。境内土壤以红壤为主，分布区域自海拔数米低丘或台地以至200米左右高丘陵顶部之波状起伏丘陵。此外，另有盐渍土，主要分布于江头、钟宅、高林等地。靠近山丘周围的地区多覆盖着砂，系花岗石风化细矿碎粒形成，主要分布于钟宅、高林、五通等地。个别沿海地带有小片风积砂丘。江头的山麓地带及山沟由于长期受泉水浸润，土层糜烂而层次不明显。

砖红壤性红壤　又名“赤红壤”。酸性岩赤红壤分布于狐尾山—仙洞山—圆山一带，侵蚀赤红壤分布于低丘台地，海拔小于50米，如五通角和钟宅岸段临岸海蚀红土台地。粗骨性砖红壤性红壤，是成土历史较短的幼年土壤。分布于由花岗岩构成的中屿、象屿、虎屿，由酸性火成岩或陆相碎屑岩构成的小岛，如大兔屿、小兔屿等。赤土是由砖红壤性红壤经人工开垦、旱耕熟化而成的旱作土壤。分布在马垅、小东山、枋湖、县后、后坑、钟宅、五通、高林等处台地上。

海滨盐土　为盐土属海积相土壤，分布在海岸带的平原海岸、港湾和海岸草木带上，可分为滨海盐土和埭土2个亚类。前者主要分布在辖区沿海原有红树林潮滩上，后者分布在辖区内围垦脱盐及旱作熟化发育的滨海盐土，土体上层已开始脱盐，只有咸土1个属。

风沙土　主要分布在滨海沿岸沙堤、沙丘及沙地上，发育在岛屿迎风浪

俗称“卜杯”进行占卜，有的宫庙中还备有签枝和签诗。醮事多数是道教的科仪，意在祈福和消灾。许多宫庙在神诞日会组织信众前往祖庙参拜进香俗称请火，奉祀妈祖的三月廿三到湄洲岛或何厝香山妈祖庙请火；奉祀保生大帝的三月十五到白礁、青醮保生大帝慈济宫请火。在元宵节、神诞日或是佐事时，宫庙举办庙会，请出神灵的神像巡游称为“巡境”，接受信众的敬拜俗称“吃香位”，同时设礼酬神、献戏娱神。其中较有特色的是湖里凤和宫、高崎万寿宫、殿前白鹤寺、后埔禾济宫的庙会，岭下、墩上、尚忠和坂上“王爷公坐任”，高林保安殿“妈婆出巡”，薛岭龙源宫“送王”，枋湖、梧桐“请丈公”。农历十月常有举办王爷佐事，请王爷巡境、敬王爷、送王爷，即“迎王、贡王、送王”。钟宅、枋湖、浦口等地还举行“送王船”活动。海峡两岸有着共同的“神缘”，当地许多民间信仰活动会有台湾信众参加。

【风俗】旧时，湖里本地人日常三餐以大米、番薯为主食，一般人家三餐都吃稀饭，少有吃干饭，现在则以干饭为主。稀饭俗称“糜”，大多是番薯糜。也有用芋头、海蛎煮成或者掺有高丽菜、芥菜、南瓜的“咸糜”。除此之外，待客炒米粉、冬粉，坐月子吃面线，丧事吃咸糜、咸饭、红糟肉，小孩满月“戗油饭”，生日吃蛋，做寿吃面，婚嫁吃圆仔，清明吃薄饼，五日节、七月半吃粽子，六月半、冬至吃汤圆；八月半吃红米龟；年兜蒸咸粿、发糕；正月初九吃甜粿。本地把喝茶说成吃茶，茶叶俗称“茶心”，旧时多用茶壶冲泡茶叶倒在稍大的瓷杯中喝，现在基本是用陶制的茶具泡出的“功夫茶”。本地以酒为礼。订婚办酒席，结婚办喜酒；生儿育女办满月酒；送行有“顺风酒”，迎归喝“接风酒”；祭祖敬神和丧事祭拜都要祭酒。但是饮酒不强求，节制自便为主。旧时读书人、生意人穿的以长衫为主；农民男性穿的多是布纽扣的“对襟仔”衫，女性多是单襟扣边的“大裾衫”。穿裤管宽大的汉装裤，裤腰系以布条。渔民穿耐水耐脏的“薯莨仔衫裤”。1949年10月厦门解放后，穿衣流行过中山装、列宁装、青年装；改革开放后流行茄克衣、运动衣、牛仔服、T恤。现在的男女服装呈时装化和个性化。妇女在节庆和喜事时头发插着用红线和金箔丝缠扎的“春花”。除非在单位里，人和人之间极少连名带姓一起直呼，祖先和长辈的名字不能直呼。婚嫁有对看、探家风、提亲、换手巾、吃大定、送猪脚盘、嫁娶几个环节。解放后，提倡婚姻自主、勤俭办婚事，婚嫁习俗全面改观。改革开放以来，婚嫁习俗大多删繁就简，但呈现高消费倾向。结婚时吃喜饼、喜糖，本地俗称“糖仔饼”。出嫁时携带象征吉利的春谷、大麦、芋子、火炭、生铁等“12项”。结婚当天，新郎、新娘都要进行“上头”。旧时新娘出嫁大多坐红轿，如今是用彩带花束装饰的花车。结婚时新房要摆汤圆、米糕，要让小男孩先在新床上“翻床”。喜筵之后，众宾客闹洞房，本地俗称“哗新娘”。婚礼之后新娘向长辈敬茶，长辈回之以礼品，叫“压茶盘”。妇女怀孕叫“有身”，产前的一个月称“顺月”。婴儿诞生满月，雅称“弥月”，要修剪婴儿的胎发，所以满月俗称“剃头”。婴儿周岁俗称“度晬”，周岁开始，小孩要穿鞋了，所以周岁又叫着“穿鞋”。丧葬习俗原本十分繁杂，“事死如事生”。20世纪70年代末之前基本为土葬，之后实行火葬，习俗由繁及简，但基本延续了旧时的初丧、小殓、大殓、出殡、下葬、孝祀，既烦且费。逝世本地称“过身”，净身后给死者换衣服“张穿”。丧眷围在逝者旁过夜，称“守丧”；封棺之后丧眷守灵柩而眠，叫着“守灵”。出殡本地称“出山”，灵柩移到公众场所，接受送葬亲友的祭奠，称为“谢拜”。来年的正月初三，逝者的家中“烧新床”，祭亡灵。之后逝世周年都要祭拜称“做祭”。时序节俗中，民谚称春节“初一早，初二早（早早就去拜年），初三睏到饱（不宜出门，可以在家睡懒觉），初四接神，初九天公生，十五上元暝。”大年初一不吃稀饭，不洗衣、不扫地，不汲水。初二女儿携女婿回娘家拜年，俗称“查某团日”。初四摆果品和“三牲”，上香“接神”。初九为“天公生日”，敬拜相当隆重。元宵节本地叫作“上元”，观灯而不吃元宵，近年来政府组织元宵文化踩街活动。本地有的在清明节，有的在三月初三“三日节”扫墓、“压墓纸”。钟宅钟姓扫墓之后在祖墓前架灶煮供品供大家分食，叫着“吃祖墓”。端午节用粽子祭祖先，在门户上挂艾草、榕叶辟邪。在旧观念中，七月是“鬼月”，忌办喜事、搬新居。七月十五俗称“七月半”，要祭祖，在此前后数日村社轮流“做普度”祭拜鬼神。中秋俗称“八月半”，在家中用红米龟祭拜祖先，近年来本区在仙岳山土地庙举办土地公信仰文化节。立冬和霜降吃药膳补身。冬节隆重地祭祖，主要祭品是汤圆。十二月二十四俗为送神之日。本地称除夕为“廿九暝”。用丰盛的饭菜和发糕、咸粿祭拜祖宗和神灵。吃年饭叫围炉，年饭中要有鱼和血蚶。除夕夜在供桌上摆红柑、春饭、发糕迎春祈福，上面都插红色的“春枝”。

经济和社会发展

【经济转型发展成效明显】2013年，湖里区实现地区生产总值732.1亿元，同比增长12.0%，比全市高出2.6个百分点，二、三产业比重为52.3∶47.7；规模以上工业总产值1497.4亿元，同比增长16.2%；社会消费品零售额285.7亿元，同比增长15.8%；固定资产投资额239.5亿元，同比下降10.6%；合同外资3.87亿美元，实际到资2.66亿美元，引进内资255.5亿元；财政总收入106.01亿元，同比增长20.3%，其中区级财政收入 33.05 亿元，同比增长 27.5%。

【工业增长快中趋缓】2013 年，湖里区完成规模以上工业总产值 1497.41 亿元，同比增长 16.2%，增幅呈现逐季回落的态势。重点企业分化明显。产值超 10 亿元企业涨幅整体回落，龙头企业分化更加明显，宸鸿科技、戴尔（中国）甚至出现下降，而联想移动强劲增长，增幅超过 33.4%，对全区工业增速贡献达到 232%，相当于一家企业贡献辖区规上工业的全部增速，但产能转移的不确定性将对辖区后继工业增长带来重大影响。中小企业生产不容乐观。340 家规模以上工业企业主营业务收入同比增长 2.1%，但主营业务成本同比增长 3.9%，利润总额同比下降 13.7%，其中 91 家企业出现亏损，亏损面 26.7%，173 家企业利润同比下降，占 50.8%。

【第三产业转型加快】2013 年，湖里区累计完成第三产业增加值 349.6 亿元，同比增长 7.2%，占 GDP 比重的 47.7%，达到“十二五”规划开局以来的最高值，其中物流、商务、金融以及新型房地产业增加值 284.9 亿元，占辖区第三产业增加值的 81.5%，对第三产业增长贡献 75.1%。辖区第三产业初步完成从传统商贸、货物运输向总部经济、电子商务、综合商贸、现代物流等现代服务业转型，居民消费也完成从生活型消费向享受型消费转型，城区完成从加快建设向建设与提升同步转型，中心城区功能日益完善。

【电子商务带动消费增长】2013 年，湖里区电商企业已达 278 家，万翔网络、名鞋库、瑞行体育等 7 家重点电商企业累计完成零售额 27.5 亿元，同比增长 145.8%，占全市同类企业零售额的 76.7%，其中规模超过超市百货零售业，成为继汽车零售业的第二大行业。其中，万翔网络 2010 年被商务部评为“电子商务示范企业单位”，“名鞋库”获“2012 年度福建省最具影响力电商”等荣誉，斯波帝卡（厦门）有限公司入选淘宝推荐的首批淘品牌。

【总部经济助推商贸业发展】2013 年，湖里区 37 家总部企业实现商贸营业收入 234.8 亿元，同比增长 15.1%，完成纳税额 13.95 亿元，区级税收 3.01 亿元，分别对全区财政总收入、区级收入贡献 13.16%、9.09%。随着五缘湾商务区建成启用，湖里高新园总部企业相继入驻，加快两岸金融中心（湖里片区）建设，以及市东部总部经济聚集区规划建设，加快辖区以仙岳路为轴，环岛路东段为边的扇形商务带形成。

【教育发展质量稳步提高】2013 年，湖里区投入教育经费 8.74 亿元，新建扩建县后小学、林边小学等 8 所中小学校，新建湖里实验、加州花园等 2 所公办幼儿园，开办高林南区等 5 所公办、集体办幼儿园，缓解适龄儿童入园难入学难问题。加强师资队伍建设，新招聘 189 名教师，实施公、民办学校结对帮扶办法，教育教学质量不断提升，区教师进修学校获评全国示范性县级教师培训机构。

【文化事业发展更加繁荣】2013 年，湖里区完成国家公共文化示范区创建任务，基本建成覆盖全区、功能完善的基层文化服务网络。区青少年校外体育活动中心主体封顶，区老年活动中心用房改造进入装修阶段。推广“幸福广场秀”活动，举办元宵民俗文化节、城市诵读节、社区文化艺术节、福德文化节、“中国俱乐部杯”帆船赛等品牌活动。开展全民健身和各类体育竞赛活动，取得第 19 届市运会金牌总数及团体总分全市第二的成绩。

【医疗卫生服务水平逐步提升】2013 年，湖里区建成并启用公共卫生综合楼，助推厦门眼科中心动工扩建。开展“健康服务走进社区”活动，通过省地方病“十二五”防治规划中期考核评估。规范医疗计生服务环境，有效防控 H7N9 等流行性疾病，立案查处“两非”案件 48 件、非法行医案件 62 件，取缔无证行医 68 处，出生人口政策符合率 91.7%，免费孕前优生健康检查覆盖率 100%，区人口计生工作获得全市一等奖，江头街道获评全国人口计生依法行政示范街道。

【民生保障水平不断提高】2013 年，湖里区解决失地、失海居民的生活保障问题，推动新发展用地建设，落实或在办理手续的新发展用地 16 块，总用地面积超过 40 万平方米。出台《湖里区困难家庭临时救助实施细则（暂行）》《湖里区关爱专项资金管理使用暂行办法》，发放一次性动态生活补助金 152.6 万元、各类慰问金 254.5 万元、慈善款物 1123 万元。筹集资金近千万元，为辖区老人购买居家养老社会工作服务。做好保障性租赁住房、经济适用房申请受理工作，发放住房租金补助 647.9 万元。2013 年，全区城镇居民人均可支配收入 43127 元，比上年增长 9.0%。

【产业空间布局】2013 年，湖里区根据经济发展新情况、新趋势，建立主体功能区划分机制，优化产业空间布局，西部以邮轮母港、现代物流为主，中部以商贸商务为主，东部以金融服务、旅游会展为主，五缘湾南片区、机场北片区、东渡港片区以总部经济为主。

（曾以勤）

美丽厦门共同缔造

【概况】2013 年，为深入贯彻中共十八大重大战略部署和总书记习近平关于中国梦等一系列重要论述精神，市委、市政府研究提出《美丽厦门战略规划》，为厦门全体市民描绘出美丽厦门“两个百

11月17日，中组部部长赵乐际（中）、福建省委副书记于伟国（右）视察金尚社区服务型党组织建设

年”愿景（建党100周年建成美丽中国典范城市、中华人民共和国成立100周年建成展现中国梦的样板城市）、“五个城市”的发展目标（国际知名的花园城市、美丽中国的典范城市、两岸交流的窗口城市、闽南地区的中心城市、温馨包容的幸福城市）、实施美丽厦门的“三大发展战略”（“山海一体、江海连城”的大海湾城市战略、“城在海上、海在城中”的大山海城市战略以及“青山碧海、红花白鹭”的大花园城市战略）和“十大行动计划”（产业升级、机制创新、收入倍增、健康生活、平安和谐、智慧名城、生态优美、文化提升、同胞融合、党建保障等），向全市发出“美丽厦门共同缔造”的号召。同时，制定下发《美丽厦门共同缔造行动试点指导意见》，将思明区、海沧区列为试点区，为全市推广开展共同缔造积累经验。湖里区不是“美丽厦门共同缔造”活动的试点单位，但区委区政府没有等待观望，而是结合湖里区外来人口聚集、基础设施薄弱、处于城乡接合部、社会管理难度大的实际，牢牢把握全市掀起共同缔造美丽厦门的战略机遇，围绕“共同缔造”这个核心，抓住“项目带动”这个关键，把握“社区建设”这个根本，深入宣传动员，积极谋划实践，大胆探索创新，在统一思想、转变观念，发动群众、共治共管，落实项目、促进发展，研究探索、建章立制等方面，做了大量工作，取得明显成效。

【学习宣传转变思想观念】8月，市委作出部署后，区委及时召开常委会，学习上级精神和战略规划。在此基础上，定下“深入宣传、广纳谏言、试点先行、项目带动”的初期指导方针。全区各部门、各街道、各系统都分别采取集中学习、大会传达、专家授课、座谈研讨等多种形式展开学习讨论，整个过程持续近一个月，统一全体干部的思想。区委、区政府制定下发湖里区“美丽厦门共同缔造，我来做什么”行动计划，区委常委分别下到各个街道、社区进行宣传解读；区人大、区政协分别组织人大代表和政协委员进行学习讨论；区委组织部组织600多名党代表深入社区向群众作宣传，听取群众意见；区委宣传部制作宣传折页和心愿卡，组织100多个宣传小分队，将21.5万份宣传折页、心愿卡与8.5万份《美丽厦门战略规划》宣传册分发至每家每户，基本实现常住居民和流动人口全覆盖；邀请市城市规划设计研究院规划研究所所长、“美丽厦门战略规划”主要负责人之一何子张为“美丽厦门共同缔造”宣讲骨干培训班做专题辅导，区属各党（工）委分管领导、宣传干部，各社区书记、主任及工作人员160多人参加培训；区委统战部采取会议、书面等形式对各民主党派的代表、委员进行传达；各街道依托社区和辖区单位，结合中秋、重阳等传统节日，以文艺演出、知识竞赛、有奖竞猜等形式开展宣传活动，在主要场所、主要路口的突出位置设置LED显示屏、大型标语、广告宣传栏等向市民进行宣传。区委宣传部在厦门日报开辟“美丽厦门·湖里先行”专栏，在厦门网开设湖里频道，加强新闻宣传报道。

9月3日，金尚社区居民踊跃表达“美丽心愿”

【全方位谋划】2013年，区委召开人大代表、政协委员、民主党派和社会各界群众座谈会182场，收集社会各界和市民群众的意见建议3万余条，经分类整理，梳理出有效意见建议700余条，集中涉及教育文化、医疗卫生、道路交通、社区建设、旧房改造、食品安全、环境保护、物价房价、市政配套、工资福利等十几个方面，区、街、社区三级分别按照职责进行任务分解，研究处理。截至12月31日，共有400余条意见建议得到解决和答复，剩余的问题能解决的均列入计划逐步解决，解决不了的问题也采取公告、社区居民座谈、电话告知等方式进行解释。区本级无法解决的36个问题与市“缔造办”进行沟通，部分问题向市规划局作了反映。区“美丽厦门共同缔造”行动领导小组经过研究，梳理第一阶段32个行动项目，确定10个社区作为试点单位，制定下发《关于实施〈美丽厦门战略规划〉第一阶段工作的通知》，对第一阶段工作的目标任务、具体措施及工作要求进行部署；区直机关各部门、区属行业各系统及各街道均按照区委的要求，结合自身特点研究制订落实战略规划的行动方案；每个街道都按照区委的要求选定两个试点社区，研究试点内容和方法，制定详细的试点方案和计划。区缔造办先后两次对这些方案和计划进行审查修改，增强可操作性。

【建章立制确保持续深化】2013年，湖里在“共同缔造”的实践中，在组织领导、激励参与和服务保障等方面，落实市委要求，探索创新机制，保证“共同缔造”的开展。区、街两级均成立“美丽厦门共同缔造”领导小组及办公室，从相关部门抽调精干力量，组成区缔造办常设机构，负责日常组织、协调、联络等工作；建立主要领导亲自抓，一级抓一级，层层抓落实的工作格局。制定下发相关文件，明确各级各部门及各类人员的职责分工；各部门、各街道均指定共同缔造工作联络员，组建一支32人的联络员队伍，落实每周一召开联络员会议，每周四定期上报汇总情况的制度，确保沟通顺畅。区、街均建立健全责任到人、分片挂钩、检查督导、讲评通报、推进调度、考核奖惩等制度，加强对“共同缔造”行动的领导和督导，促进工作有效落实；专门召开社区试点工作推进会，请集美大学教授杨贵华讲授“社区居民自治的思考及共建设路径”，听取金尚社区介绍关于“社区事务听评会”的经验，区缔造办保障组就“湖里区社区居民自治的基本路径”对全体社区干部进行培训；学习借鉴思明、海沧两区的先进经验，组织研究制订湖里区十大行动三年行动方案和2014年工作计划。各社区研究制定各种群众组织的运行机制，修订完善社区两委的工作制度，激励居民群众参与自治。区委把服务型党组织建设与“共同缔造”工作结合起来，把领导班子和党员干部队伍建设作为推动美丽厦门建设的保障，抓班子、带队伍，加强素质培养，强化作风建设。研究制定在“美丽厦门共同缔造”中考核班子和领导干部的办法，选派9名机关干部到街道挂职，选调20名社区副书记到十个试点社区代职锻炼，发挥试点社区的“孵化器”作用，培养“共同缔造”懂行干部。各社区党组织发挥核心引领作用，在动员群众参与社区自治的同时，通过建章立制和经常性的沟通协调，对各类社区群众组织进行引导，防止发生问题，弘扬正能量。

【搭建平台引领共谋】2013年，全区十个试点社区本着“试出共谋、共建、共管、共评、共享机制，变‘要我做’为‘我要做’”的想法，在发动群众参与社区事务上下功夫，将“共同缔造”的理念显化于行。指导片区各楼院居民推选出梯长、楼长，成立小区业委会、同驻共建理事会、居民自治互助小组、小区卫生管理小组等自治组织，发挥它们的作用，引导居民群众主动参与社区建设管理的谋划，商讨破解社区建设管理难题的方法，共同研究小区居民自治的规章制度。江头街道金尚社区、湖里街道康乐社区改变工作方法，请大家思考对策、拿出意见，召开社区内“两代表一委员”（党代表、人大代表、政协委员）、居民群众代表、驻区单位代表及有识之士代表参加的社区事务听评会，采纳大多数人的意见，解决长期困扰社区的停车难问题。

【虚实结合推动共建】2013年，区委针

金尚社区广场绿地改造前后

对湖里居民外来人口流动人口多的特点，按照“政府主导、群众参与、驻区单位配合”的模式，组织开展“洁净家园”“群众互助”“和谐邻里节”“幸福广场秀”等系列活动。各个社区都组建社区卫生志愿服务队，利用周末假日打扫卫生、清除垃圾，净化环境；成立社区志愿服务工作站，推广“空巢老人平安铃”“女子守望队”等做法，在邻里间形成互帮互助的氛围；鼓励引导居民走出家门，参与群众性文化活动，开展援助“单亲家庭”社工服务，促进人际交流，增强社会和谐；出台加强广场舞管理的指导性意见，对广场舞现象进行正确引导和管理，既鼓励居民群众走出家门秀才艺，又兼顾不要造成噪音扰民；先后组织三期广场舞教学培训，100余人参加。与此同时，发动社区居民和驻区单位出资出力参与小区改造、环境整治、绿化美化。殿前街道马垅社区自我规划、自我设计、自我投资，开展小区绿化美化、电缆下地、安装指纹门禁系统、统一店招、修缮文体活动场所；江头街道金尚社区组织物业工作人员、志愿者在金民里、金国里和外围8个小区设立90多个遵德守礼提示牌，倡导文明礼仪，提升居民素质；祥店社区多措并举，调动沿街店面店主的积极性，基本完成打造祥店“文明示范一条街”；禾山街道禾山社区多方协调，合理利用辖区可用资源，与TBK商业广场错时停车，并运用四海明楼前的空地，解决联发欣悦园和东海山庄两个小区居民的停车问题；金山街道五通社区依托集体资产创办兴五通物业管理有限公司，探索建立“村改居”社区物业管理机制；后坑社区针对自然社欠缺活动场所的实际，与老人协会、集体资产理事会协调，利用自然社庙翻建的时机，增设党团活动室、健身室、棋牌室等公共活动空间，保障居民学习休闲和娱乐，开展西潘示范一条街的建设。

祥店社区祥店路油画改造前后

【凝聚民智实现共管】2013年，区委改变以往的管理模式，从区级层面开始改革，尊重民意、发扬民主，集中群众智慧。区项目推进会、社区试点推进会，都让大家先说，让先进发言，领导最后归纳总结，收到很好的效果。各基层单位均上行下效，把单向管理转变为共同治理。湖里街道海天社区启动“家园同驻共建促进会”，明确职责、建章立制、开展活动，在“无物业”小区管理、小区治安巡逻、绿地认养等方面，发挥积极作用；殿前街道兴隆社区聘任台胞担任社区主任助理，协助社区抓好社区事务，把台湾的先进理念运用到社区建设上来；江头街道祥店社区与文明示范街店家签订门前三包协议书，加强示范街的常态化管理；禾山街道禾山社区搭建社区、物业、业委会三方联动平台，对社区停车、卫生等工作实行联合治理；金山街道后坑社区发动前社居民组成志愿服务队，对公共活动场所进行维护管理。

【满足需求实现共享】2013年，区委区政府通过美化环境、强化安全、添置设施、完善配套建设和参与社区管理等共同缔造方法，让居民群众充分感受便利、享受尊严。由区建设局负责，开展对7个老旧小区的改造，对社区边角空地开发利用进行探讨研究；由区市政园林局负责，投入600余万元，完成5座清洁楼、2座公厕的建设并投入使用，有2座公厕、4座清洁楼进入施工；投入3000万元，对海天路、悦华路、枋湖路进行改造；投入3000万元，完成五缘湾片区、枋湖片区和悦华酒店等片区的绿化美化改造提升；加快推进薛岭山、园山等山地公园和佛祖山社区公园的建设；投入近2000万元，以种植花草和瓜果为主，实施殿前飞机航道下的屋顶绿化；由区民政局负责，按照省市有关文件要求，完成52个社区的办公场所牌匾清理规范工作，启用中国社区统一标志，在社区推广“错时服务、预约服务、结对服务、上门服务”等新型服务方式，打造便民服务平台；由区教育局负责，加快湖里实验幼儿园、加州花园幼儿园、塘边幼儿园、新景国际外滩幼儿园的建设；同时，与市相关部门衔接，推动慢行系统串接、环岛干道人行天桥建设、社区公交等项目落实。在区推动便民利民项目落实的同时，街道、社区也通过招商引资、创办实业、拓展服务，为居民群众谋实惠，实现共同缔造成果共享。金山街道五通社区创办兴五通物业管理有限公司，为社区困难家庭提供108个工作岗位；马垅社区开办集体幼儿园——马垅阳光幼儿园，缓解辖区居民入园难问题；江头街道蔡塘社区集资6亿多元建设的社区发展中心将竣工；其他“村改居”社区组织的道路维修、老旧水管改造、排洪排污管网的整治，都为社区居民增加便利，提升生活品质；各街道组织开展的“幸福广场秀”“洁净家园”“法治讲堂”等活动，都让群众享受到精神文化上的愉悦，激发同驻共建的积极性。

【抓大项目推动产业升级】2013年，区委区政府把引导工业企业外迁、加快建设两岸金融中心、建设新的总部集聚区、加快建设富民工程等纳入“共同缔造”第一阶段重点项目，加快推进。明确由一名副区长牵头，做好工业企业外迁工作，先后赴漳州、安溪、广东顺德、清远、江苏江阴、宿迁等地考察学习，实地考察协商建设湖里工业园区事宜，学习建设经济合作区的成功经验，以保证工业企业外迁不外流。组织部分区政协委员赴安溪实地考察项目选址，向政协委员介绍工业企业外迁工作有关情况，争取各界人士对区工业企业外迁工作的支持。以五通—高林片区指挥部为责任单位，抓紧东宅核心区拆迁，推动两岸金融中心湖里片区A组团启动区10个项目建设。拟在湖边水库大钟山片区、五缘湾南片区、机场北片区、东渡港口片区等建设新的总部集聚区，以增强中心城区的集聚和辐射带动能力。申报的14家市级总部企业，经市发改局审核，有3家符合申报条件；11月1日，区发改局召集部分总部企业代表，召开促进总部经济发展座谈会，就湖里区如何发展建设总部经济集聚区提出建设性意见；11月8日，区发改局同厦门大学经济学院专家走访SM、恒安等总部企业，进一步明确建立总部集聚区的发展思路。推广蔡塘社区发展中心建设模式，推动枋湖、后埔社区发展中心建设。

【抓大综治改善治安环境社会秩序】2013年，由区委政法委负责，对全区治安监控系统进行改造提升，拟新建1600路视频探头，实现辖区主干道和

金安社区居家养老室改造前后

重点部位监控全覆盖，已完成招标，准备进场施工；由区市政园林局负责，推动五缘湾内湾污水截留工程建设和解决航空港、中埔片区污水直排入海问题，两个工程均已开工。由区行政执法局负责，开展占道经营专项整治，对嘉禾路、吕岭路、仙岳路开展为期一个月的占道经营专项整治，在取得成效的基础上，推进到其他主次干道；针对被媒体曝光和群众投诉较多的枋湖路、金泰路、西潘路口占道经营、夜间占道烧烤扰民等问题开展专项整治；在广泛征求街道、社区居民、店家等各方意见的基础上，拟订《非主干道占道经营整治规范工作方案》，由街道确定试点疏导区域，探索建立流动摊贩长效管理机制。在南山路、海天路、祥店路建设严管示范街，实施长效布控管理。8—12月，累计纠正路面占道经营、跨店经营违章行为6.5万余起，实施行政处罚1211起，罚款金额3.52万元。

【抓大文化提升居民素质】2013年，区委区政府把教育文化建设当作缔造美丽厦门的一个重要内容，投入较多的人力、物力和财力。全年共开展5所中小学改扩建（蔡塘学校、县后小学、林边小学、下忠学校、湖里中学北校区）和2所学校新建（高崎小学、厦门三中），预算投入资金46881万元，已投入14798万元，7所学校均在建设当中。同时，由区委宣传部、区文明办、区文体局、区司法局牵头，在全区开展“社区文化艺术节”“全民读书”“文明劝导”“道德讲堂”“法治讲堂”“文明餐桌”等文化和文明气息浓厚的活动；持续推进学习型校园、书香家庭建设；每个周末都安排机关干部与基层志愿者一起参与文明劝导，在主要交通路口对不遵守交通规则的车辆和行人进行文明督导；连续举办八场“湖里星期六”名家讲堂，为居民群众送上丰富的生活知识和精神食粮。

（林虹）

湖里区各街道试点社区进展情况

表2　（2013年12月26日）

街　道	社　区	进展情况
湖里街道	康乐社区	完善、细化康乐新村二期小区停车难问题整治方案
	海天社区	完成华昌小区改造方案，并着手进行宣传发动及摸底调查
殿前街道	马垅社区	社区边角地绿化及社区文化活动广场工程继续稳步推进；完成185套出租房屋指纹门禁系统的安装
	兴隆社区	为台胞社区助理解决办公场所；致和社工工作人员正式入驻社区进行办公
江头街道	金尚社区	稳步推进
	祥店社区	继续做好祥店“文明示范街”改造扫尾和完善提升；于12月25日开放社区读书读报学习屋；组织辖区党代表视察，听取党代表对社区开展“美丽厦门共同缔造”行动的意见和建议
禾山街道	禾山社区	着手进行龙湖花园小区改造提升
	枋湖社区	召开安兜林后“美丽厦门·共同缔造”示范社区动员大会，成立居民议事理事会和群众募捐基金监督管理小组，并募集18万元资金
金山街道	后坑社区	多次邀请市规划设计和社区自治管理的专家实地走访西潘一条街，对完善街道设计方案提出专业意见
	五通社区	翻修五通天桥至凤头二连路口段道路；对坂美社中部道路及环境卫生进行整治

湖里区32项具体工作进展情况

表3　（2013年12月26日）

项目类别	项目名称	项目内容	责任单位	进展情况
（一）从产业升级着手	1.引导工业企业外迁	积极推动辖区工业企业外迁，引导工业企业成片搬迁、整体改造，腾出空间发展高端服务、金融商务、文化创意等现代服务	区经发局	安溪县有关负责人到湖里区与副区长刘琦龙及区经发局、天地公司负责人座谈，双方再次就安溪经济开发区湖里工业园开发建设有关事项深入交换意见

续表 3

项目类别	项目名称	项目内容	责任单位	进展情况
（一）从产业升级着手	2. 加快建设两岸金融中心	抓紧东宅核心区拆迁，推动两岸金融中心（湖里片区）A 组团启动区 10 个项目建设	五通—高林片区指挥部	东宅核心区拆迁：无进展 两岸金融中心 A 组团 10 个项目：厦航总部大厦，继续推进方案设计。赣州银行厦门金融大厦，进行地勘招标，施工场地平整及围墙施工预算。海西金融广场，办理工程规划许可证，桩基施工队进场施工。厦门国际艺术品（金融）交易中心，继续土方开挖及锚杆施工，召开环评报告专家审查会，完成工程桩施工图审查，除工程桩以外的施工图均报审查所审查。天地金融港，因地下室设计方案修改，所有工作暂停。其余 5 个项目在施工中
（一）从产业升级着手	3. 建设新的总部集聚区	主动对接，加强协调，加快在湖边水库大钟山片区、五缘湾南片区、机场北片区、东渡港口片区等建设新的总部集聚区	区发改局	1. 完成第二批区级总部企业的表彰和兑现。根据《湖里区人民政府关于表彰 2012 年度总部企业的决定》（厦湖府〔2013〕139 号）文件精神，区发改局完成对厦门银鹭集团有限公司等 10 家总部企业、陈清渊等 10 位有突出贡献企业家的表彰和奖励兑现 2. 近期牵头召开湖里区促进电子商务和软件总部经济发展座谈会，着手会议的前期筹备
（二）从房前屋后着手	4. 实施老旧小区改造	组织物业公司进驻无物业管理小区，力争年底前完成源泉山庄、兴隆新村等 7 个老旧小区改造验收	区建设局	1. 源泉山庄、兴隆新村完成招标，进行施工前准备；殿前街道 7318 宿舍及江头街道梅阳花园送审控制价；湖里街道的徐厝干部宿舍、华昌小区、康乐一期完成预算，准备送审控制价 2. 7 个重点打造社区初步设计方案完成，设计院与街道对接，征求意见
（二）从房前屋后着手	5. 完善“村改居”市政设施	年内投入 800 万元新建和改造 15 座清洁楼、公厕；加快实施钟宅、围里等自来水管网改造	区市政园林局	1. 五通、金湖、下湖清洁楼投入使用，坂美、泥金清洁楼竣工，近期拟投入使用；太古、五缘运动馆公厕建成投入使用 2. 林后、祥岭公厕主体封顶，进入内外装修阶段；安岭二合一环卫设施进入主体施工阶段；金福园（区建设局建设）、墩上（路桥公司建设）清洁楼土建改造完毕，将投入使用；钟宅旧村改造配套环卫设施由天地公司收回自行建设，进入施工前准备 3. 安兜清洁楼因用地受阻无法进场施工；梧桐清洁楼在重新设计 4. “村改居”自来水管网改造按区、街、社区 3：3：3 出资，主体由社区对接及实施，区市政园林局与区财政联合下达资金补助，后坑社区进行施工，蔡塘社也与水务集团对接
（二）从房前屋后着手	6. 实施道路和绿化改造	年内投入 3000 万元加快悦华路、海天路等道路改造，投入 3000 万元提升五缘湾、枋湖等区域绿化美化水平	区市政	1. 海天路东、西段路沿石铺砌；悦华路进入收尾，枋湖路收尾 2. 完成五缘湾片区、枋湖片区和悦华酒店等片区的绿化美化改造提升，并通过初验，进入养护阶段，有 4 个标段通过验收
（二）从房前屋后着手	7. 加快公园景观建设	加快推进薛岭山、园山、虎头山等山地公园建设，投入 800 万元建设佛祖山社区公园	区市政园林局	薛岭山公园的供水工程完工，供电工程委托市电业局实施，进行施工图设计，公园北入口步道和公园附属设施在施工；园山上山步道建设通过公开招标确定施工单位（福建博泷工程建设有限公司），公示期满；悦华社区公园（佛祖山公园）进场施工
（二）从房前屋后着手	8. 用好社区边角空地	排查摸清辖区内边角空地，发动群众共同商议合理利用方案，开展绿化提升或建设停车楼（库）、文化活动广场等	区建设局	区政府同意由街道作为实施主体抓紧实施；各街道进一步细化设计方案，推动边角空地项目实施；与区执法局沟通协调理顺工作机制
（二）从房前屋后着手	9. 实施屋顶绿化工程	年内投入 2000 万元，实施飞机航道下殿前片区屋顶绿化美化工程	区市政园林局	组织对完成的第一、二批次的共 13 家点位进行初验；对第三批次的 15 家实施点组织施工；对提供的其他点位进行方案设计，区市政园林管理中心对方案进行把关

续表 3

项目类别	项目名称	项目内容	责任单位	进展情况
(二)从房前屋后着手	10. 专项整治占道经营	开展占道经营专项整治行动，实现“市容市貌重点监控区域严禁、临时经营试点区域规范、跨店经营取缔”的管理目标	区行政执法局	对主干道严管区域、严管示范街落实常态化监控；针对投诉热点、占道高发区域开展专项执法行动；枋湖路周边整治后管控成效良好；对康乐一期周边占道问题实施 1 日两次的整治。一周累计纠正占道经营、跨店经营 5000 余起，实施行政处罚 27 起，累计罚款金额 1834 元
	11. 规划建设慢行系统	规划建设五缘湾、湖边水库、忠仑公园等 3 条绿廊，把五缘湾—湖边水库—忠仑公园连成一片，打造市民休闲健身的步行环境	区市政园林局	该项目由市市政园林局负责。经向市市政园林局了解，市相关领导侧重于建设自行车系统。自行车系统工程方案通过规划局专审会，初步设计完成，工程项目可行性研究报告报发改委进行批复
	12. 开展“洁净家园”活动	组织社区居民和机关干部、企事业单位人员定期开展义务劳动，共同清洁“房前屋后”的卫生死角，美化、净化社区环境	区文明办	湖里街道自 2013 年 8 月至 12 月，开展为期近半年的市容市貌专项整治行动。活动开展以来，发放宣传单 10000 余份，街道综治办、环卫所、康泰社区工作人员配合驻街执法中队共计 50 多人，每天不间断劝导、巡查，检查、取缔不文明摆摊设点行为
(三)从邻里和美着手	13. 打造便民服务平台	完善社区信息化服务，在社区推广错时服务、预约服务、结对服务、上门服务等新型服务方式，实现“开放式办公、一站式服务”	区民政局	推动街道级的网格化社会服务管理综合信息平台建设。完成金山街道的网格化社会服务管理综合信息平台建设
	14. 推行社区听评会制度	社区的事如何办、怎么办，通过召开社区听评会，让社区居民自我决策、自我管理	区民政局	区缔造办联合区委组织部下发《关于在“美丽厦门共同缔造”试点中做好群众参与工作的若干意见》，明确试点社区在推进试点过程中要围绕“共同缔造、居民自治、群众参与”三个关键点下功夫
	15. 推行政府购买服务	由区、街财政共同出资，年内增投 500 万元，在所有社区推行政府购买援助单亲家庭、居家养老、助残等专业社工服务	区民政局	1. 援助“单亲家庭”社工服务项目、关爱“外来员工”社工服务项目进入评估阶段，通知民办社工机构提交项目自评报告，并做好迎检准备。关爱残疾人社工项目初步形成评估报告 2. 江头街道、湖里街道所购买的专业社工服务均完成正式签约，项目启动资金到位
	16. 加快社区服务中心建设	推动北站、禾山、禾盛、围里社区服务中心年底动工建设，完成东渡、塘边社区服务中心改造	区民政局	塘边社区基本完成装修，等待验收，下年 1 月将搬迁。后浦社区在装修中
	17. 开展群众互助活动	规范建设社区志愿服务工作站，推广“空巢老人平安铃”“女子守望队”等做法，在邻里之间形成互帮互助的良好氛围	区民政局	1. 在吕岭、禾欣、康乐、金山、兴园等 5 个社区开展全国志愿服务记录系统测试，完成志愿者注册 1200 多条，形成测试报告 2. 确定兴园、金鼎、禾欣、金山、金尚等 5 个社区为全国志愿服务记录制度试点机构 3.《志愿服务记录办法实施细则》起草完毕，征求意见
	18. 搭建群众公共交流平台	办好“和谐邻里节”“社区文化艺术节”等群众性活动；提供场所组织社区内有共同爱好的居民开展交流，促进社区人际关系更融洽	区民政局	金尚社区开展“斗地主”比赛

续表 3

项目类别	项目名称	项目内容	责任单位	进展情况
（四）从素质提升着手	19. 推广全民阅读	持续抓好湖里阅读季、诵读节等群众性学习活动，推进学习型校园、书香家庭建设	区委宣传部	1. 举办第十一场“湖里星期六”名家讲堂，原市文化局局长、市政协特邀研究员彭一万带来《文化是美丽厦门的城市之魂》主题讲座 2. 在全区 17 个社区播放点广泛播放全民阅读宣传片《美丽厦门文化湖里》，并由部长潘少銮牵头，对基层宣传短片播放情况进行抽查和督促，确保该项工作落到实处
	20. 加强文明劝导	坚持在主要交通路口常设语言播放器，经常更新播放内容，大力开展文明出行、制止违建、遵章守法等宣传劝导	区文明办	12 月 21 日、22 日区工商局在嘉禾路与南山路交叉路口、湖里街道办在湖里大道与华昌路交叉路口、殿前街道办在嘉禾路与湖里大道交叉路口、江头街道办在嘉禾路与仙岳路交叉路口、禾山街道办在金尚路与金湖路交叉路口、金山街道办在仙岳路金尚路交叉路口、高崎小学、厦门三中在华昌路与海天路交叉路口对不遵守交通规则的来往车辆和行人进行文明督导
	21. 推广道德讲堂和法治讲堂	在全区区级以上文明单位（学校、社区）普及道德讲堂；在所有社区推广百姓法治讲堂，实现“定制式”普法全覆盖	区文明办 区司法局	召开区直机关文明单位下基层共建道德讲堂活动部署会；在祥店社区、兴园社区开展主题为“婚姻及家庭暴力的救济与援助”和“城镇医疗保险实务分析”两场百姓法治讲堂活动；在“法治湖里网”上登载祥店、兴园两社区“百姓法治讲堂”信息；与江头街道沟通法治讲堂开课事宜，拟定下年 1 月上旬在江头社区举办主题为“消费者权益保护法相关问题”百姓法治讲堂
	22. 推广“幸福广场秀”活动	新培育一批活动固定点，加强管理和引导，鼓励居民群众走出家门秀才艺，秀出温馨和谐文明	区文体局	安排人员抽查走访部分广场秀地点，进行信息收集和音响维护
	23. 开展文明餐桌行动	年内培育 10 家区级文明餐桌示范点，所有机关、公办学校食堂创建区级文明餐桌示范食堂	区文明办	发放文明餐桌宣传印刷品。要求各企业在醒目位置张贴节俭惜福、节约粮食的宣传材料
（五）从实事小事着手	24. 促进困难人员就业	年内再开发 230 个公益岗位，定向招收零就业家庭和就业困难人员	区人社局	完成任务
	25. 加大社会救助力度	推广社区慈善驿站，简化医疗救助程序，落实困难家庭临时救助实施细则，将外来人员纳入救助范围	区民政局	2013 年以来，共发放各类社会救助金 2461.28 万元。（具体数据没变）筹备开展元旦走访、慰问活动。做好“两节”期间走访、慰问准备工作。上报下年“两节”期间区领导慰问民政对象名单
	26. 缓解“入园难”问题	新建加州花园、新景国际外滩等 4 所公办园；鼓励街道社区集体办幼儿园，再开办高林、康晖、马垅、钟宅等 4 所集体幼儿园	区教育局	（一）湖里实验幼儿园：全面建设基本完成，围墙部分施工完成 80%。（二）加州花园幼儿园：全面进入装饰阶段，内外墙贴砖施工完成 80%，二、三、四层走道地面铺砖施工完成。（三）塘边幼儿园：因规划调整，暂停办理用地规划许可证，规划局要求撤回相关申请文件
	27. 加快建设富民工程项目	推广蔡塘社区发展中心模式，推动枋湖、后埔社区发展用地项目年内动工建设	区建设局	后埔社区发展中心（一期）南地块：完成围护桩（共 190 根）及立柱桩 16 根（共 19 根）施工，土方完成约 4.6 万立方米（共 5.5 万立方米），基坑支护工程只剩土方其余均完成。枋湖社区发展中心：施工、监理招标备案；进行基坑支护及桩基施工
	28. 建设便民生鲜超市	在岛内东部配套建设若干家生鲜超市，满足居民群众日常生活需求	区经发局	与禾山街道深入现场了解施工进展情况，督促项目开发商抓紧组织实施，并到电力公司协调配套电力设施施工事宜。夏商集团将生鲜超市二次装修立项，进入招投标程序

续表 3

项目类别	项目名称	项目内容	责任单位	进展情况
（五）从实事小事着手	29. 改造治安监控系统	新建 1600 路视频探头，实现辖区主干道和重点部位监控全覆盖	区委政法委	监控中心升级改造部分签订合同，工期 90 个日历日，在备货、进场深化设计。810 路高清监控及 5 个治安卡口租赁部分，中国移动通信集团福建有限公司厦门分公司中标，12 月 19 日公告（需 7 个工作日）。问题：810 路高清监控及 5 个治安卡口租赁部分投标方之一中国电信股份有限公司厦门分公司于 12 月 25 日对中标结果提出书面质疑，招标代理公司在按程序办理
	30. 规划建设人行天桥	年内建成环岛干道（金福缘新城—五缘学村）、SM 广场、东渡商检站等人行天桥，方便市民出行	区市政园林局	环岛干道（金福源新城—五缘学村）产权属市公路局，经了解市公路局，该项目进行现场管线调查，拟于下年春节前开工
	31. 发展“社区公交”	推动发展“社区公交”，解决“城中村”居民的交通需求，遏制摩托车非法运营和电动车违规上路	区道安办	殿前街道社区公交线路审批有关材料按要求全部上报，市运管处在审批
	32. 完善排污系统建设	推动五缘湾内湾污水截留工程建设，加快解决航空港、中埔片区污水直排入海问题	区市政园林局	1. 五缘湾污水截留工程：进入施工，计划于下年春节前完工，涉及征地拆迁需协调 2. 航空港、中埔片区污水：进入施工，计划于下年春节前完工，涉及征地拆迁需协调

城市建设　环境保护

国土资源与房产管理

【概况】2013年，厦门市国土资源与房产管理局直属分局（简称直属分局）结合“制度建设年活动”及“党的群众路线教育实践活动”的开展，围绕全市国土房产工作总体布局，加强土地收益金征管，开展用地项目批后跟踪管理，推进逾期项目促动工，完善执法监察工作机制，完成土地卫片执法检查工作，开展集体土地房屋权属登记。

【土地收益金征收】2013年，直属分局加强对划拨项目使用情况排查，完善征收工作程序，对征收大户实行按季征收，推进土地收益金征管工作。全年累计征收土地收益金3058万元，其中新征面积31.32万平方米，新征金额1229万元。

【用地项目批后跟踪管理】2013年，直属分局开展用地项目批后监管。截至12月31日，湖里区供而未用项目107宗，土地面积298.93公顷，占湖里区历年已批建设用地总量的7.78%。其中，逾期项目43宗，土地面积156.36公顷，含经营性项目8宗、工业性项目4宗、划拨项目31宗；未逾期项目64宗，土地面积142.57公顷，含经营性项目12宗、工业性项目5宗、划拨项目47宗。年内，对湖里区26宗逾期未动工经营性项目发出“促动工通知书”，促成16宗用地项目开工建设，办理10宗用地项目延期动工手续。

【土地执法监察】2013年，直属分局完善动态巡查制度，完善与辖区国土资源所对违法案件的发现、制止和查处机制；加强与区执法局协调配合，做到非法占地建设行为早发现早制止。截至12月31日，土地动态巡查共发现湖里区土地违法案件61起，涉及土地面积65.01亩（1亩=666.67平方米，下同）。对发现的非法占地，均能与行政执法局、相关街道办沟通，送达土地动态巡查函告单，请求协助制止和查处非法占地建设行为。参加湖里区非法占地违法建设专项整治考评工作，配合整治办和区执法局人员进行内外业抽查，并对考评办在外业检查中提出问题进行书面说明。湖里区获得专项整治考评工作的第一名。

市国土房产局直属分局“6·25”全国土地日宣传咨询活动

【土地卫片执法检查】2013年，直属分局开展土地卫片违法图斑核查及整改工作。经核查，湖里区有6宗疑似违法图斑，图斑面积67.9亩，判定合法图斑4

个；部队图斑1个；违法图斑1个，图斑面积1.44亩。该违法图斑经调查取证后，移交厦门市城市管理行政执法局立案处理。湖里区卫片执法检查履职到位率100%，整改到位率100%。

【集体土地房屋权属登记审核】2013年，直属分局审核农村土地房屋权属登记27件，发证10本；为申请抵押贷款的中小企业办理抵押权证3本；协调解决村民权籍登记办证历史问题1件。为落实档案属地管理，方便相关业务办理过程中的档案查询利用，自市国土房产局档案管理中心移交14859份岛内“个人建设用地审批档案”。全年受理查档173人次，561卷次，出具查档证明286份。

（邱盛棠）

【地质灾害防治】截至2013年年底，湖里区有地质灾害（隐患）点29处，其中当年汛期发生的地质灾害新险情有14处。区建设局编制印发《湖里区“十二五”地质灾害防治规划》《湖里区2013年地质灾害防治方案》《湖里区进一步加强地质灾害防治工作实施方案》，对地灾（隐患）点进行分类处置。至年底，华东花园南侧山坡地灾点完成施工验收；仙岳公园东门边断崖地灾点完成立项和施工单位招标；金尚路西侧林后社157-161号边坡协调市市政园林局进场施工；6处新发生小型险情的地质灾害（隐患）点完成方案设计，由区建设局启动地质灾害应急抢险程序，统一组织应急处置；园山北里地灾点、龙苍宫地灾点、吉家地灾点完成方案设计和确定财政补助机制。

（洪滢滢）

项目前期工作

【规划编制】2013年，区建设局着眼湖里区经济产业发展需要，对接市相关部门，先后组织或参与完成两岸金融中心湖里区A组团启动区地下空间概念规划、湖里老工业区、濠头片区及兴隆片区等控制性详细规划，完成湖里区市政公共停车场项目策划、湖里区环卫设施布局专项规划、近期可实施生鲜超市的项目方案等3个项目策划。

【土地出让】2013年，湖里区累计公开出让9幅地块，总用地面积24.9万平方米，总建筑面积55万平方米，总出让收入64.6亿元。其中，湖里高新园区304地块（2013P04办公用地），土地面积0.67万平方米，建筑面积1.3万平方米；402地块（2013P05办公用地），土地面积0.81万平方米，建筑面积2万平方米；403地块（2013P05办公用地），土地面积0.66万平方米，建筑面积1.67万平方米；406地块（2013P06商业办公用地），土地面积0.6万平方米，建筑面积1.44万平方米；五缘湾片区木浦路与槟城道交叉口西北侧2013P03地块（商业办公用地），土地面积9.32万平方米，建筑面积15.32万平方米；马垅—江头片区园山南路南侧2013P09地块（商业办公用地），土地面积1.12万平方米，建筑面积6.13万平方米；湖里区环岛东路东侧2013G04地块（商业办公用地），土地面积3.25万平方米，建筑面积5.62万平方米；钟宅片区金山路东侧2013P15地块（商住用地），土地面积2.42万平方米，建筑面积7.75万平方米；后埔片区祥岭路与后埔路交叉口西南侧2013P10地块（商住用地），土地面积3.61万平方米，建筑面积14.09万平方米。同时，土地预申请出让地块1幅，航空港工业与物流园区机场北环路南侧用地面积2.41万平方米。

【“三旧”改造】2013年，湖里区加快推进海峡文创园（厦华3号、4号厂房）、厦华5号厂房，建龙大厦（八山、禾正酒店）、华美轻工（天天假期酒店）、国贸厂房（七天酒店）等旧厂房改造，启动实施鑫兴鞋业、安联厂房、星阳汽车等旧厂房改造，抓紧五矿大厦、华信石油厂区改造，全力推动免税商场与厦华2号厂房、湖里环保科研所连片改造提升。市政府研究同意的第一批“三旧”（旧厂房、旧村庄、旧城镇）改造项目，涉及湖里区的有4幅，分别为中厦国际南山路地块、湖里区06-04片区兴隆路88号地块、龙岩地区厦门综合开发区地块及广福商务酒店地块，已取得市政府的批复。第二批中的莲湖大厦、华信石油地块、名鞋库、嘉颐物流、龙州大厦、馨鹭源等6个地块经市土管办研究同意，另有金元伞业、德大食品、三建总部等7个地块开展相关前期工作。市政府明确湖里老工业区的部分作为“闽台（厦门）文化产业试验园区”，将老工业区250公顷中的湖里大道两侧约70公顷用地划为文化创意园区，委托上海圣博华康文化创意投资股份有限公司进行总体策划及启动区的概念规划。闽台文化创意产业园核心区的启动项目华美卷烟厂改造展开前期工作，该项目占地4.19万平方米，建筑面积5.4万平方米。

（洪滢滢）

土地房屋征收

【概况】2013年，湖里区完成征地53.985公顷、征收房屋建筑面积55.27万平方米，支付补偿补助款16.37亿元。其中，湖边水库片区征地4.561公顷、拆迁3.8万平方米，五缘湾南片区拆迁8.33万平方米，五缘湾北片区拆迁3.33万平方米，五通高林片区征地5.562公顷、拆迁22.56万平方米，江头片区拆迁0.32万平方米，后埔枋湖片区拆迁16.40万平方米，湖里街道片区征地37.82公顷，殿前片区征地6.043公顷、拆迁0.53万平方米。

【推动大包干和货币补偿政策】2013年

10 月，市政府批复《思明、湖里区人民政府关于房屋征收包干实施意见》。是年，湖里区第 1 个实施的“大包干”项目——“两岸金融中心核心区—东宅片区改造”签订非住宅征收协议 24 份，房屋建筑面积 12.7 万平方米，搬迁企业 51 家。同时，结合厦府〔2012〕405 号文件，以轨道交通 1 号线为试点推动货币化安置，该项目货币化安置方案处于公示阶段。

【轨道交通一号线征收】2013 年，区建设局全力配合轨道交通 1 号线土地房屋征收工作，完成对征收范围内房屋基本情况的调查、登记、公示；初步测绘、预评估等前期入户摸底调查；房屋征收补偿实施方案的制订、讨论、修改、上报；房屋征收补偿包干测算初稿的制定和讨论；组织讨论完善相关征收补偿安置协议文本；集体土地征收告知书、回执等需社区协助办理的工作。

【征收信访维稳】2013 年，区建设局按照有关法律法规，抓好征收信访维稳工作。针对部分老项目被提出的所谓“补差”诉求，参与起草《信访答复提纲》，统一答复口径，做到事事有回音，件件有落实，避免群体性上访事件。

（洪滢滢）

民生工程建设

【安置房建设】2013 年，湖里区在建安置房项目 3 个（湖边水库上湖洪塘安置房、蔡塘古地石安置房、金林湾花园安置房 A 区），总建筑面积 48.2 万平方米，总套数 3552 套，累计完成投资约 9100 万元。为破解湖里区安置房建设瓶颈，区建设局提出《湖里区安置房建设现状及对策建议》，同时，做好房源储备促进返迁，拟取消 7 个因拆迁难度大等原因未能启动的前期项目（总用地面积 27.7 万平方米，总建筑面积 72.3 万平方米），推进金林湾花园 B 区（建筑面积约 45 万平方米），东宅安置房（建筑面积 5.3 万平方米），美仑花园一期（建筑面积 8.6 万平方米）3 个项目的前期工作，促进项目动工建设。对竣工的集鑫 A、马山安置小区进行地下停车场改扩建和形象优化工程，提升安置小区的品质，促进返迁工作。

2013 年，湖里区监管的安置房建设项目有 3 个，包括湖边水库蔡塘古地石安置房 Ⅰ 标段，金福缘新城安置房（西区）工程 A 区、金福缘新城安置房（西区）工程 B 区，金福缘新城安置房（东区）工程 A、B 标段，均竣工完成。累计完成投资 4.79 亿元，总建筑面积 32.28 万平方米。

【湖边水库蔡塘古地石安置房 Ⅰ 标段】湖里水库蔡塘古地石安置房 Ⅰ 标段位于湖里区蔡塘社区，至 2013 年年底，该项目已竣工，总建筑面积 9.05 万平方米，累计完成投资额 1.60 亿元。

【金福缘新城安置房（西区）工程 A、B 区】金福缘新城安置房（西区）工程 A、B 区位于厦门市湖里区县后片区 802、803 地块，至 2013 年底，该项目竣工完成，总建筑面积 10.81 万平方米，总造价 1.48 亿元。

【金福缘新城安置房（东区）工程 A、B 标段】至 2013 年年底，金福缘新城安置房（东区）工程 A、B 标段竣工完成，总建筑面积 12.41 万平方米，总造价 1.71 亿元。

（严小慧）

【新发展用地建设】2013 年，湖里区落实或有意向选址地块的新发展用地有 16 块（含 3 个阳光公寓），总用地面积 33 万平方米，总建筑面积 127 万平方米。其中，开工建设的有 4 个，落实选址的有 9 个，完成人口认定及退地情况整理的有 3 个。蔡塘社区发展中心部分单体进行验收，部分商家进驻装修；江村社区发展中心进行主体施工。

【老旧小区改造】2013 年，湖里区采取试点先行，条件成熟一个改造一个的模式，分批对辖区老旧小区的基础设施进行改造，将 7 个小区纳入老旧小区改造项目。至年底，源泉山庄广场及喷绘工作基本完成，在绿化施工；兴隆新村完成喷绘底漆，在安装防盗门，进行智能化布管；殿前街道 7318 宿舍、徐厝干部宿舍、华昌小区送审控制价，完成人工费增概；江头街道梅阳花园按新人工费调整预算，准备送审控制价；湖里街道康乐一期开标，准备进行图纸交底。

（洪滢滢）

基础设施建设

【概况】2013 年，湖里区监管的基础设施建设包括市政基础设施、公建及配套设施等 12 个项目工程，总建筑面积 11.13 万平方米，共投资 2.81 亿元。年内，湖里区对老旧、破损的市政道路进行提升改造，市政道路长度 1987.73 米，总造价 1865.54 万元。其中，湖里区公共卫生综合楼东侧道路工程竣验完成；枋湖路（金尚路—云顶北路）提升改造工程、中石化五石路加油站置换用地配套道路在施工；乌石浦路（西段）、乌石浦一号路工程由于征地拆迁问题处于停工状态。至年底，公建及配套设施项目共计 10.76 万平方米，总造价 2.54 亿元。其中，厦门第三中学 2 号教学工程竣工完成；高崎小学拆除重建项目、县后小学扩建工程、五缘湾下忠学校一期工程小学部工程、五缘湾下忠学校一期工程中学部、湖里区青少年校外体育活动中心、湖里中学北校区拆除重建项目（教学楼、综合行政楼、食堂、体育馆）、厦门市东渡小学辅助教学楼拆除重建项目均在建设施工中。

【湖里区公共卫生综合楼东侧道路工程】湖里区公共卫生综合楼东侧道路工程位于湖里区枋湖南，市政道路长度148米，总造价169.3万元。至2013年年底，该项目竣工完成。

【枋湖路（金尚路—云顶北路）提升改造工程】枋湖路（金尚路—云顶北路）提升改造工程位于厦门市湖里区枋湖路，市政道路长度983米，总造价790万元，2013年处于基础施工阶段。

【中石化五石路加油站置换用地配套道路】中石化五石路加油站置换用地配套道路位于湖里区五通高林片区，市政道路长度244米，总造价358.82万元，2013年处于基础施工阶段。

【乌石浦路（西段）、乌石浦一号路工程】乌石浦路（西段）、乌石浦一号路工程位于湖里区乌石浦，市政道路长度612.73米，总造价547.42万元。至2013年年底，该项目由于征地拆迁问题，处于停工状态。

【厦门第三中学2号教学工程】厦门第三中学2号教学工程位于湖里区第三中学内，总建筑面积9175.08平方米，造价1558.38万元。至2013年年底，该项目竣工完成。

【高崎小学拆除重建项目】高崎小学拆除重建项目位于湖里区高崎，总建筑面积3702平方米，总造价910.84万元。至2013年年底，该项目处于基础施工阶段。

【县后小学扩建工程】县后小学扩建工程位于湖里区县后，总建筑面积10675平方米，总造价2546.5万元。至2013年年底，该项目完成基础建设，处于主体施工阶段。

【五缘湾下忠学校一期工程小学部工程】五缘湾下忠学校一期工程小学部工程位于湖里区五缘湾片区，总建筑面积19167.9平方米，总造价4823.43万元。至2013年年底，完成基础建设，处于主体施工阶段。

【五缘湾下忠学校一期工程中学部】五缘湾下忠学校一期工程中学部位于湖里区五缘湾片区，总建筑面积21533.14平方米，总造价5330.55万元。至2013年年底，完成基础建设，处于主体施工阶段。

【湖里区青少年校外体育活动中心】湖里区青少年校外体育活动中心位于厦门市湖里区禾山街道，枋湖路以南、新永成花园西侧，总建筑面积13907平方米，总造价4235万元。至2013年年底，该项目完成基础以及上部主体工程，处于装修施工阶段。

【湖里中学北校区拆除重建项目】湖里中学北校区拆除重建项目位于厦门市湖里区南山路，总建筑面积25780平方米，总造价5375.99万元。至2013年年底，该项目处于主体施工阶段。

【厦门市东渡小学辅助教学楼拆除重建项目】厦门市东渡小学辅助教学楼拆除重建项目位于厦门东渡，总建筑面积3665平方米，总造价653.39万元。至2013年底，该项目完成基础以及上部主体工程，处于装修施工阶段。

（严小慧）

建筑业

建筑企业管理

【规范企业用工劳务管理】2013年，区建设局办理施工企业工资保证金缴存22件，缴存金额344万元。办理工资保证金返拨28件，返拨金额376.1万元。排查基础及主体在建项目56个，竣工（预）验收项目9个。协调处理工程款、工资纠纷20余件，40余起，涉及金额4000余万元，为600余名农民工追回应得的工资。联合区人劳局抽查12个区监管工地，对发现的问题督促整改，并跟踪落实到位。

【服务引导企业】2013年，区建设局坚持扶强促优，推进绿色监管企业在财政投融资工程投标、缴交在建工程工人工资保证金等方面享受优惠政策。主动为辖区建筑业企业提供服务，为12家建筑企业发放企业发展资金96万元。更新完善区工程预选承包商库，建立风景园林专项设计和城市及道路照明企业数据库，促进限额以下财政投融资项目招投标工作规范有序。

【促进企业建设】2013年，区建设局调整和充实建设系统救援人员和设备，参与区预备役应急工作，组建防汛技术支持队伍。同时，开展企业安全生产标准化考评和建安企业信用监管评价工作，落实安全生产责任制，有6家企业因安全文明施工管理不到位被记入不良行为记录，有10家企业被记入良好行为记录。

【行政审批事项】2013年，区建设局梳理行政审批项目，压缩审批时限至原时限的35%。受理建筑业企业资质申报24件，办理建设工程施工许可证33件，办理建设工程竣工验收备案证明13件。

建筑施工

【监管工程项目】2013年，湖里区有108个工程项目、212个单位工程纳入“福建省建设工程质量安全监管动态信息系统”管理，其中房建工程97个项目、200个单位工程，总建筑面积340万平方米；市政工程11个项目、12个单位工程，共7千米。年内，新报监33个工程项目、59个单位工程，竣工

6月7日，湖里建筑从业人员质量安全岗位知识培训 （陈少波 摄）

39个工程项目、56个单位工程。全区在建工程质量安全文明施工形势处于受控状态。

【工地质量监督管理】2013年，区建设局完成1232次在建工程质量抽查抽测，发现285条质量隐患，在“福建省建设工程质量安全监管动态信息系统”发出114份质量问题责令改正通知单。

【工地安全监督管理】2013年，区建设局完成183次在建工程安全抽查抽测，发现632条安全隐患，在“福建省建设工程质量安全监管动态信息系统”发出127份安全问题责令改正通知单。

【文明施工标准化建设】2013年，区建设局贯彻执行关于建筑施工安全文明标准化的法律法规、规章制度，所监管的12个工程项目获得厦门市市级文明工地称号、3个工程项目获得福建省建筑施工安全文明标准化示范工地称号。

（洪滢滢）

房地产业

【房地产市场】2013年，随着岛内东部开发的推进，基础设施的完善，湖里区居住环境日益提升。受房产调控政策的影响，依然有不错的表现。至年底，全区销售商品房138.90万平方米，同比增长21.4%，累计销售额271.77亿元，同比增长38.5%。其中，住宅销售面积81.7万平方米，同比增长19.1%，住宅销售额199.68亿元，同比增长32.6%，均价24441元/平方米。因政策调控，房市前景不明，新开工项目减少，全年商品房施工面积600.05万平方米，同比下降8.0%；商品房新开工面积100.46万平方米，同比下降31.1%。至年底，全区商品房待售面积43万平方米，同比下降33.6%，其中住宅待售面积10.51万平方米，同比下降32.7%。

（杨颖）

【商品房建设】2013年，湖里区监管的在建商品房工程项目面积总计27.27万平方米，总造价4.72亿元，包括凯悦温泉度假村A2地块商品住宅项目工程、天地雅园公寓工程、新景·龙郡等3个在建工程项目。

【凯悦温泉度假村A2地块商品住宅项目工程】凯悦温泉度假村A2地块商品住宅项目工程位于湖里区县黄路钟宅盐场，总建筑面积92234平方米，总造价1.3亿元。至2013年底，该项目完成基础以及主体工程，处于装修施工阶段。

【天地雅园公寓工程】天地雅园公寓工程位于湖里高新技术园中心商务区2008G13-612地块，总建筑面积40837.32平方米，总造价9814.38万元。至2013年年底，该项目完成基础以及主体工程，处于装修施工阶段。

【新景·龙郡】新景·龙郡位于湖里区枋湖西路，总建筑面积139584.9平方米，总造价2.44亿元。至2013年年底，该项目完成基础以及主体工程，处于装修施工阶段。

（严小慧）

【物业小区管理】2013年，区建设局投资7万元建立湖里区物业管理网站。对5个街道60个居住小区现场量化检查，对管理不到位的6个物业小区通报批评，对每季度检查排名前5名的15个物业小区物业服务公司通报表扬。处理物业信访130件，办结物业管理方面的人大政协提案建议2件、区委下基层解民忧案件4件。在全区开展2012年度物业管理先进评选活动，表彰10个物业管理工作先进单位、10个文明小区、15名物业管理工作先进个人。

【危房安全管理】2013年，区建设局排查危旧房屋829幢，其中经市危房鉴定机构鉴定的危房197幢。受理翻改建审批21幢，联合街道向危旧房屋业主下发《解危治理通知书》23份、《房屋安全鉴定通知》235份，督促业主采取安全防范和解危治理措施，组织专业人员对27幢危房排险加固。

（洪滢滢）

市政园林

【概况】2013年，湖里区根据“美丽厦门·创新湖里”的发展定位，完善基础设施建设，推进市政、园林管理工作。

全年完成市政基础设施固定资产投资7787万元，其中：道路提升改造3000万元，绿化提升改造3000万元，环卫设施设备建设购置1057万元，公园建设730万元。至年底，全区完成124条市政道路的维护改造、114条道路绿化的养护管理；新增园林绿地15.7148公顷，完成全年任务的104.77%；完成义务植树劳动人数8.89万人，完成全年任务的103.33%；植树28.69万株，完成全年任务的106.26%。

【道路提升改造】2013年，市、区政府投入3000万元，对海天路东段、海天路西段、悦华路西段、枋湖路东段道路进行提升改造。至年底，完成环评、立项批概、修规批复、选址、施工图设计、工程规划许可审批；海天路东、西段开始施工，悦华路、枋湖路进入收尾，枋湖路完工。蔡塘社区发展中心南侧道路完成选址、施工图设计及概算批复、用地规划许可、工程规划许可，进入招投标准备阶段。

【环卫设施建设】2013年，湖里区投入577万元，新建7座清洁楼、3座公厕、4个环卫职工爱心服务点。至年底，五通、上湖、下湖、坂美、泥金5座钢结构清洁楼建成并投入使用；岭下、墩上2座清洁楼土建改造完毕；太古、五缘运动馆、兴隆路3座钢结构公厕建成并投入使用；林后、祥岭2座公厕和安岭二合一环卫设施进行建设；兴隆路、云顶北路下忠路口、和旭路4个环卫职工爱心服务点建成并投入使用。

【道路绿化提升改造】2013年，湖里区投入3000万元，按照“大绿量、花园式、多树种、立体化”及“四季有花”的要求，组织对湖里老工业区、枋湖及五缘湾片区的30多个节点的绿化进行美化彩化提升，改造面积11万多平方米。至年底，所有标段均完工进入养护阶段。

【屋顶绿化】2013年，殿前片区飞机航线下的屋顶绿化项目，是湖里区“美丽厦门”战略规划实施的一项主要工作。湖里区投入200万元开展屋顶绿化工作。至年底，完成54幢9320平方米屋顶面积的绿化工作。该项目的实施，有利于提升居民的生活品质和社区的生活环境，居民反映较好、配合度较高。

【五缘湾片区绿化提升改造】2013年，湖里区投入1200万元对五缘湾片区的绿化进行提升改造，改造提升5万平方米。该项目主要包括对五缘湾日圆大桥与天圆大桥之间沿湾绿地、天圆大桥北侧绿地、国贸天琴湾周边道路等进行绿地彩化美化及基础设施提升。

10月6日，新建成的五缘湾运动馆钢结构公厕投入使用　　（骆灿倩　摄）

【新丰小游园改造】2013年，湖里区投入62.8万元改造位于新丰路和火炬二路交叉口的新丰小游园。改造后的新丰小游园为居民提供一个游憩、学习、休闲、娱乐、健身的理想场所，提高文化品位、突出地方特色。

【创建绿色校园】2013年，湖里区投入69.66万元，开展高林中心小学、湖里第二实验小学的“绿色校园”创建工作。至年底，共种植乔木241株、灌木15760株、草坪3755.52平方米，其中高林中心小学新增绿地400平方米、垂直绿化点10处。

【义务植树活动】3月12日上午，中共湖里区委书记刘育生及四套领导班子和湖里区绿化委员会成员单位共100余人，在仙岳山种植320株宫粉洋紫荆。同日，湖里区区直机关党工委和湖里区工会组织相关人员前往薛岭山义务植树基地参加义务植树活动。

【女儿园项目建设】2013年，湖里区投入40万元建设位于仙岳公园西门广场的“女儿园”主题景观项目。主要包括女儿园主题雕塑、绿化改造和配套休闲设施，作为宣传计划生育基本国策的教育基地。

【防汛抗旱】2013年，湖里区完成5个街道、50个社区防汛预案的修订；排查14处地质灾害隐患点、22处排洪内涝隐患点、164处危房、20处在建工程工地、51处简易搭盖房屋及工棚和3处其他低洼积水点；规范完善53处防汛物资器材仓库建设；调整充实抢险救灾分队157支3433人（专业队伍23支）。投入297.4万元，完成62个避灾点建设（区级3个、镇级10个、村级49个）及救灾物资的储备；投入310万元，购置2辆大型排水抢险车；投入63万元，购置大功率移动排水设备；

投入15万元，购置2艘橡皮艇。

【动物疫病防控】2013年，福建省境内出现H7N9禽流感病例后，湖里区迅速成立H7N9禽流感防控工作领导小组，启动应急响应，健全完善动物疫情防控组织机构，修订湖里区《突发重大动物疫情应急预案》，指导重大动物疫情应急处理工作。开展专项集中治理违规饲养家禽家畜、鸽类工作，经劝导后自行整改35起1913只鸡鸭类家禽、11起372只鸽类，没收鸡鸭类家禽3起31只。年内，湖里区共使用H5N1禽流感疫苗7万毫升，累计免疫家禽58819羽次，使用口蹄疫疫苗1700毫升，免疫家畜368头次，禽流感抗体水平均保持在100%。

【气象防灾减灾】2013年"气象防灾减灾工作"首次纳入厦门市区级党委政府绩效指标体系中。按要求，湖里区气象灾害防御领导小组成立，并出台《气象灾害应急预案》，按照有人员配备、有工作场所、有长效发展机制、有应急处置、有预警手段、有宣传培训和有志愿者队伍的七项标准建设气象防灾减灾示范点。

（李玉玲）

环境保护

【概况】2013年，厦门市环境保护局湖里分局（简称湖里环保分局）贯彻执行国家环境保护法律、法规和方针、政策，全年无行政复议和行政诉讼案件发生。湖里区财政用于环境保护的资金投入7.77亿元，较上年增长13.5%，高于当年区经济增长速度。辖区内未发生重大污染事故和核安全事故。无环保挂牌督办案件。无违反国家法律法规、决策失误造成重大环境事故。无因环境污染事故导致的群体上访事件发生。辖区内空气质量、备用应急水源地、城市地表水域、城市噪声环境均达到《厦门市环境功能区划》标准。

【环境质量稳定】2013年，湖里区空气质量保持稳定，空气质量优良率（API计算标准）98.9%，较上年（优良率98.1%）基本持平；空气中五种主要污染物SO_2、NO_2、PM10、PM2.5和O_3日最大8小时平均值分别为0.022毫克/立方米、0.057毫克/立方米、0.068毫克/立方米、0.041毫克/立方米和0.093毫克/立方米，与上年相比基本稳定。湖里区环境噪声优于功能区划标准，区域噪声监测平均值55.8（dB），道路交通噪声监测平均值67.4（dB），较上年基本持平，噪声环境质量属好。湖边水库达到地表水V类水质标准；五缘湾水质中无机氮平均浓度1.430毫克/升，与上年的1.049毫克/升相比上升；活性磷酸盐年平均浓度0.068毫克/升，与上年的0.102毫克/升相比下降；天地湖水质中无机氮平均浓度1.249毫克/升，与上年的1.100毫克/升持平。辐射环境质量保持正常水平，全年未发生核事故。

【污染物减排】2013年，湖里环保分局执行文件要求，落实减排计划，加大减排力度，推动结构减排、工程减排和管理减排措施。早龙食品、群鑫机械等2个工业项目转为结构减排，停产搬迁，实现削减化学需氧量26.8吨，削减氨氮排放量1.84吨，削减氮氧化物2.17吨，二氧化硫12.03吨；安联企业、悦华酒店、亨国（厦门）精机工业有限公司等3个油改气项目建设完毕，设施正常运转，实现削减二氧化硫22.482吨；湖里区行政办公楼生活污水回用项目建设完毕，并投入使用，实现削减化学需氧量9.1吨，氨氮排放量1.7吨。推进城市污水管网建设截流率，削减化学需氧量排放量850吨，氨氮62.5吨。全面完成市下达的减排目标任务。

【直排海排污口截流】湖里区直排海排污口截流工程由市市政园林局作为整治单位，市水务集团、市市政建设开发总公司为代建单位，资金由市财政支出。湖里区作为配合单位，配合征地拆迁工作，2013年9月16日成立区雨（污）水排放口截污工程领导小组，由各街道负责落实。辖区截污工作全面开展，完成现场地勘、环评、节能专篇编制、用电、初设、概算、规划审查、管线迁改协调、施工图设计等前期工作；高殿3#排洪沟截流点建设完成；1#和2#排洪沟截流点完成施工导流，开展闸室桩基施工。加强对直排海企业日常监管和超标处罚力度，出动执法人员123人次，检查企业31家次，对1家超标排放企业下达限期整改通知书，督促整改到位。

【污染防治】2013年，湖里环保分局结合辖区实际开展环保专项检查工作，组织开展环境安全检查、危废专项整治、油气整改、取缔非法小电镀、重金属污染专项整治、重点企业环境事件应急演练、整治违法排污企业环保专项行动等，降低环境风险，保障湖里区环境安全。加强核与辐射安全管理，现场抽查

9月24日，宸鸿科技清洁生产审核现场评估

湖里区涉核单位，督促整改到位。健全完善环境投诉举报响应机制，有效维护群众的环境权益。全年累计出动执法人员7207人次，2257个工作单元，检查监察企业1600家，组织对45家重点工业企业开展环境事件应急情况检查，对6家液氨、液氯从业单位进行专项执法检查，限期改正违法行为61家，行政处罚51家；核发放排污许可证86份，审核年检排污许可证47份。累计受理群众投诉627件，其中噪声类132件，废气粉尘类468件，废水类25件，辐射类2件，处理率100%。

【落实区长环保目标责任书】2013年，湖里区政府高度重视区长环保目标责任书，是区政府绩效考核的重要内容。区各有关部门认真落实湖里区环委会分解下达的各项工作任务，齐心协力确保年度任务落实到位。年内，湖里区《区长环保目标责任书》检查成绩位列全市第二名。

【构建基层环保监管网络】2013年，湖里全区5个街道办事处均设置环保工作站，配备专职环保专管员，服从街道和分局的双重管理，补充基层环保力量的不足。湖里环保分局将环保专管员思想政治教育、岗位培训、业务知识培训、作风纪律管理纳入日常工作，强化岗位责任制，落实监督检查制度，及时发现纠正问题，提升为民服务质量，初步构建起区、街道、企业三级环保监管网络。

【严查非法小电镀】2013年，湖里区形成属地街道办事处牵头，城管、环保、工商、公安、安监等多部门联合执法的协调工作机制，提高执法效能，有力遏制非法小电镀企业的违法行为。2013年，累计联合执法4次，出动执法人员200余人次，查处非法小电镀17家次。

【建设项目管理】2013年，湖里环保分局把主要污染物总量控制作为新改扩建项目环评审批的前置条件。贯彻执行国家环境保护法律、法规，严格执行《环境影响评价法》、“环境影响评价制度”和建设项目“三同时”制度。环境影响评价制度和建设项目“三同时”制度执行率100%。全年新开工项目环评文件无越权审批、无未批先建情况发生；建设项目的环境影响评价文件均符合《建设项目环境保护分类管理名录》的要求。无违反试生产和建设项目竣工环境保护验收的现象。年内，湖里环保分局审批建设项目442个，其中审批报告书5个，报告表77个，登记表360个，总投资额85.67亿元，环保投资3893.4万元；环保验收企业186家；对不符合开办条件的272家尚在营业的“三产”企业移送相关部门予以关停；无越权审批项目。湖里区新建项目环评执行率和“三同时”执行率均达100%。

【环境宣传】2013年，湖里环保分局在依法行政的同时加大法规宣传教育力度，组织开展形式多样，内容丰富的“6·5”世界环境日大型宣传活动，发放宣传单、宣传资料5000余册；结合高院、高检《关于环境污染刑事案件适用法律若干问题的解释》开展宣传活动，组织辖区400余家企业专题学习，主动守法经营；先后在蔡塘等8个社区开展“环保进社区”宣传教育活动和纠风惠民活动，通过形式多样、内容丰富的活动，倡导绿色生活，推崇勤俭节约，弘扬生态文明；组织街道环保工作站进社区广泛宣传环保知识。

（陈榕　许宗明）

2013年湖里区环境保护情况表

表4

类别	项目	内容	实时数量（情况）
环境质量	空气环境质量	空气质量优良率（API标准）	98.9%
		SO_2浓度（毫克/立方米）	0.022
		NO_2浓度（毫克/立方米））	0.057
		PM_{10}浓度（毫克/立方米）	0.068
	饮用水源水质状况	湖边水库水质达标率（%）	81.3
	海域水环境质量	符合二类水质标准（%）	1.2
		符合三类水质标准（%）	2
		符合四类水质标准（%）	2.8
		劣四类水质标准（%）	94
	声环境质量	区域噪声监测平均值（dB）	55.8
		道路交通噪声监测平均值为（dB）	67.4

续表 4

类别	项目	内容	实时数量（情况）
环境监管	建设项目环境管理	全年受理建设项目环保审批（项）	443
		# 批准环境影响评价书项目（项）	5
		批准环境影响报告表项目（项）	77
		批准环境影响登记表项目（项）	360
		否定建设项目（项）	1
	建设项目环境管理	通过“三同时”验收项目（项）	186
		全年建设项目环评执行率（%）	100
		全年建设项目“三同时”验收率（%）	100
		建设项目环保设施投入总金额（万元）	19687.83
	环境执法	本年度行政处罚家数（家）	25
		本年度行政处罚金额（万元）	58.57
	环境信访	受理数量（件）	627
		已处理件数	627
		处理率（%）	100
		办结件数 / 办结率（%）	100
		满意件数 / 满意率（%）	100
	环境监测	全年审核受理《监测业务委托协议书》(份)	357
		完成监测样品及数据（个）	9035
环境综合整治	废水治理	工业中水回用（家）	1
	废气治理	工业油改汽（家）	3
	固体废弃物治理	工业固体废物综合处理利用率（%）	95.8
	噪声治理	创建安静小区（个）	6
环境综合整治	专项治理	查处取缔作坊小电镀企业（家次）	17
	污染减排	工业减排项目（个）	6
	生态环境建设	埭辽水库综合整治工程	全面实施
		高殿 1-3# 排洪沟截污工程建设	全面开展
		完成新建清洁楼和公厕（座）	13
		创建环境友好学校（所）	2
		创建市级环境友好社区（个）	4
环保宣传	环保宣传	开展环保宣传（次）	14
		发放宣传材料（份）	5000

5月13日，江头中队劝离SM周边占道经营

能培训，确保投诉中心正常运作，提升投诉中心人员技能。定期分类组织投诉中心人员的话务受理、信访反馈、信访办理等业务培训和相关法律、法规培训，提高投诉中心人员的业务素质。

【占道经营专项整治】2013年，区城管执法局对仙岳路、嘉禾路、吕岭路三条主干道占道经营开展联合整治。该局执法人员每天早晨7点至晚上9点，派专人进行定点监控、劝导，联合相关街道、公安部门，分7个小组对重点路段进行巡查，讲解法规，劝离占道经营摊贩，纠正其他影响市容市貌违规行为，取得较好的成效。在三条主干道占道经营整治取得成效并实施长效布控管理的基础上，将严管区域逐步扩大到辖区其他主次干道。至年底，严管区域扩大到南山路、海天路、金尚路、云顶北路、枋湖路、金湖路、枋钟路、兴隆路等路段，并在南山路、海天路、祥店路建严管示范街，严管区域的主次干道违章占道现象得到有效遏制。

【围绕热点问题整治】2013年，区城管执法局针对金泰路、西潘路口夜间占道烧烤扰民和金鼎路段、凯城花园周边、金尚小区西门流动摊贩集聚占道、江头台湾街十字路口电动车商店占道跨店经营等问题，开展专项整治。至年底，投诉多的金泰路和西潘路口夜间烧烤问题得到遏制。同时，还组织开展针对“三乱”（乱设置、乱悬挂、乱张贴）、二手车占道经营、小区乱停车的整治。9月，该局按照“美丽厦门共同缔造”活动要求，疏堵结合，多措并举，加大城市管理与执法力度，湖里城区市容面貌有较大的改善。

行政执法

【城管网格化管理】2013年，区城管执法局创立查处违建网格管理模式，研究制定网格管理暂行办法和督查办法，把全区作为总网格，划设5个一级网格、51个二级网格、194个三级网格。区查处违法建设领导小组组长任总网格督查长，副组长（分管副区长）担任总网格长，负责指挥协调全区查违工作和组织大型拆除行动；按街道划设一级网格，挂钩街道的区领导任网格督查长，街道办主任任网格长，负责协调保障和开展集中整治、配合大型拆除行动；按社区划设二级网格，由驻街执法中队领导担任网格长，负责对所属三级网格上报的违法建设实施拆除和宣传教育；按自然社或小组划设三级网格，由驻街执法中队管片队员担任网格长，负责发现、制止、教育和上报违法建设，建立横向到边、纵向到底、不留死角的网格化管理体系。把执法局、街道、社区、公安、国土等五个方面的力量整合进每个网格，对每个网格定人、定岗、定责，真正把责任落实到个人。

5月23日，拆除五通坂美一处760平方米违建

【打击查处违法建设】2013 年，区城管执法局按照夜间、节假日巡查不间断，查处违建不隔夜，拆除违建不留尾的要求，对新发生的非法占地违建，坚持露头就打，第一时间组织力量拆除。严格按照网格管理督查办法，坚持每月不定期地开展日常督查，共发《督查通报》12 期，节假日重点排查严控，开展超强巡查、超强拆除、超强宣传，第一时间制止、拆除违建，及时刹住节日抢建之风。主动联合街道、公安、国土等部门开展联合执法，制定联合拆除行动方案，组织强制拆除。

【城管执法宣传引导】2013 年，区城管执法局成立宣传小分队，组织 6 台宣传车，进村入户进行宣传。购置便携式播放器，执法队员、协查员巡查制止时进行不间断宣传。全年该局在市级以上新闻媒体刊登稿件 356 篇。关注网络舆情，监控网络舆情 71 条，及时跟帖，进行正面引导。编印发放《致居民朋友的一封信》《致学校老师、家长、学生的一封信》以及相关法律法规 20 余万份。结合“六五”普法、3 月综治宣传月、“美丽厦门”等大型宣传活动，开展相关法律法规的宣传咨询活动 12 场次。9 月上旬，该局在区委宣传部的组织下，围绕“美丽厦门，共同缔造”这一主题，组织各驻街中队执法人员深入社区广场，开展“六个一”活动，5 天发放宣传单 2500 多份，知识问答卷 3000 多份，宣传手册 6000 多本，收回意见建议 1000 余条。

【执法为民】2013 年，区城管执法局开展“基层执法规范年”活动，进一步理清行政职权，规范执法行为，完善工作制度，加强执法监督和考核力度，提升执法满意度。加强和规范行政执法案件的办理，中队设立案件审核组，负责案件办理工作。规范投诉事件办理。明确投诉事件的等级划分、办理时限，依规追究超期反馈的个人和单位的责任，力争办结率达到 100%。落实政务公平规定，利用政务信息网站平台，广泛征求群众意见，做到换位思考，规范执法行为，树立和谐良好的执法形象。广泛宣传教育，营造良好执法环境。结合“美丽厦门共同缔造”宣传活动，开展城市管理“五进”宣传活动，向执法相对人进行耐心、细致地宣传，特别是加大对拟装修和正在装修小区的前置宣传，做到“晓之以理、动之以情、持之以恒”，提高居民、学生、员工对城市管理的认识。加强与新闻媒体的沟通与联系，突出主要活动和正面典型宣传，树立城管良好形象。

（李婷）

市容环卫

【概况】2013 年，湖里区市容环境卫生管理处完成 560 多万平方米道路清扫保洁，84 座公厕和 42 座清洁楼的管理服务；道路机扫作业面积 3336075.74 平方米，城区道路机扫率 80.63%，生活垃圾清运量 36.3 万吨。在全市市容考评委组织的考评中，湖里区“村改居”社区全年均获得城乡接合部环境卫生全市第一名。

【“村改居”社区环境卫生】2013 年，湖里区环卫处检查指导“村改居”社区开展环卫一体化的相关工作，每月制定“村改居”社区日常巡查计划表，定期开展“村改居”社区环卫日常考评和集中考评。年内，集中考评社区自然村 177（个）次，日常巡查 630 多（个）次。5 月，全市市容市貌综合整治现场会在江头街道蔡塘社区召开，编印并发放《湖里区“村改居”社区环境整治工作资料汇编》约 200 册。“蔡塘模式”成为湖里区文明创建及“村改居”社区环境卫生整治的典范，在全市得到推广。

【垃圾分类宣传】2013 年，湖里区投入 87 万元，开展垃圾分类收集工作。制订 2013 年垃圾分类宣传活动计划，组织人员到 7 个试点社区进行垃圾分类工作普及宣传，向市民普及垃圾分类相关知识，让全民参与垃圾分类；与试点小区相关责任人沟通协调，动员居民，相互配合推动垃圾分类试点活动；设计制作垃圾分类宣传品，规范垃圾分类各项硬件设施。2009 年 6 月，湖里区出台《关于开展生活垃圾分类收集示范小区活动的实施方案》，确定华东花园、唐庄为垃圾分类示范小区。2010—2013 年，根据省、市要求，确定湖里街道濠头社区优山美地小区和海天社区特房海景纯公寓小区、殿前街道兴隆社区加州花园小区为垃圾分类示范小区以及湖里区政府、湖里区环卫处为垃圾分类试点单位。

【道路清洗】2013 年，区环卫处道路清洗作业队伍基本做到主干道的车行道清洗工作完成 100%，慢车道及人行道清洗工作完成 40%。重大市容保障活动期间，提前制订应急方案，组织协调各保洁公司做好迎检道路的清洗工作。年内，开展洒水、清洗作业 1 万多车次，清洗人行天桥（地下通道）近 800 次，应急处置各类突发环境卫生污染 100 多次。

【人行天桥地下通道专项整治】2013 年，区环卫处加强人行天桥、地下通道专人定点日常清扫保洁，重点清理痰迹、“三乱”污渍、台阶浮土黑迹等，组织人员定期清洗（每周至少清洗一次）。在全市人行天桥和地下通道市容管理专项考评中，金山路下湖地下通道等 9 座设施均获得环境卫生考评项目满分 30 分。

（李玉玲）

道路交通安全整治

【概况】2013 年，湖里区道路交通安全综合整治领导小组办公室（以下简称区道安办）按照“政府牵头，部门联动，社会各界共同参与”的工作思路，在省、市道安办的统筹指导下，积极作为、强化源头管控，全面加强人、车、路、环境的安全管理。全年湖里区道路交通安全形势持续平稳，道路交通事故四项指数全面下降，辖区道路交通事故立案67起，因交通事故造成18人死亡，62人受伤，直接经济损失161500元。与上年相比，交通事故立案总起数下降12.99%，死亡人数持平，受伤人数下降25.30%，直接经济损失下降59.41%。

【道路交通安全隐患治理】2013年，区道安办围绕“降事故、保安全、保畅通”总体目标，以辖区事故多发路段、危险路段等隐患路段及安全设施为切入点，全面开展道路交通安全隐患排查治理。4月起，区道安办牵头依托各街道道安办对辖区218公里城区主干道道路交通安全隐患及交通设施进行重点摸排，整治完善公共道路交通安全设施55处，校园周边交通安全设施104处，至年底投入整治经费超过350万元。此外，区道安办协调市有关部门落实完成枋湖北二路枋湖村口、高崎一组铁路引桥两侧、钟路机场路口往成功大道高架桥上桥口（原定损中心门口）改造完善，万达广场西门金山路道路天桥建设，县黄路后坑路段道路两侧隔离护栏设置，仙岳路翔安隧道洞顶区域交通优化改造，并结合区行政中心大楼周边道路交通安全隐患比较突出问题，对区行政中心大楼及周边道路交通组织实施改造优化。对圆山南路、枋湖路、枋湖南路设置中心隔离护栏共2000米，完善双浦路人行护栏430米。金山街道结合辖区五缘湾商务区情况协调相关单位完善道路相关标志标线，受到群众的好评。殿前街道拨付2万元专项经费完善高崎新村路段交通标志标线。

【推进公共交通事业】2013年，根据区政府要求，区道安办以“规划先行、公交优先、完善设施、保障有力”为原则，以关注民生、便民利民为目标，努力提升辖区公共交通建设水平。区道安办会同区经发局委托市规划设计院规划设计湖里公交网线始末场站用地建设，完成五缘湾西片区、高林西片区公交临时首末场站场地的规划设计。年内，在辖区相继增设开通102、108、50、56路公交线路，方便辖区居民群众出行。8月1日，全市首条社区公交在禾山街道开通。全力协助推进殿前街道发展“社区公交”。

【道路交通安全联合整治】2013年，区道安办督导各成员单位持续加强校车、渣土车、大货车、长途客车、危化车等重点车辆的安全整治，联合市交通运输管理处开展机动车维修市场清理整顿。共摸排辖区机动车维修企业384家，对近百家维修企业的维修资质及维修项目、技术要求等提出整改告诫，对其中18家问题较严重的维修企业开具书面整改通知书。各街道、公安、工商、城管、安监等职能部门按照省、市、区的统一部署安排，以道路交通安全综合整治“三年行动”为抓手，相互配合、联勤联动，开展区域性联动整治行动及道路交通安全综合整治百日行动及摩托车、电动自行车、货运车辆等专项整治行动。共查处各类交通违法行为596602起，查扣汽车1655部、摩托车10128部、电动自行车2737部。其中：查处饮酒驾驶1130起、醉酒驾驶368起、营运客车超员59起、摩托车超员5594起、其他车辆超员8468起、货车超载4607起，现场超速20%以上6673起，涉牌涉证17521起，逆向行驶2592起。

【道路交通安全宣传】2013年，区道安办把道路交通安全宣传教育作为重要的基础工作，组织各街道实时播报交通动态和整治工作成效，深入大型广场及人流密集区开展交通主题宣传。悬挂宣传横幅标语378幅，宣传图版巡展302场次，举办宣传讲座197场次，中小学生交通安全讲座740节次；发放宣传材料95万多份，受教育人数100万余人次；各街道组织学雷锋志愿服务者、社区志愿者、交通安全宣传员在辖区主要路口、两客一站、旅游景区、43处重点保障路口开展文明交通宣导活动。区道安办与中国移动厦门分公司合作，制作12期彩漫，对辖区广大驾驶人员进行道路交通安全宣传教育；联合街道、公安分局制作105块预防道路交通安全事故宣传展板和36万份交通安全宣传材料；9月，牵头区委宣传部、区政府办、区文明办、区教育局、湖里公安分局、区安监局、各街道举行湖里区中小学校“开学第一课”道路交通安全主题宣传教育活动；湖里公安分局还利用交通宣传大篷车，深入街道、社区、企业进行安全宣传，利用展板巡展，强化外来务工人员道路交通安全宣传教育。

（龙廷国）

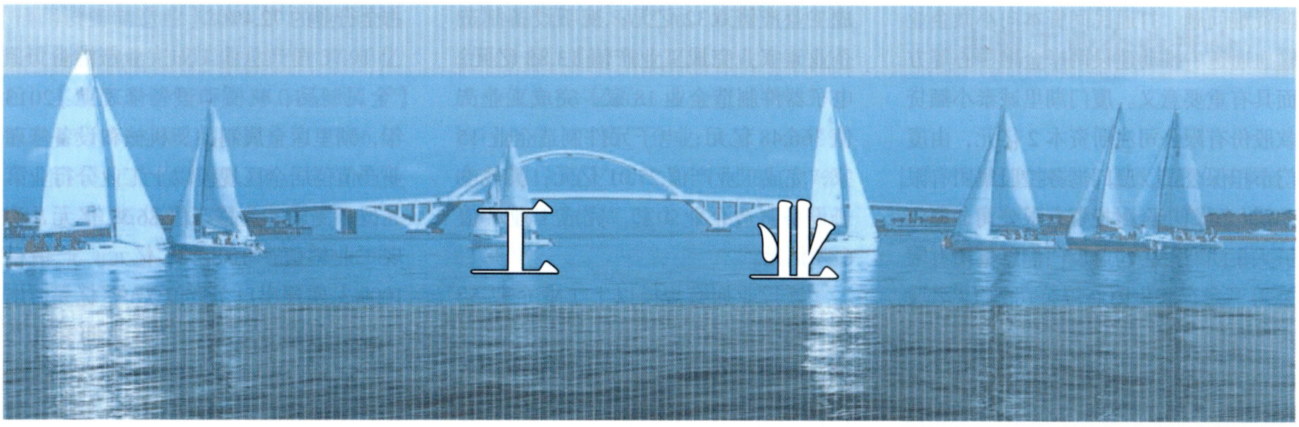

工业综合

【工业经济运行】2013年，湖里区完成工业增加值304.82亿元，同比增长14.7%；完成规模工业产值1503.85亿元，同比增长16.2%；完成工业品出口交货值717.75亿元，现价同比增长-2.7%；完成工业销售产值1480.96亿元，现价同比增长1.1%。

【扶持工业企业】2013年，湖里区做好兑现扶持政策工作，扶持企业发展壮大。下发2012年度企业发展资金634.8万元，受扶持企业70家，其中中国驰名及省市著名商标企业15家，信保扶持企业20家，展位补助企业16家，资质升级和创优企业10家，经营场所费用补助6家。

【小额贷款缓解企业融资难】2013年，湖里区为缓解企业融资困难，增加小企业的贷款供给，根据《厦门市小额贷款公司管理暂行办法》，协调推动小额贷款公司设立。3月18日，全市首家小额贷款公司湖里诚泰小额贷款股份有限公司开业。截至12月31日，诚泰小贷公司共发放贷款50087万元，发放笔数262笔。

【传统工业企业外迁】2013年，为落实《美丽厦门战略规划》关于加快产业转型升级的部署，湖里区积极稳妥推动企业外迁工作。经多处比选和洽谈，园区选址安溪经济开发区，总规划用地约12750亩，拟分两期进行开发建设，一期规划用地约5020亩，二期规划用地约7730亩。园区交通便利，距厦门38公里，供水、供电、通信等配套较为完善，教育、医疗配套设施齐全。其中，一期启动区约550亩征平地块条件成熟，可以开工建设。

【产业创新】2013年，湖里区先进制造业实力增强，宸鸿科技、联想移动等18家产值10亿元以上重点企业产值占全区工业总产值的78.7%。加快推进产业创新，引进太古部件维修（厦门）有限公司，落户镁尔捷能源科技、点晶石网络科技等双百项目11个，完成企业技术对接项目55个。

【商标品牌战略实施】2013年，湖里区实施商标品牌战略，新注册商标4921件，新认定省著名商标8件、市著名商标17件。

【全市首家小额贷款公司在湖里开业】3月18日上午，厦门市首家小额贷款公司湖里诚泰小额贷款股份有限公司开业。市政府副市长黄强、市经发局局长柯志敏、区委书记刘育生、区政府副区长刘琦龙等出席开业仪式。副市长黄强在致辞中提到，湖里诚泰小额贷款股份有限公司的开业在破解厦门市小微企业

3月18日，厦门湖里诚泰小额贷款股份有限公司开业仪式

商小分队，针对特定项目赴港、京、津等地开展短平快招商活动。组织赴港招商活动，拜访金利丰金融集团等现代金融服务企业，相关项目着手办理注册手续；区主要领导和分管领导多次带领招商小分队，有针对性地选择实力强、投资意向明确、符合辖区产业发展导向的项目进行重点跟踪及拜访推动。如赴京接洽英蓝集团后，加大跟踪力度，促使英蓝集团项目获得市主要领导认可并带队到北京考察，英蓝集团项目成为第一批拟推动入驻两岸金融中心核心区的首选项目。

（魏慧娜）

2013 年湖里区外商及港澳台商投资项目进展情况

表 5

2013 年 1—12 月，湖里区批准引进外资及港澳台资项目 54 个，投资总额 55609 万美元，合同外资 38672 万美元（完成 138.1%），实际利用外资 26597 万美元（完成 106.4%），其中投资总额增资额 24645 万美元，合同增资额 19710 万美元。

企业名称	经营范围	合作方	企业设址	投资总额（万美元）	合同外资（万美元）
金日（中国）贸易有限公司	从事日用百货、化妆品、保健器材、电子产品、水处理设备、农副产品的批发及其相关配套业务	中国香港	厦门市湖里区安岭二路 88 号 103 单元	8000	5000
厦门泽唯服饰有限公司	从事服装及其辅料、针纺织品、服装饰品、箱包、日用百货、体育用品的批发、进出口及其相关配套业务；服装研发、设计	中国香港	厦门市湖里区高新技术园安岭路 999 号金海湾财富中心（二期）1 号楼 8 层 01 单元	181	129
莫莱特线束（厦门）有限公司	从事汽车线束及其相关零部件、其他类型线束、汽车电子零部件、各种塑料或金属接线端子、接插件、连接件的研发、设计和生产	土耳其	厦门市湖里区金山街道洪塘社（坐落号：南闽字第 2658 号）三楼	68	26
厦门豪嘉馨贸易有限公司	从事人工橡胶原料及半制品、橡胶制品、自行车摩托及零部件、五金配件、机械设备、润滑油、汽车零部件、日用百货的批发、进出口及相关配套业务	中国台湾	厦门市湖里区岐山北路 223 号 101 室	32	32
厦门艾斯威尔商贸有限公司	从事五金交电、电子产品、工艺品、日用品、一类医疗器材、按摩器材、服装的批发和进出口	中国台湾	厦门市湖里区吕岭路 15 号 1508 之 16	16	16
福建不过饮餐饮管理有限公司	从事餐饮管理及相关咨询服务	中国香港	厦门市湖里区枋湖北二路 1505 号高新技术园锦厦科技研发中心办公楼 2 层 T 单元	191	191
碧绫（厦门）服饰有限公司	从事服装、纺织品、鞋帽、包袋及相关配套产品的批发和进出口	日本	厦门市湖里区湖里大道 46 号 1A 室之二	53	32
厦门昂达化工有限公司	从事化工产品、化工设备、环保设备的批发和进出口	中国台湾	厦门市湖里区嘉禾路 396 号 C210 号	18	15
福鑫发（厦门）贸易有限公司	从事机械电子设备、矿产品的批发	中国香港	厦门市湖里区台湾街 363 号建邦大厦 622 室	129	129
罗纳思眼镜（厦门）有限公司	从事眼镜、眼镜配件及光学产品的批发和进出口	中国台湾	厦门市湖里区台湾街 363 号建邦大厦 624 室	20	20
懋荣（厦门）贸易有限公司	从事一类医疗器械模具、塑料制品、五金交电、纺织品、百货、包装材料、机电设备、运动器材、化工品的批发和进出口	中国台湾	厦门市湖里区金钟路 11 号 1211 单元	10	10

续表 5

企业名称	经营范围	合作方	企业设址	投资总额（万美元）	合同外资（万美元）
厦门意石邦贸易有限公司	从事石材、建材的批发及进出口	英国	厦门市湖里区金钟路13号1407单元	16	14
厦门圆心珍食品有限公司	从事预包装食品、包装材料的批发；食品加工	中国台湾	厦门市湖里区悦华路145号之一2号厂房7B单元A区	10	10
泰九行（厦门）贸易有限公司	从事预包装食品、乳制品、日用品、金属制品、机械设备、电子产品的批发、进出口及佣金代理；企业管理咨询	中国台湾	厦门市湖里区嘉禾路396号A708室	23	17
厦门润良商业有限公司	批发：食用农产品、日用百货、服装鞋帽、针纺织品、化妆品、洗涤用品、照相器材、灯具、玩具、文体用品、皮革制品、办公用品、计算机及配件、通讯器材、钟表眼镜、箱包、五金交电、化工产品、珠宝首饰等	投资性公司投资	厦门市湖里区台湾街363号建邦大厦625室	420	210
厦门市吉佳赛纳户外用品有限公司	从事户外用品、体育用品、办公用品、电子产品、包装材料、工艺品、塑料制品、家具、玩具、针纺织品、服装鞋帽的批发、进出口及相关配套业务	中国香港	厦门市湖里区枋湖北二路1507号7层702单元	300	300
印华金福（厦门）油脂贸易有限公司	从事食用油脂制品、起酥油、人造黄油、棕榈仁油、椰子油、预包装食品、食品添加剂、日用百货的进出口及批发；棕榈油的批发	印度	厦门市湖里区东港北路23号2201单元	16	8
厦门澳大普拉贸易有限公司	从事预包装食品、乳制品、机械设备、百货的批发和进出口	中国台湾	厦门市湖里区金钟路7号1703单元	10	10
厦门联发商置有限公司	物业租赁、经营；物业招商策划；物业服务；商业投资管理的咨询服务；投资信息咨询；商务信息咨询	投资性公司投资	厦门市湖里区湖里大道31号联发大厦2楼	2012	805
磁云生物科技（厦门）有限公司	从事磁力生物技术的研发及应用；磁疗器具、磁力节能设备及相关产品的批发和进出口	新加坡	厦门市湖里区湖里街14号二号楼二层0245	100	100
上品橡（厦门）艺术品有限公司	从事红木家具及艺术品的设计、研发；红木家具、艺术品、矿产品的批发、进出口、网上销售及相关配套业务；为文化艺术活动的策划、展览、展示提供服务；企业形象策划	香港上品橡国际投资有限公司	厦门市湖里区禾山街道联发五缘湾西三里32号102单元、201单元、301单元	2429	1749
厦门金莱荣贸易有限公司	从事机电设备、五金交电、电子产品、纺织品、百货、建筑材料、化工产品、工艺品、办公用品、木制品、预包装食品的批发和进出口；农副产品的收购	菲律宾自然人 JANRUPERTGARCIA	厦门市湖里区金钟路7号617单元	15	15

续表5

企业名称	经营范围	合作方	企业设址	投资总额（万美元）	合同外资（万美元）
欧森丽（厦门）商贸有限公司	从事百货、通讯设备、机械设备、五金交电、电子产品、纺织品、文化用品、计算机、软件及配件的批发和进出口；投资咨询、商务咨询、企业管理咨询	中国台湾翁碧玉	厦门市湖里区仙岳路4670号1903单元	10	10
厦门笔圣堡能源科技有限公司	从事太阳能、风能科技技术开发、推广、新能源技术开发及利用；机械设备、五金交电及电子产品、矿产品、建材及化工产品的批发及进出口；提供企业管理服务，商务信息咨询	中国香港 3 INC LIMITED	厦门市湖里区湖里大道41-43号3A单元316室	170	170
厦门波赛顿进出口有限公司	从事木材、木制工艺品、百货、纺织品、五金交电、机电设备、建筑材料、包装材料的批发及进出口	中国台湾吴月里	厦门市湖里区东渡路51号之一701室	17	17
厦门高步联贸易有限公司	从事布料、皮料、胶料、纸板、鞋垫、工艺润滑油、合成聚酯和尼龙物料的进出口和批发	香港国际联盟贸易股份有限公司	厦门市湖里区金钟路11号3006与3007	14	10
溏景（厦门）进出口贸易有限公司	从事建筑材料、纺织品、化工原料及产品、机电设备、汽车配件、五金交电、电子产品、通讯器材的批发及进出口	香港宸景国际股份有限公司	厦门市湖里区东渡路51号之一B505室之一	6	6
安方开端（厦门）进出口贸易有限责任公司	从事建筑材料、纺织品、化工原料及产品、机电设备、汽车配件、五金交电、电子产品、通讯器材的批发及进出口	香港融核（亚洲）资本控股有限公司	厦门市湖里区东渡路51号之一B507室之一	6	6
太古部件维修（厦门）有限公司	从事民用飞机零部件的维修、生产、加工、批发、进出口、租赁及相关技术服务；民用航空娱乐系统的安装及技术支持服务	香港飞机工程有限公司	厦门市湖里区高崎国际机场东侧埭辽路20号（五期B机库之四）	5580	1860
千藤（厦门）环保科技有限公司	从事环保材料、机械设备、仪器仪表、化工产品的研发及批发进出口	新加坡范士亮	厦门市软件园二期望海路65号B幢401-2	100	100
厦门市万洋鑫丰贸易有限公司	从事建筑脚手架、建筑材料、五金产品、装饰材料的批发	太平洋纵横控股香港有限公司	厦门市湖里区金钟路1号1702室	64	46
博漫贸易（厦门）有限公司	从事建筑材料、石材、人造石、卫浴洁具、玻璃制品、工艺品、日用百货、五金交电、机械设备、电子产品的批发和进出口	中国香港施纯鑫	厦门市湖里区钟岭路68号1梯7层12单元	33	33
厦门卡乌拉进出口有限公司	从事石材、家具、纺织品、竹木制品、塑料制品、服装鞋帽、建材、家居用品、日用百货、包装材料、五金交电、机械设备、机电设备、电子产品、工艺品化工原材料的批发及进出口	香港优泉国际有限公司	厦门市湖里区闽南古镇A部2层11单元	17	17

续表 5

企业名称	经营范围	合作方	企业设址	投资总额（万美元）	合同外资（万美元）
比汤姆（厦门）贸易有限公司	从事电子产品、机械设备、办公用品、服装鞋帽、工艺品、皮革及其制品、计算机软件硬件及其配件，预包装食品及散装食品的进出口及批发	中国台湾梁中全	厦门市湖里区殿前街道马垄路 17 号 C621 室	10	10
厦门全洋超杰物流有限公司	1. 承办海运、陆运、空运进出口货物、国际展品、私人物及过境货物的国际运输代理业务，包括订舱、托运、仓储、揽货、集装箱拼装、拆箱、分拨、中转、缮制有关单证、交付运费及杂费以及相关的咨询业务；2. 国内货运代理；3. 仓储服务；4. 无船承运业务；5. 服装鞋帽、建材、工艺品、卫浴用品、电子产品的批发、进出口及相关配套业务	中国台湾吴如雪、张宗仁	厦门市湖里区湖里大道 6 号北方商务大厦 302	114	58
厦门钟义荣商贸有限公司	从事建筑材料、石材、木材、电子产品、机械设备、工艺品的批发及进出口	中国台湾林钟义	厦门市湖里区嘉禾路 92 号 27C 室之四	20	20
厦门富和家商贸有限公司	从事包装材料、印刷设备、印刷耗材、日用品、五金配件的批发及进出口、产品包装设计、印刷技术的研发及咨询服务	中国台湾蒋昌言、蒋蔚芬	厦门市湖里区金钟路 11 号 909 单元	18	15
厦门歌福斯特地产有限公司	五缘湾西片区 5 号地块的开发、经营和销售；自建楼宇的物业服务；建筑工程咨询；机电设备安装	香港福信国际控股有限公司、中国地产控股（香港）有限公司	厦门市湖里区枋湖东路 705 号之一 610 室	4207	4207
迅步（厦门）贸易有限公司	从事鞋、帽、服装、饰品的研发；针纺织品、服装、鞋、帽、伞、饰品、箱包的批发、进出口及网上销售；国内货运代理	萨摩亚 Shco International Corp	厦门市湖里区云顶中路 2777 号市政大厦裙楼四层 C17 单元	1000	1000
大翰鑫（厦门）营销策划有限公司	从事市场营销与策划咨询、市场信息咨询	香港大瀚整合行销股份有限公司	从事市场营销与策划咨询、市场信息咨询	22	16
常伴（厦门）健康管理咨询有限公司	从事健康管理与咨询、企业管理咨询、商务信息咨询、企业营销策划；日用品、文化用品、家用电器、体育用品、一类医疗器械以及预包装食品的批发	中国台湾宋茂清	厦门市湖里区安岭路 999 号 4 楼 03 室之五	20	14
金士邦商业管理（厦门）有限公司	从事商业管理咨询、企业管理咨询；文化活动策划；闽南古镇项目的的经营管理及相关物业服务；房地产经纪与代理	英属维尔京群岛 FUTURE BEST HOLDINGS LIMITED	厦门市湖里区长乐 350 号 1001 单元	1628	814
仁河（厦门）融资租赁有限公司	从事融资租赁；租赁业务；向国内外购买租赁财产；租赁财产的残值处理和维修；租赁交易咨询和担保	香港亚洲泓慷控股集团有限公司	厦门市湖里区台湾街 363 号建邦大厦 626 室	1628	814

续表 5

企业名称	经营范围	合作方	企业设址	投资总额（万美元）	合同外资（万美元）
厦门盛名吉成百货有限公司	从事批发、零售：纺织品、服装、鞋帽、日用杂品、化工原料、家具、电子产品及软件、办公设备、工艺美术品、汽车零配件、摩托车零配件；干洗服务；照片的扩印服务；日用品修理，服装修改；鞋类维修；皮具护理；钟表维修；仓储；金银首饰零售；商务信息咨询服务	香港至成百货（中国）控股有限公司	厦门市湖里区嘉禾路468号SM城市广场300G#	1628	651
厦门瑞助建筑工程顾问有限公司	从事建筑工程设计、建筑工程管理服务	台湾省瑞助营造股份有限公司	厦门市湖里区台湾街363号建邦大厦628室	100	100
厦门金隆翔工贸有限公司	从事生产、加工五金制品、电气设备、电子产品、塑胶制品、包装材料、机械设备、建筑材料的批发及进出口	新加坡洪俊良	厦门市同安工业集中区湖里园15号401室B单元	46	31
瑞歌途户外用品（厦门）有限公司	从事贸易和管理咨询服务；户外服装、运动鞋的批发和进出口、佣金代理	英国REGATTA LTD	厦门市湖里区禾山街道火炬东路17号信裕大厦五楼A区	25	18
厦门克艾尔进出口有限公司	从事预包装食品、石材、化妆品的批发、进出口及相关配套业务	中国台湾林佳阳	厦门市湖里区嘉园路73号102室	17	17
厦门市青潭进出口有限公司	从事饲料、肥料、电子产品和预包装食品的批发及进出口业务；网络技术服务	中国台湾黄光文	厦门市湖里区禾山街道73–75号梅花光电科技中心5034	15	11
厦门膜巨师商贸有限公司	从事电子产品、机械设备、化工产品、电讯器材、仪表仪器、光电产品、五金交电、卫星车载行车警示器、卫星导航定位接收设备的批发及进出口；从事电子产品、机械设备、化工产品、电讯器材的研发、技术服务	中国台海江百川、庄涵如、罗天麟、林朝明	厦门市湖里区枋湖西二路1–3号126室	10	10
南誉（厦门）商贸有限公司	从事日用百货、塑料制品、包装材料、化工原料的批发和进出口	塞舌尔盛唐集团	厦门市湖里区东渡路226号C栋第二层208室	10	10
晟宏德（厦门）进出口有限公司	从事预包装食品、乳制品、化妆品的批发及进出口业务	中国台湾蔡中衍	厦门市湖里区海天路100号之一01单元A区	8	8
厦门赫丽曼诺商贸有限公司	从事工艺品、箱包、日用百货、预包装食品、乳制品及母婴用品的批发及进出口	香港赫丽曼诺国际控股有限公司	厦门市湖里区五缘西三里32号102单元	16	16
厦门翊睿餐饮管理有限公司	从事餐饮管理服务；预包装食品的批发兼零售	中国台湾林致宏	厦门市湖里区金钟路11号132单元	10	10

发展改革

【开展“十二五”规划中期评估】2013年，根据《湖里区国民经济和社会发展第十二个五年规划纲要》(以下简称《纲要》)的要求，区发改局组织开展“十二五”规划实施情况的中期评估工作，评估范围主要是对《纲要》实施情况的评估，同时各街道开展对本辖区“十二五”规划实施情况的评估。评估重点，一是对发展和转变经济发展方式取得的实质进展进行评估；二是对《纲要》中提出的22项指标特别是2个约束性指标的实现情况进行监测评估，包括指标实现的进度、完成五年目标的趋势判断等；三是对战略任务、重大项目、政策措施、结构调整、人民生活和社会发展等方面的落实情况进行评估，对《纲要》中重大项目是否开工、进展程度、资金到位、土地保障等情况进行分析评价；四是对经济和社会发展空间布局优化情况进行评估；五是提出进一步推进“十二五”规划实施的对策建议，包括是否对规划的相关内容进行调整和修订等。区直各部门围绕《纲要》内容，按照责任分工，对各自负责的领域开展调研，汇总形成专题评估报告，同时区发改局在委托市经济学会开展第三方评估的基础上形成《湖里区“十二五”规划〈纲要〉实施情况中期评估报告》，报区政府审定后，2013年10月经区人大常委会审议通过。

【项目谋划】2013年，湖里区以项目带动促增长，扎实推进省市区三级重点项目建设，全力以赴打好“五大战役”，做深做优项目前期策划。全年安排145个主要建设项目，累计完成投资221.03亿元，占固定资产投资完成额的92.35%。其中，湖里高新技术园、中央湾区等38个区级重点项目，累计完成投资82.95亿元，完成年度投资计划的122.27%。一批项目实现竣工。疏港路下穿仙岳路通道、枋钟路下穿金尚路通道建成通车，闽南古镇一期国际展览馆、区公共卫生综合楼、五通学校等竣工交付使用，万翔冷链物流中心土建基本完成，湖里电子商务大厦、海峡两岸建筑文化产业园改造收尾，全年竣工项目28个。一批项目稳步推进。闽南古镇二期、中央湾区主体施工，蔡塘社区发展中心、厦门国际石材中心、裕隆国际大厦等项目内外装修。一批项目开工建设。轨道交通一号线（湖里段）全线启动，鼎泰和金融中心、海西金融广场、国际艺术品交易中心、枋湖文化旅游产业园、牡丹港都大酒店等37个项目动工建设。全年安排前期经费149万元，开展湖里区市政公共停车场项目策划、枋湖社区发展中心方案征询等项目策划工作。

【项目推进】2013年，湖里区完成全社会固定资产投资额239.5亿元，同比下降10.6%。重点项目进展顺利。辖区内51个市、区两级重点项目完成投资130.9亿元，完成年度投资计划的110.4%。其中，38个区级重点项目完成投资82.95亿元，完成年度投资计划的122.27%，湖里高新技术园、后埔—枋湖片区改造、万禹广场等16个项目超序时进度。两岸金融中心启动区A组团建设持续推进，国贸金融中心桩基工程施工，鼎泰和金融中心、海西金融广场、鼎丰国际广场、众赢国际金融中心、新景地大厦等5个项目土方开挖；闽南古镇进度加快，一期国际展览馆交房，二期主体施工，三期桩基完成；蔡塘社区发展中心主楼封顶；中央湾区城市综合体试桩完成；大唐·五缘YOHO主体施工至二十一层；厦门机场T4航站楼封顶；疏港路下穿仙岳路通道竣工通车。

【“五大战役”实施考核】2013年，在市级战役考核中，湖里区重点项目建设、社会事业民生工程战役获满分，城市建设战役获99分，新增长区域发展战役投资完成额位居全市各区第三。区级战役成绩亮丽，重点项目建设、城市建设、社会事业民生工程战役、旧村改造战役征地部分超额完成全年任务。

2013年湖里区重点建设项目完成情况

表6

项目名称		总投资（万元）	2013年完成情况		本年度投资进度	责任单位
			主要形象	投资额（万元）		
合计（38项）		12679922		829472	122.27%	—
一、产业类项目（22项）		6555500		570750	122.33%	—
完工项目（2）	希尔顿逸林酒店（恒安国际广场）	110000	消防、规划验收完成，景观、燃气施工中，人防验收，二次装修	13910	58.69%	金山街道
	汇广源酒店	62000	内部装修	20157	106.09%	金山街道
续建项目（14）	两岸金融中心（湖里区） ★省、市级重点项目	3000000	拆迁方面：项目累计完成59户非住宅房屋的测绘丈量，其中31户签订非住宅补偿协议，签约建筑面积逾15000平方米；目前办理交房手续共计29户，交房建筑面积约14500平方米，其中已拆除房屋23户，拆除建筑面积约12000平方米。建设方面：国贸、海西金融广场桩基施工；众赢、新景地、鼎丰、国际艺术品交易中心土方开挖；鼎泰和工程桩施工；天地金融港修改地下室方案；厦航总部方案设计；赣州银行厦门分行确定设计中标单位	134958	122.69%	两岸金融中心湖里区指挥部
	湖里高新技术园 ★省、市级重点项目	660000	1.墩上、岭下：已签订拆迁补偿安置协议691户，涉及拆迁建筑面积72.838万平方米；已完成搬迁腾房683户，搬迁面积71.514万平方米；已完成拆除658户，拆除面积67.364万平方米。2.金福缘安置房：岭下社区提出的14条意见，已整改到位。3.科技创业园、通用研发中心、财富中心1-5号：自建7个地块集中消防系统中喷淋系统、消火栓系统已移交和诚物业，管控装置已进场施工，完成约20%工程量。天地·雅园公寓：外架已拆除至2层，幕墙玻璃、一层石材幕墙骨架施工完成，电梯设备安装。4.入驻企业自建项目：已投入使用18个；正在施工22个	58240	232.96%	工业园区管委会
	海峡旅游服务中心 ★省、市级重点项目	250000	佰翔五通酒店主体土建部分工程招标完成，现场临时设施搭建完成；旅游会展中心初步设计初稿公司内审意见已出，基础图初稿已出，马拉松方案优化；旅游博览中心施工图设计阶段，完成桩基与基坑支护施工合同谈判与签订；客运站三期候船楼基坑支护设计方案优化	4391	43.91%	金山街道
	五缘湾特意购二期（大唐·五缘YOHO） ★省、市级重点项目	100000	砌筑抹灰14-20层，粉刷2-15层施工，消防通风安装工程施工	20446	157.28%	禾山街道
	三旧改造项目（湖里片区）	300000	联发3号、4号厂房完工；华信石油厂房改造项目总体方案已通过市土管会审批，正在做规划设计条件；五矿大厦项目业主对外出租的场地已全部搬出，奔马和协力也将在2014年1月搬入外贸大厦，市投资促进局已核准该建设项目	11257	160.81%	湖里街道

续表 6

项目名称		总投资（万元）	2013年完成情况		本年度投资进度	责任单位
			主要形象	投资额（万元）		
续建项目（14）	三旧改造项目（殿前片区）	待定	永丰馀、省物资厅等改造项目前期商讨	—	—	殿前街道
	三旧改造项目（江头片区）	待定	于10月29日挂牌出让，由区国投公司竞得，地价款1.875亿元	—	—	江头街道
	三旧改造项目（禾山片区）	待定	星阳汽车用地拆除重建项目与枋湖片区旧厂房改造正在方案规划中	—	—	禾山街道
	中央湾区 ★市级重点项目	800000	E36地块工程桩完成2900根，人工挖桩成孔46根，砖胎膜施工1号楼20%。E28地块：架空层收尾完成、店面收尾基本完成、阳台多彩漆修补完成。E55、57地块：外架拆除完成，室内外装修、屋面工程基本完成。E30地块：北区（1-3号）主体结构已经封顶，砌体施工至20层；南区（4-8号）平均施工至29层，砌体施工至20层；幼儿园封顶。E41地块：1、2号楼主体封顶，砌体施工至21层	177937	183.44%	禾山街道
	闽南古镇 ★省、市级重点项目	400000	二期主体工程，地上三至六层梁板混凝土浇筑完成95%，砖砌体完成95%。外墙干挂龙骨完成15%	29254	146.27%	殿前街道
	天地阳光广场 ★市级重点项目	80000	内墙粉刷基本完成，外墙涂料施工1层，外架落至14层，裙楼外墙干挂施工，安装工程施工	13331	222.18%	江头街道
	蔡塘社区发展中心 ★市级重点项目	61000	地下室室外顶板屋面防水及保护层等完成30%，回填土完成2000立方；A区屋面防水施工完成40%，防火卷帘门安装，石材幕墙完成10%，玻璃幕墙玻璃安装完成17%，裙楼室外台阶及花池施工完成，室外道路完成20%	19806	132.04%	江头街道
	万禹广场	40000	裙房装饰完成、主楼二十一层结构完成	40500	202.50%	金山街道
	雪梨广场	30000	主体封顶，正在砌墙	5000	100%	殿前街道
	厦金湾滨海旅游区	27000	直升机中心完工，名店街前期规划设计	2000	200%	金山街道
	中埔蔬菜农副产品批发市场扩建 ★市级重点项目	18000	玻璃幕墙安装，水电、电梯等设备安装	11843	118.43%	殿前街道
	凯悦温泉度假村	17500	方案重新调整报批中	2340	23.40%	禾山街道

续表 6

项目名称		总投资（万元）	2013 年完成情况		本年度投资进度	责任单位
			主要形象	投资额（万元）		
动工项目（3）	五缘湾香港名店街 ★市级重点项目	300000	规划设计调整完成，施工初步设计	1180	11.80%	禾山街道
	古地石 Village（厦门航空开发商务广场）	60000	完成围墙工程、场地平整以及地块沿线的市政绿地改造工程	0	0%	金山街道
	牡丹港都大酒店	20000	基坑支护	4200	123.53%	禾山街道
	璞尚酒店（恒禾置地酒店）	140000	前期手续办理完成	0	0%	金山街道
	枋湖社区发展中心	80000	办理施工许可证；土方开挖外运、支护桩施工，喷锚施工	0	0%	禾山街道
	SM 广场三期	待定	SM 菲律宾总部正在修改规划设计方案			江头街道
二、基础设施项目（7 项）		5891000	—	237418	126.96%	
续建项目（5）	五缘湾片区开发 ★市级重点项目	1500000	年初至今累计已完成拆迁面积 83323.11 平方米，其中南片区西侧地块完成 78266.78 平方米，五缘医院二期地块完成 1282 平方米，通屿学校配套道路完成 3774.33 平方米 金林湾花园 A 区：A1 地块进行电梯安装及装修；A2 地块部分主体封顶，部分基础施工	36578	87.09%	五缘湾南片区指挥部
	后埔、枋湖片区改造 ★市级重点项目	600000	自开始至今累计完成签约建筑面积 81 万平方米，其中拆除建筑面积 65.26 万平方米	64639	646.39%	后埔枋湖片区指挥部
	湖边水库片区开发	600000	年初至今累计完成拆迁 38042.3 平方米。上湖洪塘安置房：B 标正对预验收后的问题进行整改、完善；A 标段地面石材基本完成；B 标段舞台等构造物结构完成。蔡塘古地石安置房 I 标段：土建部分已完成竣工预验收，问题整改工作基本完成，配套设施变更方案已通过规划、消防部门审批；室内电梯工程安装完成	26856	268.56%	湖边水库片区指挥部
	钟宅旧村改造	520000	现场核对钟宅社区公产调查摸底成果，待公示；钟宅四条道路基本完工，钟宅中路一期、钟宅环二路一期实体移交；钟宅村口片区指挥部南侧已征地块土方工程完成约 80% 工程量；配套环卫设施工程已约谈中标单位（厦门中环星建设有限公司）；2013P15 地块于 12 月 30 日挂牌出让，由建发集团全资子公司嘉润房地产竞得	5600	56%	五缘湾北片区指挥部

续表 6

项目名称		总投资（万元）	2013 年完成情况		本年度投资进度	责任单位
			主要形象	投资额（万元）		
续建项目（5）	乌石浦旧村改造	51000	剩余 7 户（大户）被拆迁户尚未签下协议，其中 1 户准备依法拆除被拆迁户房屋、1 户提起行政复议、5 户还在商谈	16845	112.30%	江头片区指挥部
动工项目（2）	东渡国际邮轮母港征地拆迁 ★市级重点项目	300000	市邮轮办召集市发改委、市财政局、国土房产局、港口局、市土总和港务集团专题研究码头、航站楼及市政配套设施投资机制、建设计划等相关事项；重新进行片区投资平衡测算；市规划局对前阶段邮轮母港规划成果进行阶段性验收，待招商局提供规划方案定稿后再进行片区控规调整及评审。进行中央直属粮库评估工作	34900	69.80%	湖里街道指挥部
动工项目（2）	轨道交通 1 号线一期工程 ★市级重点项目	2320000	工程陆续开建。殿前街道：集体土地部分拆迁已启动，已着手对沿线企业发放搬迁通知；国有土地征收补偿实施方案已公示完毕。湖里街道：塘边小学用地已签订征地协议，街道轨道一号线工作小组召开了工作会议，确定地上物的赔偿协议的第二轮谈判内容	52000	104.00%	江头街道 殿前街道 湖里街道
三、社会事业类项目（9 项）		233422		21304	85.94%	
完工项目（1）	湖里区公共卫生综合楼	15331	竣工投入使用，四家医疗卫生单位已完成搬迁入驻	6390	98.31%	区卫生局
续建项目（2）	厦门三中改造	4700	2 号楼主体竣工交付使用；5 号楼完成施工前准备，食堂及校门项目进行基础土方开挖	1970	131.33%	区教育局
续建项目（2）	湖里中学北校区拆除重建	7424	主体施工	2100	60%	区教育局
动工项目（4）	湖里区委党校新校舍	15000	正办理立项手续	0	0%	区委组织部
动工项目（4）	蔡塘学校	9096	主体施工完成，室内装修及室外工程	4000	100%	区教育局
动工项目（4）	下忠学校	16055	主体施工	4300	107.50%	区教育局
动工项目（4）	湖里区青少年校外体育活动中心	5816	已完成主体结构验收，主楼幕墙骨架已完成约 85%；附楼网架已完成，幕墙骨架完成约 50%	2544	111.09%	区文体局
前期项目（2）	湖里区文体中心 ★市级重点前期项目	160000	取得区发改局相关批复及市规划局批复的用地规划意见函，用地开发红线申请材料已由市土房局转呈市政府审批。可研报告编制单位的招标待区国资办批复	—	—	区文体局
前期项目（2）	湖里区社会福利服务中心	待定	完成设计招标，深化建筑设计方案，办理项目红线	—	—	区民政局

备注：★市重点建设项目 14 个，# 市重点前期项目 1 个。

2013 年湖里辖区内其他市级重点建设项目完成情况表

表 7

项目名称	总投资（万元）	主要建设内容及规模	2013 年完成情况		本年投资进度
			主要形象	投资额（万元）	
合计（14 项）	4220922	—	—	531272	95.5%
一、象屿保税区（3 项）	80000	—	—	30711	133.5%
航空港运营服务中心	30000	总建筑面积为 120551 平方米，其中地下室两层面积为 36800 平方米，航空物流运营服务中心 1# 楼地上 11 层；航空物流运营服务中心地上 13 层；航空物流运营服务中心 3# 楼地上 11 层；主要为各联检单位的办公楼及其他配合设施	土建施工收尾，园林景观施工，智能化电缆施工，同时办理验收前的各项准备。消防、人防已验收，落实整改	9300	116.3%
航空港现代冷链物流中心	20000	总用地面积 41.37 亩（27579.74 平方米），总建筑面积 36552.092 平方米，单层钢结构，层净高 12 米和 24 米，包括冷冻库、冷藏库、恒温库、常温库、封闭式冷藏码头、办公区、物料库等	1 号库主机房主设备及管道安装完成，库保温板、库外墙面板安装完成，常温库、码头消防管道安装。2 号库保温板、库外墙面板安装完成，库制冷风机及管道安装完成，常温库、码头消防管道安装	14510	145.1%
厦门进口商品集散中心	30000	总用地面积 21 亩，总建筑面积约 43000 多平方米。其中包括地下两层停车场及仓库，约 21000 平方米；地上四层展示及办公，约 22000 平方米	基坑土方开挖施工，基坑降水施工，砖胎膜施工、基础垫层施工、基坑底排水沟施工	6901	138.0%
二、市卫生局（1 项）	34187	—	—	8194	102.4%
市儿童医院（中山医院湖里分院异地迁建）	34187	业务用房建筑面积 74319 平方米，可容纳 500 张床位	内装项目全面进行，电梯、空调等设备安装完成 80%，水电安装相应跟上	8194	102.4%
三、市建设管理局（2 项）	222900	—	—	28403	142.0%
高林居住区保障性安居工程	191900	总用地面积 26.08 万平方米，总建筑面积 64.3 万平方米，建设保障性住房 9082 套	A1-1- Ⅶ标段工程竣工验收；A1-3- Ⅳ标段、Ⅴ标段正进行主体工程施工，配套幼儿园竣工验收；林边小学主体施工	19485	129.9%
保障性安居工程－围里公寓	31000	总用地面积 2.25 万平方米，总建筑面积 7.66 万平方米。建设宿舍类公租房 1288 间	主体施工	8918	178.4%
四、市电业局（1 项）	39242	—	—	9109	100%
电力进岛第四通道（新店燃气电厂—湖边线路）	39242	线路总长 13.9 公里	基础完成 17 基，组塔 14 基，电缆敷设 5.3 公里	9109	100%
五、市市政园林局（3 项）	96593	—	—	44663	100.8%

续表 7

项目名称	总投资（万元）	主要建设内容及规模	2013 年完成情况		本年投资进度
			主要形象	投资额（万元）	
疏港路仙岳路口立交通道	35000	项目位于疏港路与仙岳路交叉口，改造的主要目的是确保南北向的主车流通畅，左转车辆继续保持地面通行的方式。工程拟采用四车道下穿通道方案（部分路段两车道），在 K1233 处（大榕树北侧）新建一座人行天桥。工程内容包括下穿通道、地面道路改造、交通工程、管线迁改、照明及绿化工程等	工程竣工	23069	100.3%
枋钟路下穿金尚路通道	36700	工程全长 1.47 公里，宽度 45.7—72 米，双向 6 车道通道，总长 570 米，设计范围占地 169.23 亩（1 亩 =666.67 平方米，下同），远期设计范围占地 186.26 亩。包括道路工程、下穿通道工程、综合管线工程、交通工程、绿化景观工程、道路照明工程等	工程竣工	18300	100%
莲岳隧道工程	24893	路线全长 1622 米，其中隧道长 1135 米，U 型槽长 240 米；道路红线宽度 40 米；隧道标准断面 10.5 米，双向两车道设置	A 标围护桩及 U 形槽全部完成；仙岳路口改造沥青面层全部完成；左、右线明洞衬砌完成；左右线暗洞施工。B 标围护桩全部完成；宜宾路、兴隆路、华光路道路拓宽改造工程全部完成并完成中间验收，仙洞路恢复施工	3294	109.8%
六、机场建设指挥部（1 项）	700000	—	—	163351	78.2%
机场三期	700000	包括填海造地工程，T4 航站楼、航空港物流中心、厦门机场 3 号候机楼地下停车场、三号候机楼地下室改造、运行指挥中心、航空服务综合楼二期 A 栋、机场货运配套周转库二期工程、地面服务业务配套楼、站坪滑行道及配套设施扩建工程、停机坪改扩建工程、空管配套工程、航空消防救援中心二期、机组过夜用房、航空货运楼、新海关二级监管仓库、机场查验业务用房、国检用房、太古五期（B）机库、新科宇航发动机维修、新翰崴轻型飞机制造厂、飞机维修研发中心、厦航生产基地、山航厦门生产运行基地、航空物流营运服务中心、夏商集团生活资料批发物流中心、航空港现代冷链物流中心、厦门市保险事故车辆拆检定损中心，五通码头客运改扩建、海峡旅游集散中心（五通）、五通旅游博览中心、佰翔酒店（五通）、鼻子沟改造工程、鳌山路、环岛路、T4 航站楼配套市政工程、物流园区市政配套工程等	1.T4 航站楼、航空港物流中心主体工程完成 98%，玻璃幕墙完成 80%，金属屋面完成 81%，机电工程完成 37%；2. 机场站坪、滑行道及配套设施扩建工程 Z1 施工区域土方回填、地基处理完成面积 600 平方米，Z2 施工区域地基处理、水稳施工，Z3 施工区域沥青砼施工；3. 地面服务业务配套楼桩基施工；4. 机场查验业务用房竣工；5. 航空消防救援中心二期基础施工；6.T4 航站楼配套市政工程匝道桥、地基处理施工招标完成；7. 航空服务综合楼 B 栋桩基施工；8. 新海关二级监管仓库 1-3 号楼主体工程收尾、室外工程施工；9. 山航厦门运行基地主体施工；10. 佰翔五通酒店主体施工；11. 海峡旅游服务中心博览中心桩基招标完成，签订施工合同；12. 环岛路（墩上至集美大桥段）U 形槽和桩基施工	163351	78.2%
七、市交通运输局（2 项）	728000	—	—	42841	99.6%

12960件，成功注册7954件；新认定驰名商标2件、省著名商标14件；市著名商标17件。办理股权质押登记手续30户（次），出质股权数额1.65亿元。办理动产抵押登记31件、主债权人民币13.25亿元。全年查处各类经济案件257件，结案195件，罚没金额241.69万元；受理消费者申（投）诉举报4182件，为消费者挽回经济损失1356万元。年内，有10个单位获国家、省、市、区级奖励17个（次），有84人获国家、省、市、区级奖励95人（次）。区工商局先后被表彰为全国工商行政管理系统2012—2013年度诚信市场创建活动工作突出单位、2010—2012年度全市查处无证无照经营工作先进单位、2011—2012年度湖里区学习型党组织创建活动先进单位。

【扶持街道特色产业】2013年，区工商局了解各街道特色产业，开通注册高速通道，为金融、邮轮、电子商务等产业的发展提供优质服务。与两岸金融中心指挥部建立信息互通机制与服务对接机制，将金融后台服务企业纳入登记“绿色通道”，为87家企业办理入驻事宜，注册资本合计71亿元；采取特事特办的服务模式，多方协调、优先审批，先后帮助鑫裕成、中城鹭惠等多家股权投资基金企业落户湖里；与湖里街道召开筹备专项会议，为厦门国际邮轮母港集团有限公司提供专业化指导。

【服务农产品企业】2013年，区工商局扶持农产品企业。提前介入永兴港渔业、舟和兴水产等农专社的前期筹备阶段，在设立过程中提供宽松优惠的准入条件，并及时解决企业发展过程中遇到的问题；主动扶持本地农产品网络销售企业“土巴巴生态菜篮子有限公司”创办社区直营店和社区餐饮门店，依托社区终端加强网络销售宣传，帮助其完善产业链的拓展，使超过300余户的农民受益。

【支持中小企业存续发展】2013年，区工商局通过股权出质、商标权抵押、动产抵押等方式盘活中小企业资产，拓宽企业融资渠道。全年共办理股权出质企业22家，出质股权数额1.65亿元，办理动产抵押31件，金额13.25亿元，动产抵押办理数和金额分别占全市的53%和68.5%。高崎工商所主动牵线搭桥，将诚泰小额贷款公司引入长江商务中心，为该中心的小微企业解决发展中遇到的资金困难。

【实施商标品牌战略】2013年，区工商局强化企业创牌意识，加强行政指导和培训宣传，推荐25家企业申请省著名商标认定，推荐12家企业申请省著名商标延续认定，推荐40家企业申请市著名商标认定，其中17家获得认定，推荐20家企业申请市著名商标延续认定，其中19家获得延续认定；强化企业护牌意识，加强行政处罚，查办销售侵犯注册商标专用权产品案27起，案值35.86万元，罚没19.69万元，并首次查办一起服务商标侵权的案件。

【食品安全监管】2013年，区工商局核发食品流通许可证3234户；完成986家中小型超市、一级经销商的监管系统备案开户运行；在食品经营企业推行“企业负责人约谈机制”，开展生姜及肉制品、奶粉、月饼等一系列专项整治；对于焦点事件快速依法查处，在应对媒体追踪时热情接待、谨慎应答、主动邀请监督，正向引导舆论；锁定物流集散中心、源头市场、城乡接合部等重点区域开展专项执法，办结食品违法案件37件，罚没28.3万元。

【网络市场监管】2013年，区工商局开展三次网络商品交易专项整治行动，核查案源线索117条，立案查处网络违法案件17起，结案12起；指导214家网络交易主体完成电子标识申请，其中182家审核通过，6家在审核，26家不合格退回；引导261家经营主体网上亮照。湖里工商所结合商标保护、消费维权等工作，巡查指导辖区“名鞋库”等知名电商企业。

【广告市场监管】2013年，区工商局清理整治高立柱广告，完成第一阶段18杆高立柱广告的清理整治。同时，继续整治虚假违法广告，查办广告案件15起。

【诚信市场创建】2013年，区工商局指导万达广场申报省级诚信市场示范点，并参与市工商局调研，成立区局企业信用体系建设领导小组，评选认定工商信用良好和信用优异企业。经过核查，推荐市级“守合同重信用”企业46家，其中符合推荐省级的9家。

【反不正当竞争】2013年，区工商局重点查处酒店旅行社商业贿赂、零售业商业贿赂违法行为，拉网式排查，查处酒店给付旅行社、的士佣金的商业贿赂行为。查办商业贿赂案件3起，罚没41.68万元；重点查处虚假宣传违法行为，查处12起虚假宣传案件，罚没48.7万元，其中“米精露”月子产品虚假宣传案的涉案金额252万元。在“八闽红盾出击——反不正当竞争”专项执法工作中，江头工商所获评专项行动执法办案先进单位。

【查处“无证无照”经营】2013年，区工商局采用“疏堵结合”的工作方式，妥善处理龙腾花园、金山小区等群体投诉事件。全年查处无证照经营案件64起（其中无照网吧48起），查扣“黑网吧”电脑设备1107套。

【消费维权】2013年，区工商局受理各类投诉、申诉、举报4182件，其中投诉3373件，举报809件，办结率99.75%，调解成功率93.18%，为消费者挽回经济损失1356万元，加倍赔偿33.79万元，有12个维权网点获评省级12315消费维权服务示范站点。

【推行说理式消费调解新方式】2013年，区工商局印发《厦门市湖里区工商局关于推行说理式消费调解协议书指导意见》，明确推行说理式消费调解的指导思想、遵循原则、适用范围及情形，确定说理式消费调解协议书的格式及规范。并按照突出重点、稳步推进的原则，在江头所试点成功的基础上，在全局推广。

名词解释

说理式消费调解方式 说理式消费调解方式旨在以理服人、以法育人。说理式消费调解协议书内容更完善、更规范、更全面，通过充分论证事实、严密逻辑推理、详尽事实描述和合理阐述法理，使当事人心服口服从而自觉遵守法律、行政法规和规章的规定，自觉维护公共利益和社会秩序。说理式消费调解方式能充分保障当事人的知情权、陈述申辩权，提高调解工作的公平性和透明度，消除当事人对行政执法机关的误解，有效缓解矛盾冲突和化解行政争议。

【建立异常投诉举报处理新机制】2013年，为应对“职业打假人”投诉举报，避免行政复议、诉讼，区工商局拟定异常投诉举报工作程序规范，统一指派，规范答复，建立“科室牵头、工商所联办、局领导审核”的工作模式。并在全局范围内通过典型案例进行教育指导，提高对异常投诉举报的应对处理能力。

【机场维权】2013年，区工商局依托新建的机场工商所，加大对厦门机场消费维权工作的投入，与中国民航安全监督管理局沟通协作，指导厦航、南航、东航等15家航空公司和4家外国航空公司完善维权制度，设立“12315”调处联络员，全年机场所处理飞机延误、取消等相关投诉88件。

【校园周边整治】2013年，区工商局在辖区60所校园周边开展专项整治行动，查处“三无”产品数千件（包括“三无”食品286箱零470包，“三无”玩具4箱零566件），校园周边“三无”产品销售乱象得以遏制。

【安全生产整治】2013年，区工商局开展餐饮场所燃气安全专项整治、节日安全生产专项整治、安全生产大集中检查、安全生产双月督查、道路交通会战整治、“三合一”场所消防安全隐患专项整治、非煤矿山专项整治、禁放排烟专项行动等安全生产整治活动，开展“打非治违”活动。

（张潇翎）

质量技术监督

【概况】厦门市质量技术监督局第一分局（简称质监一分局）成立于2005年3月25日，内设办公室、质量监督科2个科室，曹祥敏担任局长。2013年，学习贯彻中共十八大精神，按照上级的统一部署，一手抓思想教育，一手抓制度建设，保证综合执法的有效性。完善执法监管链条、监管体系和监管网络，全面开展食品质量安全和特种设备安全监察，取得一定成效。

【新春送温暖宣传活动】2013年春节前，质监一分局联合湖里区食安办、殿前街道办主办的“新春送温暖·食品安全进社区暨食品企业献爱心”活动在兴隆社区启动。仪式上，湖里区副区长刘琦龙等，为殿前街道辖区的120户贫困户代表发放爱心年货。现场利用有奖抢答、猜谜语和设置宣传展板等形式开展食品安全宣传。分局工作人员还向群众介绍如何购买安全食品等基本常识，并发放宣传材料1000份。

【开展“3·15”国际消费者权益日系列活动】2013年“3·15”国际消费者权益日期间，质监一分局联合工商、烟草等部门在海天永辉超市就如何辨识假冒伪劣产品、如何购买安全食品及如何投诉维权等方面进行现场咨询和宣传，发放食品安全、电梯安全等宣传材料600份。参加湖里区消委会组织的假冒伪劣产品集体销毁活动。

【街道、社区食品安全信息员培训】2013年，为落实国务院《关于加强食品安全工作的决定》(国发〔2012〕20号)，湖里区政府拨付专项经费组建街道、社区两级食品安全信息员队伍。区政府邀请质监、卫生、经贸三个部门专业人员对招聘的65名食品安全信息员进行培训。培训内容包含《五类经营单位开业审查规范》《福建省食品小作坊管理办法》等，湖里区副区长刘琦龙做培训前动员。

【服务创建文明城区工作】2013年，质监一分局围绕湖里区文明创建工作中心、重点，针对重点街道、重点市场周边的五类前店后厂食品经营单位，拉网式排查4个街道、2个市场，重点跟踪检查7家五类经营单位。宣传违法经营风险、企业主体责任等。分局工作人员对条件基本符合的经营单位督促其申请开业审查，并主动上门提供信息咨询和帮助；对卫生条件较差及群众反映强烈的经营单位责令其立即整改。

【举办食品安全论坛】6月24日，质监一分局在厦门航空有限公司举办食品安全论坛，市安监局、机场、出入境检验检疫局相关领导参加会议。论坛会上从深层次、宽领域、多界面探讨“如何加强风险管理，推进食品安全监管关口”，达成以下共识：加强源头风险识别，对生物性、化学性、物理性污染等危险源进行系统识别；强化风险管控，融合食品安全管理体系、HACCP体系等管理体系内容，实现风险控制标准化、制度化、规范化、常态化；建立风险预警和可追溯体系，加强链条管理，确保全过程可追溯。

【食品安全专项整治】2013 年，质监一分局加强重点时期、重点场所、重点食品安全监管，强化抽检不合格，易发、多发问题食品的跟踪监管，联合区食安办、街道、工商、卫生等部门，协同街道食品安全协管员，提高专项整治的覆盖率，及时消除食品安全隐患，切实保障食品安全。先后开展 15 个专项行动，对节假日食品、婴幼儿辅助食品、儿童食品、白酒、肉制品（含假牛羊肉）、皮蛋、虚假标签标识问题、即食鱼干、熟制花生、食品添加剂、加工助剂、豆制品加工小作坊等开展专项整治，检查食品及食品添加剂生产企业 192 家次，五类经营单位 52 家次，小作坊 38 家次，抽检原料乳粉 4 批次、豆制品（豆腐、豆皮）23 批次、牛羊肉产品 8 批次、面包及糕饼 7 批次。

【特种设备安全监察】2013 年，质监一分局在元旦、春节、"五一"、"六一"、中秋、国庆等节假日及"9·8"投洽会期间，结合公共领域电梯整治、安全大检查等，对 248 家企业进行检查，重点落实各单位的电梯、锅炉和中央空调压力容器的定期检验情况，日常管理情况和应急救援预案，同时要求企业负责人在各重要时段加大安保方面的投入，成立应急领导小组，确保突发情况能将损害降到最低点。检查各类设备 1019 件，排查消除隐患 634 条。对辖内 6 家电梯维保单位的安全生产状况进行考评，包括许可资质、人员资质、维保质量、质保体系、质量控制、安全培训等几方面，并核定等级，6 家维保单位评为丁级。处理上级交办的重要问题告知 32 件；召开四次安全隐患分析会，约谈电梯维保单位及使用单位负责人，了解隐患情况，掌握整改进度，责令限期改正。处理投诉举报 10 件。其中，市长专线转办 7 起、区政府转办 1 起、"12365"转办 1 起、街道转办 1 起。电梯类问题占投诉量的 100%。

【公共领域电梯安全整治】2013 年，质监一分局检查 85 家企业 574 台电梯。其中学校 11 家 29 台、医院 7 家 29 台、宾馆酒店 9 家 49 台、汽车站 2 家 30 台、码头 3 家 47 台、机场 2 家 35 台、商场超市 47 家 327 台、展览馆 2 家 2 台、行政机关集中办公场所 2 家 26 台；574 台电梯中，包含 3 家单位 10 台病床电梯、36 家单位 234 台乘客电梯、43 家单位 307 台自动扶梯、7 家单位 23 台自动人行道。排查安全隐患 211 条，发出特种设备安全监察指令书 14 份。

【压力容器安全检查】2013 年，质监一分局检查压力容器使用单位 7 家，其中液氨系统压力容器 4 家，快开门压力容器 3 家。对存在压力表、安全阀超期未检，运行记录不全等问题的 5 家单位，责令限期改正。

【查处土制载货升降机使用单位】2013 年，质监一分局联合禾山街道开展土制载货升降机集中治理。检查使用单位 10 家，查封停用土制载货升降机 7 台。

【公共领域电梯专项工作】2013 年，质监一分局发动各街道社区对小区物业电梯进行摸底排查，检查物业小区、写字楼 284 家，电梯 1857 台。

【暑期锅炉房检查】2013 年，质监一分局对 22 家锅炉使用单位现场监督检查，排查出安全附件超期未检等各类隐患 50 条。

【港口码头起重机械使用单位检查】2013 年，质监一分局检查 6 家港口码头起重机械使用单位，排查安全隐患 15 条。

【配合区安委会开展大检查行动】2013 年，质监一分局参加区安委会组织的涉氨制冷企业联合检查、石油化工企业的安全检查等行动，共检查企业 12 家次。

【产品质量行政执法】2013 年，质监一分局以"六五"普法为契机，关注食品和特种设备两大安全，利用"5·20"世界计量日及"食品安全宣传周""安全生产月""质量月""世界标准日"等，结合日常巡查和专项工作，开展法规宣传进企业、进社区、进校园、进园区、进农村活动，宣传贯彻质监相关法律法规和安全知识，营造良好的质量法制氛围。推行"全程说理式"执法，严格行政执法，共办理质量、特种设备行政违法案件 17 件，罚没款 25.2 万元，净化市场环境。对办理的 3 起使用土制起重机械的行政处罚案件组织一场"开门审案"，邀请湖里区有关部门的专家参与案件审理，对行政处罚及其自由裁量进行监督评议。

【产品质量安全监督抽查】2013 年，质监一分局根据省、市局有关工作部署，结合辖区实际，突出重点，对工业产品全面开展质量安全监管工作，并结合日常巡查，开展儿童用品、民生消费品、人造板、认证认可、金银制品、加油站、医疗器具等 11 项专项检查，共检查企业 98 家次，出动 296 人次。根据市局《关于开展服装产品质量专项整治行动的通知》（厦质监字〔2013〕3 号）要求，结合湖里区的实际情况，部署开展服装产品质量专项整治工作，完成专项整治的目标。截至 4 月中旬，共出动 211 人次，检查 67 家服装企业，抽取 8 批次产品。为了巩固专项整治的成果，联合市局监督处、质检院，召开"思明、湖里服装行业宣贯会"，将整治的目的、相关措施及要求告知企业，取得企业的理解、支持和配合。在这次宣贯会中，参会企业 72 家 75 人次，发放宣传材料 90 多份，宣传实施质量强市战略的意义及服装行业的相关标准。

【争创首批全国质量强市示范城市】2013 年，质监一分局以宣传教育为引领，分行分业地举办以滋养企业良知之花的"道德讲堂"。旨在通过"宣贯、教育”的桥梁，引领帮扶企业，同提升、共发展。以实施品牌带动战略为核心，组织推荐辖区企业争创省市名牌产品及质量管理先进企业。共推荐辖区30家企业争创省市名牌及质量管理先进企业评选。以提升行业水平为目标，确保产品质量安全。分局配合湖里区创建电光源及灯具出口质量安全示范区，实现“构建质量安全管理机制、全面提升质量安全水平、发挥示范引领作用”的总体目标。

【“双打”行动】2013年，质监一分局开展打击侵犯知识产权和制造假冒伪劣产品专项行动，针对辖区内获得3C认证、工业产品许可证的生产企业建立企业监管档案，依据生产许可证实施细则、强制性认证的有关规定及相关标准要求，严格审查生产企业资质，严格检查获证企业生产条件。检查企业关键原材料和生产过程中质量控制是否到位，质量保证体系和管理制度是否完善。检查企业的生产场所、必备生产设备、检验设备等是否符合生产许可证规定要求。检查企业生产过程中是否存在偷工减料违法行为。对生产条件达不到要求的企业，依法责令限期整改并做好整改复查工作。“双打”行动中，分局共检查企业72家次，出动224人次。

【服装行业质量强企活动】2013年，质监一分局组织召开服装行业质量强企宣贯会，100多家服装企业负责人参加。会上部署服装产品质量专项整治行动，同时，邀请专家讲解服装等重点工业品的质量要求，并介绍现行的服装产品标准。

【计量监督管理】2013年，质监一分局组织对辖区内的医疗机构、加油站、眼镜制配场所等在用计量器具开展检查，共检查5家医院，18家眼镜制配场所，对7家加油站34台加油机开展专项整治行动，还对保健品开展定量包装商品净含量抽检。

（吴晓萍）

食品安全监督管理

【概况】2013年，湖里区食品安全委员会有成员单位18个。各职能部门与街道办事处均按要求设立食品安全分管领导及食品安全专职联络人，负责所属职责范围内与食品安全相关的所有事务。辖区内43个社区均设有食品安全信息协管员，负责对属地内食品安全相关信息的收集和上报工作。在组织机构上建立横向到边，纵向到底的食品安全监管工作网络。根据市食安委的要求，2006年湖里区食品安全委员会成立，由区委书记任组长，区长任副组长，各个职能单位一把手任组员。下设区食品安全办公室于区经发局。

【食品生产经营企业情况】2013年，全区有食品生产加工厂102家（QS获证企业），涉及糕点、水产制品、茶叶、坚果、炒货制品等161个申证单元，小作坊54家（五类经营单位），餐饮单位3084家，小吃店5493家，食堂367家，集中配送单位34家，食品经营单位21000余家，农贸市场37家，生鲜超市12家。

【食品生产企业监管】2013年，区食安办督促辖区企业提交保证食品质量安全的承诺书，承担食品质量安全第一责任。管好4类企业（节日热销食品企业、乳制品及含乳企业、以往发现问题的企业、监督抽查不合格的企业），及时消除食品安全隐患。累计对61家问题企业发出责令整改通知，对2家改变生产条件、不按要求实施出厂检验的企业依法查处。加强对食品生产加工小作坊产品质量的监督管理，对辖区内的食品生产加工小作坊产品抽样，共抽取6家糕点、2家面制品、1家肉制品、1家豆制品、1家酱腌菜等5类产品11个样品，送市产品质量监督检验院检验。推行食品安全监管可追溯系统实施智能监管，对未纳入监管系统及只开户运行未100%打印上市凭证的食品经营者加大查处力度。至年底，湖里辖区有355家食品零售企业、716家本地食品批发商、201家外省市批发商开户运行，批发商上传进货台账250多万条、销货台账370多万条。

【食品经营专项整治】2013年，区商务综合执法大队协调各职能部门出动执法人员225人次，出动执法车辆68辆次，检查食品安全经营单位92家次，其中生鲜超市15家，餐饮企业36家，食品生产企业11家，烟酒经营店22家，其他8家。立案查处1家，发出整改指令书8家。对问题食品展开专项整治，如鸡精、鱼翅、生鲜猪肉、牛肉、月子水、美素丽儿奶粉、脱氧剂、调味品等。查处食品案件14件，罚没款9.6366万元。开展打击私屠滥宰专项行动，现场查获大批私宰肉及待宰活猪，共计42头，不明猪肉制品原材料7个冰柜，私宰工具一批，查获窝点出货流水账2本，扣押涉案人员7名。

（魏征）

安全生产监督管理

【概况】2013年，湖里区安全生产监督管理局（简称区安监局）以强化和落实责任为抓手、以消除安全隐患为主攻方向、以事故预防为目的，开展安全生产各项工作，推动全区安全生产形势持续稳定好转。全区共发生各类生产安全事故116起、死亡9人、受伤62人、经济损失48.14万元，同比分别下降22.1%、50%、25.3%、57.1%，未发生较大以上生产安全事故，各项指标均控制在市政府下达的事故指标范围内。

【安全生产目标责任体系建设】2013年，区安监局根据市政府下达的全区年度安全生产目标责任制要求，按照属地管理、分级管理、条块结合的原则，进一步细化事故控制指标和工作目标，将安全生产目标责任下达到各街道、各部门，层层抓落实，确保安全生产责任落到实处。制定下发《关于进一步健全完善安全生产“一岗双责”工作机制的实施意见》，进一步推动安全生产监管职责的落实。坚持每季度定期召开全区防范重特大生产安全事故工作会议，分析、通报安全生产工作形势，协调解决安全生产重点问题，形成齐抓共管安全生产的工作格局。严格安全生产目标责任考评，坚持半年督查、年终考评等制度，实现安全生产目标动态管理。

【安全生产大检查】6—9月底，区安委会在全区所有行业领域、所有生产经营企事业单位和人员密集场所开展安全生产大检查，有效消除一大批隐患。实施整体推进。制定关于集中开展安全生产大检查的紧急通知和实施方案，明确检查目标和要求、检查范围、检查内容，并将检查任务具体分解到5个街道和17个职能部门，做到各司其职、各尽其责，基本做到不留死角和盲区。强化督查工作。7月，结合上半年安全生产目标责任制考核开展安全生产大检查期间第一阶段督查工作。8月，区安委会组成9个督查组，采取交叉督查的方式，开展第二阶段督查工作。同时，结合国庆期间安全生产检查，由区四套班子领导带队开展第三阶段督查工作。开展暗访检查。区安委会成立安全生产暗访检查小组，制订暗访检查工作方案。第一次暗访，共暗访检查12家生产经营单位，发现19条安全隐患。第二次暗访，共暗访检查5个街道，建设、卫生、市政、教育、文体等5个行业领域共20家企业。严格落实整改。全区按照“全覆盖、零容忍、严执法、重实效”的总体要求，严格整改，真查真改、真整真治，重在消除隐患、重在实际效果。

【安全生产基础工作】2013年，区安委会加强基层安全监管队伍建设。给各社区分别配备1—3名安全协管员，全力打造一支73人的基层安全协管员队伍，同时加强培训、教育与管理，提高队伍整体水平，在基层安全监管中发挥作用。推进应急救援体系建设。完善和落实应急预案，定期组织演练，通过演练，进一步提高实战能力。全区开展应急救援演练160多场次，提高企业应急救援反应能力和自救水平。加强安全监管信息化建设。督促全区企事业单位每季度通过“数字安监”系统填报教育培训、安全检查、事故处理等日常安全工作。601家企业通过“数字安监”系统申报季度报表，其中危险化学品从业单位120家。

【企业安全生产标准化建设】2013年，全区共有10488家企事业单位开展安全生产标准化建设，自评并认定达标10488家，自评率100%，并由“认定达标”向“评审达标”转变。加大宣传发动力度，指导企业开展安全生产标准化建设，评审机构进一步规范企业网上申请，确保企业申报质量，提高企业评审达标率和企业本质安全水平。25家规上限上工贸企业在国家安全生产标准化达标信息管理系统完成网上申请并开展达标评审。

【安全生产“打非治违”工作】2013年，区安委会根据省、市安委会文件精神和安全生产“一岗双责”的要求，结合实际，制订“打非治违”工作实施方案；区安办加强对“打非治违”工作的组织领导、督查和协调，形成工作合力，促进工作落实。利用各种形式广泛宣传“打非治违”专项行动，同时设立举报电话并在新闻媒体向社会公布，畅通安全生产社会监督渠道，鼓励群众举报非法违法经营建设行为，为“打非治违”活动营造氛围。落实“四个一律”，实施“六个一批”，组织开展“六个一”活动，对存在的突出问题，开展联合执法、集中清剿。

【危险化学品监管】2013年，区安监局加强危险化学品储存和经营环节监管。重点检查油库、加油站以及批发零售经营企业，严格要求各加油站落实好安全防范措施，严格执行桶装油销售管理规定，杜绝汽油非法外流。共检查400多家次，发现并督促整改隐患300多条。开展液氨使用专项治理。多次组织有关部门及安全生产专家对全区6家涉氨制冷企业液氨使用情况开展全面检查。对发现的安全阀压力表超期未检、未制定应急救援预案等78条隐患问题，责令使用单位立即整改，消除隐患。

【安全生产宣传教育】2013年，区安监局通过现场宣讲、义务咨询、陈列展板、播放宣教片、发放宣传单、利用LED屏滚动播放宣传标语等方式，开展安全生产法律法规、制度和知识等系列宣传活动。悬挂800多条宣传标语，张贴各种宣传海报、挂图5000多张，制作黑板报、宣传栏200多版，发放8000盘安全生产系列专题片、3000份《安全生产事故防范及典型案例》宣传册，印发1万安全知识书卡，向城乡接合部外来务工人员发放消防逃生“攻略”近16万册，共印发宣传单60多万份。抓好以“三项岗位”人员和农民工为主的安全生产培训，提高从业人员安全意识和安全技能。共举办60多场培训，教育培训5000多人次。

（许溪圳）

中共地方组织

中共湖里区委员会

会　议

【区委七届七次全体（扩大）会议】1月4日，区委召开七届七次全体（扩大）会议，区委委员、区委候补委员参加会议，区纪委委员、不是区委委员的区级领导、区级老领导，区人武部、区直各部委办局、人民团体、区重点办、区工业园区管委会、各街道党政主要领导，人大代表联络工作室主任，各社区书记和主任、区属各党（工）委书记，辖区协作单位、辖区中学、区属企业领导列席会议。会议深入学习贯彻中共十八大精神，认真落实中央经济工作会议和省委九届六次全会、市委十一届五次全会的决策部署，总结2012年区委各项工作，研究部署了2013年工作。区委书记刘育生在会上讲话，他强调在新的一年里要紧紧围绕主题主线，坚持稳中求进、好中求快、转型升级，把推动发展的立足点转到提高经济增长质量和效益、加快转变城区面貌、加强保障和改善民生上来，推动经济持续健康较快发展，全面建设民富区强和谐幸福湖里。

【区委七届七次全体会议】1月4日，区委召开七届七次全体会议，区委委员、区委候补委员参加会议，区纪委委员列席会议。会上进行“一报告两评议”，审议通过区委七届七次全体会议决议。区委组织部部长林重阳在会上讲话，他总结2012年度全区干部选拔任用工作情况，强调组织工作要为建设民富区强和谐幸福湖里提供坚强的组织保障。

12月20日，中共湖里区委七届九次全体（扩大）会议召开　（邓建华　摄）

【区委七届九次全体（扩大）会议】12月20日，区委召开七届九次全体（扩大）会议，区委委员、区委候补委员参加会议，区纪委委员、不是区委委员的区级领导、区级老领导，区人武部、辖区协作单位、区直各部委办局、人民团体、区重点办、区工业园区管委会、各街道党政主要领导，人大代表联络工作室主任，各社区书记和主任、区属各党（工）委书记，区工商、国税、地税、环保分局、市质监第一分局、湖里公安分局、区教师进修学校、厦门三中、禾山中学、湖里中学、金尚中学、湖里实验中学、厦门外国语学校湖里分校、蔡塘学校、区国投公司、天地公司领导列席会议。会议审议通过中共湖里区委《关于全面深化改革的实施意见》，区委书记刘育生在会上讲话。他指出，全面深化改革是湖里区作为特区发祥地的重要使命，是破解发展中深层次矛盾和问题的路径依靠。建设美丽厦门是市委、市政府推动科学发展的战略抉择和重大决策部署，是全市人民的共同奋斗目标，全区要以建设美丽厦门统领各项工作，把全面深化改革贯穿于经济社会发展各个环节，努力建设民富区强美丽幸福湖里。

【区委七届九次全体会议】12月20日，区委召开七届九次全体会议，区委委员、区委候补委员参加会议，区纪委委员列席会议。会议审议通过《中共湖里区委关于深化改革的实施意见（草案）》及区委七届九次全体会议决议。

【区委常委会议】2013年，区委共召开22次常委（扩大）会议，传达学习十八届三中全会及省委九届十次全会精神，认定37家企业为2012年总部企业，讨论通过《湖里区年轻干部、女干部、党外干部五年培养规划》《区政府工作部门领导班子和领导干部年度综合考核评价办法》《区直部门集体议事决策办法》《湖里区区街财政管理体制调整方案》《湖里区2013年科技资金计划安排》《区委关于区级领导干部“四下基层”的八条规定》《湖里区“十二五”规划纲要中期评估报告》《湖里区加强和创新社会管理规划纲要（2013—2015年）》《关于在社区党组织和党员中开展“金服务工程”的实施意见》，修订《湖里区精神文明创建活动管理办法》《湖里区拔尖人才选拔管理办法》，研究开展“美丽厦门共同缔造我来做什么”活动，推广政府购买专业社工服务项目，建设党代表联络工作室，批准区慈善会和老年福利协会、区文联、区计生协会、区见义勇为协会、区劳模协会换届，给予兑现10名双创人才优惠政策，有力保障全区经济社会各项事业健康发展。

【区委工作会议】3月13日，中共湖里区委召开区委工作会议，学习贯彻全国、全省、全市组织部长会议、宣传部长会议、统战部长会议精神，区委分管领导总结2012年工作，部署2013年工作。区委书记刘育生讲话，他充分肯定过去一年全区的党建工作，要求新的一年里全区各级党组织要着力选贤用能，扎实做好组织工作；着力提神鼓劲，扎实做好宣传工作；着力汇集力量，扎实做好统战工作。强化组织领导、强化实干实效、强化队伍建设，立足湖里区实际，围绕中心任务，发挥职能作用，争创一流业绩，努力把党建优势转化为发展优势，为建设民富区强和谐幸福湖里提供坚强保证。

重大活动

【省委省政府工作检查】5月24日，省委书记尤权、省长苏树林率省委、省政府工作检查组在湖里区检查工作。尤权等省领导视察厦门新科宇航科技有限公司、厦门ABB开关有限公司等企业。检查组在新科宇航表示，航空工业市场广阔，希望企业把握机遇，大力拓展市场，取得更好成效；在ABB公司，检查组鼓励企业抓住厦门跨岛发展机遇，布局建设更多项目，带动厦门成为国家火炬计划电力电器产业基地。

区委办公室工作

【综合协调】2013年，区委办公室按照区委对湖里发展的科学研判和谋划，起草区委七届七次全体（扩大）会议、区委七届九次全体（扩大）会议、区委工作会议等区委重要会议材料，撰写中央督导组到厦门参加调研座谈会、省双拥模范城（区）考评、2012年度及2013年度区委领导班子主要工作情况等各类汇报材料和纪检、政法、计生、文明创建、征地拆迁等一系列专题会议讲话稿130多篇，制发区委常委会议纪要22件，服务领导开展调研活动，提高信息综合实效，加强信息综合加工，全年共完成中纪委课题组调研、打击违建调研等3篇调研材料以及街道调研、项目调度、安全生产等16篇调研信息。

【督查督办】2013年，区委办公室围绕中心工作，明确督查重点，做好市委市政府重大决策的落实反馈，办理市委领导、市委督查室、区委领导交办事项。成立区委督促检查工作领导小组，推进区委重要文件、主要工作、重大项目、会议决策的贯彻落实，特别是紧盯土地房屋征收和重点项目建设。制定下发《加强和改进区委督促检查工作的实施办法》和《关于建立湖里区重大事项专项效能督查机制的通知》，开展“3+X”联合督查，建立完善周报、月报、季报、半年报及年报等跟踪滚动督查制度。坚持早介入、早布置、早协调，完成省委、省政府拉练检查和中央、省、市各级领导调研考察等重要活动的组织安排、服务保障工作。开展重点建设项目、失地失海农渔民以及重大节庆、活动运作模式等专项督查调研，协调区委主要领导到街道、社区、征地拆迁指挥部、重点企业、工业园区以及建设现场等实地调研，推动各项工作的落实。

【党建工作】2013年，区委党建工作领导小组组织落实第八轮党建工作责任书，年初召开区委专题会议，部署全区党建工作；年中开展党建“月巡查”，督促工作落实；年末组织党建工作自查，查找存在不足，计划下年工作。贯彻落实中共十八大精神，成立区委宣讲团分赴街道、社区、学校、企业集中宣讲60多场；举办专题征文、优秀党课教案评比，《关于在进城务工人员子女中深化思想道德建设的实践与思考》《关于大力倡导读书学习风尚的实践与探索》《关于深入开展学习型、服务型、创新型党组织的探索与思考》先后获得全省基层思想政治工作优秀论文三等奖、全市求索杯思想政治工作优秀论文三等奖。贯彻落实中央“八项规定”，制定出台执行细则和监督办法。践行群众路线，深化“下解办促”活动，出台区级领导干部“四下基层”八条规定，“五步工作法”常态化解决民生难题。创新开展区域化党建工作，成立全区党建工作联席会，推行城市街道大党工委制和社区大党委制，推广金尚社区服务型党组织建设“金服务工程”，区“视频党校”建设被评为全市“十大党建品牌”。

【政策研究】2013年，区委办参与区委文稿材料起草工作，领会区委领导的工作思路，高质量、高标准参与完成区委全委会议、区委工作会议、区纪委全会、全区政法工作会议的领导讲话及各类文稿。

【党史编研】2013年，区委办开展全区党史工作自查并形成报告。协助市委党史研究室编撰《厦门经济特区建设（1992—2001）》湖里区部分的党史，《十年腾飞路　扬帆正当时——记湖里区1992年至2001年十年巨变》一文最终被市委党史研究室采纳并全文刊登。

【信息服务】2013年，区委信息工作贯彻中共十八大和十八届三中全会精神，围绕美丽厦门共同缔造和深化改革各项工作，突出重点，创新方法，强化措施，为区委和上级党委统揽全局、科学决策提供准确、全面、细致的信息服务。全年共编发《湖里简讯》55期，上报信息2000余条，被上级党委采用300余条，其中6条信息得到省市级领导的批示，30余条涉台工作信息被《特区快讯》《八闽快讯》采用。

【档案工作】2013年，区档案馆共接收专门档案156卷，2005—2011年的婚姻档案22390件，向省、市档案局上报33家单位2013年度档案目录数据10649条。为社会各界提供档案资料利用331人次，查阅利用文书、婚姻等档案730多卷（件），复印1100多页。5月下旬，首次承办厦门市第33期档案人员岗位资格培训班。6月9日，区档案局联合金山街道在金安社区举行“纪念‘国际档案日’设立10周年”宣传活动。

（陈斌）

组　织

【概况】2013年，湖里区有基层党组织1255个，其中党委40个。全区有党员13902人；女党员5799人，占党员总数的41.7%；少数民族党员348人，占党员总数的2.5%；35岁及以下6013人，36—45岁3052人，46—54岁1550人，55—59岁729人，60岁及以上2558人；研究生546人，大学本科6040人，大专3133人，中专1051人，高中、中技1407人，初中及以下1725人。

【中共十八大精神学习培训】2013年，区委组织部采取专题讲座、学习讨论、知识竞赛、演讲比赛等多种形式，抓好中共十八大精神的集中学习培训。先后举办“改善民生、创新管理，加强社会建设”等4场专题辅导讲座，重点抓好处科级领导干部学习贯彻中共十八大精神专题轮训工作，分别组织部分区级领导和街道、社区书记参加市委党校集中培训班。在区直机关党组织中深入开展“学党章、强党性、做表率”学习教育活动，重点抓好党员写心得、书记讲党课、支部比学习等环节，进一步强化机关党员的表率意识和先锋作用。

【干部教育培训】2013年，区委组织部开展干部教育培训工作，组织8个主体班，培训1272人次。举办4期专题讲座，抽调各级干部参加上级各类培训班124人次。区委党校在接受区级党校办学质量评估省级复查验收中被确定为一类校。

【干部队伍综合分析】2013年，区委组织部建立领导班子和领导干部综合分析研判机制，先后对5个街道、21家区政府工作部门和派出机构领导班子及领导干部进行年度综合考核，对整合以来天地公司、国投公司领导班子的运行情况开展考核。根据考核情况，结合平时了解及区纪检、区审计局、区效能办等各方面信息，对各类领导班子的结构、素质、推动工作能力等方面进行综合分析研判，为区委科学选人用人提供决策依据。

【干部培养选拔】2013年，区委组织部在各级领导班子配备中优先考虑优秀年轻干部，把年轻干部放在急难险重的工作岗位上锻炼。强化“看品行、看能力、看业绩、看一贯表现、看用得是否合适”的导向。年内，共提拔使用干部108人。先后在区执法局、区检察院组织18个科级职位的竞争性选拔。

【干部考核评价】2013年，区委组织部加强对干部经常性考察。继续落实干部业绩日常申报制度，全年收到全区干部申报业绩110份。建立干部考核结果反馈制度，制定《湖里区干部考核结果反馈暂行办法》，先后对7家单位54名干部如实反馈考核中了解的情况，提出整改要求，做好跟踪督查。组建干部兼职考察队伍，择优确定40名处科级干部作为考察队伍首批成员，印发《湖里区干部考察工作应知应会》手册。

【领导班子规范管理】2013年，区委组织部落实《街道领导班子和领导干部年度综合考核评价办法》，出台《湖里区区直部门领导班子和领导干部年度综合考核评价办法》。对区直各部门贯彻落实《区直部委办局务会议集体议事决策暂行办法》情况进行检查，根据实际情况，在征求各方面意见建议的基础上，修订出台《湖里区直属部门集体议事决策办法》。审核通过区直属部门42家单位集体议事机构组成人员名单。建立区委组织部部务会成员联系街道、部门班子制度。

【干部调配交流挂职】2013年，区委组织部围绕区委中心工作，充实基层、优化部门，为街道增配班子成员23名，为区纪委、区政府办等16个单位充实班子成员22名，统筹做好区退管中心、

起到示范带头作用。结合“学党章、强党性、作表率”主题教育活动，会同区委组织部、区委党校抓好机关党员干部学习，先后举办“深入学习贯彻党的十八大精神”系列讲座、新党章专题学习等专题报告会15场，征集机关党组织书记党课教案120多篇。组织党员干部结合自己工作岗位和自身实际，座谈讨论。各党委、党工委也结合实际邀请专家学者举办专题报告会、形势报告会。发挥各街道理论宣讲团、外来青年讲师团等组织和基层文艺小分队的作用，通过形势报告会、座谈讨论、文艺晚会等形式送理论进基层，促进理论宣传教育的通俗化、普及化。开展学习型领导班子、学习型党组织、学习型党员、学习型社区等系列评选活动，起到示范引导作用。

【理论调研】2013年，区委宣传部配合省委宣传部、市委宣传部做好宣传思想文化工作各方面的调研，主动参与理论进基层、讲师团队伍建设、文化干部队伍建设、舆情管理及处置等多个省、市调研课题。开展宣传思想文化工作大调研，设计“学习型、服务型、创新型”党组织建设、道德讲堂建设、“中国梦”的理论探索研究等15个调研参考课题，征集调研文章30多篇。在全区各级党委中心组领导干部中开展以“深入贯彻党的十八大精神、推动厦门跨岛发展战略”为主题的理论征文活动，收到来稿49篇，进一步深化各级各部门对“中国梦”的理解。健全完善领导干部到挂钩社区上党课制度，开展党课教育上千场，开展“百名书记上党课”暨优质党课教案评选活动，各级党组织推荐优秀党课教案67篇。区委宣传部撰写的调研文章《关于在进城务工人员子女中深化思想道德建设的实践与思考》《关于大力倡导读书学习风尚的实践与探索》《关于深入开展学习型、服务型、创新型党组织的探索与思考》先后获得全省基层思想政治工作优秀论文三等奖、全市求索杯思想政治工作优秀论文三等奖。全区各级党组织和党员领导干部在《厦门日报》《厦门通讯》等刊物发表调研文章80多篇。

【“美丽厦门共同缔造”宣传】2013年，区委宣传部印制发放29万份宣传材料，利用LED电子屏、手机短信平台、固定宣传栏等各种宣传阵地宣传“美丽厦门战略规划”，在5个街道开展大型主题宣传活动，营造活动氛围。举办宣讲骨干培训班，组织各街道宣讲队、各社区宣讲小分队入家入户，把共同缔造精神带入群众之中。组织召开座谈会，在街道、社区征集20000多条意见建议。在厦门日报等主流媒体开辟“美丽厦门·湖里先行”专栏，及时跟进报道辖区特色亮点，全年见报69篇。

【舆论宣传】2013年，区委宣传部围绕中心大局、紧扣工作重点，提前谋划，及时推出反映辖区社会经济发展新思路、新举措、新成就的系列报道。全年在《福建日报》《厦门日报》《厦门晚报》《海西晨报》《海峡导报》等本地主流媒体刊发报道715次。加强动态报道，强化专题策划。发挥“今日视区”“湖里频道”等栏目的宣传作用，及时宣传报道辖区各项工作动态，展示辖区经济社会发展活力。做好专题策划，对区“两会”、两岸金融中心、季度经济指数、民生保障、精神文明建设、文化建设、人居环境等进行报道，及时展示辖区经济社会建设发展成果。规范新闻管理，畅通信息渠道。建立全区新闻线索月报征集工作机制，挖掘各单位各部门的新闻线索和新闻素材，加强与各街道、各部门的横向沟通，强化与各大媒体的纵向联系。成立新闻发言人队伍，规范新闻发布工作。制定出台《湖里区新闻采访接待工作规定》，规范对外来新闻单位采访接待的管理，全年接待中新社、中国经济时报、中国工商时报等中央级媒体近10家，各类记者近20批次，引导来访记者理性报道征地拆迁、土地管理等敏感问题。

【舆论引导】2013年，网上突发舆情应急处置工作领导小组成立，建立互联网舆情监测机制、报送机制、处置机制。完善新闻发言人制度，举办新闻发言人培训班，提升舆情应对处置能力。发挥网评员队伍作用，实时监测网络舆情动态，专人甄别处理与辖区有关的网络舆情，对舆论关注的焦点及时核实整改、反馈网民，压缩谣言传播空间，掌握舆论主动权。及时处置五通浦口安置房质量问题事件、五缘湾实验幼儿园教师体罚学生、摊贩抵制枋湖路占道经营整治行动等5起突发舆情；做好BRT纵火案消息澄清、舆论引导，及时报道辖区善后处理工作。全年共处置52件负面舆情，下发《网上舆情承办单》16份，编写《网络舆情专报》34期。

【文明创建迎检】2013年，区委围绕迎接全省文明程度指数测评，突出重点，强化措施，通过检查。强化工作部署，召开全区动员会、迎检部署会和创建点评会，举办7场培训会。区领导带队10个专项整治协调工作组开展巡查活动，协调解决各类创建难题。召开专门工作会议研究整治任务和难点，启动街道综合执法队，并采用弹性、错时工作制，全面推进城区管理综合整治工作。强化督查检查，科学增设督导岗，进一步强化文明交通宣传教育。改进交通语音督导，不断更新内容，有效发挥文明交通广播提示作用。协调组织相关部门联合执法，集中开展环境卫生、市容市貌、交通秩序、食品安全、文化市场、社会治安等六个方面的专项整治活动，提升创建实效。强化典型示范，在公园、社区、学校建设示范点，先后抓11批次100多个各类文明创建示范点，以点带面，全面提高各单位迎检工作水平。率先在湖里公园试点学雷锋志愿服务站，成效突显，市文明办到公园开现场会推广工作经验。召开“村改居”社区市容环境卫生整治现场会和志愿服务站现场观摩会，在全市推广辖区经验。强化经验总结，总结创建文明城市（区）标准化、精细化、品牌化、常态化、责任化建设经验，制定下发《五化建设实施意见》，推进辖区创建工作走向科学化、长效化。“五化”建设实施意见获得省文明办、市文明办的关注和赞扬，《光明日报》《福建日报》《福建精神文明建设》《厦门日报》等媒体先后进行报道。

【思想道德建设】2013 年，区委宣传部以道德领域专项教育和治理工作为核心，科学搭建载体，活化方式方法，全面推进思想道德建设。以道德讲堂为主体，拓展教育平台。建成道德讲堂 100 多个，与廉洁教育、作风建设、党性教育、中国梦宣传教育结合，弘扬培育社会主义核心价值观，引导干部群众全面提升文明素养。开展“讲文明树新风”公益广告宣传，设计制作公益广告海报 7000 份，大型户外公益广告 20 多块，《湖里区公益广告集锦》300 册，公益广告环保袋 5000 个。加强网络引导，发展网络文明志愿者 270 人，通过撰写博客、微博，评论传播正能量。以未成年人思想道德建设为核心，培育良好道德观念。开展“做一个有道德的人”“学习雷锋、做美德少年”网上签名寄语活动等多项主题实践活动，引导未成年人培养良好道德观念和文明行为习惯。创新未成年人心理辅导工作，建立未成年人校外心理健康辅导站，辖区未成年人校外心理健康辅导站的创新服务项目走在全市、全省的前列，获得全省第一名。推荐一批先进中小学生参评第二届福建省“美德少年”，2 所小学获“厦门市未成年人思想道德建设先进集体”称号，5 人获“厦门市未成年人思想道德建设先进个人”称号。保持黑网吧专项整治高压态势，强力推动扫黄打非工作，为辖区广大未成年人健康成长打造良好的社会环境。以企业文化建设为重点，推动行业道德建设。广泛宣传诚实守信典型事迹和曝光失信违诺事例，在企业营造诚实守信的浓厚氛围。建立全区企业文化建设工作联席会，制定实施工作制度和年度计划。深入企业挖掘建设先进典型，确立一批企业文化建设示范点，并推荐宸鸿科技作为全省企业文化建设现场会参观点。制作企业文化建设宣传长廊和视频短片，编印《创造价值——湖里区企业文化建设巡礼》，展示辖区企业文化建设成果。

【引领社会道德风尚】2013 年，区委宣传部通过宣传褒奖、志愿服务、全民阅读等方式，倡导和引领文明和谐的道德风尚。倡导读书学习新风尚。举办第五届厦门（湖里）城市诵读节暨湖里“悦读季”，围绕“悦读·提升·圆梦”主题开展活动，大兴读书学习之风。制作播放“美丽厦门·文化湖里”公益宣传短片，推广全民阅读。与《海西晨报》合作，每月对系列活动进行跟踪报道，为推动全民悦读营造良好的氛围。先后开展家庭读书会、名家签名售书、每周好书推荐、名家访谈、外来青年读书成才系列宣传等 15 项主题活动，近百项配套活动，在学校、社区、机关培育读书点 63 个，举办专题讲座上百场。重点打造“湖里星期六”名家讲堂，采用“现场讲座 + 网络分享”模式，根据社会热点以及群众的需求，邀请各类专家学者就家庭教育、亲子关系、医疗保健、经济文化等方面内容开展专题讲座，全年举办 12 场，1800 余人次参加，受到各界热烈欢迎。打造湖里区读书公园，每月坚持开展亲子阅读会、读书分享会等不同主题的阅读活动，激发广大群众的悦读热情。成立外来青年文学社读书会，每月定期举办主题沙龙活动，为更多的外来务工人员提供便捷的阅读交流平台。举办“我们的节日·重阳”诗文诵读晚会，弘扬尊老敬老美德。举办基层优秀诵读节目展演，对全年的悦读活动成果做一个全面的总结和展示。培育道德模范。培育“莆田三兄弟”道德模范，作为全省唯一一个全国道德模范，受到总书记习近平亲切接见。培育“湖里区首届道德模范”游文晃，先后获厦门市“学雷锋”先进个人、“福建省慈善儿童 30 年感动人物”、“第三届福建省道德模范”荣誉称号，受到省委书记尤权接见。全区共培育区级道德模范 11 人，市级道德模范 7 人，很好地发挥引领道德风尚的作用。深化志愿服务工作。组织开展丰富多彩的志愿服务活动，如文明交通督导活动、送温暖、献爱心等，促进社会和谐。进一步完善社区志愿服务工作站。继续加强对辖区火车站、客运码头、长途车站、主要交通路口等公共场所设立的 30 个学雷锋志愿服务点指导管理。对各志愿服务站管理骨干、全区网络文明志愿者进行集中培训，提升志愿服务水平。

9 月 28 日，“湖里星期六”名家讲坛开讲 （陈瑜瑾 摄）

【湖里星期六讲堂】2013 年，“湖里星期六”名家讲堂开讲。该讲堂是由湖里区委宣传部、湖里区社科联主办的面向普通大众的知识传播阵地、普通百姓的受益课堂和思想文化的碰撞沙龙。通过公益讲座的形式，针对广大市民最关心的话题、最关注的热点和最需要的知识，每周六都邀请名家、专家与广大市民朋友面对面、零距离对话。这是一个既接地气又不落俗套、既突出广泛性又能展示个性、既有知识性又有娱乐性的读书交流平台。

（徐晓曦）

2013年湖里星期六课程表

表11

讲数	主讲人	月日	题　目	名师简介
1	任　勇	9.28	牵引孩子向何方	厦门市教育局副局长、数学特级教师
2	刘烁炀	10.12	习惯成就孩子	全国资深家庭教育专家、新东方厦门学校校长
3	黄　伟	10.19	美丽人生从行为礼仪开始	国家高级礼仪培训师、福建省礼仪协会理事
4	吴谨准	10.26	儿童呼吸道疾病的防治	厦门大学附属第一医院儿内科主任
5	肖　骁	11.02	谈如何当好孩子的启蒙老师	福建省特级教师、厦门外国语学校教务处副主任、中国奥林匹克高级教练、省数学学科教学带头人、厦门名师讲师团成员
6	郑光亮	11.16	生命之柱——养生（颈腰腿痛的防治）	厦门光亮骨伤科医院院长、全国高等中医院校骨伤研究会副会长、全国脊柱微创技术学术委员会主任委员
7	谢春池	11.23	知青——生命的突围	福建省作协全委委员、厦门市作协常务理事、厦门海外联谊会第二届理事
8	郑辉龙	11.30	成功之路从培养数学思维开始	厦门一中数学教研组长、福建省数学学会理事
9	唐　浩	12.07	眼保健、近视防治及炫光的应对	厦门医学专科学院讲师、验光高级技师、执业医师
10	徐　璐	12.14	中考现代文阅读指导	厦门双十中学语文备课组长
11	彭一万	12.21	文化是美丽厦门的城市之魂	厦门市政协特邀研究员、福建省旅游学会执行会长、厦门市闽南文化研究会名誉会长
12	邱娜璇	12.28	关爱女性生殖健康	厦门大学附属第一医院妇产科首席主任医师、教授

统一战线

【概况】2013年，中共湖里区统战部围绕科学发展和加快转变经济发展方式的主题主线，学习贯彻中共十八大和全国、全省、全市统战工作会议精神，着力夯实统一战线“同心”思想基础。推动市、区联合议政和课题调研，完成24个有质量的调研报告，6个课题转化为市“两会”议案、提案。引导党外人士围绕《美丽厦门战略规划》建言献策，征集意见建议30条。加强党外代表人士队伍建设，联合区委组织部举办一期党外干部培训班。2名党外干部提拔为正处级，分别是区发展和改革局局长、区统计局局长；1名党外干部提拔为副处级。落实区领导联系重点企业和政府职能部门与民营企业家沟通交流机制，挂牌成立湖里区“民企调解委员会”，服务非公经济转型发展；参与“协调劳动关系三方会议”活动，构建和谐劳动关系。非公有制经济人士共4人次获“闽商建设海西突出贡献奖”、“福建省非公有制经济人士捐赠公益事业突出贡献奖”，区工商联（商会）获“2007—2013年福建省光彩事业组织工作先进集体”。深化两岸及海外华人联谊交流，举办第六届福德文化节；指导区侨联完成换届，加强与海外新生代侨胞和代表性人士的联系。加强统战宣传信息工作，区委统战部获评全省县级统战信息工作先进单位一等奖。

【深化课题调研】2013年，湖里区委统战部推动党外人士调研献策，协调区政协召开调研工作会议，评选表彰《科学利用空间资源，发展我区特色战略性新兴产业》等6篇优秀调研文章；结合区委、区政府年度重点工作和群众关心的热点、难点、焦点问题，提出16个重点调研课题，组织区各民主党派和工商联开展课题调研。抓住《美丽厦门战略规划》全面实施的时机，组织引导党外专家学者和代表性人士围绕美丽厦门“两个百年愿景”、“五个城市”发展目标、“三大发展战略”、“十大行动”计划等内容，开展调查研究，开展建言献策征集评选活动，收集意见建议30条。

【开展联合议政】2013年，区委统战部协调推动市、区联合议政工作，成立区长任组长，各民主党派市委会专职副主委、市工商联书记和区分管联系统战工作的区级领导任副组长，区各民主党派主委及政府有关部门领导为成员的“湖里区联合议政指导协调领导小组”，设立日常协调工作办公室。协调各街道和区政府有关部门，针对工作中区级难以推动及解决的难点问题，梳理出“对当前旧村改造机制的探索与建议”等8个调研课题，协调市各民主党派、工商联确定选题，按时按质完成各课题调研任务，其中6个课题转化为市人大、政协议案、提案。

【服务社会管理创新实践】2013年，区委统战部为解决钟宅旧村改造拆迁难题，邀请民主党派成员深入钟宅畲族社区调研走访，为解决拆迁难题提供一些新的思路和举措。把引导统一战线服务社会作为筑牢“同心”思想的重点内容，结合重要节日，组织统、台、侨开展大走访活动，慰问看望困难统战对象和台侨胞300多户；组织区商会、福德文化联谊会、侨乡促进会开展慈善爱心活动，为300户贫困家庭发放慰问品和慰问金，计40余万元。四川雅安地震后，配合区红十字会、慈善会等发动统一战线为灾区捐款，计捐款138.1万元。

【党外代表人士和党外干部队伍建设】2013年，区委统战部联合区委组织部制定下发《湖里区2012—2016年党外干部队伍建设规划》。5月上旬，举办一期党外干部培训班，区机关、事业单位处（科）级干部及部分区属企业党外领导共31人参加培训。召开组织、统战部门联席会议，专题研究加强党外干部队伍建设、非公党建和人才队伍建设工作措施，明确职责分工；建立完善行政机关、企事业单位、学校党外领导干部数据资料，提高党外干部管理的科学化水平。

【非公经济人士理想信念教育实践】2013年，区委统战部召开教育实践活动动员会，结合会长创业经历开展忆成长、讲贡献、话梦想活动。指导非公企业转型升级，加强党建工作和文化建设，引导企业认清形势，抓住机遇，迎接挑战，把企业做强做优。发挥先进典型示范作用，在第四届闽商大会上，区商会会长、银鹭集团董事长陈清渊获闽商建设海西突出贡献奖，荣誉会长、禹洲地产董事局主席林龙安获省非公有制经济人士捐赠公益事业突出贡献奖，高级顾问丰润金融控股主席方庆明同时获以上两项荣誉，区商会获“2007—2013年福建省光彩事业组织工作先进集体”。

【以商引商以商会商】2013年，区委统战部做好企业发展壮大跟踪服务工作和宣传引导，为企业迁入、企业增资注册办理手续。引导会员企业入驻辖区各园区，向企业介绍招商优惠政策和入驻条件，鼓励需要拓展生产规模的企业进驻园区。联合区投资促进局召开“湖里区金融投资行业企业座谈会”，筹备成立“湖里商会金融投资行业公会”。年内，引进厦门正大欧润信环保科技、益合装修设计、中健农超有限公司等内资近3亿元，外资近200万美元。

【服务民营企业】2013年，区领导坚持联系重点企业制度，及时向会员企业传达各级的最新政策、法规和经济动态，增进企业与政府的交流沟通，健全政府职能部门与民营企业家的沟通交流机制。召开商会会长会、常务理事会暨政银企恳谈会等，分析企业经营和管理面临困难与问题，帮助企业解决实际困难。组织会员企业参加“融资信贷专委会”“企业发展的资本管理要素分析”等知识讲座。宣传湖里区“550”高层次人才引进培育计划优惠政策，推动非公企业以人才引导产业发展。挂牌成立湖里区“民企调解委员会”，参与“协调劳动关系三方会议”活动，构建和谐劳动关系。加强会员企业的横向经济联系，协助举办“第六届海峡物流节”，组织会员企业参加台交会、新能源产品展、“6·18”科技项目对接洽谈会等活动，帮助企业拓展市场。

8月9日，非公经济人士理想信念教育实践动员部署会

【两岸及海内华人交流交往】2013年，区委统战部引导各宫庙及陈氏、孙氏、萧氏、张氏、钟氏、叶氏等宗亲与台湾开展民间文化交流活动，密切往来。3月2日，台湾金门县县长、议长率领的1300人的进香团到仙岳山土地公庙举行进香活动；8月2日，第十五届世界钟姓宗亲联谊会在辖区召开，来自中国台港澳及新加坡、马来西亚、泰国、印尼等地1500多人齐聚湖里，扩大影响、深化联谊。年内，还有台湾台南、宜兰等地十几批宫庙信众组团到仙岳山土地公庙进香，增进两岸亲情。

【服务台侨人士】2013年，区委统战部指导区侨联召开第五次归侨侨眷代表大会，完成换届工作，增添新生力量。发挥区侨联、台联、海外联谊会、侨乡促进会等统战社团作用，加强与海外新生代侨胞和代表性人士的联系；做好华侨华人和港澳同胞重点人士、重点社团的接待和联谊工作，召开座谈会、走访慰问、举办湖里区台侨子女夏令营，增进台侨界人士的爱国主义情感。

【举办第六届福德文化节】2013年9月23—25日，湖里区举办以“文化同根、

9月24日，湖里区第六届福德文化节开幕式

福祉同享、梦想同圆”为主题的第六届福德文化节，台湾及海内外来宾2800多人参加活动，市委常委、统战部部长黄菱莅临开幕式并讲话。活动设一个主会场、四个分会场，组织开幕式、福德文化主题电视片开拍、祈福颂典、两岸宫庙交流、两岸书法名家表演、湖里经贸旅游推介、征文摄影比赛等11项主题活动，在海内外产生广泛影响。

【维护民族宗教团结】2013年，区委统战部指导钟宅社区开展民族团结进步创建活动，帮助89名少数民族考生落实中考加分政策；协调觉性院的迁建工作，推广民间信仰场所规范化管理，完善民间信仰活动场所各项管理制度；组织辖内宗教场所开展“识破邪教‘全能神’”专题警示教育活动和安全检查，抵御境外利用宗教进行的渗透，及时制止家庭聚会点非法宗教活动，防范和制止非法宗教活动，打击非法宗教组织，维护社会稳定。

【统战宣传信息工作】2013年年初，区委统战部召开统战信息工作会议，聘请12名特邀信息员，总结经验、部署任务。定期召开特邀信息员座谈会、健全完善信息员交流平台、组织信息员培训，强化统战信息员和特邀信息员队伍建设。完善机制、明确责任，扩大信息来源，促进统战信息工作质量和水平的提升，获评全省县级统战信息工作先进单位一等奖。

（曹荣宝）

精神文明建设

【概况】2013年，湖里区的精神文明创建工作围绕“创新举措，优化机制，全面深化群众性精神文明创建活动，提升全区文明程度，推动公民思想道德建设再上新台阶”的目标和任务，锐意进取，先行先试，群策群力，使省检在上年基础上再创佳绩，并通过全国城市文明程度指数测评。“张涵三兄弟”、游文晃分别被评为全国、全省道德模范。

【做好迎接国检省检工作】2013年，为推进文明创建工作常态长效，区文明办制定下发《湖里区关于创建文明城市（区）“五化”（标准化、精细化、品牌化、常态化、责任化）建设的实施意见》，指导湖里区文明城市（区）创建，实现被动创建向主动创建转变。制定下发2013年迎省检、国检城市（区）文明程度指数测评责任分解、全省未成年人思想道德建设工作测评责任分解表，并先后成立由效能办和相关职能部门参与的督查组，明确责任分工、强化工作督查。区创建指挥部先后召开6次全区动员大会、8次点评会、21次迎省检具体工作部署会，分析测评标准，安排部署阶段性的重点工作。区四套班子领导按照分工，带队到挂钩街道开展迎检督查工作，创建指挥部10个专项整治协

5月23日，湖里区迎接全省文明城区测评动员部署大会

调组，不间断开展巡查活动，协调解决各类创建难题。各职能部门结合工作职责，持续推进市容市貌、环境卫生、交通秩序、食品安全、文化市场等各类专项整治行动，着力提升城区文明程度。在区委、区政府的领导下，湖里区推进文明创建活动深入开展，以总分第三名的成绩通过全省城市（区）文明程度指数测评。在全国文明城市测评中，承担全市 50% 以上的迎检任务并通过考评。

【推进未成年人思想道德建设】2013 年，区文明办抓好活动载体，开展“做一个有道德的人”主题活动、“中国梦”主题教育活动、“向国旗敬礼、做有道德的人”网上签名寄语活动、暑期夏令营活动、“文明小博客”活动、美德少年评选活动，举办首届湖里区中小学生“爱中华爱经典”诵读大赛，引导青少年参与。抓好文化环境治理，集中力量，重点打击校园周边黑网吧，年内，共查处取缔黑网吧 48 家，查获主机 1107 台，有效遏制“黑网吧”现象，净化文化市场环境。加大力度，清理校园周边销售“三无”（包装上无生产厂家名称、无生产日期、无生产地址）产品和非法出版物，重点检查 60 所校园周边的经营户 358 家。

【加强志愿服务工作】2013 年，区文明办强化阵地建设，投入专项工作经费 100 万元，进一步加强社区志愿服务工作站建设，发挥其纽带作用，推动社区志愿服务广泛开展。加强公共场所学雷锋志愿服务站建设，在区文化馆新设立文化场所学雷锋志愿服务站，并拨出专项经费 5 万元，用于工作站购置设备、日常运作等。抓好队伍建设，按照“四个依托”，组建党员学雷锋志愿服务队、文明单位学雷锋志愿服务队、老年学雷锋志愿服务队、社区学雷锋志愿服务队等，进一步壮大志愿者服务队伍。深化关爱他人、关爱社会、关爱自然志愿服务项目，开展“红红火火过大年”“送温暖、献爱心”“洁净家园”“我们的节日”“学雷锋活动月”等各类主题志愿服务活动，进一步弘扬“学习雷锋、奉献他人”的志愿服务理念。树立先进典型，结合第 28 个国际志愿者日，召开“美丽厦门共同缔造”学雷锋志愿服务观摩会暨表彰会，对 11 名优秀志愿者进行表彰。此外，晨露爱心车队队长陈世锋还获评省优秀志愿者称号。

7 月 12 日，湖里区第三届道德模范表彰会

【培育社会文明风尚】2013 年，区文明办在市级以上文明单位（学校、社区）全面推动道德讲堂建设，严格按照既定程序开展活动，让道德模范、身边好人登台讲述亲身经历和人生感悟。同时，编写《道德讲堂》丛书下发，引导干部群众在潜移默化中学习经典、日行一善，提升文明素养。推进公益广告宣传，成立“讲文明树新风”公益广告宣传领导小组，制定实施方案，规范广告内容。推出一批“中国梦”公益性广告。在市级以上文明单位（学校、社区）发展网络文明传播志愿者，通过撰写博客、微博、评论，传播正能量，引领社会新风尚。深化文明餐桌行动，以企业、机关、学校食堂消费者为重点，广泛普及文明餐桌知识，推广用餐礼仪，倡导养成适量点餐、剩菜打包良好习惯，摒弃不良饮食陋习，全面营造“文明用餐、节俭惜福”的浓厚氛围。强化语音督导宣传，区文明办下发《语音督导员管理暂行规定》，并先后组织语音督导培训 12 批次，进一步规范督导员工作要求，提升工作水平。培育宣传道德模范，2013 年度，培育区级道德模范 11 人，市级道德模范 7 人。其中，“张涵三兄弟”被评为第四届全国道德模范，游文晃被评为“第三届福建省道德模范”荣誉称号。

（刘群静）

区直机关工作

【概况】中共厦门市湖里区直属机关工作委员会（以下简称“区直机关党工委”）为湖里区委的派出机构，领导湖里区直机关党的工作。2013 年，下辖 33 个直属党组织，党支部 25 个，党委 1 个、党总支 7 个，党员 1193 名。

【中共十八大精神学习贯彻】2013 年，区直机关党工委针对中共十八大提出的新理论和新论断、中国特色社会主义“五位一体”总体总局、加强党的建设新要求等内容，邀请专家作重点辅导报告 2 次，组织基层 33 位理论骨干进行培训研讨 1 次。区直机关党工委主要领导到基层作十八大专题辅导 5 次，与基层党员干部开展座谈讨论 3 次；所属各基层党组织集中组织学习 166 次，组织体会交流 33 次，出学习板报 75 板。组织开展“贯彻十八大精神、缔造美丽厦门”座谈交流会，基层党组织 18 位理论业务骨干结合本职岗位和本单位工作，畅所欲言，建言献策，深化学习成效。

【“学党章、强党性、作表率”教育活动】2013 年，区直机关党工委在全区机关党员中部署开展“学党章、讲党性、作表率”学习教育专题活动。统筹安排“十个一”活动，即：全区一次集中辅导、支部每周一次集中学习、书记上好一次党课、党员撰写一篇心得，开展一次心得交流、组织一次考试、开展一次知识竞赛、开好一次组织生活会、组织一次表彰、完善一项长效机制。区机关 37 个党组织、街道机关 5 个党组织共 42 个机关党组织和 1200 多名党员参加此次教育活动。

【关怀爱护党员干部】2013 年，区直机关党工委慰问关怀病困党员，开展谈心活动，培育机关党员干部自尊自信、理性平和、积极向上的社会心态。区直机关党工委和所属基层党组织全年慰问机关 60 多名生病住院的党员，共发放慰问金 8 万多元。

【基层党组织建设】2013 年，区直机关党工委指导 7 个基层党组织完成换届选举，指导 3 个党组织增补委员 6 名。结合实际需要，将区行政执法局党总支升格为党委，批准工商局机关党委和法院、人社局党总支各增设一个支部。全年发展党员 19 人，按期转正 7 人。

【骨干队伍培训】2013 年，区直机关党工委集中组织 3 次系统培训。培训所属的 73 个基层党组织的书记、组织委员、党务干部，参训人数 209 人，培训内容涵盖政策法规、党员发展、组织换届等内容，全面提高党务骨干队伍的实务操作能力。

【编辑机关组织工作文件汇编】2013 年，区直机关党工委组织编制《湖里区机关党的组织工作常用文件汇编》，首印 180 册，发放至 33 个直属党组织，做到每个党组织成员人手一册。“汇编”为机关党组织在操作层面更好地推进规范化建设提供政策文件 9 个、参考范例 2 个、常用文书范例 12 个、工作流程图表 3 个以及其他表格模版 10 个，内容涵盖机关发展党员工作制度、工作规范以及基层党组织换届选举工作等方面。

【表彰“两优”典型】2013 年“七一”前夕，区直机关党工委召开 2012—2013 年度“双优”表彰大会，共表彰 52 名优秀共产党员和 19 名优秀党务工作者。

【党风廉政教育】2013 年，区直机关党工委组织学习中央、省、市、区纪委全会精神，把信念宗旨、党纪法制、从政道德等教育与廉政文化创建活动融为一体，加强廉政教育宣传，组织开展干部廉政谈话、廉政提醒活动。组织机关党员观看《周恩来的四个昼夜》等影片，弘扬勤廉传统；组织开展机关廉政文化书法作品征集创作活动，共报送 15 幅作品到市直机关党工委参加展评，有 5 幅作品获得表彰奖励。

【督查违法违纪行为】2013 年，区直机关党工委执行中央“八项规定”和领导干部廉洁自律各项规定，整治庸懒散奢等不良风气。协助区纪委查处管人、管钱、管项目工作中滥用职权、贪污贿赂、失职渎职等腐败行为；开展机关清卡活动，杜绝公款吃喝送礼、博饼等风气，严禁使用公款购印寄送贺年卡，简化会风文风，营造风清气正的机关文化氛围。协助区纪委办理开除郑水返（执法局）、邱志勇（工商局）两名党员干部党籍处分的案件。

【深化文明创建活动】2013 年，区直机关党工委开展纪念学雷锋活动 50 周年暨“美丽厦门 · 美丽心灵”志愿服务活动，普及文明理念，使学雷锋时时可为、处处可为、人人可为，营造人人参与文明创建的氛围。全年，有 1251 人次机关党员干部利用周日到社区指导工作，有 1879 人次利用周末到重要交通路段协助交警疏导交通。

【开展机关文体活动】2013 年，区直机关党工委支持工会、共青团、妇工委按照各自章程开展丰富多彩的文化体育活动。围绕主要节日和区内重要活动，机关工会组织开展各类文化体育活动 11 项，参与人数 6800 多人次。在端午节给每位会员发放一份粽子；在会员生日当天给每名会员送去祝福和礼物；给全体会员发放多功能健身卡，为会员及家属办理户外运动卡和轮渡卡的充值和新办卡手续。

（何春来）

机构编制

【机构编制服务保障】2013 年，中共厦门市湖里区委机构编制委员会办公室（简称区委编办）优化编制资源配置，保障全区重点工作、重点岗位、重点人才的用编需求，把有限的机构编制资源用到服务发展、保障民生等重点领域。明确区 7 家事业单位机构规格和领导职数，申请调整区实验中学领导职数，争取核增区机关单位副处级领导职数 3 名，正科级 1 名，副科级 1 名，缓解湖里区领导职数偏少的困难。配合区委组织部对机关跨系列用编按程序报批，加大协调力度，争取市委编办核准区机关跨系列用编 22 件，保障区党政群干部交流的用编需求。收回退休、调动等核减的编制以及部分事业单位空编、工勤人员编制，提请区编委会研究核增涉及征地拆迁、食品安全、旅游、高层次人才等方面的事业单位急需用编37名，提请研究成立区行政审批事务管理中心、区信访服务中心，区文化馆加挂“区旅游事务中心”牌子，区招生办加挂“区未成年人心理健康辅导站”牌子，区残疾人就业管理中心由加挂牌子改为独立设置等。

【科学助力教育发展】2013年，区委编办立足实际，科学管理，助力区教育事业发展。根据新学年办学计划，创新教育系统用编管理理念，开展“预核编”工作，对新学年教育系统教师招考用编计划进行科学预审，共审核全区招考教师用编192名，其中中学52名，小学90名，幼儿园50名。联合区财政局、区人社局和区教育局等部门组成核编小组，到区属中小学幼儿园实地核查。适度保障学校用编，中学专职支教按1∶1增加专项编制，幼儿园工勤人员编制予以过渡保留，考虑蔡塘学校实际困难，适当调整，严格单列管理；从严控制，中小学以学籍数按省定生师比例标准严格核编，幼儿园只核定专任教师、医务人员和骨干管理人员编制。

【事业单位分类改革】2013年，区委编办根据上级部署，结合实际，积极稳妥推进事业单位分类改革。按照市委编办要求，整合全区各街道下属4家事业单位，对区属事业单位进行模拟预分类，为下一步事业单位分类改革的具体组织实施做好准备。开展事业单位清理规范工作，撤销多年来无法正常履行单位职责的区群众文化艺术活动中心；对市政园林系统事业单位提出改革方案上区编委会研究，整合两家公园管理中心，设立区农业水利防洪事务中心，收回工勤编制73名，调整公园管理中心的经费管理形式。

【机构编制日常管理】2013年，区委编办严格把关，做好机构编制日常管理。结合机构编制日常增减编工作，加强实名制管理，实现随时登记，适时更新，动态管理。全年办理机关单位人员增减编100人次、本单位职务变动126人次，办理事业单位人员增减编438人次，办理工资审核538人次。对区属事业单位补充编内人员招考用编情况进行审核，对招考岗位与编制岗位不相符的严格把关，保证区属事业单位干部招考工作的有序开展，全年审核区属事业单位补充编内人员招考用编62名。

【事业单位登记管理】2013年，区委编办开展事业登记管理工作，创新容缺受理，形成的经验得到市事业单位登记管理局领导的表扬与肯定，并向全市各区推广宣传（厦事登〔2013〕2号）。全年受理事业单位法人年检114家次、设立登记4家、注销登记2家、证书补领1家、变更登记18家次，其中年检率98.3%，“容缺受理”比例46%。

【信息建设】2013年，区委编办加强信息建设，培养信息骨干。全年在省、市、区各级刊物和中编办中国机构编制网、省编办网站发表信息9篇次，其中1篇在中国机构编制网今日要闻头条刊出。

（陈媛婷）

党校教育

【干部教育培训】2013年，中共湖里区委党校举办2期科级干部主体培训班，抽调区机关84名科级干部参训。组织举办2013年党外干部培训班、女干部培训班和青年干部训练营，培训党外干部31人次、科处级女干部35人次和青年训练营营员176名。联合区财政国资党委首次举办区属国企中层以上干部培训班，培训国企领导干部68人次。此外，还举办全区入党积极分子培训，培训学员333人次；举办社区、非公书记轮训班，培训学员500多人次。全年共组织举办全区干部专题培训7期次9个辅导专题，培训干部近3500人次。完成上级调训区各级领导干部126人次。其中，省组调训13人次、市组调训113人次。正处副局以上干部调训43人次，处级干部调训48人次，科级以下及其他干部调训35人次。对接市委组织部系统升级学习平台，按要求对全区800多学员进行基本信息的更新录入并校对，发文通知应训对象完成必学课程。7月，通过省委组织部、省委党校抽查组对区委党校办学质量评估复查，区委党校被确定为一类校。

【教育培训工作创新】2013年，区委党校干部教育培训工作计划性增强，在规范办班、拓宽渠道和培训管理上都有所创新。办班范围、方式主动求变。主动对接区委“三个规划”，将党外干部培训班、女干部培训班、青年干部训练营纳入主体培训班次。主体班次均安排到市委党校办班，利用市委党校的优质教学资源和后勤保障资源，使学员排除干扰，安心学习，提高培训实效。科级干部培训班采用短班多期制进行轮训，有效解决工学矛盾。采取“走出去，请进来”，拓宽培训渠道。加强与市委党校联系，实现教学资源共享，视情况组织区相关领导干部参加市委党校举办的高端讲座或学术报告。实施“名师上大课”，邀请名校名师作热点专题辅导讲座，使全区干部在家门口就能享用知识大餐。

【严格学员管理】2013年，区委党校健全完善办班审批、跟班听课、学时学分、干部培训档案、培训效果评估等一系列规范操作。严格考勤登记，培训后及时考核评价，建立干部教育培训档案，对干部培训期间的参训情况、学习成绩、考核评定全程记录。派干部跟班听课，全面掌握参训干部的出勤听课表现、完成学习任务质量、集体活动中的组织协调能力等，监督学习纪律。落实《关于在干部教育培训中进一步加强学员管理的规定》，改进培训学风。

（陈明忠）

培训会议。选送20名学员参加全市保密全员培训补训班，分发并回收普查统计表格50余份，全面掌握全区涉密情况。

【保密工作督促检查】2013年，区保密局开展党政机关互联网出口检查，对区行政中心大楼互联网出口进行恶意木马程序扫描，汇总驻外单位互联网出口信息，协助市保密局扫描电脑主机2000余台/次，排查可疑主机6台。年中进行中高考保密安全检查，与区纪检、教育、公安等部门组成联合检查组，对厦门六中、双十中学、厦门三中等考点进行督导检查，确保完成中高考试卷保密工作。开展政务网信息审查工作，对全区15台涉密计算机、200余台非涉密计算机进行“网警”信息采集，扩大“网警”系统监控覆盖面。

【保密法制宣传】2013年，举办保密普法联络员培训班，将50余册《保密工作概论》分发至各街道、区直各部门。在机关单位开展“保密知识网上测试”，为40余名考试合格的保密干部颁发上岗资格证。为区领导和区直各部门征订《保密工作》《保密科学技术》杂志，及时宣传最新保密法规和应知应会的保密知识。

（陈斌）

2月26日，中共湖里区纪委七届三次全会第二次会议

中共湖里区纪律检查委员会（湖里区监察局）

【概况】2013年，湖里区纪委（监察局）贯彻落实中央和省市区纪委全会精神及市区党代会精神，围绕区委区政府中心工作，推进“勤廉湖里”建设，开展反腐倡廉各项工作，改进干部作风，提升机关效率，全区党风廉政建设和反腐败工作取得新的成效。《人民日报》、新华社《每日电讯》及《中国纪检监察报》《福建日报》《厦门日报》等媒体对湖里区反腐倡廉工作多次报道，省委常委、省纪委书记倪岳峰对金山社区廉政文化建设给予肯定，在2012年度全市绩效评估中湖里区政府名列各区第一。

【监督保障】2013年，区纪委（监察局）建立“月督查”机制，每月选择1—2个全区重点工作开展督查，下发监察督办单10份，纠正各类问题18个，编发监察专报7份，4份得到区委主要领导批示肯定。制订“美丽厦门共同缔造”活动督查方案，围绕32项任务分解开展督查，促进落实重大决策部署。跟进制止违法建设网格化管理，倒逼倒查，问责2名违纪的执法人员，新发生违法建设同比下降58.3%，巩固非法占地建设“零形成”的成果，节约大量征地拆迁成本。加强对科级干部竞争上岗、各类人员招聘和中小学招生、征兵等群众关注热点的监督检查，回应群众关切。

【正风肃纪】2013年，区纪委（监察局）出台贯彻落实中央“八项规定”的具体监督办法，强化日常监督，加大明察暗访的力度和频率，对1名公车私用的干部予以处理和通报，该违纪案例成为全国典型，在《人民日报》头版报道。抓住重要节点，严格落实“十个严禁”，坚决刹住中秋国庆期间公款博饼送节礼等不正之风，同时，强调2014年元旦春节必须严肃纪律、节俭过节。全区支出“三公”经费同比减少741.5万元，下降20.6%。深化公车治理，纠正处理超标车辆69辆，对67辆公用租车进行重新报批和规范。开展会员卡专项清退活动，清退对象4681人，做到“零持有、零报告”。对11个重点单位进行党风廉政责任制和惩防体系建设巡查考核。对4个未认真履行党风廉政建设责任制的单位取消评先评优资格。

名词解释

“十个严禁”：严禁用公款搞相互走访；严禁接受管理和服务对象的现金；严禁以过节、联谊等名义公款吃喝；严禁出入私人会所；严禁超标准接待；严禁借节日之机突击花钱；严禁公车私用；严禁公款旅游；严禁参与任何形式的赌博活动；严禁大操大办婚丧喜庆等事宜。

【案件查办】2013年，区纪委（监察局）注重惩处与爱护相结合，受理信访举报144件次，全年立案18件18人，移送司法机关处理4人，涉案金额195.3万元，对11名违纪情节轻微的干部进行批评教育，为32名干部澄清是非。转变办案方式，多渠道拓宽案源，健全办案协作机制，开展初查初核、调查取证、审核处理，做到快进快出。注重案后整改，剖析、通报典型案件，推动建章立制、堵塞漏洞，增强办案实效。

【源头防腐】2013年，区纪委（监察局）推进公共资源市场化配置，全年节约资金3384万元，节约率11.5%。出台小额建设工程预选承包商管理办法，确定145家预选承包商，高效推进项目建设，防止规避招标行为，新华社《每日电讯》、省纪委信息简报对该做法予以报道。创建湖里区"网上办事公开综合平台"，实现政务、居务、校务、院务、企务统一公开，全区115个单位累计公开信息23325条，各领域公开更加规范有效。作为全市唯一的区政府权力公开运行联系点，制定《推进政府行政权力公开透明运行工作方案》，明确14个单位作为区级廉政风险防控工作联系点，梳理行政职权904项，查找出廉政风险点2254个，制定防范措施4268条。加强对区属国有企业监管，督促推进企业员工薪酬的规范管理。

【勤廉双优】2013年，区纪委（监察局）推进"勤廉双优"活动常态化，评选10个勤廉双优示范单位和20个示范岗位，发挥典型示范引领作用。修订完善《问责问效问廉》办法，成为约束和规范机关干部行为的准则。针对庸懒散奢、"门难进、脸难看、事难办"等问题开展督查，组织察访12次，受理投诉件101件，处理24人次。落实"马上就办、办就办好"，优化审批流程，全区16个单位99项行政审批事项的审批时限均压缩至法定时限30%以内。全区网上审批系统正式运行，47项行政审批中的92小项实现网上办理和互联互通。成立区行政审批管理中心，建成并启用区行政服务中心，共有21家单位进驻，提供201个办理事项的服务，基本建成区、街、社区三级政务服务体系，落实便民利民。科学设置绩效考核指标，将区级领导评议、监督员评议以及公众评勤廉纳入评议体系。

【教育宣传】2013年，区纪委（监察局）建成"湖里勤廉之窗"电视墙，动态展示勤廉风采，展播《廉政中国》等宣教片，发挥教育引导功能。举办2场"清风廉韵"文艺晚会，营造崇廉尚廉氛围。率先在全市各区中实行任前考廉制度，对106名拟提任的干部进行考廉，《中国纪检监察报》予以宣传报道。率先在全市各区中开展岗位廉政教育试点，在12个单位强化风险、制度、案例和提醒四种教育。在"湖里廉政网"发布廉政信息400多条，在重要节点群发廉政提示短信5000多条，促进党员干部廉洁从政。155名领导干部主动报告外出考察学习、购房等事项，4人主动上交无法拒收礼金18000元。

【党风廉政】2013年，区纪委（监察局）制定《湖里区关于创建社区党风廉政建设标准化示范点的方案》，确定12个示范点，以点带面，推进工作。发挥2个市党务公开联系点的示范作用，以党务公开带动其他领域公开规范到位。落实"五要"工程，推动建立健全"三资监管"、社区听评会等制度，扩大基层民主。督促落实400多名社区干部开展勤廉"双述双评"，增强居民群众话语权、评判权。建设江头廉政文化苑和高林廉政文化长廊等廉政教育基地。指导金山社区完成廉政文化建设12项提升工程（改造清风园；开通金山社区廉政文化新浪微博；建立一支社区廉政文化宣传队伍；建设个人品德墙；建设清风雅苑；开办居民"道德讲堂"；举办廉政书画和摄影展；举办一场大型廉政文化文艺晚会；建设廉政文化太阳能夜景工程；拍摄一部反映金山社区廉政文化建设的录像专题片；出版一册《和谐幸福的清风》廉政书籍；制作LED标志），在厦门市召开的全国廉政文化示范点工作调研座谈会上，金山社区做典型经验介绍，中央、省、市纪委领导和与会人员实地参观该社区，均给予高度评价。

【自身建设】2013年，区纪委（监察局）落实中纪委"转职能、转方式、转作风"要求，对全区46名纪检监察干部进行封闭式系统培训。加强领导班子建设，增补3名区纪委常委，调整配齐机关各室负责人。坚持民主集中制，完善区纪委常委会议事制度。全区83名纪检监察干部率先完成会员卡清退，做到"零持有、零报告"。坚持"四下基层"，委局领导带队接访11人次，落实扶贫帮困、联系企业等制度，帮助9户困难群众和3家企业解决有关问题。坚持委局机关"每月工作回顾与思考"制度，使工作推动更加有序和刚性。配齐配强20名专兼职街道纪检干部，探索推进街道纪检干部专职到位。开展读书会等"青年行"活动，增强队伍活力，提升能力素质。

名词解释

"五要"：村里的事村民要知道、要参与、要做主、要监督、要满意。

"四下基层"：信访接待下基层、现场办公下基层、调查研究下基层、宣传党的方针政策下基层。

（阮俊杰）

人大 政府 政协

湖里区人民代表大会

【概况】2013年，湖里区人民代表大会常务委员会（简称区人大常委会）按照区委的决策部署，围绕中心，主动作为，依法行使监督权、人事任免权和重大事项决定权，为建设“美丽厦门、创新湖里”做出贡献。全年共召开常委会会议7次、主任会议11次，听取和审议专项工作报告18项，作出决定、决议4项，督促办理议案、建议、批评和意见72件，组织市、区人大代表视察检查7场（次），开展专题调研19项，依法任免国家机关工作人员78人（次）。

会　　议

【区七届人民代表大会第二次会议】1月15—17日，湖里区第七届人民代表大会第二次会议召开。会议听取和审议区长张毅恭作的《湖里区人民政府工作报告》；听取和审议区财政局局长辜琦皇作的《关于湖里区2012年预算执行情况和2013年预算草案的报告》；听取和审议区人大常委会主任梁美丽作的《湖里区人民代表大会常务委员会工作报告》；听取和审议区人民法院院长高碧青作的《湖里区人民法院工作报告》；听取和审议区人民检察院检察长林育清作的《湖里区人民检察院工作报告》，并表决通过各项决议。大会收到代表提出的议案、建议、批评和意见90件，其中区属职权范围内的建议、批评和意见71件。

【区七届人大常委会会议】

区七届人大常委会第九次会议　2月25日，湖里区七届人大常委会第九次会议召开，常委会委员20人出席会议，区长张毅恭、区检察院检察长林育清、区政府办主任郑尚定、各街道人大代表联络工作室主任列席会议。会议表决通过人事任免有关事项；审议通过《湖里区人大常委会2013年工作要点》。

区七届人大常委会第十次会议　4月27日，湖里区七届人大常委会第十次会议召开，常委会委员17人出席会议，区长张毅恭、副区长刘云标和夏长文、区检察院检察长林育清、区政府办主任郑尚定、区科技局局长王太兴、区建设局局长王华安、各街道人大代表联络工作室主任以及区人大代表邓明祺、刘忻、曾敬礼、孙光华列席会议。会议接受刘秋生和傅伯伟辞去湖里区第七届人大常委会委员和人大代表职务，并表决通过人事任免有关事项；听取和审议区政府关于科技扶持中小企业发展情况的报告、区人大科教文卫侨工委的调查报告；听取和审议区政府关于湖里区社

1月16日，湖里区第七届人民代表大会第二次会议　（黄绍义　摄）

区发展用地开发建设情况的报告、区人大城建环资工委的调查报告。

区七届人大常委会第十一次会议 6月27日，湖里区七届人大常委会第十一次会议召开，常委会委员17人出席会议，区长张毅恭、副区长夏长文和刘云标、区法院院长高碧青、区检察院检察长林育清、区政府办主任陈枫、区财政局局长辜琦皇、区审计局局长吴淑真、各街道人大工委主任列席会议。会议表决通过人事任免有关事项；听取和审议区政府关于2012年决算（草案）报告和关于预算执行和其他财政收支情况的审计报告、区人大财经工委的调查报告，批准2012年决算；听取和审议区法院关于调解工作情况的报告、区人大法制内司工委的调查报告；听取和审议市人大代表向原选举单位报告履职情况的安排；听取和审议区人大代表变动情况的审查报告；审议通过《湖里区人民代表大会代表工作规定》。

区七届人大常委会第十二次会议 8月27日，湖里区七届人大常委会第十二次会议召开，常委会委员17人出席会议，副区长王中和张家伟、区法院院长高碧青、区检察院检察长林育清、区政府办主任陈枫、区财政局局长辜琦皇、区市政园林局局长裴再生、各街道人大工委主任以及区人大代表陈庆佳、叶建力列席会议。会议表决通过人事任免有关事项；审议并通过湖里区人大常委会街道工作委员会工作规则；听取和审议区政府关于2013年1—7月预算执行情况和预算调整草案的报告、区人大财经工委的调查报告，审查批准预算调整草案；听取和审议区政府关于市政道路改造工作情况的报告、区人大城建环资工委的调查报告；审议区政府关于区人大常委会对薛岭山公园建设审议意见落实情况的书面报告。

区七届人大常委会第十三次会议 10月31日，湖里区七届人大常委会第十三次会议召开，常委会委员16人出席会议，副区长王中、区法院院长高碧青、区检察院检察长林育清、区政府办主任陈枫、区发改局局长胡军、区卫生局局长肖德良、湖里环保分局局长洪德军、区市政园林局局长裴再生、各街道人大工委主任以及市人大代表曾清华、段小红列席会议。会议表决通过人事任免有关事项；研究关于补选部分区人大代表有关事宜；听取和审议区政府关于湖里区“十二五”规划纲要中期评估报告、区人大财经工委的调查报告；听取和审议区政府关于进一步完善湖里区基层医疗卫生服务体系工作情况的报告、区人大科教文卫侨工委的调查报告；审议区政府关于市、区人大代表对辖区污水排放整治建议落实情况的书面报告；听取市人大代表曾清华、段小红履职情况的报告，刘成就、孙少锋、江孔雀、刘志成、叶福伟5位代表向常委会提交书面履职报告。

区七届人大常委会第十四次会议 11月29日，湖里区七届人大常委会第十四次会议召开，常委会委员15人出席会议，副区长王中、区检察院检察长林育清、区政府办主任陈枫、区财政局局长辜琦皇、区审计局局长吴淑真、区监察局局长纪华国、区财政局副局长马竞生、区国资办主任封光裕、各街道人大工委主任列席会议。会议听取和审议区政府关于区属国有企业有关问题整改情况的报告。

区七届人大常委会第十五次会议 12月26日，湖里区七届人大常委会第十五次会议召开，常委会委员16人出席会议，副区长王中和刘云标、区法院院长高碧青、区检察院检察长林育清、区政府办主任陈枫、区财政局局长辜琦皇、区民政局局长章再耕、各街道人大工委主任以及区人大代表张顺在、陈素珍列席会议。会议表决通过人事任免有关事项；听取和初步审查区政府关于2013年预算执行情况和2014年预算（草案）的报告、区人大财经工委的调查报告；听取和审议区政府关于促进湖里区老龄事业发展的议案办理情况的报告、区人大法制内司工委的调查报告，并做出议案办结决定；听取和审议区政府关于区七届人大二次会议代表建议、批评和意见办理情况的报告、区人大办公室的调查报告；研究区七届人大三次会议有关事宜。

【区七届人大常委会主任会议】2013年，区人大常委会主任会议召开11次，研究街道人大代表联络工作室更名挂牌、补选部分区人大代表、七届人大三次会议筹备等事项，研究人事任免有关事项，听取“一府两院”工作汇报。其中，7月30日，第18次主任（扩大）会议召开，听取区政府关于国有企业改革发展情况的报告；9月27日，第20次主任（扩大）会议召开，听取区政府关于义务教育经费使用情况的报告、关于安置房返迁工作进展情况的报告；11月26日，第22次主任（扩大）会议召开，听取湖里公安分局关于综合警务改革工作的报告。

行使职权

【审议专项报告】2013年，区人大常委会召开会议7次、主任会议11次，听取和审议专项工作报告18项。听取和审议区政府关于“十二五”规划纲要中期评估报告、关于2012年决算（草案）报告和关于预算执行和其他财政收支情况的审计报告、2013年1—7月财政预算执行情况和预算调整草案的报告、2013年财政预算执行情况和2014年预算草案的报告、关于科技扶持中小企业发展情况报告、关于国有企业改革发展情况的报告及有关问题整改落实情况的报告、关于义务教育经费使用情况、关于安置房返迁工作情况、关于市政道路改造工作情况、关于社区发展用地开发建设情况、关于进一步完善基层医疗卫生服务体系工作情况、关于促进湖里区老龄事业发展议案办理情况的报告，审议区政府关于区人大常委会对薛岭山公园建设审议意见落实情况、关于市区人大代表对辖区污水排放整治建议落实情况的书面报告，听取和审议区法院关于调解工作情况的报告，听取和审议湖里公安分局关于综合警务改革工作的报告，以及区政府办公室关于区七届人大二次会议代表建议、批评和意见办理情况的报告等，加强对经济、民生、社会稳定等方面工作的监督。

【决定重大事项】2013 年，区人大常委会做出决定 4 项：关于批准 2012 年区级财政决算的决定、关于批准湖里区 2013 年度预算调整的决定、关于补选区第七届人民代表大会代表的决定、关于促进湖里区老龄事业发展议案办结的决定。

【人事任免】2013 年区人大常委会依法任免国家机关工作人员 78 人次。其中，任免区人大机关工作人员 43 人次，任免区人民政府系统工作人员 14 人次，任免区人民法院审判人员 12 人次，任免区人民检察院检察人员 9 人次。

【保障代表履职】2013 年，区人大常委会先后 3 次邀请市委党校教授为代表授课，组织安排人大代表分期分批参加业务培训、工作研讨等活动 191 人（次）。建立健全代表履职档案，完善代表工作制度。组织市、区人大代表回原选区报告履职情况，完善代表活动登记。扩大人大代表对常委会会议的参与，先后邀请 16 名区人大代表列席常委会会议，参与科技扶持中小企业、社区发展用地开发建设和关于促进湖里区老龄事业发展的议案办理情况等 6 个议题的审议。

【议案建议办理】2013 年，区人大常委会重视议案、建议的办理，及时将代表建议整理归类，会同区政府召开建议交办会，明确任务要求、责任主体和办理程序；常委会会议、主任会议先后三次听取和审议区政府关于代表建议办理情况的报告，跟踪监督建议、议案办理进展情况；对群众反映强烈的热点难点问题，有针对性地开展“回头看”。区七届人大二次会议代表提出的 1 件议案和 71 件建议，均全部办结并答复代表，其中，满意 40 件，占 56.34%；基本满意 31 件，占 43.66%。

2013 年湖里区七届人大常委会任免国家机关工作人员名单

表 12

时间	会议	任免人员
2 月 25 日	区七届人大常委会第九次会议	任命：刘云标为区人民政府副区长 免去：钟伟东的区人民政府副区长职务
4 月 27 日	区七届人大常委会第十次会议	接受：刘秋生、傅伯伟辞去区七届人大常委会委员和人大代表职务 任命：陈思雄为区人大常委会办公室副主任（挂职），刘秋生为区人力资源和社会保障局局长，李东为区人口和计划生育局局长，傅伯伟为区安全生产监督管理局局长，陈颢颖为区投资促进局局长；姚建新、徐祥敏、林义建、陈明明为区人民检察院检察委员会委员，方凡为区人民检察院检察员 免去：方文群的区人力资源和社会保障局局长职务，曲志坚的区人口和计划生育局局长职务，郑陆全的区安全生产监督管理局局长职务，林世裕的区投资促进局局长职务；谢维平的区人民检察院检委会委员、检察员职务，孔凡奇的区人民检察院检委会委员、检察员职务
6 月 27 日	区七届人大常委会第十一次会议	任命：陈枫为区人民政府办公室主任，张金坪为区统计局局长；林乐庆为区人大常委会湖里街道工作委员会主任，王斌为区人大常委会殿前街道工作委员会主任，陈必山为区人大常委会江头街道工作委员会主任，陈慈明为区人大常委会禾山街道工作委员会主任，俞加洪为区人大常委会金山街道工作委员会主任；王小帅、曾清华、方丽蓉、陈旭玲、危锦凡、庄璟璟为区七届人大常委会湖里街道工作委员会委员，方均纪、陈庆佳、张丽华、林惠忠、陈志鸿、黄少红为区七届人大常委会殿前街道工作委员会委员，戴春梅、陈美珠、肖桂芳、林雪秋、曾成家、郑文金为区七届人大常委会江头街道工作委员会委员，曾淑娥、林军链、张清高、林银玲、钟育明、林永年为区七届人大常委会禾山街道工作委员会委员，蔡碧月、尤春玲、孙光华、林国华、郑硕、阚勇为区七届人大常委会金山街道工作委员会委员 免去：郑尚定的区人民政府办公室主任职务，陈枫的区统计局局长职务；宋晋勇的区人民法院刑事审判第二庭庭长职务，陈滨、陈蓉蓉的区人民法院审判员职务；林乐庆的湖里街道人大代表联络工作室主任职务，王斌的殿前街道人大代表联络工作室主任职务，陈必山的江头街道人大代表联络工作室主任职务，陈慈明的禾山街道人大代表联络工作室主任职务，俞加洪的金山街道人大代表联络工作室主任职务
8 月 27 日	区七届人大常委会第十二次会议	任命：陈巧玲、李艳斐、江向洋、吴永福、陈秀娟为区人民法院审判员
10 月 31 日	区七届人大常委会第十三次会议	任命：邱烨、陈仁进、邵昀为区人民法院审判员
12 月 26 日	区七届人大常委会第十五次会议	任命：宋晋勇为区人民法院殿前人民法庭庭长；洪祖仁、熊毅平为区人民检察院检察员

【“高枝嫁接”议案建议】2013年，区人大常委会借助市人大代表湖里团这个平台，提出代表议案、建议。在1月召开的市十四届人大二次会议期间，湖里代表团向大会提交“关于加快五缘湾内湾片区城市防洪系统建设”等议案14件、“关于搭建厦漳产业转移服务平台”等建议93件，通过市人大机关交办和持续督办，引起市政府的重视，推动相关问题解决。

7月19日，区人大、区政协联合举办2013年上半年政情通报会　（黄绍义　摄）

【视察检查活动】2013年，区人大常委会围绕辖区经济社会发展中亟须解决的重大问题和人民群众关注的热点难点问题，组织市、区人大代表对东渡邮轮母港项目建设等重点议题开展视察7次、执法检查2次、专项调研19项。3月14日，组织部分区人大代表视察蔡塘社区发展中心项目建设进展情况；4月10日，组织部分区人大代表视察三泰水泥搅拌站和海嘉面粉厂粉尘污染和噪音扰民问题；8月20日，组织部分区人大代表视察县后小学扩建、厦门音乐学校和湖里实验幼儿园项目建设情况；9月24日，组织部分区人大代表和工委委员对《中华人民共和国食品安全法》开展执法检查；9月30日，组织部分区人大代表和工委委员对《中华人民共和国未成年人保护法》开展执法检查；10月18日，组织部分区人大代表视察湖里高新技术园区；10月22日，组织市、区人大代表视察东渡邮轮母港项目建设；11月15日，组织部分区人大代表对区法院创建“无讼社区”情况开展视察调研；12月30日，组织市、区人大代表视察金尚、马垅社区开展“美丽厦门、共同缔造”活动情况。各街道人大工委也以代表团和代表小组活动的形式，组织人大代表对辖区环境保护工作、对台贸易、文明示范街、幼儿园建设等35个议题进行视察检查，通过“提建议、抓督办、促落实”，推动相关问题解决，促进辖区经济社会的发展。

8月20日，区人大代表视察县后小学扩建项目　（黄绍义　摄）

【政情通报会】7月19日下午，区人大、区政协联合举办2013年上半年政情通报会。全区138名人大代表参加会议，听取区长张毅恭关于湖里区上半年经济社会发展情况和下半年主要工作安排的报告，以及区法院、区检察院关于2013年上半年工作情况的书面报告。

【补选代表】10月31日，湖里区七届人大常委会第13次会议审议通过《关于补选区七届人民代表大会代表的决定》，决定在第25、35、52、77、99选区等额补选区第七届人民代表大会代表5名。11月30日，经过第25、35、52、77、99选区选民的直接投票，选举区委副书记黄炜、殿前街道党工委书记林进春、江头街道党工委书记谢国勇、禾山街道党工委书记李伟宏、金山街道党工委书记方文群为湖里区第七届人民代表大会代表，实有区第七届人民代表大会代表189名。

【机构更名】5月28日，区人大常委会组织湖里、殿前、江头、禾山、金山5个街道分别举行庄重而简朴的揭牌仪式，区委书记刘育生、区人大常委会主任梁美丽共同为“湖里区人大常委会殿前街道工作委员会”揭牌。从此，湖里、殿前、江头、禾山、金山街道人大代表联络工作室分别更名为湖里区人大常委会湖里、殿前、江头、禾山、金山街道工作委员会。

【信访工作】2013年，区人大常委会重视信访工作，畅通民意表达渠道，全年共受理人民群众来信来访58件次，接待群众来访36批40人次，督促“一府两院”及时研究解决群众反映的各类问题和诉求。

（薛月霞）

湖里区人民政府

会　议

【区政府全体成员会议】2013年1月23日，区政府全体成员会议召开，部署2013年全年工作。提出全年的工作目标：地区生产总值增长12%；规模以上工业增加值增长12%；社会消费品零售总额增长11%；全社会固定资产投资175亿元；城镇居民人均可支配收入增长12%。财政总收入增长15.33%，区级财政收入增长15.03%。合同利用外资2.75亿美元，实际利用外资2.2亿美元，引进内资180亿元。城镇登记失业率控制在4%以内。

【区政府常务会议】2013年湖里区人民政府共召开22次常务会议。

第20次常务会议　2月7日上午，区政府第20次常务会议召开。区长张毅恭主持，议题有：增加集体办幼儿园专项经费投入，湖里区困难家庭临时救助实施细则（暂行），湖里高新技术园、同安工业集中区湖里园、环东海域湖里工业园提取公共设施设备维修金，湖里区信访处理中心筹建，区法院增设法庭事宜等。

第21次常务会议　2月27日上午，区政府第21次常务会议召开。区长张毅恭主持，议题有：各街道固定资产投资、财政收入2012年考核情况及2013年任务分解，2012年全区人口计生工作情况和2013年人口计生工作建议等。

第22次常务会议　3月21日下午，区政府第22次常务会议召开。区长张毅恭主持，议题有：下达2013年就业、社会保险、劳动关系目标责任制，进一步做好促进就业工作，退休人员活动经费，表彰奖励2012年度纳税先进企业暨银企对接会，关于厦门翔业集团有限公司入驻酒店申请优惠政策答复意见，区老年活动中心选址等。

第23次常务会议　4月11日下午，区政府第23次常务会议召开。区长张毅恭主持，议题有：关于《湖里区2013年安全生产工作要点》，关于《湖里区关于加强和完善社区居家养老服务站建设管理的实施意见》，关于湖里区社会福利服务中心建设机制，关于扶持国信证券分公司和营业部等。

第24次常务会议　4月25日下午，区政府第24次常务会议召开。区长张毅恭主持，议题有：关于湖里区2013年第一季度经济运行及“五大战役”进展等情况，关于《湖里区人民政府重大行政决策若干制度》，关于《湖里区创建依法行政示范单位实施方案》，关于湖里区2012年度绩效评估工作情况的通报，关于评定2011年至2012年湖里区科学技术进步奖等。

第25次常务会议　5月16日下午，区政府第25次常务会议召开。区长张毅恭主持，议题有：关于《湖里区区街财政管理体制调整方案》，关于2012年度企业发展资金扶持项目，关于《湖里区开展占道经营专项整治工作方案》，关于表彰查处违法建设工作先进单位和先进个人，招商引资考核，湖里区2013年度信访工作会议等。

第26次常务会议　5月30日上午，区政府第26次常务会议召开。区长张毅恭主持，议题有：规范全区机关事业单位公务车辆租用行为，继续委托厦门金原融资担保有限公司运作辖区企业担保资金，增加2013年民兵日常训练经费，关于给予郑水返开除处分事宜等。

第27次常务会议　6月6日上午，区政府第27次常务会议召开。区长张毅恭主持，议题有：下达2013年安全生产目标责任，公布第三次全国文物普查登记不可移动文物名录，2012年度湖里区协税护税工作考核奖励方案，2012年湖里区财政决算报告，2012年度财政预算执行及其他财政收支情况的审计结果报告等。

第28次常务会议　6月19日下午，区政府第28次常务会议召开。区长张毅恭主持，议题有：《湖里区集中开展安全生产大检查方案》，区公共卫生综合楼中央空调工程变更事宜，部分区管道路提升改造，提高湖里区一线环卫作业人员工资待遇，建设电子监察视频监控系统，关于五通学校移交与厦门市音乐学校办学有关事宜，区属各公办中小学、幼儿园房产证及产权证办理等。

第29次常务会议　7月4日上午，第29次常务会议召开。区长张毅恭主持，议题有：在全区推广政府购买专业社工服务，社会综合管理视频监控系统建设，《湖里区2013年度绩效管理工作方案》，开展2013年湖里区购物节活动，关于2012年度电子商务专项资金扶持事宜，推荐厦门市海勃建设发展有限公司作为发起人设立小额贷款公司等。

第30次常务会议　7月18日上午，区政府第30次常务会议召开。区长张毅恭主持，议题有：关于湖里区2013年上半年经济运行情况及下阶段工作建议，关于园山综合楼（区老年活动中心）装修设计事宜等。

第 31 次常务会议 8 月 1 日下午，区政府第 31 次常务会议召开。区长张毅恭主持，议题有：关于《湖里区推进政府行政权力公开透明运行工作方案》，关于《湖里区第六届福德文化节活动总体方案》，关于《湖里区“四残儿童”抢救性康复护理补助试行办法》，召开 2014 年全区财政预算编制布置大会，关于区法院办案表彰经费等。

第 32 次常务会议 8 月 15 日下午，区政府第 32 次常务会议召开。区长张毅恭主持，议题有：关于湖里区 2013 年 1—7 月预算执行情况及年度预算调整草案报告，关于支持福建恒安集团厦门商贸有限公司发展，关于厦门国贸天地房地产有限公司参与竞买钟宅片区 F03 地块国有建设用地使用权等。

第 33 次常务会议 9 月 5 日上午，区政府第 33 次常务会议召开。区长张毅恭主持，议题有：关于《湖里区“十二五”地质灾害防治规划》，修订《湖里区关于加快现代服务业发展的若干扶持政策》有关条款，天地、湖房公司整合改制，统一政府采购连接金宏网所需设备等。

第 34 次常务会议 9 月 18 日上午，区政府第 34 次常务会议召开。区长张毅恭主持，议题有：关于《湖里区创建“村改居”社区市容环境卫生示范点工作方案》，开办厦门市高林南区幼儿园，回购新景国际外滩幼儿园，兑现福建恒安集团厦门商贸有限公司扶持资金，区国投公司申请修缮园山宿舍楼费用等。

第 35 次常务会议 10 月 17 日上午，区政府第 35 次常务会议召开。区长张毅恭主持，议题有：关于《厦门市湖里区国民经济和社会发展第十二个五年规划纲要中期评估报告》，湖里区 2013 年 1—9 月经济运行情况及下阶段工作建议，总部企业认定情况，东部生鲜超市建设，扶持斯波帝卡（厦门）实业有限公司等 3 家电商企业等。

第 36 次常务会议 11 月 1 日上午，区政府第 36 次常务会议召开。区长张毅恭主持，议题有：关于《湖里区第三次全国经济普查工作方案》，进一步加强湖里区“村改居”社区环卫工作的实施意见（暂行）的补充规定，关于《湖里区关爱专项资金管理使用暂行办法》，关于教育资源云平台建设服务资金等。

第 37 次常务会议 11 月 8 日上午，区政府第 37 次常务会议召开。区长张毅恭主持，议题有：关于《湖里区财政性投融资项目土地房屋征收包干资金拨付工作的实施意见》，扶持厦门湖里万达广场投资有限公司，扶持厦门银鹭集团有限公司，给予陈晓峰开除处分等。

第 38 次常务会议 12 月 2 日上午，第 38 次常务会议召开。区长张毅恭主持，议题有：关于 2013 年全区安全生产工作及下一阶段工作安排，关于后埔社区发展中心项目（二期、三期）建设用地规划整合调整方案，区政府与厦门两岸股权交易中心有限公司签署合作备忘录，金尚幼儿园等 4 所国有民办幼儿园收回公办，区国投公司发行企业债券融资等。

第 39 次常务会议 12 月 12 日下午，区政府第 39 次常务会议召开。区长张毅恭主持，议题有：促进湖里区老龄事业发展议案办理情况，《湖里区促进培训就业及企业用工服务工作的暂行办法》，关于湖里区 2013 年预算执行情况和 2014 年预算草案的报告，原四家区属国企全面清退超发薪酬，欣贺股份有限公司上市扶持等。

第 40 次常务会议 12 月 19 日上午，区政府第 40 次常务会议召开。区长张毅恭主持，议题有：2014 年政府工作报告（送审稿），关于工业仓储国有建设用地自行改造后续监管协议书，关于扶持欣贺股份有限公司事宜等。

第 41 次常务会议 12 月 26 日上午，区政府第 41 次常务会议召开。区长张毅恭主持，议题有：2013 年主要经济指标预计及 2014 年目标建议、2014 年财政性投资基建项目及重点项目安排建议，2013 年计生工作情况及 2014 年工作建议，区属国有企业相关管理办法，通报郑正福信访事项公开听证评议会结论，2014 年政府工作报告（送审稿）等。

【区长办公会】2013 年，区长办公会共召开 2 次。2 月 27 日，召开第一次区长办公会，研究区政府领导分工；6 月 6 日，召开第二次区长办公会，研究省对区财政收入增长考核奖励金分配方案。

法治政府建设

【建立完善重大行政决策制度】4 月，《湖里区重大行政决策若干制度》出台，将五类事项尤其是征地拆迁、招商引资、重大财政性资金支出等涉及重大公共利益和人民群众切身利益的事项纳入重大行政决策范围。明确规定听取公众意见、专家咨询论证和听证作为重大行政决策的必经程序，着力提升政府依法决策水平，切实维护辖区居民依法参与管理社会公共事务的权利。

【行政权力公开透明运行试点】8 月 8 日，《湖里区推进政府行政权力公开透明运行工作方案》印发，成立以区长为组长的推进行政权力公开透明运行工作领导小组，下设办公室，挂靠在区政府办。各部门、各街道成立专门领导小组和具体办事机构，专职负责本单位行政权力公开运行工作的组织领导和日常工作。形成“领导小组统筹协调，区监察局敦促督导，各部门、街道稳抓落实”的工作机制。进一步明确工作职责，相继组建综合协调组、督促指导组、权力运行组、信息化建设组共 4 个工作小组，协调推进行政权力公开透明运行各项工作。年内，梳理区政府行政职权 60 项，区政府全体成员会议职权 4 项、区政府常务会议职权 16 项、区政府专题会议职权 6 项，区长、副区长职权 119 项。

练。10月，组织物业维序员教育培训，提高维序员综合素质、个人形象及工作应急能力。建立进入行政大楼登记管理制度，在行政大楼出入口安装访客通系统。该系统能快速记录来访人员信息，识别身份证，保证信息的真实可靠。年内，协助处理上访维序287起、计2516人次，确保行政中心良好的办公秩序。在“6·7”BRT事件期间，为了做好死、伤者家属后勤保障工作，区管理局抽调20人分成三组做好各善后组的保障，在七天连锁酒店、闽侨宾馆、第174医院24小时驻点保障，做好相关的后勤服务，得到区领导的肯定。

【机关食堂管理服务】2013年，区机关食堂有大中小餐厅和驻外2个小食堂，每天1300人次就餐，截至年底共保障约35万人次用餐。针对以前管理制度的不足，结合实际情况，重新修订财务制度、采购管理制度、仓库管理制度等10多项制度，做到每月盘点管理办法。科学化配菜、定期更换菜谱、改变菜色及口味，制作上精细加工、一菜多做，变“众口难调”为“调好众口”。并根据季节气候变化，适时增加各类食品，如地瓜、玉米、面线等，满足干部职工的不同需求。午餐供应水果，在春节、端午节期间制作年糕3600个，包粽子25000个，让机关干部职工感受到节日的气氛和家的温馨。

【办公用房管理】2013年，区管理局根据《关于党政机关停止新建楼堂馆所和清理办公用房的通知》（中办发〔2013〕17号）及省市相关文件要求，做好办公用房的调整、合并、腾退整改情况梳理登记工作；同时，调整有关单位的办公用房，并对二楼展厅进行改造，分隔出6间办公室，缓解组织部、宣传部办公室紧张的压力。物业设备组保证行政中心设备正常运作，维护修理各类大小项目245次，安装调整电话76部。对行政大楼电梯、空调等设备进行维护检修，通过省、市质量监督局的检查。针对H7N9禽流感疫情，加大对行政中心的消杀预防力度；进一步加强广场的绿化美化，更换补种部分树木，采购20吨农家肥进行施肥养护。

【外围房产管理】2013年，区管理局遵照“五统一”（统一规划建设，统一产权登记，统一调配使用，统一维修管理，统一专业化物业管理）的要求，对联谊大厦、社保中心、文化中心等修缮6处，完成4处。外围房产水电费每月根据银行对账单及供电局开具的发票，进行核对后报账。做好挂职领导宿舍（荣华大厦102、201、202室）修缮及相关配套设施的采购工作。对外围办公用房实行专业化物业管理，使管理与服务双管齐下，做到管好房、服好务。

【公务用车使用】2013年，机关车队安排18条线路班车按时按点负责接送，车队人员跟车、跟班了解情况、听取意见、及时调整，做到安全无事故，满意度95%以上。年内，共保障各类用车约1130台次，安全行驶270多万公里，其中保障区领导参加各项重大活动491台次、区级重大活动如“9·8”投洽会、文明创建督查等100台次，各部门各类活动工作用车800台次。同时，“9·8”投洽会期间抽调22名驾驶员到市政府为外宾服务，做到安全无事故，得到市机关事务管理局领导的好评。

【公务用车管理】2013年，区管理局根据《市委办、政府办印发党政机关公务用车配备使用管理办法的通知》（厦委办发〔2012〕24号），做好各单位车辆各类信息填入公务车信息管理系统。加强公务车辆编制管理，限制增量、降低排量、严格控制新购、更新、车辆报废的申报工作。至年底，3台违规超标车辆进行拍卖处理，报废车辆17台（不含生产作业用车），计划更新、新购17台。已更新旅行车3台，新购小轿车1台。加强业务培训，按照年度计划开展公务车驾驶员“文明行车、安全驾驶”教育培训两次，提高驾驶员文明、安全意识，杜绝酒后驾驶、违章行车等现象。年内，通过公开招投标，实现公务车辆“五个统一”管理模式，即：统一采购、统一定点加油、统一定点维修、统一定点保险、统一入库停放。

【会议服务保障】2013年，会务中心简化接待、勤俭办事，召开各类会议一律不摆放鲜花，走廊不铺设红地毯，广场取消拱门、气球、彩旗等气氛布置。在服务保障方面做到“会前有准备、会中多走动、会后勤清场”。会务保障人员能够提早30分钟到岗，完成会前卫生、音响、灯光、茶水等准备工作，会中按照合理时间加茶，调试空调温度，会后引导有序退场并做好清场工作，及时将会议设施恢复原状及加强会议室设备维护保养等工作。不定期选派服务人员到市管理局参加基本动作要领、礼仪规范、设备维护等培训，进一步提高区服务保障水平。至年底，共接会议6218场次，大中型会议2650场次，小型会议3568场次。

【推进公共机构节能减排】2013年，区管理局探索公共机构节能减排工作，发挥政府机关节能表率作用。充分发挥中水回收系统的作用，实现污水零排放，中水系统每月处理100多吨水，用于绿化灌溉、洗车、喷泉用水。完善微生物处理系统的使用管理，减少有机垃圾的排放量，有效处理机关食堂有机垃圾，转化的有机肥料用于绿地的养护。控制行政中心公共场所灯光及严格限制空调温度，降低电能损耗。灯光控制坚持定时开启定时熄灭依季节变化改变时间，隔盏隔层亮灯。严控空调，限制温度，“夏季不低于26℃、冬季不高于20℃”，下班后统一关闭。加强与市机关事务管理局节能办、市经发局节能处的联络沟通，在湖里区“先行先试”，采用合同能源模式改造行政中心地下车库的日光灯，4年合同期内，可节约254.6吨标煤，节省电费约96万元。抓好“节能宣传周”活动，在区机关宣传公共机构节能小知识，小窍门。响应“限塑”要求，制作并发放环保袋2000个，节能宣传画600余份。

【信访办公大楼筹建】2013年，区管理局负责信访办公大楼的筹建工作。经一年多的建设，5月完成主体建设及外墙装饰。同时，依法依规对室内装修的设计施工，电梯、空调、智能化等设施设备的采购安装调试及四层小礼堂使用方案的确定，周边环境的整理等工作公开招投标。9月投入使用。信访大楼小礼堂自移交投入使用后，改善在行政中心举办中型会议会场不足的状况，减少资源浪费。

【行政服务中心装修改造】9月，区行政服务中心开始装修改造，区管理局按照相关要求，做好施工设计、智能化、设施设备、办公家具、标示标牌等一系列项目招标采购。11月中旬，完工并投入使用。

（薛雅琳）

外　　事

【概况】2013年，湖里区人民政府外事侨务办公室（以下简称区外侨办）学习贯彻中共十八大精神，按照区第七次党代会和区委七届七次全会的部署要求，发挥外事、侨务优势，创新工作机制和方法。是年，湖里区外侨办接待各种参访团4个56人次。

【出国（境）报批手续办理】2013年，湖里区报批因公出国（境）团组13个14人次，其中自组团组2个3人次，随省、市团组11个11人次，出访目的以招商、培训为主。

【外事接待】2013年1月22日，以老挝邮政通信信息部副部长西通·通乔为团长的老挝干部考察团一行29人到辖区金山街道参观考察；7月12日，以马来西亚巫统青年团理事会理事阿合曼·达鲁斯为团长的马来西亚巫统干部考察团一行10人到辖区金山街道金山社区参观考察；10月27日，由圭亚那人民进步党、牙买加人民民族党、格林纳达新民族党联合组成的加勒比三国执政党干部考察团一行12人到辖区江头街道金尚社区参观考察；11月21日，厦门市友城澳大利亚阳光海岸市议员珍妮·麦凯一行5人到辖区禾山街道禾盛社区参观考察。

（刘慧锦）

政协湖里区委员会

会　　议

【区政协七届三次会议】1月15—17日，政协厦门市湖里区第七届委员会第二次会议在区行政中心举行。会议审议通过主席林凡作的常委会工作报告和副主席谭苏建作的常委会提案工作报告；审议通过会议期间的提案初审报告以及大会决议；表彰2012年度区政协优秀提案和提案承办先进单位；安排4个委员大会发言。会议期间，全体委员听取并讨论“一府两院”工作报告，提案委员会共收到提案117件，初步确定立案92件。大会闭幕式上，区委书记刘育生讲话。

【区政协七届常委会议】2013年，区政协七届常委会共召开六次会议。

第七次常委会议　3月13日上午，主席林凡主持召开区政协七届七次常委会议。会议审议通过区政协常委会2013年度工作要点。会上，主席林凡针对全年区政协工作强调“把握重点，凝聚发展合力；团结协作，抓好工作落实；改进方法，提高履职成效”等三点意见。

政协湖里区委员会优秀提案和提案承办先进单位（2012年）

表13

优秀提案	
提案名称	提交单位（个人）
《关于对区街财政体制进行新一轮调整的建议》	致公党湖里总支
《关于促进我区总部经济发展的若干建议》	农工党湖里基层委
《创新保障性住房社区管理，提高综合服务能力》	民盟湖里基层委
《关于加快推进我区房屋征收安置工作的建议》	委员涂进杉
《关于积极支持我区企业挂牌“新三板”上市的建议》	委员陆颂九
《进一步扶持民办社工机构，打造“幸福湖里”的建议》	委员梁菲力
《实施“强街战略”，促进我区街道经济快速发展》	委员陈重
《关于加强区属国有企业效能监察的建议》	委员何典成
提案承办先进单位	
湖里区民政局	湖里区文体出版旅游局
湖里区建设局	湖里区经济贸易发展局
湖里区发展和改革局	湖里区教育局
湖里区市政园林局	湖里区人民政府湖里街道办事处

第八次常委会议　6月28日上午，主席林凡主持召开区政协七届八次常委会议。会议审议通过《中国人民政治协商会议厦门市湖里区委员会全体会议工作规则》《中国人民政治协商会议厦门市湖里区委员会常务委员会工作规则》及《中国人民政治协商会议厦门市湖里区委员会提案工作规则》，听取区政协关于湖里区污水整治情况视察的报告。

第九次常委会议　7月31日上午，主席林凡主持召开区政协七届九次常委（扩大）会议。区政协各位副主席、秘书长、常委及经济建设委员会部分委员、部分特邀研究员参加会议。区委常委、常务副区长王中到会听取区政协常委会的意见、建议。会议听取区发改局局长胡军作的《湖里区2013年上半年经济运行报告》，审议通过《中国人民政治协商会议厦门市湖里区委员会委员视察工作规则》和《中国人民政治协商会议厦门市湖里区委员会反映社情民意信息工作规则》。

第十次常委会议　10月23日上午，主席林凡主持召开区政协七届十次常委（扩大）会议，协商区“十二五”规划纲要中期评估报告，听取区政府关于区政协七届二次提案办理情况的通报。区政府副区长刘琦龙、张家伟参会听取意见、建议。

第十一次常委会议　12月17日上午，主席林凡主持召开区政协七届十一次常委会议，专题协商《中共湖里区委关于全面深化改革的实施意见》《政府工作报告》《关于湖里区2013年预算执行情况和2014年预算草案的报告》，学习中共十八届三中全会精神。区委常委、副区长王中到会听取协商意见。会上，主席林凡结合区政协工作实际，对学习贯彻中共十八届三中全会精神提出三点意见。

第十二次常委会议　12月26日上午，主席林凡主持召开区政协七届十二次会议。会议审议通过召开区政协七届三次会议的决定，确定区政协七届三次会议于2014年1月8日至10日在湖里区行政中心举行。会议还审议通过区政协七届三次会议议程、日程、各委员小组召集人名单以及常务委员会工作报告（草案）、提案工作报告（草案）。

【区政协七届主席会议】2013年，区政协七届主席会议共召开六次。

七届八次主席会议　3月5日下午，主席林凡主持召开区政协七届八次主席会议。会议协商区政协常委会2013年度工作要点（草案），通过提案委将《关于对区街财政体制进行新一轮调整的建议》等3件提案确定为本年度重点提案的提议，并研究通过《关于七届区政协主席、驻会副主席联系重点委员企业的通知》。会议还协商确定区政协七届七次常委会议的时间和议程。

七届九次主席会议　4月28日下午，主席林凡主持召开区政协七届九次主席会议。会议研究通过《厦门市湖里区政协信息工作评选表彰办法》以及区政协制度汇编目录建议。

七届十次主席会议　6月21日上午，主席林凡主持召开区政协七届十次主席会议。会议审议《中国人民政治协商会议厦门市湖里区委员会全体会议工作规则》《中国人民政治协商会议厦门市湖里区委员会提案工作规则》《中国人民政治协商会议厦门市湖里区委员会主席会议工作规则》等草案，协商确定区政协七届八次常委会议的时间和议程。

七届十一次主席会议　7月24日上午，主席林凡主持召开区政协七届第十一次主席会议，审议《中国人民政治协商会议厦门市湖里区委员会委员视察工作规则》《中国人民政治协商会议厦门市湖里区委员会反映社情民意信息工作规则》等草案，协商确定区政协七届九次常委会议的时间和议程。

七届十二次主席会议　11月27日下午，主席林凡主持召开区政协七届十二次主席会议，研究通过《湖里区政协七届三次会议筹备工作方案》，并协商确定区政协七届十一次常委会议的时间和议程。

七届十三次主席会议　12月19日下午，主席林凡主持召开区政协七届十三次主席会议。会议审议召开区政协七届三次会议的决定（草案）和区政协七届三次会议议程（草案）、日程（草案）、常委会工作报告（草案）和提案工作报告（草案）等，同意提交区政协七届十二次常委会审议。会议协商同意《关于对区街财政体制进行新一轮调整的建议》等8件提案为2013年区政协优秀提案和区文体出版旅游局等8个单位为提案承办先进单位，在区政协七届三次会议上进行表彰；同意《轨道交通建设对我区经济的影响及对策建议》等4篇调研报告作为区政协七届三次会议委员大会发言篇目。会议还协商确定区政协七届十二次常委会议的时间和议程。

履行职能

【协商议政】2013年，区政协围绕区委、区政府的重大决策部署和中心工作，多层面、宽渠道组织协商议政活动，谋划发展良策。区政协七届二次会议期间，委员们围绕“一府两院”工作报告、财政预算报告等协商讨论，提出符合实际、有针对性的意见和建议100多条。规范有序地开展专题协商，先后以常委会议的形式协商区委关于全面深化改革的实施意见、区政府工作报告、财政工作报告和“十二五”规划中期评估报告等5个议题。坚持统筹兼顾、突出重点、结合实际的原则，深入开展专项对口协商。各专委会在组织委员深入基层开展调查研究的基础上，举行对口协商建言会，与对口联系部门开展对口协商。

【提案工作】2013年，区政协共征集提案117件，经提案委员会审查，区本级立案、并案的提案共58件（4件并案），其中：财政经贸方面16件，占27.6%；政法民政方面8件，占13.8%；

科教文卫方面16件，占27.6%；城建城管方面18件，占31%。内容超出区本级权限，转市政协的提案21件，其中《建议在厦门国际马拉松赛事上增加环保元素》等2件提案被市政协立案。转为社情民意信息的29件，交由相关部门办理。有5件提案因不符合立案的规定，做不立案处理。《关于加快推进我区房屋征收安置工作的建议》《关于对区街财政体制进行新一轮调整的建议》《关于促进我区总部经济发展的若干建议》等3件提案被确定为年度重点提案，得到区委书记、区长批示。在重点提案办理过程中，区政协领导亲自督办，分别走访重点提案的承办单位，强化重点提案的办理力度，带动其他提案的办理。同时，开展提案“回头看”活动，重点跟踪督办2012年度《关于推动旅游产业更快发展的建议》等6个涉及辖区旅游业发展的提案。截至2013年6月，所有立案的提案均按照要求办复完毕。委员对办理情况表示满意的46件，占79.3%；基本满意的12件，占20.7%。没有不满意件。

【专题视察】2013年，区政协组织视察16次。其中，主题视察4次。4月，区政协台港澳侨委与市政协经济城建委（环保委）联合视察“湖里区污水治理情况”，在全市创新市、区二级政协联合专题视察、政协与政府联合调研的工作新模式。4—6月，由区政协主席林凡为组长、副主席林世裕为副组长，区政协专委办、市政园林局、湖里环保分局联合组成调研组，对辖区地表水状况、海域水质状况、污水处理现状等进行全面细致地摸底调研，形成《湖里区污水治理现状和建议》调研报告。该调研报告在市政协常委会关于“我市污水治理情况”协商议题中作为唯一的区级发言材料。5月，区政协副主席谭苏建带领区政协社会法制委员会委员对湖里区“社区网格化”建设情况进行专题调研。委员们视察禾盛社区网格化建设及管理情况，并对该项工作的深化和提升展开讨论，提出建议。副主席林新荣带领教科文卫委员会委员对辖区学前教育发展情况进行专项视察。委员们视察辖区嘉福花园幼儿园等4所公办幼儿园办学情况，听取关于湖里区学前教育发展情况的报告，针对现阶段发现与存在的问题，出谋献策。7月，副主席林世裕带领区政协台港澳侨委员会委员视察钟宅“全国少数民族团结进步示范区”建设情况。委员们参观畲家道德讲堂、畲族文化展厅，就如何更好地建设钟宅“全国少数民族团结进步示范区”进行座谈，提出建议。8月，副主席谭苏建带领社会法制委委员对湖里区行政执法局“数字化城管”建设情况进行专题视察。委员们现场观摩“数字化城管”基础平台运行及管理情况，并听取有关情况报告，针对该系统如何科学管理、资源共享、人员编制及经费保障等问题进行讨论，并提出建议。11月，副主席林新荣带领区政协教科文卫委委员对辖区妇幼“两纲”建设工作情况进行专项视察。委员们视察区妇幼保健院，听取有关情况汇报，同时提出工作建议。主席林凡带领部分政协常委和委员企业家视察安溪经济开发园区湖里工业园选址点，为产业转移升级打前哨、作铺垫。主席林凡、副主席林世裕带领台港澳侨委与市政协社会法制委（民宗委）对钟宅畲族社区开展联合视察，了解厦门市畲族聚居区的发展建设情况，针对钟宅畲族社区旧村改造和新发展中心建设中亟待解决的问题，借助市政协平台予以反映和协调，以促进问题的解决。

【课题调研】2013年，区政协以“创精品”的思路开展课题调研工作。完成《关于打造电子商务强区的建议》等18个重点课题，在产业发展、公共交通、安全生产、社会保障、环境保护等方面提出对策、构想和建议。区政协还与市政协经建委、民建厦门市委联合调研东渡港搬迁问题，形成《厦门市东渡港搬迁的成本效益分析》调研报告，作为市政协主席会议专报件送市政府参阅，市长刘可清专此批请有关部门组织研究。汇编《湖里政协2013年度专题调研报告汇编》，其中《轨道交通建设对我区经济的影响及对策建议》《加强务工人员安全教育和管理防范和遏制因工伤亡事故频发》等4篇报告被推荐为政协年会委员大会发言篇目。

【民主监督】2013年，区政协选派政协

11月21日，区政协主席林凡和部分政协常委、委员视察安溪湖里工业园选址点

（宋晓华 摄）

委员参与全区行风效能监察评议工作的同时，实践政协独立组织开展的民主监督。组织委员巡察小组，对殿前街道办事处、发改局、卫生局等职能部门和窗口单位开展为期2个月的行风效能巡察。从5月开始，巡察小组重点以民众关心的社区服务、区妇幼保健院服务质量，以及民众反映强烈的食品卫生安全问题和民办幼儿园收费情况为载体，采取明察暗访、参与检查、问卷测评、座谈了解等形式，促进被巡察单位行风效能建设，扩大民主监督的实效和影响。

【界别活动】2013年，区政协指导委员广泛联系基层群众，鼓励委员提出界别提案、提供界别信息、开展界别调研或视察。19个界别活动小组开展多形式的听呼声、送关爱、暖民心活动，发挥界别委员联系界别群众的桥梁纽带作用。9月28日，区政协利用周末时间在金尚社区广场以“践行群众路线，共建美丽厦门”为主题开展“界别活动日”活动。区政协组织政协机关和区政协民革、民盟、民建、民进、农工党、致公党、九三学社、台盟台联、文体医卫、工青妇、教育界别等活动小组联合举行大型活动，围绕服务基层、服务群众，构筑和谐、缔造美丽的主旨，结合各党派、界别的专业特色，以丰富多彩的形式普及社科知识，并为群众提供义诊及健康、教育、职工维权系列咨询，现场新增免费血压测量和骨密度测量等服务，深受民众欢迎。市政协副主席魏刚和区政协主席林凡，副主席谭苏建、林新荣、林世裕到现场观摩指导。

【团结联谊】2013年，区政协加强与各民主党派、人民团体和界别的联系与合作。召开座谈会、走访交谈，主动了解和倾听各民主党派、人民团体和各界别的呼声，在政协履行职能的各个环节和各类活动中，做好与党派团体的协调，整合力量、资源共享，共筑参政议政的工作平台。组织召开《美丽厦门战略规划》征求意见会，广泛征求各民主党派委员、部分专委会委员和政协特邀研究员的意见，民盟、农工党、台盟等党派界别活动小组也分别举办专题研讨活动。《科学利用我区空间资源，发展战略性新兴产业》等16件党派、界别提案和《关于提升湖边水库周边环境品位的建议》等一批党派团体调研成果得到重视和采纳。同时，加强与台港澳侨的合作交流。区政协领导带队走访台商协会，加强与协会的沟通联系。组织工商联界别委员参加“第六届海峡物流论坛”；组织台港澳侨委员会委员参加涉台专题培训，听取“两岸关系新的发展形势”等专题讲座，并到台商企业听取对政府转变职能、打造服务型政府的意见建议。

【信息宣传】2013年，区政协委员、政协信息员着眼于服务经济社会发展的大局，关注民生，体察民情，反映信息，提出许多真知灼见。区政协共收到区政协委员、信息员报送的社情民意信息261件，内容涉及教育、医疗、城市建设、环境保护等方面。其中，有28篇次分别被省、市政协采用，有100多件信息转送市、区相关部门办理，大多数得到相关部门的重视和办理反馈。同时，改版、充实政协门户网站，加强政协网站内容更新，拓展宣传交流渠道和制度化的宣传机制。办好《湖里政协》简报，并通过全国、省、市政协刊物和《湖里简讯》等信息交流平台，加大对政协工作的宣传力度，宣传委员在本职岗位上所取得的工作业绩及其参政议政过程中的表现。

【文史工作】2013年，区政协确定将与湖里地名文化相关的系列文史丛书作为今后五年的文史编辑主题和任务，组织社会贤达和专家学者，挖掘、抢救、整理辖区人文历史资料，年内，编辑出版第十八辑《湖里文史资料》。把“编辑出版与湖里‘地名文化’相关的系列文史丛书”确定为近五年的文史编辑主题和任务，并计划按照湖里区五个街道的行政区域分别征集出版，每年完成“一个街道”的编辑出版工作。年内，编辑“江头卷”，全书43篇13万多字，上下古今近百幅图片，全面展现江头片区的历史沿革、区划变迁、人物掌故、民俗风情、乡土文化。

【制度建设】2013年，区政协从履行职能制度和机关保障制度两方面建设着手，修订、完善一批原有制度，探索新建一批管理制度，丰富和发展政协工作制度体系。修订、制定湖里区政协《全体会议工作规则》《常务委员会工作规则》《主席会议工作规则》《提案工作规则》《委员视察工作规则》《反映社情民意信息工作规则》等基本工作规则以及《政协信息工作评选表彰办法》等，将历年来所制定的规则制度汇编成册，便于委员们查阅资料。同时，落实中央“八项规定”，切实整治“四风”，出台《七届区政协主席、驻会副主席联系重点委员企业制度》，采取集中座谈、个别走访、组织调研、视察指导等多种形式，加强与委员企业的联系。

（方丽铃）

民主党派与工商联

民革湖里总支委员会

【概况】2013年，民革湖里总支下设三个支部，有党员77人，其中科技界占11.69%，教育界占3.9%，医疗界占2.6.%，公有制经济占15.58%，新社会阶层占38.96%，其他界别占27.27%，台、港、澳及海外关系占23.38%，拥有中级以上专业职称的占66.23%。党员中，妇女党员占58.44%；担任省政协委员1人，市人大代表1人，市政协委员3人，区人大代表2人，区政协委员6人。

【参政议政】2013年，总支主委、市政协委员黄向阳执笔的调研报告《提升"枋湖片区"价值品位的对策措施研究》被转化为湖里区政协大会发言，被收入2013年市社科联调研成果汇编；执笔的社情民意信息《关于厦门城市定位的两点建议》获得市委书记王蒙徽的批示，并获得市委统战部"2013年度好信息"奖。总支骨干随市政协、市委会领导赴广东云浮考察后撰写的考察报告《关于学习云浮罗定市经验，依法稳妥推进我市征地拆迁工作的建议》上报市委统战部，获得市委常委、市委统战部长黄菱，副市长林国耀的批示。总支党员、民革市委常委、市政协委员、湖里区人大代表郑硕执笔的《国内外新兴产业和现代服务业产业园区政策比较及启示》获省委统战系统调研成果奖三等奖（第八届海西论坛）和民革省委调研成果二等奖；《借鉴国内外新兴产业园区管理经验　推动厦门新兴产业和现代服务业发展》调研，转化为2013年市政协大会发言。总支副主委、湖里区政协委员林日清执笔的《厦门口岸大通关存在问题与对策建议》获民革省委调研成果三等奖并转化为2013年市政协提案。总支委员、区政协委员洪艺玲执笔的调研报告《关于建设湖里区青少年社会实践活动中心的建议》转化为湖里区政协提案后，推动建成湖里区青少年社会实践活动中心，并被写入2013年湖里区政府工作报告。

9月3日，民革湖里总支成员参加市委统战部重点课题调研

【社会服务】2013年，总支党员、省政协委员、市人大代表倪振年公益捐助共计1200万元，他本人获得福建省人民政府授予的"福建省非公有制经济人士捐赠公益事业突出贡献奖"。3月，总支副主委、区政协常委杨迎芳，总支委员、区政协委员洪艺玲，市人社局就业处处长蔡东红，厦航审计部经理伊继屏，民革市委机关干部兰岚等民革党员到江头街道残疾人职业援助中心调研考察，并与该中心结对共建，共同推动残

6月29日，致公党湖里总支成员赴菲律宾联谊

拉，参加菲律宾中国洪门致公党总部举行的庆祝成立113周年暨第111届连第112届职员就职典礼以及第一、二、五支部的换届就职典礼。8月15日，湖里总支副主委胡朝阳接待台湾高雄洪门中兴联合总会总会长杨胜宝及其夫人，双方就两地致公党、洪门活动开展情况进行交流。12月4—10日，湖里总支副主委关琰珠赴台湾参加2013年海峡两岸环境教育立法交流研讨会活动。

【党员成就】2013年，致公党福建省委常委颜昌宙发表SCI论文4篇，其中《关于中国特色新型城镇化建设的几点建议》发表在致公党中央主办的《中国发展》杂志上。湖里总支副主委关琰珠发表论文15篇，其中《创新我省海洋环境管理模式的对策建议》获第八届“全面推进海峡西岸经济区建设·建言献策论坛”优秀论文一等奖；湖里总支主委颜伟民撰写的论文《建立和完善进口不合格商品通报和预警制度》获国家质检总局纪念《中华人民共和国商品检验法》公布10周年征文活动二等奖。湖里一支部副主委、厦门市禾山中学语文一级教师张庆良的论文《让学生快速入门，学会写作规范议论文——高一议论文教学体会点滴》获中国教育学会征文评比一等奖。湖里一支部党员吴超英在国家级医学杂志发表学术论文3篇，省级2篇。党员王德龙有2项专利获得国家专利局授权，并当选“厦门市智能输配电设备产业技术创新战略联盟”副理事长。

【主要活动】2月24日元宵节，总支部组织全体党员活动，总结2012年工作和部署2013年工作。10月19日，组织全体党员参加敬老节活动，听取关于老年颈椎保健知识讲座。湖里第一支部、第二支部与民建厦门市委机关第二支部联合举办党员参政议政培训，湖里第三支部与集美第二支部进行联谊活动。

（孙怡　颜伟民）

九三学社湖里区委员会

【概况】2013年，九三学社湖里区委有10个支社，社员233人。其中，本科以上学历206人，占总人数89%，副高以上职称141人，占总人数61%。其中，市人大常委1人，市政协常委1人，区人大代表3人，区政协委员9人（其中常委2人）。5月28日，根据九三学社章程和社市委的有关决定，九三学社湖里基层委员会更名为九三学社湖里区委员会，同期各支社名称进行规范，新增医卫支社和中医院支社，并陆续完成各基层组织的换届工作。9月29日，九三学社湖里区第四次社员代表大会召开，选举产生新一届委员会，委员14人。全年新发展社员4人。张跃平、郭清敦、郑国防、林学钦、杨章武、魏锦成等被评为九三学社厦门市委在组织、宣传、信息、调研等方面先进个人；电子职专支社龚佩玲、陈晶、刘斯、林铮等获校优秀教师称号，刘斯获校突出贡献奖，陈雅治获校老骥奖，郑国防指导学生参加第九届“文明风采”征文，获三等奖。

【科研工作】2013年，福建水产研究所支社许永安的《水产品加工副产物的高值化开发与应用技术研究》获得国家海洋局科学技术一等奖、福建省人民政府科技进步奖三等奖和厦门市人民政府科技进步奖二等奖。刘波的《裸体方格星虫人工繁育技术研究及应用》获福建省人民政府科技进步二等奖。林琪、李正良的《中国南方刺参养殖产业化关键技术集成与示范》和《中国南方刺参养殖产业化关键技术集成与示范》分获福建省政府和厦门市政府科技进步二、三等奖。福建省亚热带植物研究所支社林丽仙的论文《静电场对三角梅插穗生根及几种生理生化指标的影响》获得厦门市自然科学优秀论文二等奖。福建海洋研究所支社张跃平的论文《波纹巴非蛤胚胎与浮游幼虫的形态发育与生长特性》被评为福建海洋学会2013年度学术年会优秀论文。湖里区第三支社曾仁森的“伟人颂·中国梦”全国诗文书画摄影作品获中国老年报书画院等授予的大赛三等奖。电子职专支社郑国防、王耀立主编和出版画册《厦门文曾路》配图诗文50多篇。福建省水产所支社陈世杰合作书稿《美丽福建海洋——海洋生态》和《海洋生物活性物质及药用潜力》出版发行。年内，湖里区各基层组织社员共发表论文近50篇，其中SCI文章近20篇。

9 月 28 日，九三学社湖里区委参加在金尚小区举办的科普社区界别活动（魏锦成　摄）

【参政议政】2013 年，九三学社区委员会完成市、区调研报告 20 余篇，大多转为市、区政协提案，有的提案得到上级部门领导批示。如张跃平的“加快海水淡化综合利用，减缓淡水资源供需矛盾”上升为社省委调研项目，《关于加快培育海洋文化产业，促进我省蓝色经济增长的建议》被省政协选为重要提案摘报，得到省长苏树林、省委常委陈桦、副省长王蒙徽的批示。积极参与信息宣传工作。其中，被福建省委办公厅“八闽快讯”录用的有《借鉴广东、江苏、浙江先进经验，填补我省渔业养殖保险空白》（张跃平）、《城市内涝问题亟待关注和解决》（黄霓裳、张跃平）、《十八届三中全会在福建党外人士中引起热烈反响》（方旭明、董清木、周毅、张跃平）等。另有多篇被《福建信息》《厦门信息》《福建九三》《厦门九三》录用，如《促进海洋渔业现代化，建设蓝色福建》（张跃平）等。张跃平“关于完善渔业养殖保险的建议”被省政协采用，得到市领导黄菱批示。

【社会服务】2013 年，区委会组织参加湖里区政协主办的“美丽厦门共同缔造”科普社区活动，以专家现场咨询、有奖气象防灾减灾知识问答、有奖猜谜活动、展板知识展示等方式，进行气象防灾减灾科普宣传。参加与湖里科技局的对口联系和科技下乡服务，社员多人次到翔安、同安、漳州等地指导农民生产。参加湖里区政协组织的江头街道后埔社区消防演练观摩活动。参加市九三学社、仙岳医院等康复作品义卖活动。参与电视谈话节目“居家养老，叫好能叫座？”的互动活动。组织视察“诚益光学（厦门）有限公司”“厦门蒙发利科技（集团）股份有限公司”。厦门市市政建设开发总公司副总经理、高级工程师欧阳永金为百余名区政协委员分析介绍厦门市轨道交通的发展形势。

（魏锦成）

台盟湖里支部

【概况】2013 年，台盟湖里支部有盟员 25 人，高级职称 2 人，中级职称 15 人。担任区人大代表 1 人，区政协委员 4 人。

【参政议政】2013 年，台盟湖里支委到高殿街道调研，由陶卉、刘锦莹执笔调研报告《关于我市村改居社区儿童入学难问题的现状与建议》。参加政协会议，提交 10 件提案，占会议期间提案总数的 9.8%，其中《关于进一步促进湖里台资企业加工贸易转内销的建议》转化为市政协提案。就“发展湖里旅游产业，打造美丽湖里”课题组织盟员到漳州六鳌古城考察，在考察活动中，盟员们对六鳌古城的历史文化进行调研；对台资企业天福茶庄的经营、管理、营销进行考察。先后获得“先进支部”“湖里区信息工作二等奖”“湖里区优秀调研报告奖”等荣誉。

【社会服务】2013 年，台盟支部组织盟员志愿者到金尚社区开展志愿服务活动，慰问 10 户外来特困家庭，给他们送去节日的问候。参加“美丽厦门，关爱海洋”志愿服务主题活动，开展清洁海滩活动，向游客普及环境保护知识，倡导全社会共同参与保护海洋生物。参加第五届厦门（湖里）城市诵读节，向群众宣传读书的重要性。

【祖国统一工作】2013 年，台盟湖里支部参加台盟厦门市委 2013 年骨干培训班，举办《深化对台交流，推进两岸同胞融合》《推进综改　构建两岸交流合作先行区》等讲座，了解两岸新形势，促进两岸交流。

【盟员建功立业】2013 年，在庆祝台盟成立 30 周年大会上，多名盟员获得表彰，其中郭允谋被评为“老有所为，为台盟做出贡献的老盟员”，林书博被评为“参政议政先进个人”，林小懿被评为“参政议政积极分子”，曾小琴、刘锦莹被评为“社会服务积极分子”。

（林小懿）

湖里区工商联（商会）

【概况】2013 年，湖里区工商联（商会）第五届执委（理事）会班子成员

160人，会员总数548人。下设建材、建设、物流、文创与旅游4个行业公会。11月26日，区工商联党组成立，林秀瑜任党组书记。7月23日，福建省光彩事业促进会第四次会员代表大会在福州召开，湖里区工商联（商会）获2007—2013年度福建省“光彩事业组织工作先进集体”称号，区工商联（商会）办公室工作人员庄亚玉被授予2007—2013年度福建省“光彩事业组织工作先进个人”。

【湖里街道商会换届】1月18日，湖里街道商会第二次会员代表大会在悦华酒店召开，200余家会员企业参加会议。大会选举产生新一届街道商会理事会成员，其中会长1名，名誉会长2名，副会长5名，常务副会长、秘书长1名，理事31名。鹭燕集团副总裁朱明国连任第二届商会会长。会议审议湖里街道商会第一届理事会工作报告，通过商会章程修正案。

【商会迎新春联欢会】1月24日，湖里区商会迎新春联欢会在悦华酒店举行，湖里区商会会员、名誉会长和顾问及各界来宾500多人出席大会。厦门市总商会会长柯希平莅会，湖里区五大班子领导、湖里区有关部门和街道领导应邀出席。大会由湖里区委统战部副部长、区商会常务副会长林秀瑜主持。会议审议湖里区工商联（商会）2012年工作总结和2013年工作思路。

【建材公会参与消费者维权活动】3月16日，湖里区商会建材行业公会联合厦门市质量技术监督管理局、“12315”投诉中心、消费者协会、区工商局、区经济贸易发展局等部门和单位在江头建材市场举办一场“合理消费、正当维权”消费者维权咨询活动及工商营业执照“快速年检”上门收件等系列活动。厦门市质量技术监督管理局稽查大队副大队长高勇山，湖里区委统战部副部长、商会常务副会长林秀瑜，湖里区工商局“12315”投诉台台长穆若岭应邀出席。

【公益事业】1月17—19日，湖里区商会和民建厦门市委员会、民革厦门市委员会一起相继走访、慰问同安区五显镇革命老区明溪村和汀溪镇顶村村，向困难家庭送上过年生活用品和新春祝福。4月20日，四川省雅安市芦山县发生地震。湖里区商会会员通过各种途径捐款捐物，支援灾区抗震救灾。据不完全统计，截至5月20日，湖里区商会会员通过厦门市、湖里区红十字会和慈善会等各种渠道为灾区累计捐款196万余元。

8月29日，区商会召开维权联席会议

【非公经济人士获省慈善会表彰】5月3日上午，福建省慈善总会在福州市福建会堂召开第三次会员代表暨慈善表彰大会。湖里区工商联（商会）大永投资管理董事长潘安源获慈善贡献奖。

【政银企对接会】4月26日，湖里区工商联（商会）五届三次常务理事会暨政银企对接会在惠和石文化园召开，中共湖里区委常委、统战部部长陈国荣及湖里区发改局、经发局、科技局、财政局、投资事务局等相关部门领导应邀出席会议。湖里区委统战部副部长、区商会常务副会长林秀瑜主持会议。会上特邀湖里区委组织部人才科专业人士宣讲解读“550”政策，政府相关部门领导、银行代表与企业负责人交流发言，银企代表之间还就如何深入有效开展金融业务进行沟通对接。

【物流公会民生银行互助合作基金成立】6月5日，民生银行厦门分行物流公会互助合作基金成立。截至年底，覆盖近50家物流企业，放款额5230万元。物流公会与民生银行战略合作，为小微企业融资开辟一条新通道。

【非公经济人士获省政府表彰】6月14日，在福建省召开的第四届世界闽商大会上，湖里区有9名非公有制经济人士获“闽商建设海西突出贡献奖”和“福建省非公有制经济人士捐赠公益事业突出贡献奖”。湖里区工商联（商会）银鹭集团董事长陈清渊获闽商建设海西突出贡献奖；新景地集团董事长钟江波、禹洲地产董事局主席林龙安、泉舜集团董事长吴泉水、乔丹副董事长倪振年、大洲控股集团董事长陈铁铭获福建省非公有制经济人士捐赠公益事业突出贡献奖。其中，恒兴集团董事长柯希平、丰润金融控股主席方庆明、福信集团总裁吴迪同时获以上两项荣誉。

【非公企业专业技术人员职称评审】6月26日，在湖里区人事职改部门的直接指导下，非公有制企业初级专业技术职务任职资格评审会举行。区商会会员企业共有134名工程、经济系列的专业技术人员通过初级职称评审。

【非公有制经济人士教育引导】8月9日，湖里区工商联（商会）五届四次执委（理事）会议在银鹭集团召开。会议以切实推进非公经济人士理想信念教育实践活动为主题，总结非公有制经济人士理想信念教育实践活动开展情况，交流活动经验和体会，安排部署下一阶段工作任务。会议由湖里区委统战部副部长、区商会常务副会长林秀瑜主持，市工商联副主席蔡素卿和区委常委、区委统战部部长陈国荣出席会议并讲话，银鹭集团董事长陈清渊做交流发言，近百名理事参加会议。

【民营企业人民调解委员会研讨会召开】8月29日，湖里区工商联（商会）召开民营企业人民调解委员会研讨会。会议讨论如何调解涉及非公有制经济主体的民间纠纷，防止纠纷激化；如何通过调解工作，教育非公有制经济主体遵纪守法，尊重社会公德，预防民间纠纷发生；如何向人民政府、人民法院、司法局反映涉及非公有制经济主体民间纠纷，发挥调解委员会的作用。

【香港观塘工商业联合会到访】9月8日，香港观塘工商业联合会荣誉团长、百邦（香港）有限公司董事长陈延邦，香港南区工商业联合总会副主席、必达科技（国际）有限公司董事长施忠民等一行19人访问湖里区。代表团听取湖里区投资事务局领导就湖里区投资环境和项目的介绍，参观湖里区商会副会长企业——厦门优必德工贸有限公司。区政府副区长刘琦龙参加投资座谈会。

【物流公会参加两岸物流与供应链博览会】11月16—18日，2013年第五届海峡物流与供应链博览会在宁波余姚中塑会展中心举行。湖里区商会物流行业公会理事长柯辉从率本会10余名企业代表与来自福建50多名物流企业代表参加此次博览会。

【协调劳动关系】2013年，湖里区商会作为协调劳动关系三方会议成员单位，响应省、市、区关于《建立挂钩联系企业制度实施方案》的要求，主动联系确定浙江八达建设集团有限公司、厦门盛辉物流有限公司、厦门网箭科技有限公司、厦门市龙安盛装修工程有限公司、厦门市荣佳实业有限公司等5家企业作为联系挂钩帮扶的对象。

【参政议政】2013年，湖里区商会会员共有69人担任全国、省、市、区人大代表、政协委员。年内，湖里区工商联向市区人大、政协提交建议、提案24份。调研报告《关于深化厦台物流合作的对策与建议》被市委《厦门通讯》刊载。

（林澜）

群众团体

湖里区工会

【概况】2013年，湖里区有工会会员181363人，基层工会涵盖11493个，其中镇街工会联合会5个，村居联合基层工会委员会52个，行业性工会联合会17个。各级工会组织学习贯彻中共十八大和中国工会十六大精神以及总书记习近平同劳模代表座谈时的重要讲话精神，围绕全区经济社会发展大局，呼应形势，团结和带领广大职工群众为“美丽厦门、共同缔造”和辖区科学发展跨越发展贡献智慧和力量，展现新时期湖里区工会工作的新形象、新作为。区工会被福建省总工会授予省“安康杯”竞赛优秀组织奖和工会财会工作先进单位等称号；被厦门市劳动竞赛委员会授予优秀组织单位称号。

【组织建设】2013年，湖里区工会新组建独立企业工会676家，发展会员51026人。共有21家基层工会获市先进职工之家称号，26家基层工会获区合格职工之家称号。全区353家企业工会做到“双亮”。建立区级职工服务中心、五个街道和两个园区职工服务站共8个站点。6月，全市镇街职工服务站建设现场会在殿前街道召开，区工会、殿前街道工会联合会分别作先进经验发言。强化干部培训机制，组织机关、企业工会干部356人次参加5期工会专项业务培训。加强经费审查规范化建设，对31家基层工会专项资金进行审计。指导和督促企业成立劳动争议调解委员会，规模以上企业建立劳动争议调解委员会130家，占82.3%。年内，成功参与处置久和皮件、立明光电等10余起劳动争议；针对盛华电子等涉及大批裁员的案件，做好安抚工作，提出合理化建议意见，指导公司工会履行职责，维护职工合法权益，防止事态扩大和群体性事件发生。通过组织培训、开展“要约行动”等方式，推动工资集体协商，辖区独立开展工资集体协商的企业722家，7208家企业被行业性、区域性工资集体协商所覆盖。区工会全年有16条信息被全国、省级工会刊物采用，27条被《厦视直播室》《厦门工运》等市级媒体采用。

【职工活动】2013年，区工会以厦门市第十九届职工技术比赛为契机，开展岗位练兵和技术比武活动，举办道路清扫、厨艺、电工、焊工等项目劳动技能竞赛，参加人数近300人，其中17人获得“技术能手”称号。开展“安康杯”竞赛活动，组织380家企业、42990名职工参加。按照省市要求，成立区和谐企业创建工作领导小组，在殿前、禾山、金山三个街道开展“劳动关系和谐街道”创建活动，在万达广场开展创建“劳动关系和谐商业园区”活动。在全区开展创建职工书屋活动，殿前街道工会联合会为全国职工书屋示范点，区妇幼保健院工会为省级职工书屋示范点，并申报5家市级职工书屋示范点。争创6家市级女职工培训示范学校，规范建设新增的4家女职工周末学校。以“创建学习型组织，争做知识型职工”活动为载体，以深化“创先争优”劳动竞赛为契机，实施职工技术创新“百千万工程”。盛辉物流集团有限公司厦门分公司总部提货办单大厅和飞利浦照明电子（厦门）有限公司BTA车间工会小组获省级“工人先锋号”，10家企业获市级“工人先锋号”。“五一”期间，举办学习贯彻中共十八大征文、摄影书法作品比赛、拔河比赛、趣味运动比赛、歌咏比赛、“活力湖里”广场舞蹈等活动。国宇门诊部、开联装饰获评市企业职工文化示范单位称号，承办市总工会“职工春晚”海选首场启动仪式，获最佳组织奖。辖区有4人获省劳模称号，2个单位获市五一劳动奖状，14人获市五一劳动奖章。召开劳模座谈会，组织到陈国信劳模创新工作室现场观摩和学习创建创新工作经验。组织实施创建7个劳模创新工作室，开展创新课题30项。

【帮扶济困】2013年，区工会以关注民生为切入点，把竭诚服务职工群众作为一切工作的出发点和落脚点，努力为职工群众做好事、办实事、解难事。动态掌控困难职工档案，对帮扶系统数据库855名困难职工按照一户一档的原则进行梳理，增强准确性、真实性。“两节”期间，走访、慰问困难职工296人，发放慰问金35万元。推进工会会员卡项目和职工医疗互助保障工作，争取政府资金支持，对参加医疗互助的非公企业员工按新标准补助50%的保障费用。年内，完成工会卡会员信息采集194家单位、12140人，全区有2.2万名职工参加职工医疗互助保障。开展“金秋助学”，为87名外来员工子女发放助学金17.4万元。为职工提供免费律师法律援助、心理咨询等服务；利用工会“大学校”平台，开展职工技术技能培训，帮助他们掌握新知识、新技能。检查落实高温天气下的劳动保护和防暑措施，为高温作业职工送去解暑凉茶，价值11.2万元。免费为21名单亲困难女职工进行“两癌”检查，及时发现困难女职工、女农民工的身体健康问题，并提出解决身体健康问题的建议。

（董坤）

1月13日，市、区两级工会联合主办“2013情系兄弟姐妹”慰问演出

共青团湖里区委员会

【概况】2013年，共青团湖里区委员会下设基层团组织546个，有团员11910人。全区有先进基层团组织11个，先进个人19名，分别获得团省、市委授予的“五四青年奖章”“五四红旗团委”“五四红旗团（总）支部”“优秀共青团干部”“优秀共青团员”“十佳青年新市民”“优秀青年新市民”等荣誉称号。团区委获评第七届厦门市“十佳青年新市民”评选活动组织奖。

【青少年理想信念教育】2013年，团区委，以“民族复兴中国梦”为主题，倡导社会主义核心价值观。组织各级团干和青年干部，以座谈会的形式学习总书记习近平“五四”重要讲话和给北京大学学生回信，承办“我的中国梦”梦想宣讲团走进湖里活动，畅谈践行中国梦的体会和感受，加强理想信念教育。与区委宣传部联合举办“追梦·青春在这里闪光”青年读书演讲大赛。主办方以海报、宣传栏、短信、网络等平台为载体，在辖区各机关单位、街道、社区、学校、部队和非公企业宣传发动，吸引上千名青年报名参加，带领辖区青年人学习贯彻中共十八大精神，给青年人提供展示自我的平台。开展青少年道德实践活动，与区台办联合举办“节约粮食·从我做起”海峡两岸青少年夏令营，与区司法局联合举办法制夏令营，与团市委学校部、区教育局联合举办中学生“青春梦·中国梦”团干夏令营。加强湖里区外来青年文学社建设，成立外来青年读书会，改编《外来青年》杂志，发行《现在》期刊，为外来青年搭建文化活动阵地。

【青年志愿者活动】2013年，团区委组织青年奉献社会，举行“青春雷锋·美

7月13日，“追梦青春”湖里区第四届“十佳外来青年”决赛

丽湖里”志愿服务系列主题活动。招募百余名青年志愿者服务春运工作，协助维护广场、安检处、候车室秩序，提供购票引导、问路咨询、行李运送，同时为返乡旅客免费提供开水，发放免费时刻表、提供针线盒及常备药品。在第九届元宵民俗文化节上，团区委组织百名青年学生志愿者在红星美凯龙广场协助民警维护活动现场秩序，分发节目单、宣传资料，为确保群众欣赏到节目提供后勤保障，成为一道亮丽的风景线。组织1200多名青年志愿者服务厦门国际马拉松赛，团区委与各高校、社会团体的青年志愿者组织相互接洽，通过层层筛选，确定参加人员名单，确保给参赛运动员送去最好的服务。“12·5”国际志愿者日期间，与区志愿者联合会、区文明办联合举办志愿服务活动，表彰11位区级优秀志愿者。联合中国人民大学乡村建设中心、高殿社区居委会发起成立厦门高殿社区大学，组织教师志愿者无偿授课，开设35门课程，深受以到厦门务工青年为主的学员的欢迎。

【引导青年积极创业】2013年，团区委扶持厦门阳光商贸有限公司、肯构电子（厦门）有限公司等5家企业参加全市青年创业项目成果集中展示，引导青年积极创业，获得市领导肯定。成功举办“湖里区两岸青年咖啡文化产业交流论坛”，为两岸青年交流创造沟通的平台，增进两岸青年友谊，引导青年在发展中寻找商机。定期开展区青企协会员活动，为青年企业家沟通合作搭建平台，组织青年企业家参加公益活动，引导青年企业家为湖里发展做贡献。做好青年创业贷款工作，向湖里农商行推荐15个优质青年创业项目，帮助有志青年获得创业贷款898万元。

【湖里区第四届“十佳外来青年”评选】2013年，团区委、区文明办、区综治办、区教育局、区人社局、区工会联合启动“追梦青春”湖里区第四届“十佳外来青年”评选活动。在4个月时间里，通过前期的广泛发动、网上投票和决赛演讲，组委会本着公平公正的原则，深度挖掘，公平公正公开评选出青年喜爱的热伊莱·麦麦提、马夏、刘红兵等“十佳外来青年”，其中既有开拓创新的自主创业者、工作突出的企业高管、自强不息的自由作家，也有爱岗敬业的保安人员、品德优秀的出租车司机，为外来青年树立良好榜样。

【维护青少年合法权益】2013年，团区委支持办好“湖里区青少年维权网”，点击率累计469万人次，获评团市委“一团一品一特色”十佳案例。在调查研究的基础上，举行共青团与人大代表、政协委员面对面活动，探讨辖区到厦门务工人员未成年子女安全自护教育工作，了解他们在日常生活中遇到的一些自救自护案例以及安全盲区，并引导学生提高自我保护意识，学会通过合法、正确的自护措施来维护自己的正当权益和人身安全。组织共青团界别参加政协界别活动，开展界别特色服务。

11月12日，共青团湖里区委与人大代表、政协委员面对面活动

【关爱农民工子女行动】2013 年，团区委扎实开展关爱农民工子女行动，在蔡塘学校开展“青春美 · 爱相随”关爱行动，举行民办小学慰问关怀行动走进文心小学活动，开展捐书、趣味课堂、书法绘画课堂等活动。组建“爱满霞光”大学生支教队，每周二到霞光小学开展支教活动。旨在为到厦门务工人员子女接触更多有益资讯、获取更多课外知识、培养美好情操提供有效帮助。

【青年干部专题培训】2013 年，团区委办好机关青年干部训练营，组织读书活动，举办心理健康和团队合作系列课程，帮助缓解干部工作压力，促进机关和谐，融洽机关人际关系，让大家以健康、饱满的精神面貌投入到工作和生活中。举行“同心携手、互助共赢”户外拓展活动，邀请区直部门领导、街道书记、社区书记授课，开展群众工作专题培训，增强青年干部凝聚力和做好新形势下群众工作的能力。

【基层团组织建设】2013 年，团区委扩大团组织覆盖，依托党建带团建和工团联建，集中组建 115 家非公企业团组织，完成团市委下达的任务。发挥盈众汽车、东林电子、欣贺服饰等非公企业团建典型示范作用，提高非公团建工作水平。加强基层团组织工作力量，携手华大材料学院团委，组织 29 名学生团干到社区团组织挂职锻炼。各基层团组织突出特色，开展形式多样的活动。湖里街道团工委举办“飞扬青春 快乐前行”“五四”青年节活动，殿前街道团工委组织春运志愿服务活动，江头街道团工委开展“聚是一团火，散是满天星”团干学习活动，禾山街道团工委举办来厦务工青年羽毛球比赛，金山街道团工委举办“美丽金山 · 我的青春梦”摄影嘉年华活动，教育团工委开展首届中小学生“爱中华 · 爱经典”诵读大赛，区直机关团工委组织“爱暖夕阳”重阳节敬老助老志愿服务活动等。

（邓静）

湖里区妇联

【概况】2013 年年底，全区人口总数 245350 人，其中女性 121187 人，14 周岁以下儿童 34723 人。全区有街道妇工委 5 个，社区妇联 52 个，区级机关妇工委 3 个，专兼职妇联干部 74 人。创建“巾帼文明岗”105 家，其中全国级 3 家，省级 25 家，市级 77 家，家长学校 52 个，平安家庭 85588 户，五好文明家庭 22474 户。

7 月 12 日，华侨大学材料学院学生团干赴湖里区基层挂职锻炼启动仪式

【特色家庭创建活动】2013，区妇联学习领会市委、市政府关于“美丽厦门共同缔造”行动的战略规划，结合贯彻落实全国妇女十一大精神，向全区妇女姐妹发出“携手邻里和美行动 共缔美丽幸福湖里”倡议，号召妇女姐妹们争做促进“邻里和美行动”的倡导者、宣传者、践行者。20 户家庭被评为“市百户特色家庭”。发挥妇联优势，参与区经典诵读活动。下发《关于 2013 年廉政文化进家庭工作的意见》，推进“廉政文化进家庭”活动。

【精神文明活动】2013 年，区妇联利用“妇女之家”“巾帼文明岗”等阵地，以群众喜闻乐见的形式，宣传中共十八大和十八届三中全会精神、总书记习近平系列重要讲话及妇女十一大精神，提出“五个一”贯彻意见，即出一期宣传栏；至少发出一条学习贯彻精神的简讯；悬挂一条贯彻学习精神的宣传标语；做一份妇女群众需求调查问卷；为妇女群众办一件实事。截至年底，共出 60 期宣传栏；发 41 条简讯；悬挂 77 条标语；做 1130 份妇女群众需求调查问卷；为妇女群众办 483 件实事。利用鹭岛姐姐官方微博、短信平台等新媒体，向妇女干部传播先进理念及信息，弘扬妇女“四自”精神，传承中华美德，传递正能量。截至年底，共有 78 条微博被市妇联官方微博采纳，短信宣传 63 条。

【儿童思想道德教育】2013 年，区妇联与湖里街道妇工委联合举办“童心飞扬 · 共享蓝天”——庆“六一”文艺表演暨游园活动，300 多名辖区儿童（包括流动儿童）参加。江头街道妇工委、禾山街道妇工委举办“亲子阅读”“宝宝爬行比赛”。举办区中小学生“生活

“六一”儿童节关爱外来务工人员子女现场绘画比赛

即教育”夏令营、“我爱我家成长营”、两岸青少年夏令营及“梦想启航　走近厦门　看特区”夏令营活动。设立“社区儿童用品交流角”，开设安全防范知识讲座，培训书法、美术知识，开放社区图书馆、小精灵俱乐部、绿色网吧，组织参观特区展览馆、亚热带植物园。共计举办166场家庭教育讲座，向8050名妇女及其家庭成员提倡科学育子观、婚育观。

【巾帼创先争优活动】2013年，区妇联围绕“巾帼创新业·共缔美丽厦门·共建幸福湖里”主题，举办区“环卫女清扫工技能比赛”等巾帼技能竞赛。“三八”期间，金山社区获“省级巾帼文明标兵岗”荣誉称号，东荣社区等4个单位被评为“省级巾帼文明岗”。区教育局被评为省“三八”红旗集体，陈素珍被评为省“三八”红旗标兵，吴丽敏被评为省“三八”红旗手，林雪秋等5人被评为市“三八”红旗手，区财政审核所、兴华社区被评为市“三八”红旗集体。年底，陈素珍被评为全国“三八”红旗手。

【妇女创业就业培训】2013年，区妇联按照区委书记刘育生到妇联调研时的指示，与区人社局配合，共享资源，推进妇女就业培训，组织5名妇联干部参加市“创业指导师”培训，为进一步开展妇女“1+1”创业就业培训打下基础。开展一次性贫困妇女创业补助推荐工作，区妇联领导带头走访考察辖区13名贫困创业妇女的创业情况，受到上级妇联的肯定。帮助辖区妇女提高创业就业能力，实现创业梦，与市妇联联合举办区首期“妇女网店创业技能公益培训班”。截至年底，区各级妇联组织共举办妇女网店、插花、物流、美容、烹饪、家庭网上行等各类培训班33期，1336人参加培训，推荐就业353人。

【巾帼志愿服务】2013年，区妇联组织全区妇女和巾帼志愿者投入到环境卫生、交通秩序、食品卫生、文化市场整治和学雷锋绿化、美化湖里等新一轮创建活动中。组织妇联机关和600名区巾帼志愿者参加大型志愿服务活动4次，包括“洁家园”义务劳动1次、“绿化美化湖里植树活动”1次、“学雷锋巾帼志愿者入户宣传家庭美德活动”1次、“替你看望爸和妈关爱服务行动”1次。黄彩云、郑秋云、邵宇慧、钟阿美4名巾帼志愿者被评为市“优秀爱心妈妈”。响应上级妇联号召，组织辖区各级巾帼文明岗与农村妇代会签订协议，进行结对交流。承办市“新春送温暖·情暖来厦女员工”活动。

【服务妇女儿童】2013年，区妇联联合区民政等部门推进政府为单亲妈妈家庭购买社工服务援助项目。由2个试点社区扩大到18个试点社区，被列入中央财政资助的试点项目。创新开展关爱来厦探亲的留守儿童活动。在塘边、马垅、后坑、钟宅等流动人口较多的社区，为来厦探亲的留守儿童提供一系列亲情服务，举办一些内容丰富的夏令营。加强儿童活动阵地建设，在社区设立“儿童之家”，协调市妇联为辖区20家市级“示范儿童之家”各下拨3000元活动经费，添置文体活动用品。

【妇女儿童维权】2013年，区妇联推广妇女维权“三制”。金尚社区“美丽半边天”、金山社区“妇女信访代理，共建无讼金山”、禾欣社区“打造互助品牌，促进关爱奉献”等一批妇女“维权三制”案例，成为厦门市首批当选的省级优秀案例，受到上级妇联的肯定。在推进妇联干部担任人民陪审员，维护妇女儿童合法权益的同时，在全市妇联系统率先推荐10名妇联干部担任区检察院合适成年人，为维护未成年人合法权益作有益尝试，受到上级妇联领导的好评。开展“三八”维权月活动，制作“平安家庭”及妇女维权宣传栏板参与区“综治宣传月”、“六五”普法宣传、“文明服务超市”进社区等大型法制宣传活动，分发各种宣传材料35000份。做好妇联信访工作。领导接访，带案下访，耐心细致地为来访妇女排忧解难。特别是成功化解一起因办理灵活就业证不顺及家庭纠纷欲跳楼自杀的突发信访事件，维护机关正常工作秩序。截至年底，区各级妇联组织共受理来信来访312件。全国妇联、全国人大法工委来辖区调研反家庭暴力工作，区妇联及社区妇联汇报的反家庭暴力工作开展情况及“两所一社区”警民联调工作情况，受到调研组的肯定。

【亲情关爱辖区妇女儿童】2013年春节期间，区妇联走访慰问120名贫困妇女，送去6万元慰问金及价值万元慰问品；“六一”期间，走访慰问103名单亲、特困儿童及孤儿，送去3.09万元慰问金及一批书包。区妇联执委厦门天能电子有限公司总经理吴惠芳也为53名辖区结对贫困儿童送去节日慰问金。母亲节期间，走访慰问一批贫困母亲，举办“单亲妈妈不孤单，携手共渡母亲节”活动。发动各级妇女干部及巾帼文明岗为“母亲健康1+1”基金募捐，组织10个巾帼文明岗参加市现场募捐活动，募集资金近10万元，在全市名列第一，受到上级妇联的肯定。中秋、七夕期间，区妇联与希望社工服务中心联合举办“浓情中秋，欢度佳节，单亲妈妈”联谊活动、“心愿心语，今夜有你”七夕相亲活动，27名单亲妈妈及12名男士参加活动，其中5对达成交友意向。

【实施妇女儿童纲要】2013年，区妇联加强“两纲”宣传，印制、发放“两纲”宣传小册子，制作宣传栏版，举办游园宣传、咨询，开展两纲宣传。推进“两纲”监测实施。选派相关联络员、统计员参加省、市“两纲”监测统计培训，召开区妇儿工委全委会及各成员单位联络员、统计员工作会议，开展2011—2012年区两纲监测统计工作。

【妇女干部能力建设】2013年，区妇联开设湖里区“女性家庭社会大讲堂”。帮助妇女干部学习政治、经济、文化、社会管理、婚姻家庭等各方面的知识，完善知识结构，提高能力素质。组织区、街妇女干部参加市妇联系统信息工作培训。选派一批处、科级干部参加省妇联系统处级女领导培训班及区科级干部培训班。与区委组织部首次联合举办女干部培训班，有35名区处、科级女干部参加培训。举办区妇联系统干部读书班。结合妇女工作实际，为68名学员安排“如何当好妇联主席”“心理学在妇联工作中的运用”“基层妇女干部如何宣传身边妇女典型和妇女工作”“提高认识主动作为创新基层妇女工作”4门课，分别邀请市妇联副主席陈俊泳、知名心理专家李元榕、《中国妇女报》福建站站长吴军华、省妇干校讲师顾志峰为大家授课，受到学员们的欢迎。

6月9日，女性家庭社会大讲堂——百场家庭教育讲座进行中

【妇女联谊交流】2013年，区妇联举办“竞展巾帼健康风采·共建和谐幸福湖里”广播体操展示，有12支代表队参加展示；与区工会、区工业园区管委会联合在同安工业园区举办“幸福湖里，共享和谐”——湖里区外来女员工庆“三八”拔河比赛，有16支园区企业代表队参加；与区老体协联合举办湖里区第八届“巾帼杯”门球赛，有10支代表队参赛。开展女干部“三八”联谊活动，组队参加市女领导气排球比赛；组织女干部“漫步五缘湾，看美丽湖里”，感受特区发祥地的建设成就，提高妇联组织凝聚力。与区台办联合组织女台商“三八”联谊交流活动。组织辖区妇女干部和妇女代表参加第五届海峡论坛妇女分论坛开幕式，观看两岸书画摄影展。

【“妇女之家”建设】2013年，区妇联在辖区国资、两新组织新建4家“妇女之家”。钟宅社区等2个“妇女之家”被评为省级“示范妇女之家”。至年底，共有3个省级“示范妇女之家”、26个市级“示范妇女之家”。

（刘艺梅）

审　判

【概况】2013年，湖里区人民法院（简称“区法院”）在区委领导、区人大监督和上级法院的指导下，学习贯彻中共十八大、十八届三中全会和总书记习近平关于法治建设重要论述精神，围绕司法为民、公正司法主线，切实加强审判执行工作，狠抓队伍建设，开展审判综合改革，各项工作取得新进展。全年受理各类案件11771件，办结10940件，同比分别上升6.36%、1.76%，为维护辖区社会稳定和服务经济发展提供司法保障。

【刑事审判】2013年，区法院受理刑事案件957件，审结924件，同比分别上升13.52%、11.33%。严厉打击黑恶势力及侵害群众生命财产安全的犯罪，审结涉黑恶案件6件41人，“两抢一盗”案件249件354人，电信诈骗、非法传销等涉众型犯罪42件95人。遏制“酒驾”高发势头，审结危险驾驶案件275件275人。推进司法反腐，审结贪污、贿赂等职务犯罪10件11人。妥善审理新类型犯罪案件，审结全省首例编造虚假恐怖信息案，维护社会公共安全。依法审理侵害未成年人犯罪31件38人，保障未成年人的安全成长环境。贯彻宽严相济刑事政策，判处五年以上有期徒刑共123人，判处管制、拘役和免予刑事处罚238人。落实新刑事诉讼法的有关规定，在全市法院率先适用刑事案件和解程序，以刑事和解方式审结交通肇事、过失犯罪等案件89件，缓和被害人与被告人之间的对抗。

【民商事审判】2013年，区法院受理民商事案件7143件，审结6554件，结案标的额92130.91万元，其中以调解撤诉方式结案4320件，调解撤诉率65.91%。重视民生案件，审结劳动争议、婚姻家庭、医疗、侵权等民事案件2356件，调结“出租屋大火致双胞胎男童死亡”案等备受社会关注的案件。保障经济发展，妥善处置贸易、保险、金融、公司纠纷等与经济结构调整密切相关的案件660件。维护市场公平秩序，引导民间融资合法化、规范化，依法审结民间借贷1090件，结案标的额4438.17万元，妥善审理涉房产纠纷236件，结案标的额9682.65万元。平等保护境内外当事人的合法权益，依法审结涉港澳和涉外案件30件。加强新民事诉讼法适用，审结小额诉讼案件260件，严格审查虚假诉讼、滥用诉权等不诚信诉讼行为，倡导诚实信用原则。

【行政审判】2013年，区法院坚持监督与保护并重，受理行政诉讼案件14件，审结13件。增强服务大局意识，依法审理浦口返迁等涉重点项目征地拆迁的行政案件。发挥行政诉讼协调机制的“减压阀”作用，促使原告与行政机关达成和解而撤诉5件。严格非诉行政执行案件的司法审查，督促引导行政机关依法行政，执结涉及非法行医、违章搭建、超标排污、超生等非诉执行案件160件，同比上升49.53%，依法促进医疗、城市管理、环保、计生等社会事业健康发展。

【执行】2013年，区法院开展反规避执行，利用“点对点”网络执行查控系统，发出查询、冻结、解冻被执行人银行存款指令19143条，占全市法院发出指令总数的25%，冻结资金281.48万元，331件案件通过该查控系统扣划到执行款项372.52万元。加大对被执行人的制裁和惩戒力度，公布失信被执行人信息24条，向公安机关移送涉嫌拒不执行法院判决、裁定罪的“老赖”5人。深化执行内外合力，妥善化解鹭海龙公司搬迁执行案，确保完成圆山南路拆迁项目。加强对涉民生案件的执行，执结欠薪案件1057件，向987名工人发放执行款1019.79万元。全年共受理执行案件3486件，执结3281件，同比分别大幅上升31.05%、24.99%。

【诉调对接】2013年，区法院在全市法院率先成立诉调对接中心，承担司法确认、诉前调解、小额诉讼等工作职责，聘任6名常驻中心调解员和35名特邀调解员，探索实行立案预登记制度，从4月成立至年底，共诉前化解物业纠纷347件，确认人民调解协议11件，审结各类民商事案件1047件，占同期新收案件结案数的38.94%，其中调解撤诉838件，调解撤诉率达到80.04%。以诉调对接中心为依托与司法所、工商局、保险协会等构建矛盾化解对接平台，健全法院、行政机关、基层调解组织、行业协会的联调速调机制。

【创新便民举措】2013年，区法院改变以往片面追求结案率的做法，年底正常收案，保障当事人的诉权。开展“诉讼服务提升年”活动，完善诉讼服务中心功能设置和服务设施，修改诉讼服务指南，在立案大厅增设执行服务窗口、法规查阅处、休息阅览区、手机充电站等，建设独具特色的育婴室、调解室、便民小超市等。加强司法救济，为当事人减免缓诉讼费18.15万元，发放司法救助金16.5万元，方言服务团为30余名群众提供服务。向省高院申报并获批成立殿前人民法庭，方便院部东移后湖里、殿前两个街道群众诉讼。

【延伸审判职能】2013年，区法院创新参与社会治理方式，提高司法建议质量，就审判执行工作中发现的问题向有关部门、企事业单位发出司法建议6份，相关单位积极回应，采取措施完善管理堵塞漏洞。发挥司法信息的作用，被党委、上级法院采用司法信息210余条，其中反映“一人多户”的信息引起省公安厅领导重视并采取措施进行整改。落实未成年人权益保障，为父母没到庭的36名未成年被告人指定“合适成年人”。对未成年被告人开展审前社会调查74人次，封存未成年人犯罪记录54份，专人负责用于同未成年犯谈心、引导的“湖里凤凰花”QQ号管理，回访未成年缓刑犯11人次，帮助未成年犯悔过自新、重新回归社会。

【涉诉信访】2013年，区法院加强案件审判执行风险评估和信访风险评估，做好矛盾纠纷排查和预防工作。建立法官判后答疑制度，增强法律文书的说理和释明工作，从源头上减少初信初访。畅通信访渠道，通过院长定期接访、中层领导值日轮流接访及院庭长、法官带案下访、约期接谈，成功化解涉诉信访案件23件。提升多元化解能力，联合殿前街道综治办、司法所、社区、工会等部门，成功化解信访人陈某扬言自焚的执行信访案。

【审判综合改革】8月，区法院被确定为全省法院审判综合改革试点单位后，成立改革工作小组，围绕专业化审判、扁平化管理和精英化队伍建设等开展调研论证，出台《湖里区人民法院审判综合改革方案》。审判综合改革工作得到上级法院和区委的重视和支持，市中院、区委分别成立改革指导小组和改革领导小组，市中院院长、区委书记分别担任组长，为审判综合改革提供组织保障。在最高法院、省法院领导指导下，明确改革方向，厘清改革思路，完善改革方案。成立刑事、民事、商事、执行等12个符合专业化要求的办案团队，做好改革实施的各项准备工作。

【审判管理】2013年，区法院加强均衡结案工作，抓好审判流程管理、节点控制，启用审限分段预警，适时分流调剂案件，加强对长期未结和隐性超审限案件的督办，促进收结案动态平衡，存案工作量指数在全市法院最低。狠抓案件质量评查和审判监督，开展案件日常评查活动，对50件涉法涉诉信访案件进行重点评查，强化案件质量责任倒查追究，一审判决案件改判发回重审（错误）率、一审服判息诉率等反映审判质效的11个关键指标同比大幅趋优。

【司法公开】2013年，区法院出台《法官判后答疑实施意见》《裁判文书上网公开暂行规定》等，完善司法公开工作制度。建立湖里法院互联网站、官方微博，改造升级科技法庭，完善诉讼服务中心案件公开查询系统、庭审实时监控评查等应用系统，形成数据及时生成、资源共享互通的信息化管理模式。法官进社区、学校、企业等培训人民调解员450余人次；加强宣传增加司法公开透明度，全年发表在市级以上刊物的宣传稿件163篇，是全省唯一一家司法宣传工作连续三年受到最高法院通报表扬的基层法院。

【司法民主】2013年，区法院加强人大代表联络工作，建立中层以上干警定向联络人大代表制度，主动接受人大的监督。办理人大交办督办件16件，及时就无讼创建、司法调解等工作向人大报告，走访代表委员150余人次，向代表委员寄送《法槌之声》等专刊5440份。落实人民陪审员制度，人民陪审员参审案件1136件，陪审率99.04%，同比上升11.11%。举办“小记者看法院”、维军、妇女权益保护等主题法院开放日活动和“小法官夏令营”活动，邀请150余名社会各界人士零距离了解法院、感受司法。

【审判队伍建设】2013年，区法院加强党的方针政策的学习贯彻，强化政治思想教育，提高队伍的政治素质和理论水平。改进司法作风，严格贯彻落实中央“八项规定”，杜绝超标接待、警车私用等违规行为，开展审务督查专项工作，对窗口服务等36个项目进行全面检查，下发整改通知书25份。完善廉政风险防控，制作权力监督制约手册，被确定为区廉政风险防控示范单位。首创由法院统一支付回邮费用的办案监督卡，累计向当事人发放2400余份，加大当事人的监督力度。完善青年干警导师制，实行疑难案件导师会诊制度，定期发布参阅案例，加强庭审观摩，推动青年干警尽快从知识型向实践型、能力型法官转变。完善干警业绩考评，健全竞争性选拔机制，开展初任法官选任工作。是年，区法院涌现出“全国青年文明号”禾山法庭、“全国法院办案标兵”颜福成法官等先进典型。

（林姗）

检　察

【概况】2013年，湖里区人民检察院（简称区检察院）以中共十八大、十八届三中全会精神为统领，积极应对修改后刑事诉讼法和民事诉讼法对基层提出的新任务和挑战，全面履行各项检察职能，为建设民富区强和谐幸福的美丽湖里创造良好的发展环境。

【刑事检察】2013年，区检察院受理各类提请批准逮捕案件678件939人，经审查，批准逮捕629件867人；受理移送审查起诉案件1044件1433人，提起公诉945件1259人。全年起诉黑恶势力犯罪、绑架等严重暴力犯罪和“两抢一盗”等多发性侵财犯罪案件犯罪嫌疑人356人，其中包括朱振田纠集80余人聚众斗殴案以及林小东、唐万云等27人涉嫌组织、领导、参加黑社会性质组织案等具有较大社会影响的案件。审查起诉涉税、合同诈骗、非法经营等经济犯罪88人，涉案金额近8亿元人民币。批捕“黄、赌、毒”案件108件142人，其中，依法批捕涉嫌组织卖淫、协助组织卖淫的“瑞之泉足浴”“海之林足浴”两个涉黄团伙18人。依法对294名涉嫌危险驾驶罪的被告人提起公诉，在审查起诉黄成权涉嫌危险驾驶罪一案时，发现被告人身为博林学校校车驾驶员，醉酒后驾驶校车上路，严重威胁学生安全，及时向学校发出检察建议并督促其整改。

【查办和预防职务犯罪】2013年，区检察院受理贪污贿赂、渎职侵权等案件线索24条，立案侦查9件10人，大案率100%，依法介入5起安全生产责任事故调查。查办工程建设领域内职务犯罪案件8人，共追缴赃款122.4万元，追赃率超过95%。完成职务犯罪案件分析9件，开展预防调查4次，提供行贿犯罪档案查询服务358次；深入机关、企事业等单位开展法制讲座、法制宣传、法律咨询等各类警示教育活动51场，受教育人数17466人，其中发放《预防宣传教育材料》专刊12期共7200余份；与厦门火炬国税局、湖里国投公司、厦门天地公司等单位制定职务犯罪协作配合意见。根据修改后刑事诉讼法的规定，及时制定区检察院《办案安全督察情况表》，将修改后刑诉法对职务犯罪案件侦查工作的规定细化为15项督察内容。按照“全面、全程、全部”的要求实行讯问同步录音录像，落实“一案一预警”工作制度。

【控告申诉检察】2013年，区检察院接待群众来访108批次，受理各类信访45件，同比下降11.8%，检察长接访16批次。促成刑事和解6件6人。案管中心全年共审查业务部门报备案件118件，对7件案件进行执法风险预警评估。完善“12309”统一举报电话、网上密码举报、检察长网上信箱等平台建设，确立开门办公内紧外松的接访模式，建立信访预约机制，信访人能够自主选择口头、书面、电话或网络等方式反映问题，自主在全院范围内选择接待人员，自主选择约谈的时间和地点。

【法律监督】2013年，区检察院联合湖里法院、湖里公安分局和湖里区司法局，制定湖里区《强制医疗实施办法》，从明确程序期限、规范临时保护性约束措施等方面强化对相关部门执法活动的监督，明确当事人救济途径，从而保障刑事诉讼活动中可能患有精神病的被指控一方的合法权益。根据修改后刑诉法中专家证人出庭作证的相关规定，在被告人周某某交通肇事致1人死亡案中，申请具备专业交通知识的工程师专家出庭作证，证明本案事故具有同方向行驶尾随碰撞特征，从而印证被告人违规驾驶致追尾前车，应承担事故的全部责任，并获湖里法院判决支持。制定《湖里区人民检察院代理主诉检察官办案责任制实施细则（试行）》，明确规定代理主诉检察官的选任条件、权限和责任等，提高公诉办案效率。全年向侦查机关发出羁押必要性审查建议书2份，检察建议7份，口头纠正违法记录20份，《纠正违法通知书》2份；追诉漏罪4

12月30日，金山街道金安社区“民行检察，与民同行”普法宣传

件，追诉遗漏事实 10 项，改变定性 37 件 54 人。全年完成 1 件建议市院不提抗案件，协助控申部门办理 6 件申诉信访。同时，注重化解矛盾纠纷，依法维护人民法院的审判权威。

【未成年人检察】2013 年，区检察院受理审查起诉侵害未成年犯罪案件 54 件 85 人，受理审查起诉未成年人犯罪案件 48 件 76 人，依法对 5 名涉罪未成年人作出不起诉决定，其中附条件不起诉考验期满不起诉 3 名。联合法院、公安、司法制定《湖里区关于进一步建立完善律师援助等有关问题的规定》，加强未成年人法律援助建设，全年为 66 名未成年犯罪嫌疑人指定辩护，听取律师意见 124 人次。在办理未成年人刑事案件时，实行合适成年人参与制度，更好地维护未成年人合法权益。全年受理提请批准逮捕与移送审查起诉的未成年犯罪嫌疑人 145 人，通知合适成年人到场参与讯问 90 余人次。要求公安机关等相关单位落实对不捕、不诉未成年人的涉罪记录进行封存，全年对 33 名未成年人轻罪记录进行封存，对 4 名被不起诉未成年人的涉罪记录进行封存。

【社区矫正】2013 年，区检察院在上年制定《湖里区人民检察院社区矫正检察监督工作细则》的基础上，成立社区矫正检察监督领导小组。5 月，召开由公、检、法、司等部门组成的联席会议，明确将担负监外执行交付、管理、矫正社区服刑人员的人民法院、司法行政机关和公安机关的司法、执法活动，纳入社区矫正检察监督工作的范畴。进一步细化监督措施，实行动态监管，保障矫正对象合法权益。3 月初至 6 月底，联合开展社区矫正执法检查。同时，与心灵空间（厦门）咨询有限公司合作，成立"厦门市湖里区检察院心理工作合作机构"，为社区矫正对象提供心理辅导；依托本院检察官社区网格服务队，协调执行单位共同开展帮教工作。全区在册社区矫正人员 276 名，累计接收社区矫正人员 591 名，累计解除社区矫正人员 315 名，未出现脱管漏管现象。

【检察官社区网格服务】2013 年，区检察院制定《关于推进检察官社区网格服务工作的实施意见》《检察官社区网格服务队工作制度（试行）》等规范性文件，成立领导小组、服务总队及服务队，制定工作流程图，加强检察官社区网格服务制度化和规范化建设。在既往工作的基础上，将该项工作推向湖里、殿前、江头、禾山、金山等 5 个街道，实现全区 5 个街道 50 个社区全覆盖。将法制宣传、社区矫正、接受群众来访、化解社会矛盾等 8 项确定为网格服务队工作职责，优化人员配置。明确 5 名院领导每人联系一个街道，基本做到 2 名干警挂钩 1 至 2 个社区联系点。聘请包括人大代表、政协委员、社区"两委"在内的 18 名社区检察联络员，畅通检民沟通渠道。

【涉检舆情监控】2013 年，区检察院建立加强涉检舆情监控的四项机制。监测预警机制。由网络值班员每日通过浏览主流网站论坛、搜索工具等方式对涉及本院的信息进行重点监测，及时掌握舆情爆发点和事态发展。网上接访机制。常态化地开展检察长网上接访活动，全方位加强对来信、来访、来电等各渠道风险排查，确保第一时间启动应急机制，主动瓦解苗头和隐患。信息发布机制。以湖里区青少年维权网、"湖检人"微博为平台，主动发布湖检动态，及时回应湖检信息，增强基层检察机关与网民的良性互动。截至 12 月 25 日，湖里区青少年维权网点击率达 484 万人次，"湖检人"发布微博近 5500 条，拥有近 5000 位粉丝。责任追究机制。将应对网络舆情能力纳入绩效考核，推行首办负责制，明确侦监、公诉、自侦、控申等各阶段的责任及责任人，全面推行责任追究和倒查制度。

【检察队伍建设】2013 年，区检察院以建院 25 周年为契机，统筹开展党的群众路线教育实践活动及"两提升三过硬"建设（为深入开展党的群众路线教育实践活动和贯彻高检院工作部署，2013 年，省检察院决定开展以提升检察机关亲和力和执法公信力为目标，以建设政治、业务、作风过硬队伍为抓手的"两提升三过硬"建设）。进一步转变执法观念，改进执法作风，规范执法行为。从岗位需要出发开展教育培训，提高干警的岗位实战能力。3 名干警在 2013 年全市优秀公诉人比赛中获"优秀公诉人"称号，是全市唯一一个参赛干警全部获奖的基层院；1 名干警先后被省市检察院授予"侦查监督能手"称号，59 名干警受到各级表彰。全年有 12 名干警在市、区党政机关交流轮岗、挂职锻炼。在区委的支持下开展部分科级职位竞争性选拔工作，选拔 10 名科级干部。

（林虹）

公　安

【概况】湖里公安分局下辖江头、金山、禾山、湖里、殿前五个行政派出所和高崎、五通两个边防派出所，设有国保、经侦、刑侦、治安、禁毒、交警六个业务大队，机关设置监察室、政治处、办公室、指挥情报室、后勤保障处、法制队、人口管理科、信通科八个科（队）室（处）。2013 年，湖里公安分局（简称分局）着力创新突破、改革提升。以稳为先，强化各类矛盾纠纷化解和群体性事件稳控；以打开路，强化各类违法犯罪高压严打和治安大局掌控；夯实基础，强化流动人口动态管理和基础防控；突出重点，强化治安热点滚动排查和常态治理；服务民生，强化交通秩序规范和环境改善；开拓创新，强化科技手段支撑和"平安湖里"建设。分局先后被评为2013年度全省“缉枪治爆”专项行动成绩突出集体、全省公安调研工作成绩突出集体。禾山派出所被评为全省公安机关深化创新流动人口管理专项活动成绩突出集体，刑侦大队被评为全省公安刑事侦查工作成绩突出集体和全省集中打击整治网络违法犯罪专项行动成绩突出集体，经侦大队被评为全省公安机关“打假行动”成绩突出集体，禾山派出所、殿前派出所、治安大队立集体三等功。民警饶家德当选厦门市第五届“我最喜爱的十佳民警”，获“厦门市五一劳动奖章”，获评“2013年厦门年度十大影响力人物”“2013年感动厦门十大人物”，并荣立个人二等功；民警李俊获评“厦门市特区青年卫士标兵”称号。队伍中立个人二等功5名、三等功16名、省市级各类先进个人42名。

【治安防控】2013年，分局在全区部署开展治安防控竞赛活动，全力遏制总刑事类警情，重点围绕入室盗窃、“两抢”（抢夺、抢劫）、盗窃“三车”（汽车、摩托车与电动自行车）、网络与虚假信息诈骗四大类警情，按警务队、派出所两个序列开展竞赛活动。金山派出所在全区率先建立案件分级回访工作机制，分局召开现场会在全区推广，加强可防性案件回访工作。建立防控督导倒查机制，落实对涉及流动人口出租房屋管理专项工作、高发突出警情以及重大案件的即时督导和倒查。强化群防群治工作，建立一支859人的治安协警队伍，制定并落实协警队伍管理规范，统一全区协警队伍组织架构与服装标识，建立协警中队考核机制，全年全区刑事类报警数比上年下降9.48%。

【治安管理】2013年，分局围绕管理和服务两大职能，多措并举，推进机动车治安管理信息系统及配套便民龙卡、二代证读卡器建设应用工作。全区三类以上机动车修理企业系统安装率100%、畅通率99.80%以上，三类以上的机修企业二代证读卡器安装率100%。全年通过机修业系统录入送修车辆27.10万台次，采集信息47.30万余条，占全市50%以上，从中比对抓获网上逃犯10名，占全市的71.43%、全省的1/3。开展旅馆业专项整治行动，对辖区内旅客住宿信息登记上传、旅馆畅通率等情况进行常态化网上监测和巡查，狠抓旅客住宿信息录入上传工作。全年摸排各类留宿经营场所137家，旅馆业系统覆盖率100%、畅通率99.24%，查处违法违规留宿经营场所110家次，取缔无证小旅社48家，抓获网上逃犯20名。按照《娱乐场所管理条例》要求，在全区22家歌舞娱乐场所建立远程视频监控系统，加强视频巡查，严防各类案件事故发生。加强歌舞娱乐场所从业人员信息采集工作，全年采集娱乐场所流动人员信息3067份，制作娱乐场所从业人员工作标识卡（IC卡）3067张，落实刷卡上岗制度，娱乐场所从业人员登记率100%。结合“三访三评”（访问民情、访察民意、访排民忧和评议工作、评查问题、评选先进）深化“大走访”活动，深入辖区重点单位开展走访、检查，探索创新重点单位内保工作的新方法。针对性地组织开展对辖区重点单位的安全大检查，指导重点单位进一步强化内部治安保卫工作，全年组织开展重点单位内部安全大检查325家次，发现整改各类安全隐患47处。组织开展“护校安园”行动，督促校园配齐配强专兼职保卫力量。全区公办中小学53所，幼儿园106所，在校学生、幼儿9.3万人，其中1000人以上的学校配备专职保卫干部22人，中小学、幼儿园配备保安320名，配备率100%。公办中小学、幼儿园校内视频和周界安防系统配备率100%，民办中小学、幼儿园监控探头安装率100%，并实现与“110”的联网。加强对校园内及周边地区肇事肇祸精神病人及可能实施个人极端行为的重点人员的摸排管控，配合区教育部门开展各类涉校矛盾纠纷的排查调解，组织综治副校长、法制辅导员对校园内部安全隐患进行排查整改，排查发现安全隐患15处，均得到有效解决。严厉打击校园及周边侵害师生权益的违法犯罪案件，全年破获涉校涉生案件23件，查处涉校涉生治安案件14起。

【安全保卫】2013年，分局完成45场次大型活动安保任务。2月16日，第九届厦门元宵民俗文化节在湖里辖区举行，期间共有18项活动，分局出动警力650人次，对各活动场地进行现场安全督导。2月18—27日，全国第四届中小学生艺术展演活动在厦门举办。分局精心组织，周密部署，确保艺术展演活动期间的旅馆住宿安全。2月23日上午，2013年厦门市万名老年人新春健步行（湖里区分会场）活动在湖里五缘湾红十字文化广场举行，分局出动25警力人次担负现场安保任务。3月2日，“两岸宫庙信众祭拜”大型仪式在湖里区仙岳山半山土地庙举办，分局出动38人次安保力量，完成活动安保任务。6月7—8日进行年度高考，辖区共设有考场120个，2935名考生参加考试。其间，分局落实各项安全保卫措施，维护良好考场秩序，杜绝影响高考安全的案事件，实现“平安考试”。6月15—21日，第五届海峡论坛举行，湖里辖区安排12项配套活动。分局成立安全保卫领导小组，制订《安全保卫工作方案》及其他配套方案18个，出动警力3650人次，群防力量1630人次，完成安保任务。9月6—11日，第十七届投洽会和第九届旅博会举办，有7项配套活动、32趟警卫保障涉及湖里辖区，分局出动警力1365人次，维护辖区社会稳定，完成安全保卫任务。11月8日下午，第六届中国（厦门）国际游艇帆船展览会开幕式活动在五缘湾游艇港木栈道1号木栈平台广场举行。分局出动警力35人次，分局长曹卫国到现场协调指挥。

【打击刑事犯罪】2013年，全区共接110刑事报警14306起，立刑事案件

17111起，破获年内刑事案件5678起（其中年内现行命案发14起破14起），百警破案数1021起，刑拘各类犯罪嫌疑人1318人，提请批准逮捕878人，移送审查起诉1400人，打击处理各类犯罪团伙143个，刑侦综合绩效考评市局排名第二。其中，典型案例有“6·7”特大公交车纵火案、“6·3”聚众斗殴案、“8·8”制毒案、“10·6”抢劫出租车案、“10·24”特大炒黄金诈骗团伙案、“11·23”拐卖儿童案等。

【打击经济犯罪】2013年年初，分局根据公安部、省厅的统一部署，组织开展“打假专项行动”，加大对各类侵犯知识产权、制售伪劣商品犯罪的打击力度。行动期间，立案106起，破案103起，抓获犯罪嫌疑人93人，缴获假酒360瓶，假烟1540条，假冒名牌手表、箱包55件，各类假药500余盒，假冒伪劣品牌大米约100吨，假烟1540条，假饰品18件，盗版光碟7700张，假冒品牌篮球5494个，假冒白酒3000瓶、假冒品牌运动鞋32378双，查封真空塑封机、电子定量称、搅拌机、包装缝线机等一批生产工具，捣毁生产销售窝点10个，摧毁犯罪团伙5个，涉案值近1.5亿元。主动发起并收网集群4起，和外地公安机关共同发起并收网集群1起，参与外地集群收网30余起。10—12月，在全区组织开展制售假发票和虚开发票违法犯罪打击整治行动。其间，立涉税案件8起，破案8起，收缴假发票143789份，涉案金额约1.5亿元。分局适时组织“打击假币”专项行动，追缴假币224057元。

【流动人口管理】2—5月、7—9月，分局先后在全区部署开展流动人口专项整治活动。在抓好宣传教育、清查执法、信息采集、高危管控和创新管理等措施落实的同时，研发推广出租房屋智能指纹门禁系统，依托科技手段，实现准确、实时采集流动人口信息，提高出租房屋治安防控水平，服务打击破案。全年登记采集流动人口信息912228人，登记采集出租房屋信息29164户，其中通过社会化手段，即互联网、语音、短信采集流动人口入住离开信息230345条，社会化信息采集量居全市第一。全年办理流动人口迁入18925人，接受群众业务咨询23234人次，列管流动人口高危人员10228人，重性精神病人681人，监管对象98人，重点上访对象6人。

【自身建设】2013年，分局加大队伍教育管理力度，推动公安队伍建设。开展党的群众路线教育实践活动，延伸“大走访”“三访三评”等群众工作模式，总结开展爱民实践活动的经验和做法，拓展警民恳谈活动，提升群众安全感满意度。创新教育训练工作思路，推进教育训练工作的开展，全年组织初任培训、晋升培训和分局45周岁以下民警集中培训321人次，并按照“分级负责、形式多样、突出重点、注重实效”的原则，举办各警种的专业培训。

（杨晓东）

4月7日，副市长、公安局长王小洪参加殿前中埔社区警民恳谈会（刘海燕　摄）

道路交通管理

【概况】2013年，湖里公安分局加强道路交通违法行为整治，落实运输企业安全源头监管，推进道路交通隐患治理，延伸交通安全宣传活动辐射，破解停车难、“城中村”交通难等道路交通难题，做好重大工程、节假交通组织保障，统筹兼顾，提升辖区道路交通管理整体能力和安全水平。年内，全区共接处道路交通事故50140起，其中：立案939起，死亡25人，受伤974人，直接经济损失490.7511万元。同比上年，四项指数呈“三降一升”，交通事故立案总起数下降4.77%，死亡人数下降39.02%，受伤人数下降0.81%，直接经济损失上升29.12%，实现道路交通综合整治“三年行动”提出的道路交通事故死亡率下降20%的年度目标。

【道路交通违法行为整治】2013年，湖里公安分局以常态严管带动秩序规范，将道路交通安全大检查、综合整治百日行动、涉酒驾驶集中整治等各阶段31项专项行动整合开展，贯穿到勤务巡查、网格巡查工作当中，建立起日常巡查管理为主、专项突击整治为辅的科学管理整治模式，有效遏制各类严重交通违法行为。发挥湖里公安分局视频巡查系统的平台功能，实时跟踪分析交通状况，及时引导路面警力冲击整治，提升交通执法精确度。在此基础上，进一步采取侧重整治与综合治理并行开展的形式，每日保持投入一组夜间综合治理队伍、每周组织两天区域联动“小专打”、每旬定期展开“逢10”专项行动、每月适时加密2—4次统一行动，从不同时间维持递进式加密交通整治力度。重点突破摩托车非法上路、电动自行车违禁通行、运输车辆超载超限、酒后驾驶等高危违法行为。全年辖区共计查处各类交通违法行为51.68万起，查扣汽车1463辆，摩托车9358部，其中：查处酒后驾车1035起、醉酒驾驶339起，客车超员58起，各类车辆超员12826起，货车超载4257起，现场超速20%以上6069起；违法查处总量比升37.81%，酒后驾驶、醉酒驾驶查处量超过前两年总和，重点违法行为整治成效明显提升。

【运输企业源头监管】2013年，湖里公安分局对辖区运输企业实行分级分类管理，在全局管理上，实行“派出所日常监管→交警大队加密抽查→分局协调联管”三级管理制度；在属地管理上，实行“网格民警常态排查→警务队长不定期抽查→派出所分管所长随机督查”三级管理制度。同时，每月定期分解运输企业车辆逾期未报废、未年检、未年审、严重交通违法等相关违法信息，组织属地派出所跟踪回访。年内，累计抽查客货运、危化运输企业560家次，实地查验运输车辆900余辆次，抽查GPS平台车辆管理记录700余趟次，下发限期整改通知书70份；累计抄告超速3次以上违法及酒后驾驶等各类驾驶员994人次，发生道路交通事故致人死亡负同等以上责任驾驶员2名，交通违法记分满12分驾驶人9名；通报逾期未年检、未报废车辆5081部；分批约谈相关企业负责人、安全管理人和驾驶人1434人次；督促解聘严重违法驾驶人2名；配套建立运输企业例会座谈制度，落实每周“3小时”审验教育，先后举办企业座谈例会120场。

【道路交通隐患治理】2013年，湖里公安分局把道路交通隐患、设施纳入日常巡查的盯防重点，建立起道路交通隐患、设施排查汇报长效机制，综合比对每月交通事故发生规律，准确掌握辖区交通隐患、设施使用状况，深入剖析成因，主动跟进治理，争取市预防办、市改善办、市局交警支队等单位支持，重点改善社会广泛关注的长歌路与长治路口货车限行问题，有效消除长岸路石湖山堆场路口、成功大道枋钟路口、成功大道原禾山路口、翔安隧道仙岳路延伸段凤头社路口、兴湖路长岸路路口和成功大道嘉禾路下穿隧道等6处道路交通安全隐患，协调更新交通标线5.5万平方米、整改交通标志26处、完善信号灯组150组、校园周边交通标志189套（学校标志39套，幼儿园标志116套，禁停33套，减速慢行1套）、标线910平方米、减速带108米、隔离设施1030米、爆闪灯2套，反光镜1套，移动式信号灯1套。

【路面综合管理】2013年，湖里公安分局采取打通断头路、实行区域单向交通、渠化路面交通等方式，推进交通拥堵难题治理。先后改善禾山路蔬菜批发市场、殿前一号路、中埔批发市场、枋湖南路车管所、双十中学周边道路等5处节点路段交通，优化调节东渡路下穿隧道、枋钟路下穿隧道2处节点交通组织；针对成功大道枋湖北二路匝道区域、五缘湾高层楼宇区间道路、枋钟路北侧斯柯达4S店至埭辽路口段道路、江头新景天湖广场西侧道路、厦门市音乐学校周边、兴隆路长岸路路口至兴隆路路口、仙岳路口至江浦路口路段、火炬三路等15处区域交通组织问题，向市畅通办、交警支队提请协调治理，进一步理顺区域交通循环，带动全区交通整体顺畅。同时，协调国投公司、区城管办等单位，加强重点区域停车场（位）施划建设，在兴隆路、竹坑路、枋湖北二里、金湖社区、乌石浦路、新丰路等路段增设10个停车位。

【“城中村”交通难问题破解】2013年，湖里公安分局选择“城中村”最多的禾山街道作为试点区域，会同禾山街道、湖里公交公司征集社区民意，选择拟定线路，先期改造道路，完善交通设施，调整单向交通，设置路线站点。8月1日，开通全市首条社区公交“枋湖发展中心——安兜”431线路。缓解沿线“城中村”出行难，探索形成“街道主导、部门支持、公司运作、社区参与”的建设方法，为全市“城中村”区域公交网络建设提供可资借鉴的模式。

【交通事故快速调解机制】2013年，湖里区道路交通事故调处中心创设三项服务前移制度，挤压案件审理周期，减少次生调解矛盾。即：实行诉讼调解前移，让人民陪审员参与诉前调解，发挥陪审员亲民的身份优势，更好地开展当事人思想工作，有效消除赔偿协商的分歧点；实行司法鉴定程序前移，将原本在诉讼中的司法鉴定程序置于诉前，加快鉴定申请进度，减少诉讼环节，缩短案件审理流程；实行保险服务前移，利用保险公司在中心设立的服务窗口，让保险工作人员指导当事人收集理赔单据，帮助预算赔偿金额，有效打消当事人心理顾虑，推动调解工作顺利实施。年内，调处中心共受理各类交通事故纠纷案件2277起，总调结2211起，调结率97.101%，落实到位赔付款5771.47万元。

【道路交通安全宣传】2013年，湖里公安分局创新实施“三百”（百课讲、百场宣、百路播）系列宣传活动，打造每月宣传亮点，做到“月月有主题、周周有活动”。1月，举办“春运启动日”宣传活动。2月，开展“迎两节、送平安”专题活动。3月，开设“进城第一课”专场宣传。4月，开展“中国式过马路”劝教活动。5月，正式铺开“三百”系列宣传。6月，强化“夜进社区”宣访力度。7月，创新车友会亲子训练营互动活动和“少年交警队”

暑期活动。8月，举办党的群众路线教育实践暨警民恳谈宣传活动。9月，举办“开学第一课暨交通宣传大篷车入校游园”主题活动。10月，举办“关注交通安全，守护老人平安”宣传活动。11月，举办“道路交通综合整治”宣传月活动。12月，举办“122全国交通安全宣传”主题活动。年内，湖里公安分局共开展大型交通安全专题宣传活动12场次、配套子活动19场次，召开专场讲座175场次，宣传图版巡展241场次，交通安全宣传大篷车巡回宣传150场次，联合媒体宣传27次，制作下发各类主题宣传单40余万份、《生死一瞬间，你选哪一边》等主题宣传片10000余盘，通过区道安办制作发送13期累计近1.5万条交通安全动漫提醒彩信。

【交通信访】2013年，湖里公安分局围绕公安交通管理中心工作，狠抓热点难点问题，特别是重信重访问题的落实，以执法、服务规范化和社会管理创新，推动道路交通管理的社会矛盾纠纷化解。分局共受理交通类群众来电来信来访447件，已办结447件，总办结率100%。

【典型交通事故案例1】2013年9月11日18时57分许，湖里区枋湖南路碧湖嘉园路段。杜某驾驶闽DXDXXX小型普通客车，沿枋湖南路由北往南行至事故地点左转弯时，车头左前部与在人行道上由南往北推着滑轮车行走的行人刘某（5岁）发生碰撞后左前轮碾压，造成行人刘某受伤的交通事故。

【典型交通事故案例2】2013年12月9日10时10分许，在中埔水果批发市场门口，许某驾驶闽DXXXXX号小型普通客车，沿高崎北二路由北向南方行驶，至中埔水果批发市场门口左转弯时，与行人饶某某发生碰撞并碾压，造成饶某（2岁）受伤，经厦门中山医院湖里分院抢救无效，于当日死亡。当事人熊某某驾驶闽DXXXXX号小型普通客车左转弯进入中埔水果时，未让正常行走的饶某，其行为对发生事故起到根本的作用，承担事故的全部责任。

（王玉春）

消　防

【概况】2013年，湖里消防大队在区委区政府的领导下，以全面提升班子和队伍建设为重点，狠抓社会化消防工作和部队建设，部队建设持续稳定发展，较好地完成各项工作任务。全区火灾起数148起，死亡6人（不含人为纵火），受伤1人，直接财产损失5613618元，过火面积14622.0平方米，受灾户数119户，受灾人数91人。较上年火灾起数上升64%，伤亡数上升100%，直接财产损失上升50%。湖里消防大队被湖里区委区政府评为“2012年度安全生产先进单位”和文明单位；所属五缘湾中队肖林斌获得2013年度“厦门青年五四奖章”个人奖。

【城乡接合部火灾隐患整治】2013年，区委书记刘育生、区长张毅恭、副区长刘琦龙先后6次主持召开全区消防工作专题会议，及时批示消防工作要求。针对湖里辖区内城中村区域实际，先后出台《湖里区城乡结合部火灾隐患专项整治工作实施方案》《湖里区深入开展消防安全大排查大整治活动工作方案》等多个专项整治方案。

【消防监督执法】2013年，湖里消防大队办理建设工程消防设计审核项目76个，建设工程消防验收项目46个，消防设计备案抽查项目54个，竣工验收备案抽查项目68个，公众聚集场所投入使用、营业前的消防安全检查47份，处理各类消防安全隐患举报、投诉113起；检查各类单位1947家次，发现火灾隐患3474处，下发各类隐患改正通知书1151份，临时查封违法场所36家，下发行政处罚决定书141份，其中责令三停单位17家，处罚金额110.53万元；联合各街道、派出所清查私房出租屋8719栋，排查“九小”场所2585家，整改和消除火灾隐患不安全因素26534处。

【基层火灾防控建设】2013年，大队选派下属四个中队业务骨干作为全区33支社区志愿消防队的“战训指导员”，提请政府聘请40名兼职消防网格员下派5个街道，切实完善全区消防安全“网格化”管理制度。大队自行编印500份《湖里区公安派出所消防监督工作手册》“口袋书”下发辖区派出所，推行消防监督员挂点“指导制”，帮助派出所设立消防“网格警”，解决辖区派出所民警“想管不会管”的问题。

【部队实战水平提升】2013年，大队强化官兵体能、技能等基础科目训练，并划拨练兵专项奖励经费。年内，投入800多人次的警力完成辖区40余次安保任务，特别是在“6·7”BRT公交纵火案扑救过程和抗击台风“苏力”“西马仑”中，大队官兵表现英勇，赢得上级领导的赞扬。全年消防大队接警846起，出动消防车1445辆次，参战消防官兵达8646人次，抢救被困人员183人，疏散人员897人，抢救和保护财产价值4068万元。

【消防宣传创新方式】2013年，消防大队以城乡接合部为重点，创新宣传模式，编制近20万份消防逃生“攻略”、消防儿歌明信片、《致广大居民一封信》、消防扑克牌、消防标语购物袋等多种消防宣传材料，向辖区内近70万外来务工人员发放。同时，推动区政府斥资90万元购置LED大屏幕消防宣传车。

【“托举哥”肖林斌获“厦门青年五四奖章”】2013年，消防大队所属五缘湾中队下士肖林斌获共青团厦门市委、厦门市青联颁发的“厦门青年五四奖章”。2012年9月13日，肖林斌与战友在进

12 月 10 日，副区长刘琦龙（中）带队检查易燃易爆场所

行室外训练时，发现在营区外 50 米处的海里，一名妇女怀抱着一名仅 5 个月大的婴儿溺水，命悬一线。肖林斌和战友拿起救生绳和救生圈相继扑进海里，奋力游向母婴。靠近妇女身边后，肖林斌一把将孩子抱过来，为了不让孩子呛到海水，他一只手将孩子托举出水面。最终，在肖林斌和战友及其他救援人员的共同努力下，落水母婴被成功救上岸，获救母女都安然无恙。肖林斌和战友海中救母婴的事迹在中央、省市各大新闻媒体和微博、微信平台上广为流传，并很快在社会上引起强烈反响，肖林斌也被大家亲切地称为“消防托举哥”。2013 年，他入选中央电视台“最美消防员”候选人。

【“6·7”BRT 公交车火灾扑救】2013 年 6 月 7 日 18 时 20 分许，厦门市金山街道附近一辆 BRT 公交车在行驶过程中发生火灾。厦门市公安消防支队接警后，迅速调派 5 辆消防车、30 余名官兵赶往现场扑救，18 时 45 分将火扑灭，火灾造成 47 人死亡，36 人受伤。火灾发生后，湖里消防大队立即启动火灾事故调查应急预案，调集人员迅速开展调查工作。在案发仅 3 小时内就在现场勘验和调查询问工作方面取得突破性进展，并在第一时间将重要信息上报指挥部，为公安刑侦部门及时锁定犯罪嫌疑人并最终成功侦破该起案件提供第一手的资料。

【多部门联合检查易燃易爆场所】12 月 10 日，区政府副区长刘琦龙带领区安监局、区经贸局、区文体局、区消防大队等多部门组成的检查组，开展易燃易爆场所专项检查，推进冬春两季火灾防控工作。检查组一行先后深入厦门太古可口可乐饮料有限公司、厦门鸿佳地毯有限公司、厦门虹泰光学有限公司等易燃易爆场所开展专项检查。检查过程中，对每个生产、储存、使用危险物品的场所登记造册，且对场所内部的危险物品管理情况、电气设备情况、人员培训上岗情况、消防责任制落实情况、消防器材配备维护等方面进行全面细致检查。随后，刘琦龙一行对中国航油厦门分公司航油管线进行沿线检查，听取中国航油厦门分公司航油管线安全隐患情况的报告，实地了解管道运行情况，探讨整治意见。

【湖里大队开展消防宣传活动】11 月 8 日至 9 日，湖里大队围绕“认识火灾，学会逃生”的主题，深入街道、企业，开展活动，掀起“119”消防宣传活动高潮，现场参与活动的市民达 1100 人。湖里大队联合青年阳光酒店、厦门住宅集团、交警、医疗等部门开展“119”消防演练，实战掌握技能。在活动现场，大队组织多名分工不同的消防官兵、监督员在咨询台前，耐心解答前来咨询的群众，现场共有 230 多个问题得到解答。高殿社区志愿消防队的 7 辆消防摩托助阵现场，引来市民观摩体验，同时，消防官兵现场演示机动电锯、无

11 月 9 日，湖里大队开展街头消防宣传

先队辅导员”荣誉称号；杨丹（东渡小学）等4人获得厦门市“优秀少先队志愿辅导员”荣誉称号。5月，组织开展2013年区级先进班集体和先进个人的评选表彰活动，表彰区级四好少年51人、区级三好学生455人、优秀学生干部455人，区文明学生455人、区先进班级223个、“好儿童”397人、“优秀辅导员”185人、“优秀志愿辅导员”33人。

【教改成果受到肯定】9月14日，第六届湖里区“先学后教，反馈矫正”教改推进会在湖里区教师进修学校召开。会上，参与教改实验的各中小学都作汇报和经验分享，共同探讨湖里区教育改革之路。中国教师报的品牌栏目主任文艺肯定湖里区的教改工作，促进课堂教学改革，推动“先学后教，反馈矫正”教改工作开展。

【终身教育取得阶段性进展】9月27日下午，湖里区2013年“9·28”终身教育活动启动仪式在金尚社区举行。市教育局副局长任勇，湖里区委副书记、湖里区终身教育促进委员会主任黄炜，湖里区人民政府副区长、湖里区终身教育促进委员会副主任戴宗垒，以及湖里区终身教育促进委员会各成员单位的分管领导等出席此次启动仪式。在启动仪式上，市教育局副局长任勇就终身教育工作的意义及对湖里区终身教育工作的肯定发表讲话。殿前街道全民终身学习活动日以其鲜明的主题、丰富多彩的方式开展各类公用性活动。为市民举办“殿前梦想秀”免费教育培训活动。共开设4期公益培训班，16个培训项目。各社区围绕“活动日”主题，为市民举办各类“知识改变命运　学习温润人生”的专题讲座，以“知识就是力量”和“知识改变命运”的案例等，激发市民积极向上的生活热情，增强和树立终身学习的信念；举办社区教育和成人教育成果展示，让市民更多地了解和丰富社区生活。江头街道也开展特色鲜明、形式多样的终身教育活动44场次，获得辖区群众一致好评。5个街道广泛开展创学习型街道活动。各街道、社区的市民学校活动有组织、有计划、有活动。5个街道申报全国社区教育实验项目，有4个课题被列为全国社区教育实验项目，有9个课题被列为市级课题。《学习型湖里》宣传报应运而生。

10月，湖里中心小学“鹭帆交响管乐团”在北京获得四个奖项

【管鼓乐演奏获奖】10月11—14日，湖里中心小学、湖里区东渡第二小学代表湖里区参加由中国青少年发展服务中心主办，中国少年先锋队鼓乐团承办的“首届中国青少年优秀鼓管乐队展演活动——铿锵鼓乐行，相约中国梦”，湖里中心小学和东渡第二小学的演奏分别获得金奖和银奖。

【安厦民办学校分流】6月，湖里区安厦民办学校因办学场所租赁合同到期向区教育局提出停止办学的申请。区委、区政府多次召开专题会议研究停办后学生分流安置问题。区教育局采取挖潜扩容湖里区公民办学校学位的措施，妥善分流，确保安厦学校的668名学生都有学可上。7月5日上午，在家长代表、区监察局、区教育纪工委的监督下，经电脑公开随机派位，安厦学校的668名学生已经全部派位到10所公办小学和3所民办小学，整个分流派位过程公平公正公开。7月6日，安厦学校的学生到派位学校报到。

【扫盲工作有序开展】10月29日，湖里区扫盲工作会议在区政府729会议室召开，副区长戴宗垒、区教育局局长陈媛、副局长向延琼、各街道分管领导及文教干部参加此次会议。会议总结上年扫盲工作情况，部署湖里区2013年扫盲教育工作任务；各街道就扫盲工作展开讨论。区政府副区长、终身教育促进委员会副主任戴宗垒对扫盲工作作指示。年内，各公、民办中小学开展进城务工人员文化情况调查，各街道、社区也入户摸底文盲情况，组织3105人参加脱盲培训，经过测试脱盲2854人，脱盲率92%。

【少先队培训】11月15日，由湖里区少工委组织的全区少先队辅导员培训会在湖里区教师进修学校附属小学梯形会议室举行。中共湖里区委教育工委副书记向延琼、区教育局德育科科长李可可、厦门市队刊服务部负责人李郁荣以及区公民办各中小学大、中队辅导员等150余人参加此次培训会。区少工委邀请福建省少工委副主任、福建省少先队总辅导员邱孝感为辅导员作《怎样上好少先队活动课》专题讲座。

【城市诵读节暨湖里悦读季】11月17日晚，“美丽厦门·梦想中国”第五届厦门（湖里）城市诵读节暨湖里悦读季优秀节目展演在厦门广电中心千平演播厅上演。湖里实验小学、翔鹭小学和吕岭小学的学生们表演的节目，展示湖里区的人文面貌和文化实力。同时，湖里实验小学获颁湖里区全民读书点，现场为湖里区儿童故事大王比赛优秀选手颁奖。

【未成年人心理健康教育月启动】11月1日上午，在湖里区教育局指导下，由湖里区未成年人心理健康辅导站主办，天安小学承办的湖里区“2013年未成年人心理健康教育月”启动仪式，在天安小学校园拉开帷幕。湖里区文明办主任文国清、中共湖里区委教育工委副书记向延琼、湖里区招生办主任胡万友等莅临现场。启动仪式以一曲《幸福拍手歌》开场，全校师生跟随欢快的乐曲边唱边跳，现场气氛温馨而和谐。向延琼为启动仪式致辞：希望老师为孩子播撒阳光，希望孩子们能在充满阳光的校园中，享受快乐，享受幸福人生。

（卢欣欣）

湖里幼儿园

【概况】湖里幼儿园创办于1985年，是厦门经济特区发祥地湖里区的第一所公办全日制幼儿园，也是湖里区历史最久的幼儿园。2006年6月，湖里区委区政府对旧园舍进行翻建，2008年8月投入使用，由原来的9个班规模扩大到12个班。幼儿园占地面积3728平方米，建筑面积3381平方米。有宽阔的大草坪、塑胶跑道、大型运动器械区等户外活动场所；有沙盘游戏室、科学活动室、角色游戏室、阅读室、多功能室等功能区；班班配备多媒体、实物投影仪，教玩具配备齐全。开办以来，幼儿园以“撬动生命的支点，成就幸福的人生”为办园宗旨，以“爱生活、健身心、显活力、同成长”为园训，秉承“向日葵阳光精神”走出一条以健康教育为特色的道路。2013年，幼儿园成为“福建省示范性幼儿园”，被评为“厦门市保教工作先进幼儿园”。

【原色教研专业提升】2013年，湖里幼儿园学习践行“指南”精神，以健康教育为特色，围绕“分区混班户外体育活动”“心灵手巧小手肌肉公共区”“沙盘游戏特色课程的组织”等特色专题开展教研活动。3月，组织教师探索如何根据年龄段目标投放材料、探究材料的一物多玩、在混班中如何关注幼儿动作的发展等问题。9月，开展“教师自制体育玩具的制作评比”活动。教师们收集利用各种废旧材料，为孩子制作出琳琅满目、功能各异的体育器械，包含走、跑、跳、钻、爬、滚、拉、平衡、投掷等9个项目，共完成108个玩具，评选出优秀作品42件。10月，围绕数学小专题通过“数学概念的梳理”讲座，学习“指南”分析数学领域的特点。年段运用集体智慧进行备课及制作数学操作材料，并以骨干教师为引领组建研讨小组，帮助教师从观念到行为的转变。

【辐射带动示范引领】10月16日，贵阳骨干教师团一行120人到园考察，园长李丽真做“心智绘图在幼儿园中的作用”讲座；10月20日，湖里区民办园园长班到园参观考察。12月11日，进行湖里区幼儿园首届优秀教研展示暨“指南”基地园活动第三场展示。有120多位业务副园长和骨干教师参加。湖里幼儿园承担10多所民办幼儿园的手拉手工作，由副片长、党员骨干教师成立帮扶小组，采用示范引领、分层培训、实地研讨等方式开展研训活动，加强与民办园结对子，采取以“点”辐射“面”，结合“教学创新比赛暨教师教学技能大赛”，向片区民办园教师公开“片段教学”“案例分析”“现场教学”等赛场，以公办园领头，民办园跟培的形式，做到赛训合一。同时，以社区为依托，以“学习‘指南’、了解孩子”为主题，开展一系列学前教育宣传月活动，有0—3岁亲子课堂、家教讲座、早教咨询、亲子游戏、“指南”竞答等形式多样的早教活动。

【教育教学结硕果】1月，湖里区幼儿园被评为“厦门市保教工作先进幼儿园”。2月，被评为“福建省示范性幼儿园”称号。同月，被评为湖里区公民办幼儿园片区“湖里街道第一片区共建基地园”。5月，被评为湖里区“文明学校”。8月，被评为“湖里区2011—2013学年度幼儿园优秀教研组”。9月，被评为“湖里区第三届教育科研优秀成果评选优秀组织奖”。同月，老师李丽真被评为“厦门市优秀教师”。11月，李丽真撰写的论文《运用“心智绘图”支持幼儿的主题建构游戏》在《基础教育参考》CN刊物上发表；并在“2013年福建省幼儿园教育教学优秀论文”评选中获得二等奖。12月，参加“厦门市首届亲子绘本表演大赛”获二等奖；李丽真撰写的论文《“量身定制”的教师培养策略》在《基础教育参考》CN刊物上发表。同月，老师陈雅雅撰写的论文《创设主题互动墙饰，让小班幼儿与环境对话》，在“第三届福建省基础教育优秀论文评选”活动中获三等奖；老师丁春燕撰写的论文《中班幼儿分级阅读指导策略初探》，在“第三届福建省基础教育优秀论文评选”活动中获三等奖；老师钟悦璇撰写的论文《角色游戏中幼儿规则意识的培养粗略》在“第三届福建省基础教育优秀论文评选”活动中获三等奖。老师陈随撰写的论文《从正确面对输和赢谈中班良好适应能力的培养》在“第三届福建省基础教育优秀论文评选”活动中获三等奖；老师江瑾撰写的论文《幼儿积极心态培养的策略研究》在“第三届福建省基础教育优秀论文评选”活动中获优秀奖。老师刘茅绎撰写的论文《在主题环境主自主学习》在“第三届福建省基础教育优秀论文评选”活动中获优秀奖；老师李霏撰写的论文《创新方法，提升幼儿自主阅读能力》在“第三届福建省基础教育优秀论文评选”活动中获优秀奖。

（陈雅雅）

吕岭幼儿园

【概况】厦门市吕岭幼儿园于1998年8月开办，2007年设有1个总园及1个五通分园，2013年设18个班，有幼儿600多人，88名教职员工。是隶属湖里区教育局的全日制公办幼儿园，福建省级示范幼儿园，厦门市课改艺术专项基地园。该园以“自主、合作、快乐、发展”为园风，形成“以美育人、全面发展”的办园特色。

【以人为本促进教师发展】2013年，吕岭幼儿园在管理全程中发挥每个教工潜能，建立平等和谐的干群关系。该园支部根据人事变动，及时调整责任网络，在组织中注入新鲜“血液”，形成党支部领导，行政、工会、团支部齐抓共管的运行机制。该园重视教师成长，通过实施教职工绩效奖励金考评办法、骨干教师管理制度、青年教师培养制度、后备干部培养制度、高级教师聘任制度，更好地激发教师自我成长的愿望，创设良好的成长环境。开展“优秀教师”“管理奖”“指导奖”“优秀班主任”“明星班级”“明星年段”“绿叶奖”“提案奖”“工会积极分子”等评选活动。是年，园长林碧玲获得厦门市校园长“优秀管理奖”。

【加强思想建设提高师德实效】2013年，吕岭幼儿园分别以党、政、工、团牵头开展丰富的活动，师德演讲比赛活动，弘扬师德精神。两周一次的“夸夸我心目中好老师”的活动，让老师们了解到身边同事的闪光点，学习别人的长处。每个月针对老师或幼儿开展“道德讲堂活动”，活动简讯在教育局网站上发布。园长及学校中层干部走访幼儿园的困难教师及社区的困难群众，给困难教师困难群众送上问候和物资帮助。园长林碧玲率先做好学校领导访教工的活动，每个领导干部都做分工，对所有的教职工进行访谈，进家庭访谈35%，面谈约谈100%。

【开展课题研究促进成长】2013年，吕岭幼儿园继续以艺术为特色课程，开设多元智能课程、早期阅读课程、快乐集体舞等课程。“小雨滴梦幻剧场”“缤纷艺术节”展现幼儿的艺术精彩。同时，创新“小连环教学研究”园本教研和岗位练兵，切实有效地提高教师的业务素质。该园结合教学实际，建立活动工作机制，创新大练兵形式，丰富大练兵内容，努力在“创先、创新、创特色”上做出成效。3月，在省微课堂比赛中，获一等奖一名、二等奖一名，在区微课堂比赛中，一等奖获得者占全区的50%。7月，该园老师执教的《培养数学逻辑能力》参加全国幼儿园多元智能教学观摩交流研讨，获一等奖。该园教师代表湖里区参加市教学技能比赛获一等奖。两篇案例获全国优秀教育活动设计二等奖。美术活动《神奇的脸》参加福建省海西杯观摩活动，获得好评。11月，美术论文《学会欣赏，开启美的心灵》参加福建省中小学幼儿园美术优秀教育教学论文评选，获幼儿园组二等奖。老师的摄影书法作品参加湖里区比赛，获优秀奖，是湖里区幼儿园中唯一的获奖者。

【发挥示范辐射作用】2013年，吕岭幼儿园发挥省级示范幼儿园的示范辐射作用，做好江头街道第一片区和第二片区共18所民办园的共建工作，其中一级园7所、二级园3所、三级园及合格园8所。吕岭幼儿园利用总分园优质资源的指引，发挥市、区、园三级骨干教师的带帮作用。以区域环境为主要抓手、专项试点示范发展、加强三级园合格园常规视导等多种形式共建，起到“引领、帮扶、辐射、督促、桥梁”作用。1月，江头街道第二片区小金星幼儿园开展“湖里区一级民办园区域活动”现场观摩研讨，区教育局、进修校领导及各民办园园长、教师100余人参加活动。3月，总分园分别向江头街道第一、二片区各手拉手园开放半日常规观摩。10月，到江头幼儿园进行半日活动指导。11月，到部分民办园指导区域活动，同时片区中心园对片区开放区域观摩研讨活动，共50人左右参加此次开放。同时，区教育局组成考核小组对该园共建单位进行提升等级的实地考察，其中江头街道第一、二片区的金彩幼儿园、侨谊幼儿园、芳梅幼儿园都成功晋级。

【密切联系实现家园社区共育】2013年，吕岭幼儿园通过建立班级Q群、三项主题二进家庭、社区活动、家长开放日、家长学校、每周亲子约谈、每月亲子活动、亲子助教等形式与家长密切联系。主动向社区延伸，进入社区，探讨与社区合作共建教育平台的方式与途径。利用对外宣传栏，开设0—3岁保教专栏，与社区居委会合作，每学期举办形式多样的亲子活动，构建家长艺术团、幼儿艺术团。一年一次的缤纷艺术节，汇聚艺术课题研究成果，让孩子与家长同乐。

【幼儿参赛获奖】2013年，吕岭幼儿园的小朋友代表湖里区在市电视台举办的“读册歌”活动中获得二等奖。同时，也获得“经典诵读”先进校表彰。1月，多名幼儿参加“祥龙欢腾闹元宵”湖里区亲子花灯设计制作比赛分获一、二、三等奖。12月，在湖里区“学无涯”杯中小学幼儿园电子制作锦标赛中，吕岭幼儿园获幼儿百拼女子团体奖第三名。

（林珊）

康乐新村幼儿园

【概况】康乐新村幼儿园创建于1995年9月，是全日制公办幼儿园、福建省示范性幼儿园。占地面积2700平方米，2013年设有9个班，在园幼儿330人，教职工49人。是年，被评为“湖里区指南基地园”“湖里区先进教研组”“湖里区教育系统先进工会组织”“湖里区先进关工委”等。

【校园节日精彩纷呈】3月，康乐新村幼儿园开展第四届“奇思巧手节”。其间，以“玩转创意，环保有爱！”为主题，师生一起运用各种废旧材料，制作多种多样的DIY小物。从纸盒，纸碗到袋子、管子。5月，第四届“奇思妙语节”围绕“颂中国经典，赏妙语童声”的主题，开展一系列的传诵经典活动，如：晨间阅读、亲子诵经典、好书漂流记、共赏心得沙龙等；闭幕庆祝活动，每班均表演以经典诵读为主题的节目及各种丰富多彩的亲子游园活动。11月，第五届“奇思智勇运动节”期间，幼儿园组织开展丰富多彩的健体健心活动：有各年龄段小朋友充满趣味的“智勇运动会”，有动感、激昂的幼儿早操秀活动，有师生用废旧材料自制体育器械的做做玩玩活动，还有“每天二十分，全家总动员”的亲子健身活动等。12月，第十四届“奇思科技节”围绕“种植快乐，浇灌幸福”的主题，进行一系列“蔬菜”的种植乐、探索乐、学习乐的活动。有园内的“小菜园”种植体验和小实验活动，有外出参观蔬菜基地的拓展活动，有亲子种植的“豆豆生长记”观察活动。

【岗位练兵 提升素养】2013年，康乐新村幼儿园抓好青年教师“七个一”岗位技能训练，在展示评比中提高教师综合素质。每个月要求青年教师做到“七个一”：自弹自唱一个调的幼儿歌曲、自编自蹈一个儿童舞蹈、制作一件教玩具、进行两次片段教学、上一堂年段级别以上的公开课、写一篇教学反思、开展阅读一本教育杂志等活动。年段每月进行一次检查评定，行政定期组织小组式的展示交流，学期末有结合工会活动进行园级弹唱跳的技能展示，有指导教师对岗位练兵成果的全面审核评定。设立岗位练兵奖项评比，评出数名综合奖和单项奖。张小恋、徐燕燕老师分获“湖里区创新赛暨教学技能大赛”二等奖、三等奖；5月，陈雅琍、林宏老师被随机抽选参加区级基本功考核，获第二名；数十名教师参加“湖里区第一届健美操比赛”获第六名；6月，何素玲、林志珍老师获“福建省幼儿园优秀自制玩具展评”二等奖。

奇思智勇节　（林润润 摄）

奇思妙语节　（洪鹭梅 摄）

奇思巧手节　（李毓红 摄）

奇思科技节　（肖丽萍 摄）

【落实指南 扎实开展】6月，康乐新村幼儿园面向全区开展指南基地园活动暨幼小衔接研讨会。活动中，大段段长李小珑老师执教的数学活动“号数小人”，展示科学领域中的幼小衔接。随后，李小珑老师又围绕幼儿园、小幼联动、家园互动几个触点，介绍幼儿园在幼小衔接中的具体做法。12月，幼儿园参与优秀教研展示暨指南基地园活动。围绕“磁铁”材料进行小组研讨，观摩张小恋老师执教的中班科学活动“有趣的磁铁”，并进行现场研讨。幼教专家蔡蔚雯、黄淑真肯定此次活动真实有效，深刻透彻。

【片区辐射 带头引领】7月，康乐新村幼儿园开展片区暑期夏令营活动，以培训讲座、现场观摩活动、现场教玩具制作等形式，激励片区民办园进一步学习指南，落实指南。9月，省记者到该园采访手拉手片区工作，会上园长沈玲介绍幼儿园的手拉手开展情况，手拉手代表园嘉裕幼儿园园长做题为《热心帮扶促进步，携手并进共成长》的汇报，得到记者及区主管部门的好评。11月，幼儿园对片区手拉手姐妹园开展开放半日活动，进行区域活动组织和环境创设观摩，姐妹园教师学习、拍照、记录、互动。该园骨干教师到每个民办园，进一步指导区域活动、一日常规等。

【幼儿获奖】11月，康乐新村幼儿园罗奕宸、童婳分获湖里区“美丽厦门梦想中国”故事大王比赛第一名、第二名；

同月编排的亲子节目《最奇妙的蛋》获市“亲子绘本故事表演大赛”三等奖；17个家庭参加“湖里区亲子自制元宵花灯比赛”，分别获二等奖4名，三等奖6名，优秀奖7名。

（沈玲）

秀德幼儿园

【概况】厦门市秀德幼儿园创办于1988年，原系香港同胞黄怡文遵照其夫人吴秀德的遗愿捐资兴建的厦门首家私立幼儿园。1999年，黄怡文将幼儿园捐赠给厦门市教委作为直属公办园续办。2010年9月，迁至高林保障房小区内重新续办，隶属于湖里区教育局。园区占地面积4700平方米，总建筑面积4332平方米，户外面积1684平方米。2013年，设有12个教学班，在园幼儿人数438名，教职工人数52人，其中市、区各级骨干教师3人。该园以“秀形于外，德馨于内”为办园理念，先后获得福建省先进幼儿园、厦门市创优环境一等奖、福建省示范幼儿园、湖里区文明学校、厦门市保教先进幼儿园、湖里区优秀教研组等荣誉称号。

【分层师资培养】2013年，秀德幼儿该园针对新教师多的特点，提出“分层级的要求、全方位的师训、手把手的鹰架、多通道的沟通”的教师培养策略，将不同教龄、专长的教师分为新教师、老教师、骨干教师三层级进行不同形式的教研、业务培训及岗位练兵。3月18日，面向片区同行组织互动式教研观摩活动——“小绘本、大世界”；3—4月，全体在编教师参加2013年福建教师心理健康远程在线培训；5月3日，组织十名教师参加林菁教授解读“指南”培训活动；10月11—12日，组织骨干教师参加市级“指南”师资培训活动；12月13日，面向全区举行优秀教研组暨“指南”基地园展示活动。是年，该园获湖里区2011—2013学年度幼儿园优秀教研组；陈冉冉老师获湖里区2011—2013学年度幼儿园先进教研个人。

【丰富校园文化】1月25日，秀德幼儿园举行第二届“表演节”；4月15日，举行第二届“读书节”；6月6日，举行第二届“运动节”；11月7日，举行第三届“故事节”，通过调动幼儿们在视、听、演、动、说等多种感官，彰显特色课题研究之路。是年，园长吴志青撰写的论文《让幼儿在阅读中成长》收录在《厦门市早期阅读课题研究经验文集》中。此外，该园还设置每周一节的选择性课程，开设美术类、音体类、语言类课程，由幼儿自主选择参加，开发幼儿的多元智能。

秀德幼儿园亲子童话剧《大熊抱抱》　　（吴艳萍 摄）

【发挥示范作用】3月18日，秀德幼儿园组织金山片区园本教研展示观摩活动；4月10日，上海等三地数百名教师进园参观交流；6月，台湾幼教界同行到该园并赠送象征友好的锦旗。年内，多次组织骨干教师到民办园开展观摩活动、共同教研、指导环境创设、指导区域玩具制作。园长吴志青与老师刘亚岚获湖里区2012年度公民办幼儿园片区共建先进个人，老师纪秀红的论文《民办园区域活动观察与指导》在湖里区公、民办园共建论文评选中获三等奖；片区内多所共建民办园获得民办园保教常规示范奖以及民办园保教常规进步奖。

【幼儿参赛获奖】1月，在“学无涯”杯湖里区青少年儿童动手电子制作锦标赛中，秀德幼儿园黄宇晨获得男子百拼组第五名、安雨萱获得女子创新电路组一等奖、集体获幼儿组百拼女子团体四等奖；2月，冯灏予和家长制作的花灯获湖里区花灯制作比赛一等奖；11月，童话剧《植物大战僵尸》获2013年厦门市幼儿亲子绘本故事表演大赛三等奖。

（黄蓝青）

湖里中心小学

【概况】厦门市湖里中心小学的前身为私立益群小学，创办于1946年6月，三易其名，1988年更名为厦门市湖里中心小学。学校坐落于湖里南山脚下，办学规模24个教学班。学校占地面积9666.38平方米，绿化面积4107多平方米，绿化率46.6%，建筑面积6934平方米。2013年，有学生1170人。在编教师56人，平均年龄36岁，高级教师3人，一级教师38人，二级教师15人。市级以上骨干教师12人。

【推进教研教改】2013年，湖里中心小学继续国家级课题“基于信息技术环境的有效学习研究”。在该课题的研究框架下，申请区级子课题《信息技术在“先学后教，反馈矫正”数学教学中运用的研究》，已结题。同时，结合区级课题“先学后教，反馈矫正”的课改实验，以信息技术为切入点开展课改实验推动该课题研究。聘请厦门一中老师庄严、集美大学老师林涛等对全体参与课题教改的老师进行信息技术技能培训。同时邀请进修校教改实验专家老师、学科教研员到校听课，进行一对一指导，提出许多意见。5月17日，举办湖里区第六届“先学后教，反馈矫正”全学科教改汇报会（湖里中心小学专场）活动，共有16位老师面向全区开设16节公开课，邀请省、市、区有关教改实验专家、学科教研员到校听课指导。其中，以信息化学习为切入点开设语文“威尼斯的小艇”、数学“三角形的三边关系”两节课，创新的教学模式获得好评。11月8日，该校“基于信息技术环境下有效学习研究课题”中期汇报会举行。市教育事务受理中心主任陈泽龙、李陈陵，区教育局熊新龙，集美大学专家组李彦敏、林涛听取课题汇报，对课题研究过程中存在的问题逐一进行点评，并提出建议。9月，《福建基础教育研究》作题为《让每一位学生成为最好的自己》——有感于厦门市湖里中心小学的办学理念专题报道。9月24日，在区进修校的安排下，学校承办区2013年入伍小学新教师班队观摩暨培训活动，林惠容和连颖两位班主任按照低、高年段的特点，分别上一节班会课和中队课。11月28日“感恩节”，新加坡客人到校参访，老师周素尾为客人展示一节“与爱同行”的感恩节主题班会课。

【校园活动精彩纷呈】4月11—12日，湖里中心小学举办“体育节”活动暨第24届校运动会。5月，举办第四届读“经典美文，共筑中国梦”校园“读书节”暨第二届文明小博客活动。11月4—29日，举行“科技节”活动，围绕“科技创新，低碳环保”主题，开展科幻画、科技小制作、科技征文、纸飞机比赛等，有95人在本届科技节中获奖，其中科技小制作琳琅满目，创意十足。21日，福建教育杂志社《海峡儿童·读写》杂志副主编高旻到学校，为五年级的学生们献上一堂写作讲座。12月，学校开展为期1个月的校园“艺术节”活动，主题为“红领巾心系中国梦”。共设音乐、美术、书法、微拍4个专场。有913名学生、20多位家长参加文艺汇演，250多人次获奖。27日，学校搭台举办艺术节闭幕式暨庆元旦文艺汇演。区部分政协委员观看该场汇演，获得来宾、家长的一致好评。除此之外，学校每月开展“道德讲堂”，弘扬传统美德，全年共开展8次。同时，开展“我与中国梦”主题系列活动。活动内容有：开展“寻找美丽厦门”秋游实践活动；参加“梦想中国，美丽厦门”故事演讲比赛，学生黄陈佳获“最佳创意奖”；开展庆建队节64周年暨第二届“生活小达人”活动；参加区“爱中华、爱经典”诵读大赛，老师叶雪莲指导的《少年中国说》获二等奖；举行“我的中国梦”主题征文比赛，其中在关工委读本《复兴中华，从我做起》读书征文区级评选活动中，学校有2人获一等奖、1人获二等奖、10人获三等奖。

【鹭帆管乐队演出交流】5月，湖里中心小学校管乐队参加湖里区第十八届“青苗奖”文艺汇演暨厦门市第十二届“鹭岛花朵”湖里专场比赛。10月，学校“鹭帆管乐队”前往北京鸟巢参加首届全国少年鼓管乐队展示交流活动，演奏《喜悦组曲》《茉莉花》，获金奖、最佳演奏奖、最佳创意奖、优秀组织奖4个奖项，赢得评委的高度评价。同月，应厦门市爱乐乐团邀请，先后在厦门爱乐音乐厅和建发国际音乐厅参加“大爱乐牵手小爱乐”专场演出，受到领导和来宾的好评。11月，应湖里海天社区邀请，到湖里公园参加“科技进社区”活动启动仪式的演出。

【构建德育网络】2013年，湖里中心小学配合开展“我身边的好老师”评选活动，每月有一名教师的先进事迹报送到区进行推广。配合开展教师师德问卷调查，通过10月的区行风评议检查。每月定期召开一次年段长、班主任工作例会，及时对每月的工作进行归纳总结，同时对即将开展的德育工作进行研讨、梳理，增进班主任之间的交流。继续实行家访日活动。9月和10月，组织班主任、任课教师走访学生家庭，与家长面谈。两位校领导与德育室走访特殊生。11月6日，邀请厦门实验小学原校长尤颖超给家长做《让家庭成为孩子健康成长的第一所学校》专题讲座。前后共有200多名家长志愿者参与学校交通安全导护，还将导护中发现的交通问题及时总结，并制做一份《湖里中心小学交通安全》宣传漫画手册。《海峡导报》做“爱心家长”专门报道。

【教育教学硕果累累】2月，湖里中心小学董巧芬、张超、连颖、吴旭辉、许秋菊、柯丽群、陈丽萍、李恒绿、陈专美、李土生、郑中慧、王向荣、许莹珊、李小艳、林惠容、许昱钒、陈美婉、许秋菊凭借课程视频、多媒体课件、教学设计在福建省中小学教师优质课程资源评比中获特等奖1个，一等奖6个，二等奖8个，三等奖10个，优秀奖20个，学校获优秀组织奖；国家级课题“基于信息技术环境下有效学习研究”课题组张超被评为厦门市教育信息化先进工作者；李恒绿、吴旭辉分别在全国第四届中小学生艺术展演厦门市艺术教育科研论文评比中获一、二等奖；陈惠吾、蔡文琴、王向荣、陈美婉、林雪艳、吴旭辉、陈甜茜、陈专美、倪淑琼参加湖里区基础教育课堂教学技能比赛分获二等奖3个，三等奖7个。3月，柯利群的课例《She' swriting a letter》参加厦门市第一届市中小学幼儿园中职学校教师微课堂评选活动获一等奖；肖彩虹、叶雪莲、周素尾、陈丽萍获湖里区优秀辅导员称号。4月，林惠容、陈美婉凭借论文分别获得市教科院论文评选一、二等奖。5月，黄志林在湖里区小学青年教师课堂教学评优活动中获三等奖；周素尾获湖里区第二届“十佳班主任”称号。6月，陈惠吾、陈专美、李小艳、郑中慧、王向荣、陈丽萍、叶永新、陈甜茜、林枚菊、徐慧晖、许秋菊、陈雅华、张超在第三届福建省基础教育优秀论文评选活动中分别获得二等奖5个，三等奖3个，优秀奖5个。9月，李小艳在厦门市第十九届运动会游泳类比赛中获得一等奖1个，二、三等奖各1个。10月，陈专美、黄丹灵、王向荣、林雪艳在湖里区小学“先学后教，反馈矫正”教改实验论文案例评选中分别获得二等奖3个，三等奖1个。11月，李恒绿凭借论文《动物保护课程中的善良教育》获市教育协会一等奖；12月陈雅华、李小艳、叶永新、李恒绿、吴旭辉、许莹珊、连颖、林惠容、杨玉婵、柯莉群、陈甜茜在2013年湖里区小学教学创新比赛暨教师技能大赛中分别获一等奖1个，二等奖2个，三等奖8个。

【学生竞赛获奖】2013年，湖里中心小学舞蹈《不要剩下“我”》参加厦门市第十九届鹭岛花朵文艺汇演获表演金奖、创作金奖。10月，鹭帆管乐团参加在北京鸟巢举行的首届“中国青少年鼓管乐展演活动”，荣获金奖、最佳演奏奖、最佳创作奖、优秀组织奖等四项大奖。5—10月，学校游泳队参加福建省“洲克杯”少儿游泳比赛、福建省青少年锦标游泳赛、福建省体育传统游泳锦标赛、全国少儿游泳锦标赛、厦门十九届运动会游泳比赛等赛事，共获国家级比赛第一名3人次、第二名1人次、第三名1人次、第四名2人次；省级比赛第一名12人次、第二名9人次、第三名8人次；市级比赛第一名2人次、第二名3人次、第三名5人次。2013年厦门市运动会，该校乒乓球社团的朱柏靖、张仕泽、邓宇乐、叶婷、权嘉琪、杨悦等同学为湖里区获得儿童乒乓球乙组的团体单打四枚金牌，朱柏靖和权嘉琪在省赛中又获得单打第二名和第三名。已升初中并继续在校乒乓球队训练的学生李永胤获得“开拓杯”全国少年乒乓球赛双打冠军和团体第二名，并于6月和12月两次入选国家队集训。年底，校乒乓球队队员应邀参加金门的美珍香杯乒乓球比赛，获得小学高年级组团体第一名和单打亚军。学生田径队取得湖里区中小学生田径运动会团体总分第五名，男女甲组总分第二名，个人单项18人次获奖。足球队参加厦门市校园足球赛和厦门市足球锦标赛，分别获得二等奖、三等奖。湖里区第19届少儿现场绘画比赛中，谢芷晴、牛爱林、陈怡冰、龚品文四位同学分别获得一、二、三等奖和优秀奖，第四届“海西杯”全国青少年主题书画大赛中，谢芷晴、林语桐分别获绘画一等奖和最佳创意奖。丁楠、张宸宇、姚涵宇、周瑞婧、邓文熙、王廷钰、刘双豪、郑薇、翁佳怡等同学参加第五届“海西”杯暨第十五届“海峡冰心”杯“学习雷锋　争当先锋”全国青少年写作大赛分别获各年级组一、二、三等奖若干。陈正凌获市故事大王比赛三等奖。翁佳怡获厦门市三好生荣誉称号；叶亦睿获厦门市优秀班干部荣誉称号。

（连颖）

江头第三小学

【概况】江头第三小学创办于1995年，学校占地面积13068平方米，校舍面积7320平方米，绿化用地5313平方米。2013年，学校有30个班级，学生1460人，教职工73人，其中，高级教师2人，一级教师34人，大专及以上学历72人，学历达标率100%，省、市、区级学科带头人、骨干教师13人。

【教研教改扎实有效】2013年，江头三小继续以“先学后教，反馈矫正”教改实验作为学校教育教学工作的重点。11月19日，举行教改实验结题活动，湖里区教师进修学校书记张清高、教研员朱淑秀和杨秋华肯定该校教改研究的实效，并给予“良好”的评价。9月，由刘娇梅、施慧敏主持的区级课题《小组合作学习的研究》获湖里区第三届教育科研优秀成果一等奖。10月28日，在福建省同课异构网络教研直播活动中，刘娇梅执教的“老人与海鸥”一课得到专家和同行的赞赏。11月28日，张云春在厦门市课堂教学创新展示活动中采用“先学后教，反馈矫正”教改模式执教“百分数的意义和写法”一课受好评。与江头中心小学、湖里二实小、乌石埔小学等8所兄弟学校开展片区教研活动，组织片区课堂教学改革创新和岗位练兵活动的现场教学设计和片段教学比赛，有97位教师参加此次比赛。加强教研组、备课组的建设，在语文、科学、音乐三个教研组被评为区优秀教研组的基础上，年内，数学和体育教研组又被评为区优秀教研组，并于11月8日和11月15日开展展示活动，180多位教师参加活动。深化岗位练兵活动。邀请海沧区延奎小学校长、特级教师易增加进行专题讲座，组织教师350人次参加区级以上各类培训活动。加强青年教师的培养力度，青年教师在区级以上的教师下水文、文本解读、解题能力等比赛中获奖的有46人次。7月，阙锦添在福建省教育学会小学数学教育分会年会上执教“认识平行”一课获一等奖。9月，谢璐瑛在全国“创新杯”比赛中执教“长方形和正方形的周长”获得特等奖，5个课题入选湖里区2013年课题。10月，谢璐瑛在全国“相约名师，聚焦课堂”活动中执教“长方形和正方形的周长”一课深受好评。11月12日，青海教育考察团到校参观考察。12 月，林婉红的课题“小学数学文化培养的研究与实践”举行开题仪式，四川彭州利安小学教育考察团到校参观学习。该校教师在《教育实践与研究》《福建基础教育研究》《福建教育》等 CN 刊物上发表论文 17 篇，论文在区级以上获奖的有 24 篇。

【德育活动丰富多彩】2013 年，江头三小每周教师例会上的教师阳光例话，由 2 位教师交流读书心得和对学校教育教学提出建设性的意见和建议。与全校教职工签订《厦门市江头第三小学教职工师德承诺书》，围绕“今天怎么当好教师”的主题，在全体教师中开展“新形势下如何当一个人民满意的教师”的大讨论。6 月，开展“花开有声　爱过留痕”班主任工作经验交流会。12 月 4 日、11 日，举行两期主题为“我与家长有效沟通例谈”的班主任沙龙活动。是年，学校召开家长会 2 次、家委代表座谈会 1 次，加强家校联系。全体教师有计划有步骤地对学生的家庭进行普访，对特困生、学困生、外来务工家庭和单亲家庭等 7 种对象进行重点走访。继续开展“六五”普法活动，宣传与师生关系密切的法律知识。紧抓学生的文明行为习惯养成教育，细化《小学生守则》《小学生日常行为规范》，制定《江头三小学生在校一日常规》。3 月，开展学雷锋弘扬福建精神的活动，评选“身边的小雷锋”。4 月，利用信息技术课，由信息老师指导 3—6 年段的学生进行“网上祭英烈”寄语的活动。5 月，开展“文明餐桌　从我做起”主题教育。是年，举行 2 次校园防火宣传暨“11·9”应急演练活动，举办 6 期校园道德讲堂。

【师生竞赛获奖】1 月，在厦门市“红领巾心向党”少先队入队仪式活动案例评比中，江头三小孙虹、蔡夏冰老师获金奖。2 月，在福建省教学设计比赛中，阙锦添老师的教学设计《平行四边形的面积》《认识圆》分别获二、三等奖。3 月，在厦门市基础教育课堂教学改革创新大赛、教师教学技能大赛湖里区选拔赛中。陈炎莲、谢璐瑛获一等奖，易艺萍、黄建科老师获三等奖。5 月，林鸿源老师在湖里区小学青年教师课堂教学系列评优活动中获三等奖，许金花老师在小学科学教师实验操作比赛中获二等奖，高秋香老师在湖里区语文教师下水文比赛中获三等奖。11 月，在厦门市微课堂评比中，谢璐瑛、陈妍博老师获二、三等奖。12 月，在厦门市第四届小学数学试题命制评比中，施慧敏、谢璐瑛、阙锦添分别获一、三等奖。同月，在湖里区创新赛暨技能比赛中，施慧敏、阙锦添、赵影获一等奖，陈莹芬、谢璐瑛、曾超华获二等奖，陈昕、钟荔燕获三等奖。2013 年，学生参加各级各项比赛获奖达 151 人次。5 月，参加湖里区第十八届“青苗杯”比赛获得三等奖。11 月，参加湖里区第 10 届中学生暨第 25 届小学生田径运动会比赛，获小学组团体总分第一名和体育道德风尚奖。1 月，在厦门市集邮书信比赛中，学生陈艾婧获三等奖；2 月，在 2013 年湖里区“喜乐元宵手工坊”亲子扎花灯大赛比赛中，刘臻莉、李佳妍分获二、三等奖；在湖里区 2012—2013 学年上学期中小学美术课堂作业评选中，吕娜萍等 11 名同学获奖；5 月，在第五届“海西”杯暨第十五届“海峡·冰心”杯“学习雷锋　争当先锋”全国青少年写作大赛中，王博章等 18 名同学获奖；在湖里区“复兴中华，从我做起”主题教育征文中，王琳等 10 名同学获奖；在 2013 年福建省“发展杯”小学数学素质测评中，吕微等 18 名同学获奖；在“学雷锋，做有道德的人——2013 年厦门市中小学生征文比赛”中，王博章获得优秀奖；6 月，在第十八届全国中小学生绘画书法作品比赛中，吕娜萍等 6 人获奖；9 月，在第十四届“厦门邮政杯”青少年书信大赛暨第三届厦门广电杯少年儿童书信大赛中，李光钊获得优秀奖。11 月，在湖里区“梦想中国，美丽厦门”故事大王比赛中，郑昌豪获优胜奖；在湖里区中小学生田径运动会中，喇小林等 39 人获奖；在厦门市航天航空模型竞赛中，章紫怡等 11 人获奖；12 月，在湖里区信息学比赛中，叶佳松等 3 人获奖；在湖里区少儿书法比赛中，易炳炜等 6 人获奖；在“爱中华，爱经典”诵读大赛中，何钰斌等 6 人获奖。

（刘聪德）

康乐小学

【概况】厦门市康乐小学位于厦门市南山路 247 号，创办于 1996 年 9 月，学校占地面积 9300 平方米，拥有教学楼一座，省标图书室一间，综合楼一座，多功能体育馆一座，200 米塑胶环行跑道一个，五人制足球场和塑胶篮球场两个。2013 年，有 24 个教学班，1180 名学生，专任教师 64 人。其中，高级教师 3 人，一级教师 32 人。拥有市级专家型教师 3 人，市区级骨干教师 22 人，市、区学科带头人 7 人。

【推进教研教改】2013 年，康乐小学承担区级“低段拼音及汉字教学研讨活动”“习作教学有效教学模式的探索和实践”课题结题活动，与福州仓山实验小学结对面向仓山区开展教学研讨活动，展示语文、数学、音乐三堂课。面向家长分群体开放课堂，进行有效沟通与研究。上学期，班科任教师与家长们就“如何提高学习的实效性和养成良好习惯”进行交流研讨。下学期，针对中等生的家长进行家长开放日，让家长亲临课堂，参与课堂教学。在家长开放日中，各年级都指定一位老师引领家长。家长意见征询中，100% 的家长都认同学校举行的教学开放周活动，并希望能经常举行这样的活动。各学科根据本学科的实际情况拟定学科检测方案，同时加强平时的过程性检测，结合学科特点开展校本监测，凸显成效。选送李治彤等同学参加 2013 年首届湖里区中小学“爱中华爱经典”诵读大赛，获二等奖；

6 名学生参加 2013 年“梦想中国 美丽厦门”湖里区儿童故事大王比赛活动分获二等奖、最佳风采奖及优胜奖。学校编制印刷优秀作文选刊，同时选中一些学生的优秀美术作品，交付印刷厂印刷。设立《朝露文学社》，刊载学生的主题作品。

【足球特色教育】2013 年，康乐小学足球特色教育步入第三个年头，男队女队全校范围铺开，覆盖全部年级的三级梯队初步形成。拥有第一梯队五六年级主力队员 20 人，二级梯队三、四年级替补队员，一、二年级兴趣培养队伍近百人。年内，校女队代表厦门参加全国校园足球夏令营比赛获得二等奖，肖佳川老师蝉联“优秀指导员”荣誉称号，女足队员郑萍萍获得“玫瑰之星”荣誉。暑假，来自全国中小学校园足球安徽省校长代表团到校参观并进行经验交流。

【校园小交警活动】2013 年是学校开展小交警活动的第三年，小交警的内部管理趋于完善，在职的小交警能认真履行职责，康乐的学生们都以能当小交警为荣。小交警活动案例获得区级、市级交流的机会，被市级中小学生行为规范养成教育论文汇编收录。校园小交警是康乐小学的一个特殊的学生团体，小交警的成员经过层层筛选，由三到六年级最棒最能严格要求自己的学生组成。小交警的日常工作是在校园内模拟交通环境，违反校园行为规范的学生将被开出罚单，文明表现突出的学生会受到表扬单鼓励。

【“六一”节爱心义卖活动】2013 年 5 月 30 日下午，康乐小学的“爱心义卖商业广场”再次开业，这是继上年的“体验爱心义卖，传递书香幸福”活动后的又一次“传递爱心义卖大行动”。此次活动的主题为“爱心义卖助梦圆 格子句句话祝福”。义卖活动筹集的善款，通过爱心格子帮助漳州芗城区的小朋友实现乒乓球的梦想。

【教师学生获奖】2013 年，康乐小学受到集体表彰为省级 2 人次，市级 3 次，区级 7 次。教师获得荣誉为市级 4 人次，区级 2 人次。教师基本功获奖国家级 1 人次，省级 20 人次，市级 9 人次，区级 55 人次。教师论文发表 CN 级 2 人次，省级 5 人次，市级 14 人次，区级 6 人次。指导奖国家级 2 人次，省级 16 人次，市级 2 人次，区级 9 人次。7 月，戴雨柔、张韵获全国青少年五好小公民“复兴中华，从我做起”主题教育活动征文一等奖，蔡雨豪、蓝宇涛获第十九届厦门市中小学生信息学竞赛小学组二等奖；11 月，陈婧获第五届福建省学生规范汉字书写大赛软笔小学二组特等奖；12 月，林望之和家长林洲辉获厦门市“文明小博客”活动优秀亲子博客；同月，康乐小学足球女队获得福建省“阳光体育”足球进校园小学女子组第一名。

（林颖）

康乐小学小交警活动

厦门三中

【概况】厦门三中地处厦门火炬高科技开发区旁，创办于 1924 年，前身可以追溯到厦门颇有名气的禾山甲种商业学校、禾山书院和安睦书院。1953 年，厦门市人民政府正式授名为“厦门市第三中学”。2006 年，学校被确认为“福建省二级达标高中”。厦门三中是一所具有光荣革命传统的英雄学校，饮誉全国的“英雄小八路”群体在这里成长，“中国少年先锋队队歌”——《我们是共产主义接班人》从这里唱响。1962 年 2 月，郭沫若为学校题写校名。学校占地面积 68789.8 平方米。2013 年，学校有 59 个教学班，学生 3048 人；教职工 254 人，其中专任教师 221 人，高级教师 68 人，一级教师 77 人，教育硕士 11 人，研究生学历 9 人。1 月，学校获“全国生命教育科研成果二等奖”；2 月，学校获“全国第四届中小学生艺术展演活动精神风貌奖”及“全国第四届中小学生艺术展演阳光大舞台活动一等奖”；7 月，学校被评为“湖里区学习型党组织创建活动先进单位”；11 月，学校获“湖里区 2013 年初中教育质量进步奖”，被评为“厦门市毒品预防教育示范学校”；12 月，学校被评为“福建省校园文化建设先进学校”。10 月和 12 月，学校分别通过“创建省一级达标高中”市级资格审查和省级现场考察。

【德育活动】2013年，厦门三中与厦门图书馆合作举办各种读书讲座，开展经典诵读、书签制作、读书沙龙、诗歌朗诵、书法、征文等形式多样的“书香校园”活动，创建“和谐雅致”的校园文化；以文明学校创建为抓手，开展星级班级评比和文明小博客系列活动，学校文明小博客圈被授予“厦门市优秀校园圈”称号。开展“学特区精神，做四好少年”主题活动和青年志愿者活动，组织师生参加“与春运同行”、社区服务、学雷锋美化校园义务劳动，到厦门电子职专、海沧消防科技馆、厦门科技馆、天竺山、五缘湿地公园等社会实践基地开展实践活动，与31集团军教导大队、武警二大队、消防17中队、高殿武馆、厦门大学、厦门兴联电子有限公司等共建单位联手开展德育实践活动。开展“道德课堂”活动，潜移默化地对学生进行思想品德教育。举办以“趣味、健康、快乐、合作”为主题的春季运动会、校园足球节和以“文明、自强、拼搏、超越”为主题的第45届田径运动会。开展校园艺术节、学生社团节系列活动，组织全国2013年校园媒体示范学校展示暨厦门三中校园文化·生命教育成果现场展示会。

【教学教研】2013年，厦门三中以专题研讨、公开课、优秀课例观摩等形式落实校本教研工作，提高教学研究的针对性和时效性。组织说题比赛、优秀校本作业比赛、新毕业教师岗前练兵、课堂教学创新大赛等教学技能练兵活动，举办“教学开放周”和中国陶行知研究会中学教育专业委员会第13届年会“同课异构”课堂大赛活动，邀请市特级教师为学校教育教学把脉，促进教师专业的发展与提高。年内，史朝暾、宋建刚等2位教师被确认为湖里区第三批学科带头人培养对象，罗丽珍等18名教师被确认为湖里区第三批骨干教师培养对象，教师在立足校情和学情的基础上开发20门校本课程，进一步充实校本课程资源库。教师撰写的论文有56篇收入各级汇编，其中发表在CN级刊物14篇，市级汇编7篇，有8个课题被立项为市、区级课题。

4月3日，厦门三中学生综合实践基地揭牌

【教师评优参赛】2013年，厦门三中唐年生被评为“新疆维吾尔自治区优秀支教教师”，伍巧玲被评为“第二届厦门市十佳班主任”，张志强被评为“厦门市优秀教师”，苏贤荣被评为“厦门市先进德育工作者”，杨耀东、江红英、陈金锡、陈月、范文红、赖雪娟、卢群芳、廖朝粒被评为“湖里区优秀教师”，郑发树、王德全被评为“湖里区优秀教育工作者”，陈芹模、余春妹被评为“湖里区优秀年段长”，刘金娥、吴晓泉、黄雅滨、李燕平、徐宗华、杨爱华、黄艳梅、苏秀凤被评为“湖里区优秀班主任”。在中国陶行知研究会中学教育专业委员会第13届年会“同课异构”课堂大赛活动中，叶静、车超、林善耀获得一等奖，游向京代表厦门市参加福建省第二届初中英语新课程语音教学比赛获一等奖，陆定超、廖朝粒获“湖里区中学化学实验创新比赛一等奖”。

【学生考试参赛】2013年，厦门三中高考本科上线230人，本科上线率58.02%，其中本一以上16人；高中学业基础会考合格率99.44%；中考获“湖里区2013年初中教育质量进步奖”。在教育部关工委“文明美德伴我成长”主题教育征文活动中，余雪铭获“文明美德之星”，刘紫璇、陈雅红获三等奖，学校获“厦门市优秀组织奖”。在福建省第十三届中学生思想品德、思想政治小论文评选中，吴昕婕、陈君柔分获二、三等奖。在“学无涯”杯福建省青少年儿童动手电子制作锦标赛中，宋建刚指导14位学生获奖。在厦门市青少年趣味科学竞赛中，邱爽指导3位学生获奖。在全国中学生英语能力竞赛中，陈艺容、杨子分获厦门赛区二、三等奖。初二七班代表湖里区参加厦门市2013年“中国梦　爱国情”诵读大赛获中学组三等奖。陈佳明、李永胤、陈宇鑫三位同学参加福建省中小学生乒乓球联赛获初中组男子团体冠军；学校田径队获“湖里区中小学生田径运动会”初中组团体总分第三名及“体育道德风尚奖”，学校篮球队获“湖里区中小学生篮球锦标赛”初中男子组第二名。

（高静峰）

禾山中学

【概况】厦门市禾山中学校园占地面积

31400 平方米，建筑面积 16000 平方米，运动场面积 12000 平方米。2013 年，有 54 个教学班，初中 30 个班级，高中 24 个班级；在校学生 2600 多人，教职工 203 人。有国家级骨干教师 7 人；省市学科带头人、专家型教师 13 人；省市骨干教师 23 人；区专家型教师、学科带头人和骨干教师 34 人；校级学科带头人 41 人；高级教师 56 人。

【办学特色】2013 年，禾山中学高考首届美术班 39 人中有 36 人考上本科，占比 93%。学校着眼“特色彰显、多样发展的特区名校”办学目标，走“特色办学”的创新之路，坚持以“美术”为龙头，科技、艺术（传媒）、体育等学科“多样发展”的办学特色，让学生学有所成、学有所长。

【合作办学】2013 年，禾山中学继续与厦门六中开展全方位的合作办学，跨区域与泉州地区的 3 所中学成立“四校教学合作共同体”，在管理模式、教学资源、教学科研、师生交流等方面资源共享、合作交流。3 月，与集美大学美术学院签订《合作办学协议书》，接轨高等教育，彰显美术特色。以“接轨名校，扩大优质教育资源供给”为战略目标，依托名校教育教学的优势力量推进合作办学，促进学校可持续科学发展。

【中高考成绩】2013 年，禾山中学连续 10 年完成市教育局的高考指导性目标。有 138 人上本科录取线，上线率 45%，远超市局指导目标；中考成绩稳中有升，有 31 位同学分别被厦门一中、双十中学、外国语学校录取。

【师生获奖】10 月，禾山中学老师林再福应邀出访美国，获“美国国会荣誉证书”和美国圣弗兰谷艺术家联谊会“终身荣誉会员”称号。他的美术作品晋京参展，优秀国画《锦绣前程》被北京人民大会堂收藏；肖开春被评为厦门市优秀教育工作者；黄迪伟被评为湖里区先进德育工作者；林日平被评为湖里区十佳班主任；薛小增、周琼、杨雅克、肖雪梅、杨丽霞、余志学、纪小东等 7 位老师被评为湖里区优秀教师；廖丽红被评为湖里区优秀教育工作者；温丽浜、詹能建被评为湖里区优秀年段长；林天水、傅绿茵、陈亚面、李婧、林小华、尚喜珍、余文锐等 7 位老师被评为湖里区优秀班主任。在教育部举办的第四届全国中小学艺术展演中，初二年级学生林翠燕的美术作品《希望的田野》获“艺术作品类”中学组一等奖；在共青团中央主办的“我的中国梦”全国中学生读书征文比赛中，初三年级学生刘晓珍、陈丁萍获得全国二等奖，初二年级学生张文霞获得省级一等奖；7 月，校航模队参加全国船模大赛取得一金两银和两个二等奖；校跳绳队分别获得市初中、高中组第四名；初中男篮获得 2013 年省中学生篮球联赛亚军。

（曾香阜）

厦门双十中学（高中部）

【概况】福建省厦门双十中学高中校区位于枋湖新区，东接厦门东部新区五缘湾区域，紧邻五缘湾温泉度假高尚居住区，西邻湖里区行政中心，是厦门岛内最大的中学校园。2013 年，高中招生 961 人，高中毕业生 919 人。学校编制内教职工 380 人，其中专任教师 344 人，包括特级教师 6 人，高级教师 115 人。年内，学校获“全国第四届中小学生艺术展演优秀组织奖”“全国青少年五好小公民主题教育活动示范学校”“全国消防安全教育示范学校”“福建省科技教育先进集体”“福建省德育工作先进学校”“福建省学校及周边治安综合治理工作先进集体”“福建省规范汉字书写教育特色学校”“厦门市创先争优先进基层党组织”“厦门市三八红旗集体”“厦门市平安先行学校”“厦门市青少年科技创新大赛优秀组织奖”“厦门市 2013 年度优质基础教育数字资源征集评选活动优秀组织奖”“厦门市 2013 年系列巡展活动十佳示范学校”等荣誉称号。

【三项主题教育活动】2013，双十中学通过评选“师德之星”“青年教师标兵”“创先争优每月党员之星”等活动，树立起一批先进典型。先后推选出 15 名“创先争优每月党员之星”，并将“党员之星”的先进事迹发布在学校网站。多位教师获得上级表彰。校长陈文强获得“厦门市优秀校长”称号，郭俊芳、张瑞炳等 2 名老师获“第三届厦门市中小学杰出教师”称号，吴秀菊获“厦门市十佳班主任”称号，连枫、陆建、陈紫燕、黄雄、蔡明富等 5 名老师获“厦门市优秀教师”称号，李海北、黄强等 2 名老师获“厦门市优秀教育工作者”称号，包秀英获“厦门市优秀班主任”称号，沈在寅获“厦门市优秀年段长”称号。年内，学校获厦门市“三八红旗集体”荣誉称号，数学教研组获厦门市总工会授予的“优秀班组”称号。深入开展岗位练兵活动，提高教师的教育教学水平。方睿在第二十五届全国体育教学观摩研讨会中获全国一等奖；谢青在第七届全国高中生英语课堂教学优秀课评比中获全国二等奖；王洪兆在 2013 年福建省中小学体育优质课评比中获一等奖，郭淑萍获指导奖；邱黎苑的《学音乐教学实录（爵士音乐）》获市级二等奖。在厦门市 2013 年度优质基础教育数字资源征集评选活动中，学校获“优秀组织奖”，老师冯岩获“先进个人”，高中数学组获得 4 个一等奖、2 个二等奖、1 个三等奖，高中物理组获得 1 个一等奖、5 个二等奖、3 个三等奖，高中化学组获得 3 个一等奖、3 个二等奖、7 个三等奖，高中生物组获得 1 个二等奖，高中政治组获得 1 个二等奖、1 个三等奖，音乐组获得 2 个二等奖。继续与属地的街道和社区合作，携手做好初高学衔接工作，帮扶后进生、行为失范生，预防未成年人犯罪，加强校园综合治理。组织学生到社区参加各种志愿者活动，把校园文

双十中学舞蹈队获全国第四届中小学生艺术展演艺术表演类一等奖

化建设与当地精神文明建设融为一体，共建共创文明城区。全校教师深入学生家庭，与家长一起探讨教育工作，推进家校共管共育。利用家委会、家长学校等平台，推进家校合作。加强与共建单位的合作，为学生开辟更广阔的校外德育和教学实践基地。

【核心价值观教育活动】2013 年，双十中学注重把社会主义核心价值体系教育融进教育教学的全过程，率先实践推广新教法，编辑出版《社会主义核心价值体系中学生读本》。围绕“我与中国梦”开展主题教育系列活动，有校内涂鸦绘画现场赛、校园辩论赛、班级全能大赛、礼仪形象大赛、集体舞大赛、班班有歌声合唱比赛、寝室文化大赛、“双十好声音”歌手赛、书香校园系列讲座、主题实践活动等。30 多个学生社团的活动蓬勃开展，“双十模联社”等社团通过举办大型活动，组织学生到国内外比赛，成为闻名省内外的学生社团组织。推进以“人文”和“科学”为核心的校园文化建设。“科学讲座”“文化讲坛”“道德讲堂”“家长讲坛”等系列活动丰富师生的文化生活。为有艺术天赋的学生举办舞蹈、钢琴、书法等专场演出或作品展览，邀请知名艺术家到学校开设艺术讲座，与艺术团体开展交流，举办艺术节和纪念“12·9”系列文艺活动。在全国第四届中小学生艺术展演中，原创舞蹈节目获艺术表演类全国一等奖和优秀创作奖，学生作品获书法作品类全国一等奖。在厦门市中小学生管弦乐比赛中，11 名同学获金奖，7 名同学获银奖，4 名同学获铜奖，学校管乐团获银奖。高三年级一名学生通过北京大学艺术冬令营小提琴测试，成为北京大学在管弦乐降分录取的唯一一名学生。学校获“2014 年为马拉松喝彩拉拉队比赛”中学组冠军。推进“阳光体育”活动，保证学生每天有一小时的体育锻炼，开展冬季长跑、体育节、春秋两季运动会等大型群众体育活动，市教育系统政风行风检查组给予肯定，表扬学校为“厦门市扎扎实实开展‘阳光体育’的为数不多的学校之一”。着手建设枋湖校区的露天园林式球类运动场和室内大型游泳馆。定期组织师生志愿者深入社区，走向社会，到车站、景区、福利院、图书馆等地，开展帮助市民，服务社会的活动。在厦门市中学生体育比赛中，校足球队获非传统校第二名，校羽毛球队获男子组单打第一名，校乒乓球队获女子组单打第一、第二名。高二年级一名女生在第二届亚青会上获得女子跳远银牌。高三年级一名女生通过北京大学高水平运动员测试，成为厦门第一位因此获北京大学降分录取资格的学生。在全国青少年航海模型教育竞赛总决赛中，学校派出的 17 名队员取得 6 金 5 银 2 铜的成绩。在第十八届世界航海模型（动力艇）锦标赛中获青少年组 ECO-MINI 团体铜牌。

【高考再创佳绩】2013 年，双十中学应届高中毕业生有 26 人被清华大学、北京大学录取；上本一线人数再创新高，录取“985 工程”重点大学 305 人、“211 工程”重点大学 500 人。

【教育科研】2013 年，双十中学继续办好《海峡教育时论》《课改动态》《德育动态》等校刊，为课改、德育、教研提供前沿资讯。鼓励指导教师撰写论文，开展课题研究，又有一批教师的论文在省内外论文评比中获得佳绩，或在学术刊物发表。教师陆健的《优化通用技术课程教学方案的研究》、李生华的《新形势下高中生命教育的实践探索》、陈紫燕的《政治学科培养学生创新能力实践研究》、李海北的《高中数学实验课研究》、蔡芝禾的《教师教学技能的提升研究》等 6 项课题获 2013 年度福建教育学院基础教育研究课题立项，学校还有多项课题获得厦门市基础教育课程改革第三批课题立项，有一项市级重点课题，十项市级课题。编辑出版《教育文化创新与学校特色发展》《社会主义核心价值体系中学生读本》《怎样读书》《高中数学实验》《我的双十——从北京到澳大利亚》等专著或校本教材。赵祥枝、陈聪颖、陈温柔、杨滨等 4 名老师入选“福建省基础教育教师培训专家库首批省培专家”。

【学科竞赛】2013 年，双十中学在数、理、化、生、信息学等五大科竞赛中有 40 人获省一等奖以上奖励，11 人获全国二等奖以上奖励，郭怡兰入选化学奥赛国家集训队，被保送至清华大学；该

12月14日，双十中学包揽厦门市首届中学生辩论邀请赛中文组冠亚季军

校学生获得全国信息学奥赛银牌、全国中学生天文奥赛铜牌、青少年科技创新大赛全国一等奖等荣誉。在厦门市青少年创新大赛中，学校获奖及获推项目数量均居全市前列。学校在语言文字规范教育方面开展有示范意义的活动，举办经典诵读、书写比赛等活动，学生在各级各类征文、演讲比赛中获佳绩，包揽厦门市首届中学生辩论邀请赛中文组冠亚季军。

【对外交流】2013年，双十中学与澳大利亚霍尔姆斯学院继续合作办好“中澳班”项目，派出初中部优秀学生到新加坡明智中学参加中新两国教育交流活动。先后接待苏格兰博尼斯学院、新加坡明智中学等国外学校师生到校开展短期的交流学习；接待到访的台中双十中学艺术团师生，并与台中双十中学学生联合参加“全国第四届中小学生文艺展演”活动。

【合作办学】2013年，双十中学继续与湖里实验中学开展友好合作。推进教育同城化，与漳州台商投资区管理委员会合作开办“厦门双十中学漳州分校”，帮扶石狮中英文学校、石狮一中、平和一中。

（黄强）

厦门二中（高中部）

【概况】福建省厦门第二中学是福建省一级达标学校、福建省文明学校，初中部位于鼓浪屿，高中部坐落在五缘湾畔五缘学村。该校是厦门市历史最悠久的学校，积淀深厚的人文底蕴，凝练出“勤·诚·智·洁”的校训。从这里走出六位院士，培育多名艺术大师以及各界精英和人才，孕育厦门外国语学校和厦门音乐学校。2008年，高中部整体搬迁至五缘学村，校园占地100759.05平方米。2013年设36个教学班，学生1800余人。有教师141人，其中正高级教师1人，特级教师2人，国家级骨干教师3人，省市级学科带头人12人，省市级骨干教师50人次。4月，学校获“厦门市五一劳动奖状”。11月，学校被评为“全国开展校园足球工作优秀学校”称号。12月，学校校长变更，原校长谢志强调任厦门外国语学校校长兼党总支书记；厦门外国语学校原副校长吴启建调任厦门二中校长兼党总支书记。

【学生考试参赛】2013年，厦门二中高考本一批上线人数113人，远超出市教育局拟定的指标，本科上线率92.4%。在生物、化学、物理和英语的学科竞赛中，共有56人次获得市级奖项，其中一等奖5人。黄雨佳在全国中学生英语能力竞赛中获得省三等奖。在第29届市科技创新大赛中，5个研究性项目获二等奖，4个项目获三等奖。其中，由李艺敏、郑佳佳2位老师指导的高三语文研究性小组和由邓樱菡、周珑、邓敏菁3位老师指导的高一语文研究性小组的课题还分别获得省二、三等奖。刘骏获得卢嘉锡青少年科技创新奖。余子墨在福建省第五届规范汉字书写大赛获得中学软笔组特等奖，学生集体组获经典诵读省二等奖、市一等奖。学校高中足球队蝉联2013年福建省青少年足球锦标赛暨中学生足球联赛冠军。体操队获得厦门国际马拉松赛“为马拉松喝彩”啦啦队比赛团体铜奖。铜管乐团获2013年厦门市第三届“萌芽杯”管乐合奏比赛表演金奖，合唱队连获市合唱比赛两个金奖。

【教师评优参赛】2013年，厦门二中教师参加福建省中高考学科教师“说题”活动获得省二、三等奖各1名，省优秀奖5名。在国内刊物上发表论文14篇，教育科研论文获省优秀论文一等奖2名，市优秀论文二等奖1名，第九届优秀教育科研成果二等奖1项。两个课题被福建省教育科学规划领导小组办公室立项为福建省教育科学“十二五”规划课题，还有7个项目被立项为省、市课题。苏晶老师参加福建省教师技能大赛获省一等奖。1人在全国教育技术理论与实践作品大赛中获二等奖，1人参加省多媒体课件评比获二等奖，1人在省优质课评选活动中获二等奖。

【校园活动丰富多彩】2013年，厦门二中开展“做一个有道德的人”“中国梦”系列主题教育活动，开设“道德讲坛”讲座，通过“文明在校园、文明在家庭、文明在社会、文明在口中、文明在手上、文明在脚下”系列活动，培养学生的文明素养。《“文明礼仪伴我行”教育活动计划和实施方案》获厦门市中小学行为规范养成教育方案评比三等奖。学校结合传统节日，以丰富的校园文化生活为载体，做到“月月有主题，月月有活动，月月受教育”。学校还组织学生走出校园，参与社区活动。5月，组织学校红十字志愿者走进鼓浪屿社区开展志愿服务。12月，校舞蹈队参加“禾山欢乐季”系列活动闭幕演出及综合文艺活动汇演。

【校友活动】2013年，女中57、58届，毓德52届，高中58届等各届校友组织毕业周年纪念活动，前往厦门二中高中部参观新校区，感受母校的发展成果。9月13日，厦门英华毓德二中香港校友会成立二十周年联欢晚会在香港举行，有近600位情系母校的校友参加。10月19日上午，在学生活动中心召开厦门二中退教协分会成立30周年庆祝大会。学校合唱团、女子打击乐队、舞蹈队和退休老教师献上精彩的节目。12月底，厦门二中校友会协助鼓浪屿管委会举办“我爱我的鼓浪屿—岁月回响”2014年新年音乐会，学校合唱队受邀表演。

（蔡芃芃）

厦门六中（高中部）

【概况】福建省厦门第六中学创办于1953年。1993年成为省二级达标中学，1998年成为省一级达标中学；2003年与东渡中学合并，实行高初中分设办学。校园占地面积97600多平方米，建筑面积约85000平方米。2013年，有教学班级96个，学生4886名；在职教职工376名，其中特级教师6人，省、市学科带头有20人，省、市级骨干教师63人。

【校庆典礼】11月16日，厦门六中举行建校60周年庆典活动，历届校友、海内外嘉宾、社会人士以及学校师生近万人参加校庆活动。市教育局局长赖菡、副局长郭献文参加大会；香港校友会组成54人的庆贺团，特地从香港回母校参加庆典活动。莅临庆典大会的有来自美国、新加坡、马来西亚及中国台湾地区的校友嘉宾，也有来自新疆、浙江、江西、湖北以及省内其他地市兄弟学校代表。六中老领导、退休老教师150人参加活动。多家媒体做相关报道。

【高考成绩】2013年，厦门六中763名学生参加高考，本一上线人数412人，比上年增加161人，上线率54%，比上年提高21.9个百分点；本科上线人数743人，上线率97.4%，比上年提高4.3个百分点；理科保送班本一上线率99%，文科保送班本一上线率84%。高考再创历史新高。

【教改实验】2013年，厦门六中全面推行“少教多学”课改实验。刘卫平校长开设少教多学示范课，在少教多学中推行小组讨论交流，凸显教师的导学作用，为老师们做出示范。进一步落实“请进来，走出去”战略，邀请北京市十一学校特级教师王春易和北京四中教师方芳到校开设专题讲座，派出多位教师外出学习考察，开展“同课异构”教研交流活动。在“少教多学、先学后教”理念指导下，教师根据不同学科特点进行先学后教、以学定教、小组合作学习、教学评价机制等方面的探索。12月，全市教育改革创新课堂观摩研讨会在厦门六中高中部设分会场，厦门六中8位教师展示近年来以“少教多学”理念为指导，以发展学生智慧为核心的课堂教学改革模式，省市专家对厦门六中的课堂教学创新给予积极的评价。

【艺术教育】4月18日，全国第四届中小学生艺术展演总结表彰会在厦门六中高中部举行，市政协主席、市委教育工委书记陈修茂等相关领导为获奖单位和个人颁奖。在全国第四届中小学艺术展演中，厦门六中舞蹈《家乡的凤凰花》、诗朗诵《青春誓言》在总决赛中获得评委老师的一致赞许，均获文化部中学甲组一等奖及优秀创作奖，学校获得优秀组织奖。厦门六中为艺术班学生刘晓奇举办个人独唱音乐会。

【创造教育】6月5日，厦门六中少年科学院成立。通过前期的广泛宣传，共收到申请195份；经过认真评选，最后评出院士16人，研究员26人，学员55人，组成厦门六中首届少年科学院。在第十三届全国青少年机器人竞赛中，两位同学获“机器人综合技能初中组”金牌；在第九届宋庆龄少年儿童发明奖评选中，1个项目获全国银奖；在第八届（天煌杯）全国优秀自制教具评选活动中，1个作品获二等奖；在第28届全国青少年科技创新大赛中，厦门六中老师的科技教育活动方案类项目获科技辅导员创新项目二等奖。

【文化设施建设】2013年，厦门六中高中部文化设施建设取得明显成效。完成“法治文化园”建设，改造校园雕塑、大型LED显示屏，建设体现创造、艺术等特色的文化长廊，对教学楼进行全面整修。

【宣传工作】2013年，厦门六中以60周年校庆为契机，加大宣传力度，营造良好的办学氛围。《厦门日报》用10个专版进行60华诞系列报道，《海峡导报》以3个专版，《福建教育》用大量的篇幅和彩页，分别介绍厦门六中教育教学改革、教师队伍建设、校园文化建设和办学特色。在高考成绩公布后刊发专版，介绍厦门六中教改情况和取得的成绩；在庆典前三天连发三个专版，校长接受专访，新老校友讲六中的故事，讴歌六中人奋斗的事迹，集中展示办学成就。拍摄制作的宣传片《弦歌不绝，梦想飞扬》在厦门电视台第三套播出，并在播前专门安排6次预告。

【青年骨干教师培训】2013年，厦门六中青年骨干教师培训班围绕“精细化管理”“教师如何撰写教育教学论文”“如何组织小组讨论”“课堂导入”等主题举办系列论坛活动。

【民主管理】4月，厦门六中召开教代会，审议通过《厦门六中教师职务晋升制度（学校自选评价项目）（草案）》《厦门六中绩效工资方案（修订案）（草案）》《福建省厦门第六中学考核条例（草案）》《厦门六中评先制度（草案）》。教代会发扬民主，代表们建言献策，为学校领导了解民意，把握校情，更好决策提供依据。

【“法律进学校”活动】3月29日上午，全市深化“法律进学校”活动推进会在厦门六中召开。市委常委、市政法委书记詹沧洲，市人大常委会副主任陈紫萱，市政协副主席卢士刚，司法局局长吕参军，教育局局长赖菡，以及全市各中小学校长共约200人到校参加会议。与会领导参观厦门六中法制文化园、法律进校园展板和文档资料，观看厦门六中艺术团表演的法制小品。在“法律进学校”活动经验交流会上，厦门六中校长刘卫平作题为《坚持‘四位一体’推动‘法律进学校’活动深入开展》的主旨发言。

【集体荣誉】2013年，厦门六中获“省级规范汉字书写教育特色学校”“厦门市军民共建先进单位”“厦门市未成年人思想道德建设先进集体”“厦门市模范退（离）休教工之家”等集体荣誉。

（朱文真）

厦门五缘实验学校

【概况】厦门五缘实验学校位于厦门本岛东北部五缘湾。学校占地面积50533平方米，建筑面积25021平方米，由“树人堂”和“育才阁”等教学楼群组成。该校是厦门市教育局直属的一所九年一贯制公办学校。2007年8月筹建，2008年秋季招生办学。截至2013年年底，一至九年级共有50个班级，在校生2293人。学校有教职员工149人，其中省级特级教师2人，正高级教师1人，高级教师16人；一级教师30人；硕士研究生学历16人，本科学历123人；省市学科带头人、专家型教师、骨干教师30余人；省级优秀教师1人、市杰出教师2人、市级优秀教师7人、优秀教育工作者2人、优秀班主任（年段长）6人。学校先后获“平安先行学校”“厦门市第十三届文明学校”“厦门市先进教工之家”等荣誉称号；2013届学生参加中考，初中教学质量综合评估值达到76.81分（满分80分）。

【德育工作】2013年，五缘实验学校先后修订并完善《厦门五缘实验学校班主任/年段长评估考核规范》《厦门五缘实验学校班主任/年段长评估考核细则》、《厦门五缘实验学校班级常规管理评比规范》《厦门五缘实验学校学生奖励规范》等8项新的规章制度。按照不同年级学生的年龄特点，实施相关的活动。年内，全校围绕体育节、艺术节、社会实践开展多项活动。

【教学工作】2013年，五缘实验学校重视教研组建设，制定《厦门五缘实验学校教研组长/备课组长工作考核规范》《考核细则》，制定《厦门五缘实验学校先进教研组奖励方案》。加强教学质量监控，提高教学质量。丰富校本教研内容，倡导教研组活动以教学中的难点和困惑为中心议题；推行微型课题，以教研促进教学；加强课堂监控，规范教学行为；实行巡课制度，了解课堂教学情况，及时跟相关教师沟通交流，规范教师的教学行为。进一步规范课程设置，规范作息时间，落实减负提质各项要求。

【教师培训与指导】2013年，五缘实验学校调入7名有经验的教师，招聘14名新毕业生加入学校教师队伍。学校通过校本培训、师徒结对、外出培训等途径提升教师的教育教学水平，促进教师的专业成长。年内，全校近100人次赴外地参与学术交流及培训活动，支付教师参加教研、学术交流与教学观摩活动费用累计22.67万元。推荐教师参评各级各类职称，学校先后有一位教师晋升为正高级教师职务，四位教师晋升为一级教师职务。

【对外交流】2013年，五缘实验学校承接福建省中小学英语名师培养工程第六

3月14日，五缘实验学校九年级百日誓师

次集中研修任务；来自新加坡、美国以及中国香港地区、澳门地区、天津滨海新区、南宁市、贵阳市、青岛市共计 33 批次境内外教育行政干部、教师、学生到校参访，开展专项交流活动。

（马丽克）

副市长黄强（前中）和市政府部门负责人到音校五通新校区现场办公

厦门市音乐学校（厦门大学附属音乐学校）

【概况】厦门市音乐学校是厦门市政府于 1990 年创办的一所九年义务教育特色学校及中等音乐专业学校，面向国内外招收有音乐特长的中小学生和音乐专长的中专生。2009 年 4 月，厦门大学附属音乐学校冠名为该校第二名称。2010 年 3 月，上海音乐学院附中在校设立教学点。2012 年 4 月，中国音乐学院授予该校“教学实践与生源基地”。2013 年秋季，根据厦门市人民政府《专题会议纪要》(〔2013〕3 号文件）精神，该校五通校区开办，实行“一校两区”办学。学校坚持素质引领和特色立校，探索多元化的办学模式，开创一条音乐专业与文化教育同步优质发展的办学之路。音乐专业课实行个别化授课，开设键盘、弦乐、管乐、民乐、声乐等五大类 30 多种专业。著名音乐家殷承宗、郑小瑛、侯润宇等均为该校艺术顾问。学校聘请柏林交响乐团常任指挥、厦门爱乐乐团艺术总监傅人长担任校管弦乐团艺术指导，聘请集美大学教授、青年钢琴家、博士周宇博到校执教。学校先后与厦门爱乐乐团、上海音乐学院附中和中国音乐学院等建立合作共建关系。组建学生管弦乐团、民乐团、合唱团等，经常参加各级重大演出和对外交流活动，在海峡两岸青少年音乐文化交流中发挥作用，成为厦门市中小学艺术教育的窗口单位。

【主要荣誉】2013 年，教育部授予音乐学校全国第四届中小学生艺术展演活动“精神风貌奖”。教育部授予该校器乐节目《德沃夏克新世界交响曲第四乐章》全国第四届中小学生艺术展演活动艺术表演类中学甲组一等奖，器乐节目《跃龙》全国第四届中小学生艺术展演活动艺术表演类中学甲组二等奖。福建省教育厅授予该校福建省第四届中小学生艺术节“精神风貌奖”。中共厦门市委教育工委、市教育局授予该校全国第四届中小学生艺术展演活动厦门现场集中展演活动“优秀组织奖”；厦门市优秀“青少年维权岗”；厦门市“文明美德伴我成长”主题教育活动“组织奖”。厦门市教育局、厦门市社会管理综合治理委员会办公室、厦门市公安局授予该校“我校平安先行学校”称号。厦门市教育局授予该校“厦门市 2013 年学校综治安全目标管理先进单位”称号。

（叶永庚）

中央音乐学院鼓浪屿钢琴学校

【概况】中央音乐学院鼓浪屿钢琴学校是厦门市人民政府和中央音乐学院于 2006 年合作创办的公立学校。2007 年 7 月正式挂牌，面向全国招生（包括港澳台地区）。学校以“国内一流、国际知名”为办学宗旨，以培养国内优秀的青少年钢琴人才为目标，具备“起点高、专业强、模式新、前景好”四大优势。学校位于厦门五缘湾，教学与练琴全部使用进口三角钢琴，教学配套在全国范围内首屈一指，2013 年有三角钢琴 117 台，新落成的音乐厅包含一个 800 座的专业音乐厅、一个录音棚、三个排练厅和四个小演奏厅。学校有学生 244 人，设置 12 个班级，开设钢琴专业音乐教育专业、录音专业、电子制作专业、电子作曲专业、乐器制作专业。

【主要成绩】2013 年，钢琴学校有数十名学生屡获国内外大奖，他们在第九届中国音乐“金钟奖”比赛中获得银奖、第一届雅马哈全国钢琴比赛中获得第一名、2013 年“海伦杯”中国钢琴公开赛总决赛中获得第一名、2013 年“珠江·恺撒堡”全国青少年钢琴大赛总决赛中获得三等奖、第六届施坦威全国青少年钢琴比赛分赛中获得第一名、2013 年海峡两岸现代科技音乐节应用类电子音乐展演中获得二等奖、厦门市首届青少年钢琴公开赛中获得第一名，并在意大利易默拉国际钢琴比赛广州赛区选拔赛、2013 年亚洲国际艺术交流大赛福建赛区比赛、肖邦纪念奖国际钢琴公开赛总决赛等国际赛事中取得第一名、第二名的多项大奖。尤其是尹存墨获得第九届中国音乐“金钟奖”银奖，成为厦门市、福建省首个获此荣誉的选手，实现“零的突破”，福建省文代会的工作报告将此次获奖列为全省的重要成绩，福建省音协对其进行表彰。

【对外艺术交流活动】2013 年，钢琴学校接待世界级钢琴大师、美国克莱本钢琴学院院长托马斯·翁嘎、联合国教科文组织莫扎特勋章获得者周勤龄、德国科隆音乐学院院长 Lija Scheps、美国内华达艺术学院院长卜劼教授、美国明尼苏达大学教授莉迪亚·阿蒂米乌、荷兰著名钢琴家 Karst de Jong、上海音乐学院教授李民铎、四川音乐学院教授但昭义、上海音乐学院教授毛翔宇、美国钢琴调律大师黄智炜和王德华、俄罗斯著名调律大师亚历山大·沃尔克诺克等外来专家数十名，举办上百场大师班、讲座等学术专题活动。

（庄岩岩）

厦门电子职业中专学校

【概况】福建省厦门电子职业中专学校创办于 1981 年，由厦门大同中学（厦门四中）普通高中部改制而成；1984 年，由职业高中部改办为职业中学，定名“厦门市电子职业中学”；1995 年，更名为“福建省厦门电子职业中专学校”；2000 年，被确认为国家级重点中等职业学校，2012 年 6 月正式获批“国家中等职业教育改革发展示范学校”建设计划项目校。学校坐落在厦门市区的地理中心江头禾山路，占地 86 亩（1 亩 =666.67 平方米），规划建筑面积 27629 平方米，独立的实训大楼和实训车间里拥有设备齐全的电子电工、计算机、网络工程、现代通讯、汽车电子、电子商务等 52 个专业实验室；学校信息化建设日趋完善，有线和无线网络覆盖全部教学及实训场所和行政办公区域。截至 2013 年年底，共有全日制在校学生 3974 人，在职教职工 251 人，专任教师 212 人，“双师型”教师占专业教师的 90% 以上。开设信息技术、土木水利、财经商贸、公共管理与服务、加工制造和交通运输等六大类 20 余个专业，其中计算机应用与软件技术被列为国家级重点专业，电子技术应用为省级重点专业，计算机动漫与游戏制作为省级示范专业，通信技术、软件与信息服务、数字媒体技术应用、计算机动漫与游戏制作、计算机网络技术、电子商务、电子技术应用等 7 个专业为市级示范（重点）专业。

【综合实践活动特训基地建立】4 月 3 日，厦门市第三中学在厦门电子职业中专学校建立的“厦门三中学生综合实践基地”正式启动。厦门三中校长吴雪慧、厦门电子职业中专学校校长庄铭星和厦门市教科院基础教研室主任潘世锋在启动仪式上先后发言。厦门三中特聘厦门电子职业中专学校 8 位专业教师为该校学生进行实训课教学，厦门三中的 98 位同学分成 4 个小组，分别在厦门电子职业中专学校的 4 个实训场所，由 8 名特聘教师进行“电控技术的实践操作”“建筑设计与测绘入门”“简易机器人制作初步”“家政与家电基础常识”等课程的首次授课。

【电子商务孵化中心成立】3 月 18 日，厦门电子职业中专学校与厦门亿储信息科技共建电子商务创业孵化中心成立。该孵化中心以校内实训基地为依托，以扶持学生创业与就业为核心目标，同时，引导和鼓励优秀学生团队自主创业，不断提高学生创业能力，从而整合创业政策，启动创业活动，形成创业文化。200 多名有志于电子商务创业的学生参加孵化招募宣讲会，企业高管为学生详细讲解有关创业知识，并对货源供应商、低风险起步和网络销售运行培训等问题作说明。本学期招募学员 60 名，并从中挑选 1—2 只创业团队重点扶持。4 月 2 日，厦门电子职业中专学校电子商务创业孵化中心开办 2013 年第一堂创业培训课程。

【对外交流】7 月 14—22 日，厦门电子职业中专学校与美国巴尔的摩市卡维职业技术高中共同举办的第二届姐妹学校学生夏令营暨 2013 年中美“相约鹭岛”夏令营举行。卡维职业技术高中选派 8 名学生（4 男 4 女）和校长、教师各 1 名参加，厦门电子职业中专学校选派 8 名学生（4 男 4 女）、领导和相应的教师参加，为期 8 天。厦门市外事办欧美处处长游黎萍、市教育局国合处处长林

9 月 8 日，美国巴尔的摩市副市长参观电子职专机器人实训室

佩文出席此次夏令营开营仪式。《厦门日报》《厦门晚报》《海西晨报》都对此次夏令营作专题报道。9月8日，在参加投洽会期间，厦门姐妹城市美国巴尔的摩市副市长卡利俄佩·帕塞默斯一行在厦门外事办郑晶的陪同下莅临厦门电子职业中专学校参观访问。

【两岸合作办学】2013年，根据福建省教育厅闽教合作〔2013〕67号文件的精神，厦门电子职业中专与台湾慈明高中合作举办"多媒体动漫专业""室内设计专业""广告设计专业"3个专业。该项目为高级中等层次教育，按照中招学生志愿择优录取，每年每个专业招生150人，学制3年，期满成绩合格的，颁发厦门电子职业中专学校毕业证书。在合作办学中，学校注重引进优质教育资源，力争"以我为主，为我所用"。厦门电子职业中专学校是第一所福建省教育厅批准的中职闽台合作办学项目校，也是唯一的一所。

【招生与就业】2013年，厦门电子职业中专学校新开办城市轨道交通运营管理中专专业和计算机应用技术（物联网技术）五年制大专专业，共招收学生1500多人，使在校生数近4000人，为历史最大规模。3月14日，厦门电子职业中专学校举办校企合作冠名班授牌仪式，厦门大拇哥动漫股份有限公司，天虹商场厦门有限公司，瑞华高科厦门公司，万利达厦门盈趣科技4家企业分别对学校10个班级进行冠名。旨在加强学校和企业的对接，共同探索、改革办学模式，为学生提供各种工作实践机会和就业平台，促进校园文化和企业文化的融合。

【荣誉奖励】2013年，厦门电子职业中专学校获"国家绿化模范先进单位""福建省中等职业学校体育先进单位""福建省语言文字规范化示范校""厦门市绿色学校""厦门市第十三届文明学校""厦门市敬老文明号""厦门市军民共建先进单位""厦门市德育示范校""厦门市平安先行校""厦门市退管工作先进集体""厦门市五四红旗团委""厦门市关工委'五老'志愿者服务先进集体""2012—2013年度ITAT教育工程优秀培训基地金奖"等。校长庄铭星获2011—2013年度厦门市劳动模范。教师参加各级各类教学技能竞赛共获得11个一等奖、16个二等奖、6个三等奖。其中，在全国教师信息化教学比赛中，获"信息化教学设计比赛"项目二、三等奖；全国"创新杯"说课比赛获2个一等奖，5个二等奖；福建省中职计算机专业教师技能竞赛获5个一等奖，1个二等奖；厦门市第二届教师岗位基本技能大赛5位老师获一等奖，3位老师获二等奖，5位老师获三等奖。学生在全国信息技术应用水平大赛、全国文明风采大赛等各级技能大赛中，共获得13个一等奖、32个二等奖、41个三等奖。在2013年全国职业院校技能大赛中，获2个一等奖、2个二等奖和4个三等奖；参加2013年厦门市职业学校技能大赛获4个一等奖，有18位同学共9个项目代表厦门市参加2013年全国职业院校技能大赛；获2013年"为马拉松喝彩"啦啦操比赛全市总决赛冠军、团体金奖；在厦门市第一届中职生素养大赛中获一等奖4个，二等奖12个、三等奖8个；健美操队获厦门市2013年健美操比赛3个一等奖和团体总分第二名。

2012年12月23日，电子职专获2013"为马拉松喝彩"啦啦操比赛全市总决赛冠军、团体金奖

（林巧芬）

科　技

【概况】2013年，湖里区科技局按照区委、区政府提出的"坚持稳中求进、好中求快，转型升级"的工作目标要求，以中共十八大和十八届三中全会精神为指导，普及科学知识，构建可持续发展和谐社会。进一步增强服务企业的意识，提高服务企业的质量。支持企业科技自主创新，增强企业核心竞争力，为辖区提高经济增长质量和效益做出贡

续表 15

项目编号	项目名称	主要承担单位	起止时间	预测规模和效益			下达科技项目经费金额（万元）	备注
				产量	产值（万元）	利税（万元）		
13 企 02	加长及右舵海狮新款车身产业化	厦门金龙轻型客车车身有限公司 协作单位：厦门金龙汽车车身有限公司（母公司）	2012.6—2014.6	35000 台	28000	4000 利 2400 税 1600	100	●重点产业化项目 [产品发明专利（受理）] 区纳税先进企业
13 企 03	VP530 统一通信终端的技术研发和产业化	厦门亿联网络技术股份有限公司	2012.9—2014.12	35000	5250	1610 利 1400 税 210	100	●重点产业化项目 [软件产品发明专利（受理）] 区纳税先进企业
13 企 04	车用高强度耐腐蚀铝型材研发与产业化	东南铝业有限公司 协作单位：集美大学机械工程学院	2012.3—2014.12	2000 吨	5000	320 利 170 税 150	40	●重点产业化项目
13 企 05	网络游戏反外挂实现方法的推广	厦门吉比特网络技术股份有限公司	2012.12—2014.12	—	3000	2200 利 1600 税 600	100	●重点中试项目（软件产品发明专利） 区纳税先进企业
13 企 06	环保生物基质—椰壳纤维的开发利用	厦门市江平生物基质技术有限公司	2012.1—2014.12	424 万个	600	135.86 利 102.49 税 33.37	20	●重点研发中试项目（产品实用新型专利）
13 企 07	胡蔓藤天然中草药饲料添加剂应用配方的研发	厦门市锐泰中生物科技有限公司 协作单位：华中农业大学	2012.10—2014.1	20 吨	300	72	20	●重点研发中试项目 [配方发明专利（受理）]
13 企 08	应用清洁能源开发节能高效型的中央热水站	厦门同力节能科技有限公司	2012.12—2014.12	—	838	76 利 50 税 26	15	●重点研发项目（实用新型专利技术）
13 企 09	淋浴面积可调空气注入式花洒研发及产业化	伟特（厦门）淋浴设备有限公司	2012.7—2014.11	19 万套	4500	420 利 270 税 150	20	一般产业化项目（实用新型专利）
13 企 10	应用气辅成型技术生产以塑代铜卫浴配件的产业化	华尔达（厦门）塑胶有限公司	2012.7—2014.7	2200 件	4000	1250 利 1000 税 250	20	一般产业化项目（发明专利产品） 因征管机构问题，地税在同安。待体制结算确认税收属湖里区后兑现

续表 15

项目编号	项目名称	主要承担单位	起止时间	预测规模和效益			下达科技项目经费金额（万元）	备注
				产量	产值（万元）	利税（万元）		
13 企 11	矽钢片高效生产新工艺的开发及产业化	厦门加新精密金属有限公司	2012.7—2014.6	4286 吨	3000	166 利 76 税 90	20	一般产业化项目（工艺实用新型专利） 因征管机构问题，国地税在同安。待体制结算确认税收属湖里区后兑现
13 企 12	新型换热器的研制	成信绿集成股份有限公司	2012.6—2013.12	—	150	税 25	25	一般研发项目 2012 年区级纳税大户 1200 万元
13 企 13	新型的三网合一 PON-CWDM（波分复用）器件应用	厦门市贝莱通信设备有限公司	2012.12—2014.11	12 万条	1200	115 利 85 税 30	20	一般研发中试项目（产品实用新型专利） 高新技术企业
13 企 14	靶向 tRXRα 的抗肿瘤候选药 K-80003 的研究开发	厦门特尔瑞生物医药技术有限公司 协作单位：厦门大学药学院	2013.1—2014.8	第一个临床许可证书时	4000	2650 利 2000 税 650	20	一般研发中试项目 “550”双创项目
13 企 15	反折拉耳式电磁感应垫片及冲裁入盖设备的研发及推广	鼎贞（厦门）实业有限公司	2012.7—2014.7	—	1080	137 利 80 税 57	20	一般中试项目（产品实用新型专利） 因征管机构问题，国地税在同安。待体制结算确认税收属湖里区后兑现
13 企 16	多级快捷脱模机构的注塑模具	厦门市超日精密模具有限公司	2012.7—2014.6	166 套	1000	85 利 35 税 50	15	一般中试项目（模具实用新型专利） 高新技术企业
13 企 17	全自动加速顶出的高效注塑模具研发及应用	厦门捷信达模具塑胶有限公司	2012.7—2014.6	150 套	1200	87 利 36 税 51	15	一般中试项目（模具实用新型专利） 高新技术企业
13 企 18	多排列小外形封装引线框架模具的研发与应用	厦门市特克模具工业有限公司	2012.8—2014.6	—	900	91 利 44 税 47	15	一般中试项目（模具实用新工艺） 高新技术企业
13 企 19	光电多媒体无线收发器	厦门易居达电子有限公司	2011.6—2013.11	800 台	120	35 利 17 税 18	15	一般研发中试项目（光电产品软件著作权） 高新技术企业
13 企 20	企业级统一客户视图系统	厦门恒隆兴信息技术有限公司	2012.5—2014.12	11 套	2420	610 利 430 税 180	15	一般中试项目（软件著作权）
13 企 21	LaneCat 网猫集成化网络信息安全管理平台	厦门诚创科技有限公司	2013.1—2014.7	—	680	100 利 45 税 55	15	一般研发项目（软件著作权）
合计	—	—	—	—	—	—	730	—

2013年湖里区第一批科技计划项目表（社会发展项目）

表16

项目编号	项目名称	主要承担单位	起止时间	项目任务指标	下达科技项目经费金额（万元）	备注
13社01	梅毒特异性抗体化学发光检测技术的建立及临床应用	湖里区妇幼保健院 协作单位：厦门中山医院	2013.1—2015.12	1. 建立一种简便、价廉、灵敏、特异的梅毒特异性抗体化学发光检测试剂盒，替代进口试剂，用于梅毒实验室的诊断 2. 发表2—3篇核心期刊论文 3. 申报1—2项发明专利	30	社会发展项目
13社02	饼式后巩膜加固术治疗未成年人病理性近视的临床观摩	厦门科宏眼科医院	2013.1—2014.6	1. 省级期刊论文 2. 同种异体巩膜手术新方法	5	社会发展项目 配套市2012年科技项目，市科技2万元
13社03	灵蜥——HW55型反恐防爆机器人	武警厦门市支队第二大队	2013.1—2013.12	购置、调试1台灵蜥HW55型反恐防爆机器人，并投入使用，发挥装备在时间中的作用	20	拥军强警项目
13社04	扣钮联动紧急报警系统及管理平台的建设	湖里区公安边防大队	2013.1—2013.12	1. 建设报警管理平台1套，安装在高崎派出所监控室内 2. 购置紧急报警按钮及主机220套，分别安装在辖区居民住户内	20	拥军强警项目
13社05	船艇螺旋桨防缠绕装置研发	厦门警备区船运大队（73326部队）	2013.1—2013.12	1. 研发“船艇螺旋桨防缠绕装置研发”并开发六种样刀 2. 由上级部门专家进行鉴定	20	拥军强警项目
13社06	湖里公安分局内网升级改造及视频会议系统	湖里公安分局	2013.1—2013.12	1. 搭建适应当前公安信息工作发展的网页平台、对分局内网主页进行改版升级 2. 建立内网情报信息交流专门网页和外网信息网页 3. 推动警物前移、在分局7个派出所和16个警务室建立公安内网视频会议系统	50	拥军强警项目
13社07	湖里区数字城管二期建设项目	湖里区城市管理行政执法局	2013.1—2013.12	1. 建设由GPS车辆定位系统、噪音监控系统、移动巡查和执法系统，移动办公等子系统组成的数字城管业务管理系统 2. 建设局与6个中队视频会议系统 3. 购置1部移动指挥车、改造4部执法车 4. 完善中心的服务器及存贮设备	440	社会发展项目
13社08	区社会综合管理监控系统升级建设项目	湖里区城市管理行政执法局	2013—2019	根据区委专题纪要〔2013〕4号文件 1. 部署厦门市公安局视频信息综合平台 2. 对视频专网网络升级 3. 原模拟矩阵系统升级以支持HD-SDI高清视频 4. 原有视频监控系统软件升级 5. 监控指挥中心环境改造	168	2013年投建设费240万元。区支付240×70%=168万元 2014—2019年总投资3437万元，每年491万元。区、街7：3分担，区支付491×70%=344万元

续表 16

项目编号	项目名称	主要承担单位	起止时间	项目任务指标	下达科技项目经费金额（万元）	备注
13 社 09	马路社区监控系统升级改造项目	殿前街道马垅社区	2013.1—2013.12	1. 在三个居民小组建三个监控平台共 30 个监控显示屏 2. 在各主要出入口安装 151 个摄像头	20	社会发展项目
13 社 10	塘边社区治安监控系统	湖里街道塘边社区	2013.1—2013.10	1. 改造监控室 50 平方米，增加 4 台液晶显示器 2. 在原有 16 个探头的基础上新增 16 路枪式探头	10	社会发展项目
13 社 11	五通社区自然村监控设施及系统建设	金山街道五通社区	2013.4—2013.9	1. 在 10 个自然村的主要出入口增设 19 路，改造 5 路监控探头 2. 建设社区监控平台，在原有 4 台显示器的基础上增加 4 台	30	社会发展项目
13 社 12	后坑社区西潘社监控系统建设项目	金山街道后坑社区	2013.1—2013.12	1. 在西潘两个居民小组建 2 个监控室，每组 6 块监控显示屏 2. 在西潘辖区主要出入口安装 80 个监控探头	15	社会发展项目
13 社 13	围里社区监控系统建设项目	禾山街道围里社区	2013.4—2013.12	1. 建设 48 路监控探头 2. 建 1 套监控中心，4 块显示屏	30	社会发展项目
13 社 14	枋湖社区安兜、林后社监控系统建设项目	禾山街道枋湖枋湖社区	2013.4—2013.12	1. 分别在两个自然村建 141 路监控探头 2. 建设 1 套监控中心，4 块显示屏	60	社会发展项目
13 社 15	科普设施专项建设和科普专项活动	湖里区科协	2013.1—2013.12	1. 计划建成 3 所青少年工作室（禾欣、兴园、金海社区） 2. 赠送社区科普图书 3. 殿前科普大讲堂全年 12 场讲座与区老体协 12 场讲座 4. 区妇联协作项目“家庭网上行” 5. 开展科技活动周活动，承办全市科技活动周启动仪式	58	社会发展项目
13 社 16	第六届厦门国际动漫节	厦门市软件园管委会 协作单位：湖里区投资事务局	—	根据厦府会议纪要〔2013〕180 号	200	湖里区出资 200 万元
13 社 17	2013 年下半年区“双创”人才扶持资金	10 名“双创”人才及相应企业 协作单位：区科技局	—	根据厦湖委纪要〔2013〕15 号文件 10 名双创人才的创业资金、场所租金、个人租房、工作补贴共计 511 万元，保健补贴 8 名共 1 万元，配偶补贴 1 名共 4 万元	516	高层次创新创业人才 10 名，兑现资金合计 516 万元。
13 社 18	2012 年高新技术企业奖励	湖里区科技局	—	根据《湖里区科技资金管理办法》奖励 2012 年认定 、2011 年认定未奖励的高新技术企业 22 家	110	高新技术企业奖励项目
合计	—	—	—	—	1802	—

2013年湖里区高新技术企业名单

表17

序号	企业名称	领域	地址
1	厦门精合电气自动化有限公司	高新技术改造传统产业	湖里工业园区华荣路46号精合大厦
2	厦门金龙旅行车有限公司	高新技术改造传统产业	湖里大道69号
3	厦门哈隆电子有限公司	电子信息技术	嘉禾路808号一号厂房六楼
4	厦门立达信光电有限公司	资源与环境技术	软件园二期观日路20号立达信楼
5	厦门侨兴工业有限公司	新材料技术	悦华路42-44号2楼
6	厦门市东林电子有限公司	资源与环境技术	岐山北二路1000号萤火虫大厦
7	厦门市及时雨焊料有限公司	新材料技术	枋湖路9-19号第五层
8	厦门市萨珀莱照明技术有限公司	资源与环境技术	禾山镇后坑村下湖社557号
9	厦门太古飞机工程有限公司	高科技服务业	高崎国际机场东侧埭辽路20号
10	亨国（厦门）精机工业有限公司	高新技术改造传统产业	湖里区宜宾路25号
11	厦门安普利生物工程有限公司	生物与新医药技术	湖里大道48号银丰工业大厦5楼
12	同致电子科技（厦门）有限公司	电子信息技术	湖里华盛路26号
13	厦门捷信达模具塑胶有限公司	高新技术改造传统产业	悦华路143号之二1A、1B单元层
14	厦门赛特勒电子有限公司	电子信息技术	湖里大道48-50号第六层
15	厦门协成实业有限公司	高新技术改造传统产业	环东海域美溪道湖里工业园41号厂房
16	厦门虹泰光电有限公司	新材料技术	枋湖路712号虹泰光学厂房4楼
17	华尔达（厦门）塑胶有限公司	新材料技术	同安工业区集中区湖里园37栋
18	厦门虹泰光学有限公司	新材料技术	枋湖路712号
19	厦门印天电子科技有限公司	电子信息技术	软件园二期望海路45号101室
20	厦门加新精密金属有限公司	高新技术改造传统产业	环东海域美溪道湖里工业园33号厂房
21	厦门欧圣斯洁具发展有限公司	新材料技术	火炬园北路68号
22	厦门文仪电脑材料有限公司	新材料技术	同安工业集中区湖里园70号厂房
23	宇科模具（厦门）有限公司	高新技术改造传统产业	湖里区马垅路13号1-2楼
24	厦门延江工贸有限公司	新材料技术	同安区同安工业集中区湖里工业园88号
25	厦门海荭兴仪器有限公司	高新技术改造传统产业	湖里区火炬东路28号龙头山工业大厦2楼
26	厦门市润泓健康科技有限公司	高新技术改造传统产业	厦门市湖里区五通村环岛路边厂房（泥金社437号）
27	厦门市贝莱通信设备有限公司	电子信息技术	厦门市禾山路268号联谊大厦2楼
28	宇科塑料（厦门）有限公司	新材料技术	厦门市湖里区禾山镇马垅开发区二号综合楼
29	厦门汉纳森汽车电子有限公司	电子信息技术	厦门市思明区软件园二期观日路28号501
30	厦门台和电子有限公司	高新技术改造传统产业	厦门市湖里工业区31号厂房
31	厦门市恒源新电力设备有限公司	高新技术改造传统产业	厦门市湖里区和山镇蔡塘村古地石社

续表 17

序号	企业名称	领域	地址
32	好利来（中国）电子科技股份有限公司	电子信息技术，高新技术改造传统产业	厦门市湖里区枋湖路 9-19 号
33	厦门光宇光电科技有限公司	电子信息技术	厦门市湖里区禾山路 455 号之 219 室
34	厦门三烨传动机械有限公司	高新技术改造传统产业	厦门市湖里区五缘湾泗水道 617 号宝拓大厦写字楼 17 层 02 单元
35	福建省龙竣金属制品有限公司	高新技术改造传统产业	厦门同安工业集中区湖里园集成路 666 号
36	厦门市豪雅美五金卫浴工业有限公司	高新技术改造传统产业	厦门市湖里区高崎机场三叉路口第五幢二楼
37	厦门伟盟环保材料有限公司	新材料技术	厦门市同安区美溪道湖里工业园 85 号
38	厦门市捷昕精密科技有限公司	高新技术改造传统产业	湖里大道 78 号万山厂房 1 层西南侧
39	厦门鑫远志系统集成有限公司	电子信息技术	厦门市湖里区枋钟路 2370 号 301 室
40	厦门市超日精密模具有限公司	新材料技术，高新技术改造传统产业	厦门市湖里区兴隆路 71 号 1A 单元（联发 18 号厂房一楼）
41	厦门市博朗精密工业有限公司	高新技术改造传统产业	厦门市湖里区枋湖工业小区 38 号厂房一楼
42	厦门市康泰兴运动器材有限公司	高新技术改造传统产业	厦门市同安区环东海域湖里工业园 71 号厂房 4 至 5 层
43	厦门融通信息技术有限责任公司		
44	厦门全利婴童用品有限公司	新材料技术	湖里区
45	厦门市智业软件工程有限公司	电子信息技术	湖里区
46	艾拓自动化（厦门）有限公司	高新技术改造传统产业	湖里区
47	鼎贞（厦门）实业有限公司	高新技术改造传统产业	湖里区
48	厦门格瑞斯特环保科技有限公司	资源与环境技术	湖里区
49	厦门天迈节能照明有限公司	电子信息技术	湖里区
50	厦门亿联网络技术股份有限公司	电子信息技术	湖里区
51	恺霖卫浴科技（厦门）有限公司	资源与环境技术	湖里区
52	厦门民航凯亚有限公司	电子信息技术	
53	厦门锋联信息技术有限公司	电子信息技术	软件园二期望海路 65 号 A504、A505
54	厦门绿创科技有限公司	资源与环境技术	软件园二期观日路 24 号楼 406 室
55	纳润（厦门）科技有限公司	生物与新医药技术	同安区美溪道湖里工业园 92 号
56	厦门海合达汽车电器有限公司	电子信息技术	林后社 568 号
57	厦门市特克模具工业有限公司	高新技术改造传统产业	湖里大道 40 号
58	厦门胜中陶瓷阀门科技有限公司	新材料技术	同安区同安工业集中区湖里园 43 号第三层
59	厦门台松精密电子有限公司	电子信息技术	华盛路 2 号
60	厦门瀛寰电子科技有限公司	资源与环境技术	禾山路 266-268 号联谊大厦 A 座二层 A01 单元
61	厦门爱登特科技有限公司	电子信息技术	禾山路 266 号联谊大厦 A 座 6 层 D02
62	厦门灵马软件有限公司	电子信息技术	嘉禾路 380 号 305 单元

续表 17

序号	企业名称	领域	地址
63	厦门纽优新型工艺有限公司	新材料技术	环东海域湖里区工业园 2 号楼
64	厦门世纪恒深科技工程有限公司	电子信息技术	软件园二期望海路 57 号 402
65	厦门市驰杰模具工业有限公司	高新技术改造传统产业	江头北区园山南路 798 号
66	厦门博意达科技有限公司	高新技术改造传统产业	湖里区禾山路 266-268 号联谊大厦五层 F01-F04 单元
67	厦门诚创科技有限公司	电子信息技术	软件园二期望海路 23 号 501
68	厦门聚萤光电科技有限公司	电子信息技术	湖里区东渡濠头南库区二号楼
69	厦门瑞发莱光电科技有限公司	电子信息技术	湖里区华盛路东方商贸大厦六层北部
70	厦门市华益通机械设备有限公司	高新技术改造传统产业	福建省厦门市同安工业集中区湖里园 8 号厂房
71	厦门恩迪膜科技有限公司	资源与环境技术	厦门市湖里区金山街道后坑西潘社 308 号 A633 单元
72	厦门真冈热处理有限公司	高新技术改造传统产业	福建省厦门市集美区灌口镇山美路 17-19 号
73	厦门亿力天龙科技有限公司	电子信息技术	厦门市湖里区竹坑路深汇大厦 901
74	厦门搜企软件有限公司	电子信息技术	厦门市湖里区吕岭 77 号长安大厦 16CD
75	厦门和健卫生技术服务有限公司	高技术服务业	厦门市东渡路 116 号 5 楼
76	厦门市方圆通模具有限公司	新材料技术，高新技术改造传统产业	厦门市湖里区寨上 2 号仓库
77	厦门绿动力环境治理工程有限公司	资源与环境技术	厦门市湖里区禾山路 266-268 号联谊大厦 A 座 7 层 B01 单元
78	厦门巨创科技有限公司	高新技术改造传统产业	厦门市湖里区湖里大道 99 号 7 楼 B 座
79	厦门辉讯电子科技有限公司	电子信息技术	厦门市湖里区金山街道高林综合楼一楼
80	厦门市宇捷包装机械有限公司	高新技术改造传统产业	厦门市同安环东海域湖里工业园 35 号
81	厦门市江平生物基质技术有限公司	资源与环境技术	厦门市湖里区东渡路 226 号五矿大厦第十九层 1901#
82	厦门市南孚电子科技有限公司	新能源及节能技术	厦门现代物流园区长虹路 33 号 4 楼 A 单元
83	厦门安耐吉科技有限公司	新能源及节能技术	厦门市湖里区禾山路 266-268 号联谊大厦第三层 A02
84	厦门市质子工贸有限公司	高新技术改造传统产业	厦门市海沧区新阳工业区霞光路 102 号 B2 段 14 号门
85	福建省西西梯网络工程有限公司	电子信息技术	厦门市体育路 7 号通士达大厦五楼东侧
86	厦门捷晟数字科技有限公司	电子信息技术	厦门市湖里区高新技术园安岭路 999 号金海湾财富中心 1 号楼 204 室之一
87	厦门四方中信科技有限公司	电子信息技术	厦门市湖里区高殿大厦 6 楼东侧
88	厦门市格绿科技有限公司	资源与环境技术	厦门市湖里区禾山枋湖后宅山
89	厦门浩广网络科技有限公司	电子信息技术	厦门市湖里区兴隆路 27 号信息大厦 10 层之一
90	厦门市荣佳生物科技有限公司	资源与环境技术	厦门市禾山路 266 号联谊大厦 4 楼 A03
91	厦门宇虹达光电科技有限公司	电子信息技术	厦门市湖里区兴湖路 27 号 3 楼
92	厦门同力节能科技有限公司	新能源及节能技术	厦门市湖里区枋湖北二路 1521 号湖里高新技术区泉舜大厦 2 号楼 4A、B 单元
93	厦门市西文机械工贸有限公司	高新技术改造传统产业	厦门市湖里区枋湖工业小区 67 号

续表 17

序号	企业名称	领域	地址
94	厦门舜泰光电科技有限公司	电子信息技术	湖里悦华路 145 号 1 号 2A
95	厦门易景软件工程有限公司	电子信息技术	软件园二期望海路 65 号 A304
96	厦门书生天下软件开发有限公司	电子信息技术	软件园二期观日路 26 号 605
97	厦门力嘉诚防水工程有限公司	电子信息技术	湖里后埔北二里 209 号
98	厦门艾拓瑞环保科技有限公司	电子信息技术	高殿科技园 4 号楼底层
99	厦门嘉联科技开发有限公司	高新服务业	湖里安岭路 1001 号 1 号 B 幢 4 楼
100	厦门誉昇数字技术有限公司	电子信息技术	软件园二期望海路 25 号之一 602
101	厦门佰明光电有限公司	电子信息技术	殿前高崎村 195 号 E 幢一层
102	厦门市百贸网络科技有限公司	电子信息技术	湖里东渡路 87 号 A 幢 5 楼
103	厦门华晟电子有限公司	电子信息技术	湖里殿前街道
104	合诚工程咨询股份有限公司	高技术服务业	湖里区枋钟路
105	厦门极致互动网络技术有限公司	电子信息技术	软件园二期观日路 26 号
106	厦门壹航网络科技有限公司	电子信息技术	软件园二期望海路 15 号
107	厦门鑫河机电科技有限公司	高技术改造	湖里寨上路 2 号医保仓库
108	厦门锐锋科技有限公司	新材料技术	湖里区
109	福建全芯智能科技有限公司	电子信息技术	湖里区
110	福建讯盟软件有限公司	电子信息技术	湖里区
111	艾笛森（厦门）光电科技有限公司	电子信息技术	湖里区
112	成信绿集成股份有限公司	新能源及节能技术	湖里区
113	福建亿能电力科技有限公司	电子信息技术	湖里区
114	厦门吉比特网络技术股份有限公司	高技术服务业	湖里区
115	欧仕达听力科技（厦门）有限公司	电子信息技术	湖里区
116	厦门宝龙软件产业发展有限公司	电子信息技术	湖里区
117	厦门大手控制技术有限公司	电子信息技术	湖里区
118	厦门尚为科技有限公司	电子信息技术	湖里区
119	厦门升光信息科技有限公司	电子信息技术	湖里区
120	厦门市天源兴环保科技有限公司	资源与环境技术	湖里区
121	厦门泰隆达信息技术服务有限公司	电子信息技术	湖里区
122	厦门永华实业有限公司	资源与环境技术	湖里区
123	厦门中软海晟信息技术有限公司	电子信息技术	湖里区
124	厦门中星视显电子科技有限公司	电子信息技术	湖里区
125	福建电子口岸股份有限公司	电子信息技术	湖里区
126	厦门易家网讯科技有限公司	电子信息技术	湖里区

续表 19

奖 项	项目名称	完成单位
表扬奖（5 项）	一种大理石胶的研究开发与产业化	厦门力嘉诚防水工程有限公司
	基于 AVR 的数字化电磁加热控制器研究与应用	厦门安耐吉科技有限公司
	车载 GPS 监控系统	厦门锐讯网络科技有限公司
	水性改良型板漆	厦门市仰得化工有限公司
	Epcare-EDM 电子邮件沟通云系统	厦门艾普凯尔信息科技有限公司

科协工作

【组织建设】2013 年，新成立禾山、禾盛社区科协分会。至此，全区 52 个社区均成立科协分会。补齐各社区、街道秘书长工作人员，便于区、街道、社区之间沟通互动，有利于科普工作有序开展。成立 10 家企业科协，督促企业科协发挥自身的优势，广泛开展技术创新、技术攻关、技术咨询、提出合理化建议，“讲理想，比贡献”，推进产学研合作，促进科技成果转化。至此，全区共有企业科协 45 家。湖里区科协鼓励和支持社区创先争优。兴隆社区、江村社区获全国科普示范社区荣誉称号，获得 20 万元奖补资金。

【加强科普基础设施建设】2013 年湖里区安排科普经费 395 万元（其中区级 230 万元，街道 165 万元），比上年增加 60 万元。投入 30 多万元在湖里街道新建南山、湖里、康晖、塘边、后浦、新港、东渡共 7 处宣传栏，做到全区 52 个社区都有标准宣传栏。同时，新建禾山社区、科宏眼科高标准 LED 宣传栏。至此，全区共有高标准 LED 宣传栏 7 处。在市科协的支持下，投入 40 多万元在禾欣、兴园、金海社区新建市级青少年科学工作室。同时，安排场所，创造条件在祥店、禾盛、禾山、怡景 4 个社区新建区级青少年科学工作室。制定《湖里区青少年科学工作室管理办法》，加强对青少年科学工作室的管理，规范青少年科学工作的运行，使其更好的为社区青少年提供服务。至此，全区有市级青少年工作室 10 处，区级青少年工作室 7 处。在市科协的支持下，新建湖里街道海天社区科普大学分校，同时创造条件，因地制宜与街道在禾山、金山新建两所区级科普学校，做到 5 个街道都有科普学校。至此，全区有市级科普大学 3 所，区级科普学校 2 所。在省、市科协的支持下，在金尚、金山、禾山、祥店 4 个社区建设科普智慧墙，4 个社区之间定期轮换智慧墙内容，方便居民观看和接收科普知识。

【承办科普交流活动】7 月 2 日，在金尚社区承办全市社区科普益民工作现场会。8 月 8 日，金尚社区接受全省城镇社区科普工作会议代表观摩，代表们对金尚社区以及湖里区科普工作给予肯定。9 月 17 日，在湖里街道海天社区承办社区科普大学新学年工作会议，各分校交流办学经验以及建议，与会代表共同参与海天社区科普大学开学式。

【开展形式多样的科普活动】2013 年，区科协投入 30 多万元，新编印春、夏、秋、冬四册养生保健以及家庭健康常识等五种科普宣传册以及食品保健挂图。同时向台江科协订购生活中的科学，向福建科技报订购节能 365。购置科普图书、科普挂历、科普宣传品共 28000 册（本）赠与全区副处级以上干部和各社区。区科协继续与中国知网续签协议，利用网络传播工具为居民提供科普服务。投入 20 多万元举办万能机床、创意搭建、机器人、航模 4 场区级青少年科学工作室竞赛。同时，支持各街道组织下属社区进行比赛。6 月 28 日，组织全区科普工作人员参观辖区内科普教育基地省水产研究所、省亚热带植物观赏园以及惠和石文化园。许多科普工作者当场与科普教育基地达成初步意向，计划组织社区居民、青少年在科普教育基地开展各类活动。年内，在 5 个街道的社区先后组织 12 场“科普超市”进社区活动，6000 多名居民参加。

【科技活动周和全国科普日活动】2013 年，湖里区在科技人才活动周和“全国科普日”围绕“科技创新·美好生活”这一主题，开展灵活多样、丰富多彩的活动。组织防震减灾演练 1 次，累计参加人员 4000 余人次；举办全区街道科协科普知识竞赛 1 场。举办科普讲座共 22 场（其中举办公务员专题讲座 1 场）；赠送给 5 0 个社区科普图书、科普挂图、科普墙报 4600 余册；更换 100 余座宣传画廊的科普内容；指导社区青少年科学工作室开展活动共 50 场，接待青少年 1200 余人次；组织 600 余名街道社区居民、学校学生参观市科技馆等科普基地的展览。

【开展特色科普活动】2013 年，全区各街道、社区针对不同优势，开展特色科普活动。怡景社区开展心理健康服务活动，禾盛社区进行卫生保健宣传活动，禾欣社区以环保节能为主题开展系列活动，吕岭、长乐打造社区亲子行。殿前科普大讲堂开展 10 场讲座，共 2000 多社区居民受益。

（熊新民）

【气象科普】9月28日下午，厦门市气象局组织志愿者参加湖里政协在金尚小区举办的界别活动——“美丽厦门共同缔造”科普社区活动。市气象局准备气象谜语、气象展板、气象知识问答以及专家咨询，展位前热闹非凡，市民踊跃参加。

（章秋英）

福建省水产研究所

【概况】福建省水产研究所成立于1957年，隶属福建省海洋与渔业厅，是一个公益型、多学科、综合性的省级海洋与渔业研究机构。2013年，有职工127人，其中，高级研究人员43人，中级研究人员51人，享受国务院政府特殊津贴5人，入选福建省“百千万人才工程”6人。福建省水产研究所是一所水产学科齐全、技术力量雄厚、学科特色与优势明显、科研综合能力较强的研究所。主要研究领域涉及海洋生物技术、海水养殖新品种繁育和养殖技术、水产养殖病害监测和防治、海洋渔业资源调查与开发管理、渔业环境调查与监测、渔业工程与装备、海洋工程勘察与可行性调查研究、海洋功能区划与海域使用论证、水产品综合加工和水产品质量安全等学科。随着科研业务发展的需要，经有关部门批准，福建省水产研究所先后设立国家海水鱼类加工研发技术分中心、农业部渔业产品质量监督检测测试中心、东海区渔业资源动态监测网福建省监测站、福建省水产养殖病害防治中心、福建省水产品质量监督检验站、福建省渔业环境监测站、海洋与渔业司法鉴定中心、环境影响评价中心、福建省海洋与渔业厅海水水产良种场、福建省海水鱼类苗种繁育科研中试基地等多个公益性机构。福建省水产研究所持有海域使用论证甲级（国海论字第1204号）、测绘乙级（测资字35102033）、建设项目环境影响评价乙级（国环评证乙字第2233号）、司法鉴定许可（许可证号：350206011）等多项技术服务资质，是海洋功能区划编制单位（第0830号）、海岛保护利用规划编制单位（国海岛字〔2013〕125号）、海岛使用金评估推荐单位（国海岛字〔2013〕126号）和无居民海岛使用论证推荐单位（国海岛字〔2013〕127号）。

【科研项目与经费】2013年，福建省水产研究所承担各类科研项目55项，新增科研专项32项，其中新增农业部立项项目5项、国家海洋局公益专项2项、省属公益类科研基本专项9项、厦门市科技局项目2项，另有多项资源、环境、病害监测、水产品检测等任务，到位科研经费2512万元。共承接科技服务项目82项，到位项目经费1535万元。

【科研成果】2013年，福建省水产研究所有1个项目获福建省科技进步二等奖、1个项目获厦门市科技进步二等奖、1个项目获厦门市科技进步三等奖。“褐毛鲿人工繁育技术及产业化应用”项目获省科技进步二等奖，同时获厦门市科技进步二等奖，“凡纳滨对虾种质复壮、健康种苗培育关键技术研究与产业化应用”获厦门市科技进步三等奖。申请发明专利4项，获发明专利授权3项，通过评审验收的结题课题18项，发表研究论文56篇。

【褐毛鲿人工繁育技术获省科技二等奖】2013年，福建省水产研究所承担的“褐毛鲿人工繁育技术与产业化应用”项目获福建省科学技术进步二等奖。该项目应用生物学和生态学方法，突破褐毛鲿全人工繁育技术难题，首创一整套褐毛鲿室内仔鱼高密度培育和池塘（土池）稚幼鱼培育相结合的育苗工艺，建立完整的技术体系，实现褐毛鲿苗种产业化生产，为褐毛鲿养殖产业化发展奠定重要的种苗保障基础。项目研发的褐毛鲿室内与池塘结合的育苗技术和工艺已在我国南方沿海大面积推广应用，实现褐毛鲿苗种产业化生产。2001—2012年，该项目成果应用企业8个，累计推广褐毛鲿池塘育苗面积18.166万亩（1亩=666.67平方米，下同），培育出全长6—10厘米褐毛鲿苗种9.083亿尾，共计新增产值13.62亿元，新增利润10.9亿元，取得显著经济和社会效益，项目技术总体居国际领先水平。

【石斑鱼种业创新通过省海渔厅验收】2013年，福建省水产研究所承担的“石斑鱼种业创新与产业化工程建设”项目通过省海洋与渔业厅组织的专家验收。该项目系统构建石斑鱼苗种规模化培育的技术体系，建成4个石斑鱼省级良种场，扶持核心育苗场6个，带动23个专业育苗场，共培育石斑鱼苗种7116万尾，产值14264万元。建立7种石斑鱼种质资源库，保有石斑鱼亲鱼共3873尾，为省内外150多家育苗场提供2800公斤优质受精卵；突破福建省地方特色种类云纹石斑鱼、赤点石斑鱼规模化育苗技术难点，培育云纹石斑鱼（♀）×赤点石斑鱼（♂）杂交子一代，共培育杂交种25.9万尾；采用高位池集约化、水泥池集约化、工厂化循环水及池塘可控生态等四种养殖模式，首次实现福建省石斑鱼养殖从冬季间断的“C”形模式到全年不间断的“O”形模式转变，示范推广养殖面积8905亩。项目实施三年示范推广总产值22.17亿元，利润8.62亿元；集成、筛选石斑鱼神经坏死病毒及虹彩病毒的快速检测技术，完善并推广“石斑鱼生态优化及病害防控人工育苗创新模式”新模式；首次系统构建多种石斑鱼的种质资源库和信息资源数据库，建立石斑鱼公共信息化服务平台，编制完成6个地方标准，发表学术论文21篇，其中SCI收录7篇。建立石斑鱼产业化技术培训体系以及专家在线咨询、远程病害诊断在线服务系统，取得显著的经济、社会效益，推动石斑鱼养殖产业化发展。

【凡纳滨对虾种质复壮获市科技三等

联袂服饰秀为区分会场增添光彩，“美丽乌石浦”行动中众油画师绘制的3D涂鸦墙颇具人气吸引力；法蓝瓷选送的“鱼跃腾达红龙鱼瓷瓶”和缘漆轩工艺品选送的“神韵”获中华工艺优秀作品金奖，麒麟名汇、惠和石文化园报送的作品共获4项银奖和2项铜奖。

【文化遗产保护】2013年，湖里区有陈夷则故居、高崎寨遗址、厦门海堤纪念碑等市级文物保护单位9处，萧氏家庙等涉台文物保护单位4处，均划定保护范围，设立保护标志，建立科学记录档案，建立保护机构或有专人负责管理，建有文物社会保护网络管理员队伍，并签订文物委托管理协议书，由专人进行日常管理；有2家涉台文物保护单位成立文物保护管理站。区文化市场综合执法大队对各文物点不定期巡查，文物管理员对各点定期巡查，各点保护完好，记录完整，未发生被破坏、损毁的责任事故。5月中旬，组织专人参加“2013年福建省非物质文化遗产保护工作培训班”；6月上旬，湖里区滕派蝶画技艺及其传承人陈军入选厦门市第四批非物质文化遗产代表性项目及代表性传承人名单，区厦门古龙食品有限公司（代表性项目：厦门酱油古法酿造技艺）成为厦门市第四批新增保护单位之一；6月中旬，举办《湖里民间信仰》（丛书）首发仪式暨知识培训讲座，各街道代表、各社区文化协管员、各遗产保护名录单位代表及传承人、区图书馆代表等100多人参加首发仪式和培训讲座。7月上旬，组织区非遗传承人参加市非遗传承人暨闽南文化培训班。8月下旬，组织宫庙负责人参加送王船联谊会。9月下旬，召开全区非遗保护单位与传承人年度座谈总结会，沟通交流并部署全年总结与下年计划任务。10月上旬，自发组织参与海峡两岸送王船参观学习活动。12月上旬，钟宅畲族社区申报厦门市闽南生态文化保护实验区试点，并迎接厦门市非物质文化遗产保护中心专家组考察，筹建闽台送王船造王船展示厅。12月下旬，组织区8个保护传承单位参加在市非遗中心一楼传习中心大厅召开的2013年度市非遗代表性传承人工作年会。

【文艺创作】2013年，湖里区文化馆组织专家填词、录音，由舞蹈干部陈美云和艺术顾问张延风编舞的广场舞蹈《我要住湖里（湖里STYLE）》配合“活力湖里”广场舞大赛，受到机关、学校、社区、企业职工群众的欢迎。结合湖里区“五缘夜月”旅游项目，由馆长阙全安作词作曲的《五缘月色美》通过五缘湾文化旅游形象大使宿鲁雁的演唱，受到厦门市音乐界的好评。由副馆长朱玉玲重新编创并参演的小品《竹马青梅》参加湖里区“金秋廉韵”文艺晚会演出，得到现场观众的共鸣；由该馆编印的《湖里文集》正式面世，该书共收入53位作者102篇优秀作品，是湖里区本土作家20年文学创作的一次大结集，作品以散文为主，兼容诗歌、小说。

【文化进基层】2013年，全区各街道、社区共完成基层文体活动731场。结合春节、元宵、“三八”、“五一”、“十一”等节日及品牌活动，开展群众文化活动。将专题文艺晚会、书画摄影比赛与展览、舞蹈培训等活动融入居民群众的生活，深受群众的喜爱。

【文化下乡】1月21—25日，开展湖里区文明服务超市“五下乡”活动。在湖里区5个街道的5个社区举办2013年湖里区优秀基层文化节目巡回展演，并组织书法家义务为辖区居民书写春联，为群众送上新春的祝福。

【“幸福广场秀”活动】2013年，“幸福广场秀”入选湖里区第一批“美丽厦门·共同缔造”活动项目后，得到区委、区政府重视，区委书记刘育生带队调研并做出指示。制定出台《湖里区“幸福广场秀”活动指导性意见》，深入开展“幸福广场秀”活动的推广工作，让更多的市民走出家门秀才艺。通过发放便携式广场音响设备、举办培训班等方式，带动社区居民参与活动的热情。全区共有“幸福广场秀”活动点172个，每天参与活动的人数6300多人，各街道均选定打造2—3个具有一定规模、设施齐全、环境优美、深受群众喜爱的活动点作为“示范点”。

【基层文艺团队建设】2013年，区文化馆加大对厦门五缘湾合唱团、湖里区外来青年艺术团/合唱团及芳草越剧团等基层文艺团队的扶持力度，鼓励参赛，提供展示平台，提升队伍技能素质和团队凝聚力。五缘湾合唱团参加2013年厦门“海之韵”新年合唱音乐会，演唱《七月的阳光》《丢丢铜仔》两首曲目；11月28日，五缘湾合唱团在温州大剧院参加“百年合唱 中华梦想”第十二届中国（温州）合唱节合唱比赛，以《七月的阳光》《去一个美丽的地方》《我爱我根》三首作品，得到评委的一致肯定，获得银奖。截至2013年年底，全区有基层文艺团队259支，成员7170人。

【主题活动和节庆活动】2月13日，区文化馆承办2013年厦门市元宵灯会越剧专场文艺演出，湖里区芳草越剧团为市民带去《盘妻索妻》《追鱼》等经典唱段。2月24日，举办厦门第九届元宵民俗文化节开幕式“湖里一家亲”民俗展演和大型民俗踩街活动，直接观众近10万人次。4月20日，厦门第五届城市诵读节暨湖里悦读季开幕，以“悦读、提升、圆梦”为主题的系列读书活动融入市民的生活。5月31日，为推介五缘夜月旅游项目，组织策划承办“五缘月色美”——五缘湾文化旅游形象大使宿鲁雁独唱音乐会，博得近千名观众长时间的掌声。9月下旬，举办湖里区第六届福德文化节“民俗摄影比赛”和“福德民间故事征文”活动，受到来自中国台湾地区及东南亚1000多名福德信众的好评。

7月26日，第五届社区文化艺术节“活力湖里”广场舞比赛

【区第五届社区文化艺术节】2013年，湖里区文化馆组织举办湖里区第五届社区文化艺术节，组织人员创作“湖里Style”歌词和舞蹈动作，分别组织安排社区、学校、企业的骨干进行培训，举办“活力湖里”广场舞比赛，参加演出的人员近千人，直接观众近万人。举办以“美丽湖里”为主题的美术、书法、摄影等静态类比赛和展览，广受好评，收到来自全区各街道、社区以及社会各界选送的美术、书法、摄影作品1100多幅，经过专家的评定，有164幅作品获奖。开展基层文体活动项目评比，推动全区基层群众文化活动的健康发展。举办“幸福广场秀”大展演活动，汇报并展示第五届社区文化艺术节的成果。

【未成年人课外教育】2013年，湖里区文化馆做好区艺术扶贫工作，举办湖里区第二届外来员工子女艺术夏令营，开设舞蹈、合唱、美术和国学4个培训班，有100多名来自区民办小学的学生参加。举办湖里区第20届少儿现场绘画比赛、第五届厦门市少儿故事大王比赛湖里区选拔赛、湖里区第13届少儿现场书法比赛。湖里区图书馆开展丰富多彩的未成人课外教育活动。面向未成年人和家长，开设纸雕艺术培训班和美食艺术培训班，给孩子们自己动手的机会，培育孩子拥有创造的原动力。举办“快乐童年·舞动新年”文艺演出、“学习雷锋亲子健步行”活动、图书馆爱书日活动、“快乐加减”数学竞赛、庆“六一”“巧巧手”环保手工创意大赛、“小读者”杯讲故事比赛、暑期纸雕夏令营和军事夏令营、“月饼宝盒变变变”中秋亲子活动。湖里区文体出版旅游局关工委组织5场未成年人夏令营活动，参与人数230人次。活动主题包括湖里区未成年人网络安全夏令营（2场）、湖里区未成年人文物夏令营（1场）、湖里区未成年人非物质文化遗产夏令营（2场）；开展“捐资助学”活动（捐助学生6名）。

（官阳）

文联工作

【组织建设】2013年3月，由湖里区文学艺术界联合会所属各协会组织对全区本专业的文艺队伍数量进行普查，建立健全本专业文艺人才数据库。至7月，相继完成文学创作、舞蹈、摄影、音乐、书画、油画、诵读等七个协会的换届工作，把辖区具有文艺专业特长的专家学者调整充实到各协会队伍，选举产生协会新一届领导机构。8月29日，召开区文联第四次代表大会，回顾和总结区文联五年以来工作，修改区文联章程，选举产生区文联新一届领导机构，确定未来五年区文联的工作任务。区委书记刘育生、市文联书记林起到会祝贺，并作讲话。

【密切文化交流】10月25—28日第六届海峡两岸文博会期间，油画协会邀请省美协副主席王新伦、省文化收藏协会会长原华伍、中国美术家协会会员麻显钢等莅临油画村，相互交流油画创作技巧，探讨油画产业运营和油画美术产业未来走向。10月20日，诵读协会在湖里公园举办以宣扬敬老尊贤为主题的诵读晚会，邀请来自北京朗润语言艺术团的5位名家与湖里区的诵读爱好者同台演出。舞蹈协会参加兄弟文联组织的活动，《在红绿灯下》获得省政法系统比赛二等奖。6月24日，《民主与法制时报》书苑专栏以“胸有丘壑写丹青　书画两绝旅八闽”为题整版刊登对区书画协会顾问石庆云的采访文章及书画作品4幅；11月11日，《中国书法报》第一期书法展也刊登书法人物石庆云及其作品。12月27—30日，音乐协会所属厦

8月29日，湖里区文联第四次代表大会

门五缘湾合唱团参加由中国合唱协会、浙江省文化厅、温州市人民政府联合举办的“第十二届中国合唱节·纪念中国合唱百年”大型合唱比赛，取得合唱银奖。年内，与国内各文联间的交流互动136人次。

【民俗文化增添新气息】2月24日元宵节，由区委、区政府主办，区宣传部承办的第九届厦门（湖里）元宵民俗文化节在红星美凯龙广场开幕，来自区内的文艺队伍与广东及省内的福州、宁德、泉州等市的四支文艺队伍同场竞艺。摄影协会在元宵民俗文化节现场组织以“赞颂新成就，喜庆十八大”为主题的优秀摄影作品展，有80多幅作品参展。

【城市“悦读季”增添魅力】4月26日，第五届厦门（湖里）城市诵读节暨湖里悦读季在湖里万达广场拉开序幕。4—11月“悦读季”活动开展期间，穿插美丽湖里征文、摄影、“湖里星期六”名家讲堂、读书公园、家庭读书会等一系列活动。在区委、区政府的统一部署下，全区主要居民集中区设置35个24小时自助借书机，随时服务想读书的群众。11月，举办一场以“美丽厦门·唱响中国梦”为主题的优秀节目展演，城市诵读节暨湖里悦读季活动达到高潮。

【文艺书籍出版】8月，文创协会将53位作者的102篇散文、诗歌、小说编印成《湖里文集1993—2013》。文创协会还收集整理湖里辖区的闽南民间信仰的情况，编辑出版非遗系列丛书《湖里民间信仰》。国庆前夕，摄影协会、书画协会在区政府大院举办“美丽湖里书画作品展”，有200多幅作品参展；12月7—10日，在市美术馆继续展示。区文联以创建13年来的风雨历程为主线，结合湖里区改革开放的巨大变化，整理出版画册《湖里文联》。市文联党组书记林起评价：湖里画册编辑出版，是一件功德无量的工程，对记录保存湖里区文联的历史具有十分重要的意义。

（陈思成）

社科联工作

【组织建设】湖里区社会科学界联合会是中共湖里区委领导下的社会科学学术性群众团体，是全区性社会科学学会（研究会、协会）的联合组织和业务主管部门，为湖里区群团机关单位，2009年12月28日正式成立，有编制1人。2013年7月25日，湖里区社会科学界联合会第一届委员会第二次全体会议召开，听取区社科联成立三年来的工作报告，补选区社科联主席。杨运华当选主席。

【社科普及活动】10月19—25日，区社科联配合厦门市第九届社会科学普及周开展“学习社科知识，建设美丽湖里”社科普及宣传系列活动。邀请市社科学会组织社科普及宣传志愿者，到金安、长乐社区开展社科志愿者进基层服务活动；区委宣传部、区社科联组织司法及卫生、计生、人劳等职能部门开展广场咨询活动，上门服务，进行社科知识宣传咨询，图片展示，医学义诊，有奖竞答，并免费送书、发放社科普及宣传材料，组织开展社会科学知识竞赛活动。10月22日，开展“看生态，感受美丽湖里”活动，组织区社科联委员、市民代表参观湖里生态企业、绿色社区。10月24日，在鹭江讲坛江头街道举办点举办《胸怀两个愿景目标，共同缔造美丽厦门》专题报告，“鹭江讲坛”报告人、市委党校原常务副校长施凤堂副教授为干部群众讲解《美丽厦门战略规划》。9—12月，开展百场电影进社区活动，普及社科知识，丰富广大居民群众的业余文化生活。

（徐晓曦）

湖里区图书馆

【概况】2013年，湖里区图书馆在实现图书馆基本职能基础上，完成国家文化部一级图书馆复评和创建国家公共文化服务体系示范区工作。新增图书流通点13个，新增办证读者5085人，图书借阅量41.47万册，读者流通41.7万人，举办各类读者活动182场次，群众参与11.89万人。

【文献资源建设】2013年，湖里区图书馆新增文献67135册，其中中文图书61708册、漫画图书2061册，期刊3366册；新增光盘448片；新增电子资源1.5T，馆藏文献资源总量28万册。

【周末公益讲座】2013年，湖里区图书馆成为厦门市社科联“鹭江讲坛”的举办点，举办“婴儿（0—3岁）的心理

8月10日，鹭江讲坛公益讲座　（裴彗龙　摄）

特点和心理健康”“学习亲子沟通技巧，为孩子健康成长助力”“当代独生子女教育存在问题与对策”等多场“鹭江讲坛”讲座，普及科学知识。举办“高效英语学习法”“我爱数学”“国学成就孩子的一生”“亲子共读一本书”等周末亲子讲座，普及文化知识。全年共举办15场讲座，参加人数1035人次。

【公益电脑培训班】2013年，湖里区图书馆开办9期计算机基础知识培训班，培训人数279人。湖里区图书馆在厦门市各图书馆中第一个建立“厦门市社区学习中心”，也是唯一一个长期为读者提供公益电脑培训服务的图书馆。优先为残障人士、外来务工人员、下岗职工、老年人等弱势群体提供培训机会。

【流动图书车送书下基层活动】2013年，湖里区图书馆流动图书车每月定期开到社区、部队、学校、企事业单位。服务地点包括：海天社区、钟宅社区、金安社区、金海社区、湖里区政府、东渡小学、高崎小学、蒲公英幼儿园、厦门市劳教所、厦门海防二连、宸鸿科技。流动图书车现场提供办理借书证、图书借还、阅览服务。全年开展送书下基层活动97场次，服务2万人次。

【元宵灯谜游园活动】2月23日下午，湖里区图书馆在湖里区文化中心一楼大院内举办迎元宵猜灯谜游园活动，迎来近千名市民参与。参与猜谜和游园的市民读者络绎不绝，对奖处和每个游园项目前都排起长长的队伍，场面十分热闹。

【“纸质书与电子书哪种更有优势”辩论赛】5月26日上午，湖里区图书馆多功能厅内气氛热烈，掌声雷动。一场以“纸质书与电子书哪种更有优势”为主题的高中生辩论赛在此激烈上演。这次辩论赛得到湖里区教育局的大力支持，邀请厦门三中与禾山中学100名师生前来参赛。赛前师生们在学校一次又一次地进行模拟比赛，完善自己的辩论内容，争取以最好状态投入到比赛中。比赛当天，两方辩手准备得十分充分，唇枪舌剑，妙语连珠，精彩的交锋引来场内观众的阵阵掌声。比赛评选出来两个个人奖和两个团体奖。

小平同志视察厦门陈列室中的邓小平塑像

【主题图片展览】春节期间，区图书馆举办“中华传统佳节”图片展；世界读书日期间，举办“中外科技名人（外国卷）”图片展览；5月，举办构筑社会消防安全“防火墙”图片展；7月，举办“兴国之魂　强国之魄　中国共产党的精神史诗——红色精神”图片展；8月，举办“文明上网　健康成长”图片展；9月，举办“厉行勤俭节约　反对铺张浪费”图片展；10月，举办“中国梦——追逐复兴梦想　拥抱民族希望”主题图片展。

【读书宣传活动】4月16日上午，举办图书馆“爱书日”活动，组织厦门“幸福学堂”的35名小朋友参观图书馆，教育小朋友们要爱书护书。4月22—26日，在图书馆一楼大厅举办港台版图书及新书推介会。4月23日上午，为到馆的前30名读者赠送读书纪念品，当天到馆还书的读者取消超期罚款，鼓励大家多读书。4月22—26日，开展馆长接待日活动，听取读者意见，解答读者问题。

（陆晓春）

厦门经济特区纪念馆

【概况】2013年，厦门经济特区纪念馆有实物藏品343件，档案文件727份，照片资料1万多张，图书1000余册。纪念馆重点收集与厦门经济特区发展历史有关的实物、文献档案、照片资料等，发挥爱国主义教育基地作用，被命名为“市第四批爱国主义教育基地”“市第二批社会科学普及教育基地”“福建省党史教育基地”。年内，纪念馆免费接待参观人数61115人次，未成年人参观人数6398人次；机关企事业单位、学校、部队、社区团体共29场次。纪念馆由湖里区政府搬迁后留下的兴隆路23号办公大楼旧址改建而成，占地面积5000平方米，总建筑面积6000平方米，2008年12月19日，正式对外开放。同年12月，厦门市委机构编制委员会批复成立厦门经济特区纪念馆，作为厦门市博物馆的分馆，是财政核拨市属事业单位。特区纪念馆内设宣教部、办公室、资料室，工作人员12名。纪念馆的陈列以特区初创和邓小平、江泽民、胡锦涛三代领导人先后视察厦门经济特区为标志，共分为四大部分，即厦门经济特区开创阶段（1981—1984）、发展阶段（1984—1991）、争创新优势阶段（1992—2005）和科学发展新跨越阶段（2006—2008）。馆内附设“厦门市重点建设成就展”“厦门海堤建设历史陈列”“小平同志视察厦门陈列室”“鹭江号游艇陈列”4个展览。

【“学特区精神，做四好少年”主题活动】2013年上半年，为激励广大少先队员以特区建设者为榜样，学习“开创、守信、开拓、竞争、奉献”的特区精神，争做四好少年，中共湖里区委宣传部、区文明办、区教育局组织区中小学在特区纪念馆开展“学特区精神，做四好少年”系列主题教育实践活动。每周五都有一所学校在特区纪念馆的小广场举行活动，活动结束后由特区馆的讲解员接待中小学生参观纪念馆并为其讲解。

【开展“爱教三下乡”活动】2013年，特区纪念馆发扬爱国主义教育精神，组织爱教小分队，把特区的历史浓缩进展板，将展板送到部队，送到社区，送进学校。讲解人员对展板进行一系列的图文解说，让大家了解特区的历史。同时，赠送宣传册以及书册，拓宽大家了解特区历史和发展建设的渠道。在社区活动中，增加知识问答的环节，通过回答问题和奖励的形式，提高群众的参与互动。

【爱教基地队伍建设】2013年，特区纪念馆组织讲解员业务学习培训，包括两项内容：通过每个人的展厅现场讲解，对每一位讲解人员的讲解内容、身形体态、面部表情等都做一系列的示范、点评和纠正；通过唐诗宋词、文言文、现代诗歌、散文的朗诵，让讲解员潜移默化地把情感带入每一种文体中，做到声情并茂，抑扬顿挫，高低起伏，提升自身的语感。同时，每个月组织全体馆员进行一次业务学习，安排馆内的文博专家开讲座，交流工作心得，分享学术成果。邀请西安秦俑博物馆资深老讲解员、宣传部原主任马青云为大家授课。选派两名优秀讲解员到厦门音乐岛酒店接受封闭式礼仪培训，并赴闽西博物馆参加学习。

（苏明婷）

2013年厦门经济特区纪念馆来宾一览表

表20

时　间	来　宾
1月11日	厦门湖里第二实验小学200人
2月25日	湖里街道办事处30人
3月29日	钟宅民族小学120人
4月12日	湖里实验小学200人
4月19日	厦门高林中心小学160人
5月3日	金尚中学100人
5月17日	湖里实验中学150人
5月17日	厦门红十字会20人
5月23日	73325部队154人
5月24日	厦门市宣传部15人
5月24日	厦门第三中学120人
5月31日	厦门外国语湖里分校150人
6月7日	厦门市五通小学140人
6月13日	厦门医高专70人
6月21日	厦门市禾山中学175人
6月25日	宜宾市南溪区委组织部20人
6月27日	翔安工商局10人
6月27日	湖里区东莹社区40人
7月1日	长乐社区居委会20人
7月1日	厦门电子职业中专学校138人
7月1日	交通部东海第二救助飞行队28人
7月1日	兰州市人民政府驻厦办事处10人
7月2日	厦门电子职业中专学校100人
7月6日	武汉大学哲学学院34人
7月11日	厦门市全和物业管理有限公司17人
7月12日	集美大学诚毅学院141人
7月18日	思明区中华街道霞溪社区家教学校100人

续表 20

时　间	来　宾
7 月 26 日	湖里街道塘边居委会 30 人
8 月 2 日	厦门商旅东南建德商会 60 人
8 月 6 日	梧村街道金榜山社区关工委 32 人
10 月 18 日	31 集团军 25 人
11 月 1 日	东渡边检站 73 人
12 月 27 日	厦门大学 110 人

体　育

【重点特色赛事】2013 年，作为“一区一品”的重点赛事及“2013 年厦门国际海洋周”重要活动内容之一的第九届中国俱乐部杯帆船挑战赛，吸引来自大陆和台湾等地近 30 支赛队 220 多名帆船选手，赛队竞技水平达到新高，成为湖里区一大体育盛会、旅游盛会。海洋周期间，有厦门市 50 个家庭 150 人参加第九届五缘湾家庭趣味海钓赛，全市 30 多名专业钓手参加第五届中国（厦门）国际游艇帆船展游钓赛，大陆和台湾等地 20 个代表队 60 多人参加两岸海钓邀请赛。

【体育设施队伍】2013 年，区文体出版旅游局推进区文体中心和区青少年校外体育活动中心项目建设，至年底，区青少年校外体育活动中心项目初步完工。督促街道完善青少年校外活动场所建设，完成 3 个农民健身工程点、40 套健身路径和 52 套室内健身器材的配备。实施《湖里区全民健身计划（2011—2015）》，指导各街道广泛开展全民健身活动。成立区体育总会，指导单项协会开展工作，举办三级社会体育指导员培训班。年内，培训 200 名社会体育指导员。

【职工体育】2013 年，湖里区各部门先后开展机关拔河赛、“庆三八”外来女员工拔河赛、“庆五一”企业职工趣味运动会、湖里公安系统“平安杯”篮球邀请赛等活动，参与单位近百个。区机关还举办羽毛球、篮球等竞赛活动，参加人数 4000 多人次。

【社区体育】2013 年，湖里区各街道开展各具特色、丰富多样的社区健身活动。在春节期间，湖里街道举办“海天杯”门球邀请赛，殿前街道举办武术比赛，江头街道举办拔河比赛等，禾山街道举办元旦冬泳活动，金山街道举办“金山杯”社区篮球邀请赛。

【老年体育】2013 年，湖里区开办健身操、太极拳等固定活动项目，举办各类健身知识讲座。全区老年人体育健身队伍日益壮大，元宵健步行、重阳登山活动，参加的老年人 2000 以上。

【青少年体育】2013 年，湖里区训练运动员不少于 200 人，向市少体校输送体育人才不少于 10 人。区文体出版旅游局与区教育局联合举办中小学运动会，同时做好参加各级各类比赛的各项准备工作。

【体育赛事】2013 年，湖里区组队参加市第 19 届运动会，在各项比赛中夺得成年组金牌 19 枚、银牌 19 枚、铜牌 19 枚，青少年组金牌 39 枚、银牌 47 枚、铜牌 40 枚，奖牌总数突破 183 枚、总分排名第二，创历史最好水平。实现市运会成年组金牌榜保二争一、团体总分保二争一的目标，提升湖里区竞技体育在全市的排名。成立 2013 年建发厦门国际马拉松赛湖里区工作领导小组，落实责任分工，营造辖区良好的社会治安环境，确保 2013 年建发厦门国际马拉松赛顺利进行。

（官阳）

卫生和计划生育

卫 生

【概况】2013年，湖里区进一步完善公共卫生服务体系和医疗服务体系，加大重大疾病和突发公共卫生事件的防控力度，强化卫生监管，优化卫生资源配置，规范医疗机构管理，提高卫生服务质量。年末，全区共有医疗卫生机构258家，其中区级公共卫生机构3家（区卫生局卫生监督所、区疾病预防控制中心、区妇幼保健院），区属医疗卫生单位共有事业编制85人，在编78人。另有民营医院6家、门诊部33家、诊所143家、医务室卫生所74家。

【卫生基础设施建设】8月，湖里区公共卫生综合楼投入使用，9月16日前区妇幼保健院、区疾控中心、区计生服务站和区卫生局卫生监督所相继搬迁入驻。新大楼提供方便温馨的就医环境，新添置一批先进的医疗设备，设置计算机网络系统、排队叫号系统、病房呼叫系统、多媒体会议系统等13个智能化系统。2012年12月28日，市口腔医院新院（位于吕岭路蔡塘段）正式开诊，成为全省最大的口腔专科三级医院，区卫生局配合口腔医院做好入驻后续工作。2012年12月，厦门眼科中心扩建工程开工建设。区卫生局协调推动厦门市中山医院湖里分院新址建设进度和五缘综合医院的动工建设。

【医疗体制改革】2013年3月1日起，区妇幼保健院全面取消药品加成，实行基本药物零差率销售，并制作取消药品加成改革有关通告宣传牌、宣传条幅，印发知识问卷，在群众中广泛宣传。同时，对药物使用数量及处方进行检查，控制不合理用药和大处方等现象。把好到厦门务工人员的准入关，对聘用外来人员和医疗机构设置申请均查验婚育证明和相关计生证明。区卫生局出台《关于进一步加强公共卫生均等化服务的通知》（厦湖卫〔2013〕70号），保障流动人口享有均等化的公共卫生服务。

【慢性病综合防控示范区创建】2013年，成立以区长为组长的创建慢性非传染性疾病综合防控示范区领导小组，制订创建工作方案，印发创建工作任务分解表，明确各成员单位的职责，建立部门协调机制，定期召开工作会议，拨付300万元专项资金投入到创建工作中。5月以来，形成政府主导、部门联动、街居落实、群众参与、专业机构支持的慢性病综合防控机制。创建成效得到省卫生厅的肯定，7月，高分通过省级慢性非传染性疾病综合防控示范区评审，并在此基础上，推进国家级慢性病综合防控示范区申报工作。区政府投入近4亿元经费，用于健康支持环境、疾病监

5月9日，湖里区慢性病综合防控示范区工作部署会议

测、健康教育、病人管理、示范创建及慢性病防控基础设施等项目建设，在全区全面做好肿瘤、心血管疾病和死因监测，大力开展肿瘤、心血管疾病、脑卒中以及行为危险因素的监测工作，掌握人群流行状况，为科学防控提供依据；以社区诊断、公共场所健康指标自助检测等手段，主动筛查高危病人，及早发现高危病人，并且通过两癌（宫颈癌、乳腺癌）普查普治、心理干预、龋齿填充/窝沟封闭等方法干预高危人群；结合居民个人健康档案，建立社区—医院—疾控一体化慢性病规范化治疗与管理服务模式。

【卫生队伍建设】2013年，区卫生系统共录用及调入编内人员18名、编外人员44名，其中：区卫生局卫生监督所公开招考编内人员3名、接收安置5名军转干部；区疾病预防控制中心引进高层次卫生人才1名、公开招考编内人员5名；区妇幼保健院公开招考编内人员2名，调入编内人员2名；区卫生局卫生监督所录用非在编工作人员2名、卫生监督协管员3名；区疾病预防控制中心录用非在编工作人员1名、录用计免协管员4名；区妇幼保健院录用编外工作人员34人。组织完成引进高层次卫生人才的资格审核、专家组面试、体检、考察等工作；组织修订《湖里区高层次卫生人才引进和培育实施细则》；组织开展市卫生高级管理人才培养人选和区医疗卫生类拔尖人才选拔推荐工作。

【文明城区创建】2013年，卫生监督队伍围绕创建省文明城区、全国文明城市的总体要求，建立“弹性工作制”，根据餐饮、经营性公共场所等各业态的经营时段特点，方便群众办事，及时调整工作时间，错时上班，提高管理针对性和工作效率，做到不留工作死角。建立创建日报告制度，及时报告创建进展和整改落实情况，尤其是整治工作难点，加强上下级、部门间沟通协调，完善创建举措。建立巡查督导机制，按照“谁分管、谁负责”“谁包干，谁落实”的原则，加强对创建工作的组织领导，协调解决各类问题。

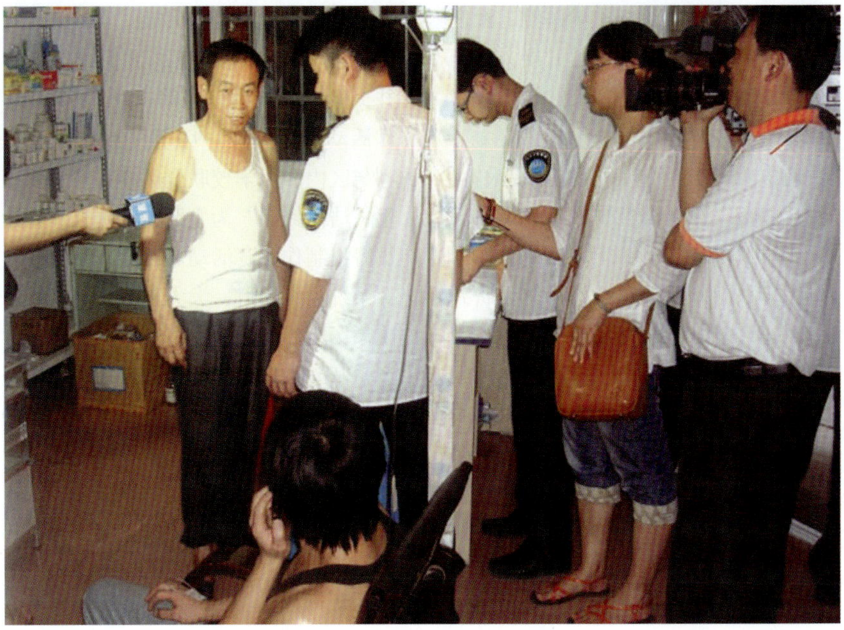

7月11日，区卫生监督所突击查处无证行医窝点　（林建雄　摄）

【健康服务进社区】从9月起，区卫生局开展“健康服务走进社区”活动，联合市中医院、仙岳医院、中山医院湖里分院各社区卫生服务中心、区属医疗机构等单位，组建一支以市中医院专家，社区卫生服务中心全科医生，区属医疗机构预防保健医生为主的专业健康服务队伍，选择金安、五通、高殿、马垅、禾山、禾盛等6个社区（居民区）为试点，利用周末时间，每2周安排一次现场活动，为社区居民免费测血糖、量血压，提供健康咨询，发放健康知识资料，将疾病尤其是慢性病的预防控制知识传播给社区居民。试点活动得到群众肯定。

【医疗机构管理】2013年，区卫生局遵循“控制总量，优化结构，拾遗补阙”的原则，依据《湖里区医疗机构设置规划（2010—2015年）》要求，控制新的医疗机构准入；严格许可审查，按照标准对医疗机构的有效期延续、校验等严格把关，对不符合要求或者有违规、违法行为，责令整改落实并进行相应的行政处罚。暂缓校验19家因不良执业记分超过15分或校验不合格的医疗机构，纠正名称不规范的医疗机构3家，注销登记7家，公告注销医疗机构13家。引进2家高端民营医疗服务机构：鹭燕医药集团与厦门大学合作项目之一的“燕来福国医馆”正式开业；南京医药公司打造的厦门绿金谷健康城落户湖里区。

【人感染H7N9禽流感防治】2013年，湖里区人感染H7N9禽流感防治工作领导小组成立，制定全区防治工作方案，强化对防治工作的指导。加强人感染H7N9禽流感防治知识的培训，举办培训班，组织人员学习人感染H7N9禽流感诊疗方案、医院感染预防与控制技术、疫情防控方案以及省、市、区防治方案等，提高医务人员的诊疗水平和现场处置能力。做好相关应急检测试剂、耗材、消杀药械和防护用具的储备工作，做好防控工作保障。加强防治知识健康教育，通过LED屏和宣传板开展公众健康宣教，向群众发放宣传册和播放宣传片，发送防控信息、动漫彩信10万余条。组织市中医院、社区卫生服务中心等10家单位开展人感染H7N9禽流感疫情应急演练。

【快速应对"6·7"BRT公交车纵火案】面对"6·7"重大恶性事件，区卫生局第一时间启动应急预案，迅速抽调医务人员，成立20个医疗救护小组，备齐急救药品，派驻遇难者家属安置点，24小时待命，做好对遇难者家属的医疗救护保障和心理疏导工作。第一时间部署任务，安排干部职工进驻174医院和第一医院，协助安抚受伤人员家属情绪，维持医院秩序。启动应急值班制度，值班人员保持24小时联络通畅，收集受伤人员情况，及时向上级汇报。继续做好出院伤员的安抚工作。

【落实应急物资准备】2013年，区卫生局做好霍乱、禽流感、流感等突发公共卫生事件的防护用品和消杀药品等应急物资的储备工作。每季度一次盘点储备物品，根据疫情形势及时调整储备物资的数量，及时更新过期物品。

【干部保健】至2013年12月31日，湖里区共有39位保健对象（其中在职25人、退休14人）完成年度健康体检。区卫生局执行干部保健对象的疗养制度，分期分批参加市委保健办组织的各种形式的疗养。截至12月31日，共有29位保健对象报名参加本市疗养，20位保健对象选择参加周末疗养，并办理周末疗养证。为1名医疗费个人负担过重的保健对象办理医疗补助。

【爱国卫生】2013年，湖里区爱国卫生运动得到长足发展。按阶段、分行业、划重点制定《湖里区2013年病媒生物防制工作方案》，明确工作目标、防制范围、控制标准和技术措施，推动病媒生物防制工作有效实施，完成夏季灭蚊蝇行动和前三季度的灭蟑、灭鼠行动。各街道、社区通过宣传栏、LED屏、宣传横幅、发放宣传资料等形式，宣传卫生常识和除害防病知识。4月11日，全市爱卫会议在湖里街道怡景社区召开，同时举行湖里区第25个爱国卫生月活动启动仪式。10月中旬，区爱卫办与区内多所学校联合举办以"美丽湖里·洁净家园"为主题的灭鼠灭蟑总动员海报制作比赛活动。以党政机关、教育系统为突破口，大力开展公共场所和工作场所禁烟工作。在公共文明指数测评中开展控烟督导，在全区中小学校开展世界无烟日、控烟公益讲座，组织9所学校8577名学生开展"拒吸第一支烟，做不吸烟新一代"签名活动等，在全区范围营造浓厚的禁烟氛围。

（何晖红）

湖里区卫生监督所

【概况】厦门市湖里区卫生局卫生监督所于2004年2月成立，是财政全额拨款事业单位，主要职责是接受区卫生局的委托，依照《中华人民共和国食品卫生法》《中华人民共和国传染病防治法》《中华人民共和国执业医师法》等卫生法律法规规定的职责范围，承担辖区食品卫生、公共场所卫生、学校卫生、劳动与职业卫生、生活饮用水及涉水产品卫生的卫生许可事务和医疗机构、传染防治、母婴保健等卫生监督执法任务。是湖里区卫生局行使卫生监督执法职能的执行机构，下设9个职能科室，即办公室、医疗卫生监督科、业务综合科、许可科、湖里分所、江头分所、殿前分所、禾山分所、金山分所。2013年，湖里区各类被监督单位8700多户，其中餐饮经营单位5829家、公共场所1172家、医疗机构270家、学校卫生153家、职业卫生92家、二次供水188家、集中式餐饮具消毒单位10家。区卫生局卫监所编制有卫生监督员27人，有一支52人的卫生监督协管员队伍。获得厦门市文明单位等荣誉称号。8月16日起，湖里区卫生局卫生监督所搬迁至位于湖里枋湖东二路的公共卫生综合楼。湖里区卫生局行政审批办公室设立，区卫生监督所许可科成立，11月22日，整建制进驻行政服务中心。年内，按时完成许可申请审查3310件，其中餐饮2227件，公共场所605件，二次供水133件，医疗机构345件。

【卫生监督】2013年，区卫监所以文明城区创建为契机，进行监督检查。全年检查餐饮、公共场所等经营单位26000多家次，检查从业人员10万人次。为方便经营者，现场办公32场次，体检从业人员26242人次，发放办证通知5000余份。深化餐饮服务食品安全治理整顿。开展严厉打击食品非法添加和滥用食品添加剂及食用冰专项整治工作、集中式消毒餐具专项检查等各类专项整治行动共13场。做好节庆及重大活动期间餐饮安全保障工作。在元旦、春节、中秋、国庆等节日期间和中高考期间做好校园及周边餐饮安全保障工作，完成第九届元宵民俗文化节、第四届中小学生艺术展演活动、台交会、海峡论坛、"9·8"国际投洽会、福德文化节等全市重大活动期间餐饮安全保障任务，保障市民群众和外地游客的餐饮安全。做好餐饮服务食品安全监督抽检工作。对集中式消毒的餐饮具、餐饮服务环节的皮蛋、自制食用冰、生食海产品和腌制生食水产品、辣椒酱等产品进行卫生监督抽检。对4家经抽检自制食用冰不符合卫生标准的餐饮单位予以立案查处。继续推进餐饮量化分级管理制度及食品安全示范工程建设。对全区范围内的所有餐饮服务单位的食品安全状况进行量化评分及等级评定，量化分级管理率100%。统一定制且安装"食品安全信息公示栏"4500块，安装防鼠板451个、防鼠网158个，加大对示范街、示范单位创建的经费投入。秉持监管和服务并重理念，在巩固已创建的万达示范街品牌成果的基础上，着重加强对万达广场金街、SM城市广场、华嘉路、江头南路、TBK客运站、兴隆路等重要商业大街的餐饮单位进行业务指导，由重点路段的示范店培育开始，以点带面，培育成示范街。针对住宿场所、沐浴场所、美容美发场所、游泳场所开展5场重点监督检查和专项整治行动，对各类经营性公共场所存在的卫生问题责令限期整改，并在限期后落实整改效果。2013年，抽检公共用品用具1206件，卫生指标合格的1155件。另外还对辖区内的19家游泳场所的游泳池水质进行抽检，其中15家水质合格，对4家检测指标超标的游泳场所分别予以立案查处。加强生活饮用水日常检查和定期监测。做好辖区二次供水单位卫生管理及设施维护等日常监督检查，在辖区内选定15个末梢水监测点和60个二次供水监测点，每个季度对监测点的水质进行监督监测，共抽检水样120份，合格110份。重点监督检查职业卫生。先后开展石英砂加工等4个领域专项整治、铝镁制品机加工企业专项整治、职业病危害隐患和涉重企业专项整治，到企业生产现场进行检查监督，及时发现问题和隐患，督促落实企业整改。

【医疗机构监管】2013年，区卫监所加强日常监管，规范执业行为，提高医疗服务水平。落实医疗机构集中整治和专项评价的工作部署，检查医疗机构1100家次，重点从诊疗科目设置、人员资格、医疗广告、医疗文书、院感、药品质量等方面规范医疗机构的执业行为。对跨科行医、使用非卫生技术人员、擅自开展终止妊娠手术等违法行为予以严厉打击，查处医疗机构违法案件62件，罚没25.5万元。开展非法行医及"两非"（非医学需要的胎儿性别鉴定、非医学需要的人工终止妊娠）集中整治行动。先后10次联合区效能办、计生局、所在街道及辖区派出所，对无法行医窝点进行不定期、不定点执法行动。同时，加强日常监督巡查，及时发现及时查处，取缔无证行医窝点71处，没收药品器械142箱，其中立案查处28件，罚款11.3万元，没收违法所得0.3209万元，共计11.6209万元；立案查处"两非"案件14件，罚款15.8万元，没收违法所得1.26万元，共计17.06万元，没收B超机13台。对1名无证行医屡教不改的人员以涉嫌非法行医罪移送司法机关追究刑事责任。清理整顿违法医疗广告。检查医疗机构350家次，发现发布违法医疗广告的医疗机构76家，150处，对8家整改不力的予以行政处罚，组织约谈1次。收缴非法印制的医疗广告杂志1800本。

【举报投诉处理】2013年，区卫监所处理各类投诉322件，其中餐饮135件，公共场所28件，医疗128件，无证行医26件，职业卫生投诉3件，二次供水水质投诉2件。查处案件164件，罚没金额55.53万元。其中，餐饮服务59件、金额2.4万元（当罚50件，均为警告；立案9件，罚款2.4万元）；公共场所18件，金额1.35万元（当罚9件，罚款0.55万元；立案9件，罚款0.8万元）；职业卫生1件，罚款0.2万元；医疗机构44件、金额22.9万元（当罚32件、金额2.6万元，立案查处12件、金额20.3万元）；无证行医28件，罚没11.62万元；"两非"案件14件，罚没17.06万元。

【宣传培训】2013年，区卫监所制作13000多份"致餐饮业经营单位的一封信"和一批规范经营的相关资料，列明《城市公共文明指数测评体系》餐饮业测评内容和《餐饮业经营单位卫生管理要求》、食品安全相关卫生知识问答、食品从业人员卫生知识必读等宣传材料及宣传品，逐一发放到各餐饮服务经营单位。组织3场全区性的医疗机构学习培训会议，聘请专家对H7N9禽流感防控知识、药品质量安全管理、医疗广告管理等进行培训学习。各分所召开4场专题会议，就依法行医的有关规定提出具体要求，720家次医疗机构工作人员参加会议。召开2次职业卫生监督工作会议。

【队伍建设】2013年，区卫监所每月一次对卫生监督员进行培训，内容有卫生监督执法依据的法律、法规、规章、卫生标准和规范；执法文书规范使用和书写；其他卫生监督相关知识。每季度一次培训卫生监督协管员，培训内容有卫生监督执法依据的卫生标准；卫生监督执法工作程序和要求。利用卫生监督在线学习平台、厦门市干部在线培训平台、厦门市行政执法网上培训系统三个网上平台学习，进一步优化卫生监督员的知识结构，使卫生监督员从传统业务型向法制型、综合型转变，增强卫生监督员的依法行政能力及综合执法能力，提高卫生监督队伍的整体素质。鼓励和支持在职人员深造，提高学历学位层次、丰富专业知识，提高业务水平。

（谢玉霞）

湖里区疾病预防控制中心

【概况】湖里区疾病预防控制中心是2004年2月在原湖里区卫生防疫站的基础上组建而成，是区政府实施疾病预防与控制、突发公共卫生事件应急预警与处置、疫情收集与报告、健康相关因素信息管理、健康危害因素监测与干预、实验室检测分析与评价、健康教育与健康促进、技术管理与应用研究指导等职能的公益性事业单位。2013年，编制数37人（含保健办2人），实际在编30人（含保健办2人），专业技术人员高级职称6人、中级职称12人，中高级职称占60%；研究生学历2人，本科学历22人，本科以上学历占80%，引进高级卫生人才1人。

【重点疾病防控】*霍乱防治*。2013年区疾控中心加强医院肠道门诊监测。辖区湖里医院、中医院肠道门诊就诊病例137例，粪检数137例，未发现霍乱弧菌阳性患者。采集中埔水产批发市场和其他农贸市场外环境水样170份，海产品238份，经检测，未发现霍乱弧菌。*艾滋病防治*。截至2013年12月

31 日，湖里区存活的艾滋病病例共 126 例，死亡 19 例，转出病例 157 例，查无此人 8 例。全年随访累计 830 人次，通知 CD4 检查 350 人次。做好自愿咨询检测工作，2013 年接受 623 人咨询，其中采血 613 人，经检测，10 例初筛阳性，均确认为 HIV 感染者。开展高危人群干预工作，暗娼干预 4711 人次，男男同性恋人群干预 1496 人次，性病就诊者干预 156 人次，监管场所羁押人员干预 1280 人次，外来务工人员干预 16705 人次。结核病防治。全年共发现活动性肺结核病人 518 例，其中初治涂阳肺结核病人 160 例，复治涂阳 26 例，涂阴 329 例。各级非结防机构综合医院上报疑似肺结核病人 809 人，转诊到位率为 63.9%；需要追踪 183 人，结防机构开展追踪 273 人，追踪率为 100%；追踪到位 158 例，追踪到位率为 97.2%。对新发涂阳病例的密切接触者 136 人进行筛查，筛查率达 100%。

【免疫工作】2013 年，全区本地儿童疫苗接种率 99.87%，全区流动儿童疫苗接种率 99.80%。4—5 月，在全区范围内开展国家免疫规划疫苗查漏补种月活动，应补种麻疹疫苗 2125 人，实际补种 2102 人；应补种脊髓灰质炎疫苗 3223 人，实际补种 3185 人，接种率均超过 95%。无发生异常反应和投诉。9 月下旬，在全区幼儿园及小学集中补种麻腮风疫苗，共入校接种麻腮风疫苗 2760 支，另有部分儿童由家长自行带到社区卫生服务中心接种；10 月 9—18 日，开展 2—3 岁非厦门户籍儿童麻风疫苗强化免疫工作，接种 13252 人。辖区报告疑似麻疹病例 203 例，经流调实验室检测阳性病例 34 例，经外地转入临床诊断病例 1 例，阴性病例 162 例，风疹阳性病例 6 例，全部符合疑似麻疹监测指标；全区 15 岁以下儿童疑似乙肝病例 1 例，无新生儿破伤风、百日咳病例。医院报 15 岁以下儿童急性弛缓性麻痹（AFP）3 例，均及时流调，3 例均通过实验室检测排除脊灰病例；每旬主动搜寻辖区医院 AFP、乙脑、新生儿破伤风、麻疹，未发现漏报病例，辖区两家医院通过市疾控中心 AFP 监测工作督导。4 月 8—26 日，对辖区 2011 年、2006 年的本地户口儿童及居住满 3 个月以上外来儿童的免疫规划接种情况进行一次抽查，调查结果为所有免疫规划疫苗接种率均达到国家要求。全区报告疑似异常反应 22 例，其中异常反应 3 例，偶合症 2 例，其余均为接种后出现接种局部红肿、发热等一般反应，均痊愈。报告 1 例预防接种异常反应死亡病例，该例接种无细胞百白破疫苗后约 37 小时死亡，尸检结果符合胸腺淋巴体质的病例特点。省预防接种异常反应专家组诊断为“不能排除与无细胞百白破疫苗接种有关”，经省卫生厅疾控处组织专家审核，确定其损害程度为一级甲等，补偿 30 万元。

【疫情报告管理】2013 年，湖里区无甲类传染病病例报告；乙类传染病报告发病 2896 例，死亡 1 例，报告发病率 299.34/10 万，较上年相比发病率上升 20.52%，报告死亡率 0.10/10 万。其中报告发病数居前三位的病种是乙肝（1415 例，发病率 146.26 / 10 万）、肺结核（543 例，发病率 56.13 / 10 万）、淋病（380 例，发病率 39.28 / 10 万）。丙类传染病报告发病 1680 例，无死亡病例，报告发病率 173.65/10 万，较上年相比发病率上升 18.28%。报告发病数居前三位的病种是手足口病（854 例）、其他感染性腹泻病（492 例）、流行性腮腺炎（234 例）。

【慢性非传染性疾病防治】2013 年，湖里区报告死亡病例 778 例，公安部门报告 774 例，报告率 100.5%，报告死亡率 3.07‰。死因前五位分别为：恶性肿瘤、脑血管疾病、心脏病、呼吸系统疾病、损伤和中毒以及营养与代谢疾病（并列）。前五位死因顺位与上年略有不同，占全部死亡数的 81.23%。区疾控中心开展全区产品伤害监测工作，累计报告 48631 例（其中中医院报告 39096 例，湖里医院报告 9535 例），报告典型案例 18 例。4 月，中医院启动电子化报告系统，提高报告信息的准确性和完整性。每月将医院上报的肿瘤病例上报到省肿防办，累计报告肿瘤新发病例 543 例。随访 2013 年湖里区户籍病例 592 例，其中失访 103 例，死亡 128 例，转其他区 19 例，存活 342 例。截至 2013 年 12 月 31 日，辖区共建档录入重性精神疾病 1509 例，个案管理 200 例。各社区卫生服务中心规范管理率及患者稳定率均达到国家要求水平。辖区流动人口多，导致辖区以常住人口为基数的重性精神病患者检出率一直处于较低水平。

【地方病防治】2013 年，区疾控中心开展碘盐监测。如期完成辖区碘盐随机抽样监测任务。在市疾控中心随机抽取的 20 个居委会中，每个居委会随机抽检 15 户居民食用盐，现场进行半定量检测，随后将盐样送到实验室定量检测。监测共采盐样 300 份，现场检测发现 1 份非碘盐，实验室检测出 2 份不合格碘盐。碘盐食用率 99.67%，碘盐合格率 99.33%，合格碘盐食用率 99%。开展自然疫源性疾病监测。2013 年，辖区共报告 2 例肾综合出血热病例，及时派工作人员前往医院及患者家中进行流行病学调查。区疾控中心采取了对患者住家进行消毒、灭蚤，以患者住家作为重点，开展灭鼠活动，整治环境卫生，减少鼠类孳生环境。开展“三热”病人（即临床诊断为疟疾、疑似疟疾和不明原因的发热病人，下同）血检疟原虫工作。与厦门大学附属中山医院湖里分院签订“血检协议书”。完成“三热”病人血检 510 例，未发现阳性病例。中心抽取 120 片进行复核，均为阴性。

【消杀工作】2013 年，区疾控中心每月按监测方案开展蚊虫、鼠密度监测。年内布放 336 个诱蚊灯、2400 个捕鼠笼，每月将监测数据按时上报给上级有关部门。

【卫生应急工作】2013年，区疾控中心处理传染病自动预警信息448起。处理学校和托幼机构报告疫情150起，其中手足口病疫情115起（建议22所幼托机构停课），余为水痘、流行性腮腺炎等，及时发放疫情相关防控意见，有针对性地进行现场调查，并指导学校/托幼机构开展晨检、消毒和健康教育等防控工作。在突发公共卫生事件管理信息系统上报告辖区内突发事件6起，其中一般突发事件3起，为2起水痘疫情和1起流行性腮腺炎；未分级突发事件3起，为1起布鲁氏菌病疫情和2起诺如病毒感染。在中国流感信息监测系统上报告3起甲型H1N1流感，2起B型流感疫情事件。及时开展疫情防控工作，迅速有效控制疫情的蔓延。另处理辖区中小学流感样病例聚集性疫情5起，疫情均得到有效控制。全年接到疑似食品安全事故报告5起，处置5起，判定为食物中毒1起（涉及人数7人），为发生在集体食堂的不明原因食物中毒。事件已及时处理，无续发病例，涉及人员均已痊愈。其中，9月下旬和12月中旬湖里康乐幼儿园和湖里幼儿园分别发生的诺如病毒感染的急性胃肠炎暴发疫情，经采取一系列防控措施，疫情及时得到控制，所有患儿均已康复。

【健康教育宣传】2013年，区疾控中心广泛宣传卫生防病知识。采取多种形式开展宣传，先后发放宣传海报、折页和宣传单等健康教育资料26种44万多张及多份纪念品。出版健康教育专栏4期、宣传展板7版、宣传横幅225条、大型宣传广告5块、拱门2个，新建社区宣传栏32个。全年开展各种主题宣传活动累计23场次，现场共发放各种宣传材料3.5万多份、宣传小礼品2500多份。开展公民健康素养促进行动。为普及“健康66条”，在辖区进行大面积健康素养综合行为干预，在老年大学、社区等举办3场健康知识讲座，在全区范围内开展居民健康素养监测调查工作，组织14人入户调查，发放问卷600份，回收600份，完成市疾控下达的任务。

【卫生监测及实验室检验检测】2013年，区疾控中心开展食品、公共场所从业人员体检工作，共体检3614人份，合格率99.83%。完成食品检测314家594份，合格率96.80%。其中，碘盐检测300份，合格率为99.33%。完成饮食店的餐、饮具大肠菌群检测共154家1803份，合格率88.41%。完成公共场所空气、用品用具微生物检测共475家2567份，合格率93.69%。完成水质检测565份，合格率97.35%，游泳池水检测35家70份，合格率71.43%。完成职业卫生监测15个点，检测46项，合格率97.80%。完成医院院感消杀检测3家24份，合格率100%。协助3起食物中毒的调查并采样25份，其中2起未检出食物中毒因子，有1起检出副溶血性弧菌。开展食品污染物监测采样，合计采样六大类10种食品113份样品，其中流动早餐及土笋冻的监测指标由本中心检验科完成，其余送市疾控监测。完成职业卫生监测14家，出具报告15份，布点136个。霍乱检测采集自中埔水产批发市场和其他农贸市场外环境水样170份、海产品238份，未检出霍乱弧菌。艾滋病初筛共检测1031人份，其中15例初筛阳性；梅毒检测共1031人份，其中29例阳性。丙肝检测共494人份，1例阳性样本。麻疹/风疹检测辖区报告疑似麻疹病例203例，经实验室检测，麻疹阳性标本34份，风疹阳性标本6份。

【新办公大楼搬迁】2013年，区疾控中心做好新公共卫生综合楼搬迁各项工作，9月24日，完成全单位搬迁。办公场所由原先的1146平方米增加到5500平方米，配备更多具有独立功能的实验室，如标准化二级生物安全实验室及单元化净化工作室、菌种室、寄生虫实验室、PCR实验室等。实验室新配备PCR仪、高效液相色谱（HPLC）、全自动荧光免疫分析系统、全自动微生物鉴定药敏分析系统等检测设备。12月，通过实验室资质认定监督评审和地址变更现场评审。

（柯素容）

湖里区妇幼保健院

【概况】湖里区妇幼保健院成立于2000年，为差额拨款事业单位，以“保健为中心，保健与临床相结合”为工作方针，秉承“母亲安全、儿童优先”的服务理念，开展妇女儿童各期保健、孕产妇及儿童系统管理、婚前保健、妇科病普查等服务，成为集预防、保健、医疗为一体的，具有一定专业特色的区级妇幼保健业务指导中心。2013年9月20日，搬迁入新的就诊大楼，业务用房面积11600平方米，在职职工164人，其中高级职称12人，中级职称40人，初级职称77人。内设妇女保健科、儿童保健科、眼保健科、耳鼻喉科、预防保健科、内科、儿科、中医科、口腔科、乳腺门诊、中医妇科、检验科、超声科、放射科、宫颈疾病门诊、内分泌门诊、不孕不育门诊、孕妇营养门诊、产后康复中心、儿童早期综合发展中心、体检中心等科室，引进美国GE三维彩超、美国贝克曼全自动生化仪、法国产后盆底康复仪等医疗设备。在全市区级妇幼保健院中实现7个“率先”，即率先开展免费婚检“一站式”服务；率先推出流动体检车办理健康证服务；率先开展盆底康复治疗、产后瘦身及催乳门诊；率先成立儿童早期综合发展中心；率先开展母乳成分分析及过敏源检测新项目；率先引进美国进口全自动生化仪、美国进口GE三维彩超、法国进口产后康复仪、美国欧美达麻醉呼吸机、美国进口电子阴道镜、荷兰进口高清数字化放射系统；率先创办“院报”。连续5年获得全省区级妇幼保健院门诊量第一名。2013年，门诊人次54.84万人次，同比增长13.1%，业务收入4855万元，同比增长7.96%。7月，与中山医院合作的科研课题“实时荧光定量PCR梅毒螺旋体检测技术的构建及其在胎转梅毒诊断中的应用”被厦门市科技局立为2013年度厦门市科技惠民计划项目，同时作为全市61个科技惠民计划项目中唯一一项入选的区级医院项目。科研项目“刚地弓形虫免疫原性膜蛋白的筛选及其在诊断中的应用”获得厦门市科技进步三等奖及湖里区科技进步一等奖。全年先后获福建省工会职工书屋、厦门市预防艾滋病母婴传播工作先进单位、厦门市妇幼卫生信息工作先进单位、厦门市无烟医疗卫生机构、厦门市文明交通示范单位、湖里区文明行业窗口等多项荣誉称号。

【孕产妇系统保健管理】2013年，全区孕产妇系统管理率95.99%，建卡率96.97%，早孕检查率96.45%，产前检查率99.11%，产后访视率96.48%，住院分娩率100%，高危孕妇筛查率50.82%，高危管理率100%，低出生体重儿发生率4.50%，出生缺陷发生率10.06‰，孕产期中重度贫血发生率0.46%，孕产妇剖宫产率34.72%，孕产妇艾滋病病毒检测率99.51%（阳性率0），孕产妇梅毒检测率99.54%（感染率0.09%），孕产妇乙肝表面抗原检测率99.54%（阳性率10.89%），婚前医学检查率99.37%，孕产妇死亡率0。湖里区高危孕妇管理中心成立，设在区妇幼保健院妇保科，定期收集和上报辖区医院“厦门市危重孕产妇转诊或主动转院登记表”。

【儿童系统保健管理】2013年，全区7岁以下儿童保健覆盖率98.80%，3岁以下儿童系统管理率95.37%，高危儿筛查率3.71%，高危儿管理率100%，5岁以下儿童中重度营养不良发生率0.98%，6个月母乳喂养率94.47%，6个月纯母乳喂养率83.19%，新生儿访视率96.94%，新生儿疾病筛查率99.60%，新生儿甲状腺功能减低症患病率0.12%，新生儿听力筛查率99.60%，新生儿听力障碍发生率2.46%，5岁以下儿童死亡率4.29‰，婴儿死亡率3.67‰，新生儿死亡率1.84‰，围产儿死亡率6.10‰，新生儿破伤风发生率0。下乡入园体检39785人次，其中口腔保健80090人次，眼保健40727人次。

【加强基层保健指导】2013年，区妇幼保健院举办基层医疗机构“妇幼卫生信息管理培训班”及母婴保健技术服务培训。召开基层妇幼人员例会及业务培训8次，共180人次，对全区220所幼儿园226名保健老师进行培训，同时对各幼儿园进行考核，入园检查指导250天，社区卫生服务中心有3人到该院进修学习。建立健全围产儿死亡报告和孕产妇死亡评审报告制度，分别组织召开2次围产协作组和儿保协作组例会，邀请市级医疗机构妇产科、儿科专家对2013年度孕产妇和5岁以下儿童死亡进行评审。加强辖区民营助产机构检查督导，全年组织2次对辖区2所民营医疗机构进行妇幼保健、助产技术及计划生育技术服务检查，对辖区2所公立医院进行完成公共卫生任务情况考核。每季度组织妇儿保人员对辖区5个街道社区卫生服务中心以及4所辖区医院进行督导，建立督导记录，反馈存在问题。年内，保健人员下基层指导共190天。

【落实公共卫生惠民项目】2013年，区妇幼保健院为首次孕妇建卡提供免费保健服务10296人，为已建卡孕妇提供五次免费产检21706人次，免费产后随访4257人次（184元/人）。对常住人口孕妇实施免费产前筛查（180元/人），共免费检测1838人。免费为全区婚检及孕妇进行艾滋病抗体检测15639人（45元/人）。配合区婚姻登记处，开展免费婚前体检6984人（200元/对）。配合计生局开展免费孕前优生检测，共检测2940人（450元/对）。免费为全区20—64岁已婚妇女进行妇科病普查，全年完成8118人普查，发现阴道炎、子宫肌瘤、宫颈炎等疾病4479例，经积极治疗，均得到较好康复。该院与民政局联合开展第三轮已婚低保检查，共完成体检261人，检出妇科疾病173人，普查率100%，患病率66.28%，对患病的低保妇女及时进行治疗并定期跟踪，给予免费检查及治疗费用8.5万元。以上全年免费金额406.5万元。

【健康教育宣传】2013年，区妇幼保健院组织医务人员分别参加殿前街道“生育文明·幸福家庭”义诊咨询活动，区妇联组织的“幸福湖里　共享和谐”，科普“超市”进蔡塘、钟宅等社区，文明服务超市“五下乡”等义诊咨询活动，为妇女儿童提供免费诊疗服务2万多人次，发放“母乳喂养的好处”“口腔保健”“眼保健”等妇幼保健知识宣传材料4万多份。结合国际爱牙日、爱眼日、母乳喂养周、艾滋病宣传日等卫生纪念日开展义诊宣传活动，发放健康保健宣传单上万份。深入社区和辖区工厂开展内容涉及生殖健康、妇女疾病、艾滋病防治及宣教妇女各期的保健知识等健康知识讲座5场。邀请伦敦城市大学早期儿童教育专家到辖区进行早教专题培训。开办孕妇班、育儿班宣教622场，9780人次保健对象参与，发放母婴保健宣传资料80800份。全年共有11篇简讯报道被《福建妇幼简讯》刊登，1篇人物事迹被福建《政协天地》及湖里区政协网专访刊登，2篇活动报道被《湖里政协》录用，9篇简讯被《湖里工运》刊登，14篇简讯被区政府网站刊登，16篇简讯被《厦门妇幼保健报》刊登，编印《湖里妇幼》院报4期。

【拓展妇幼卫生保健功能】2013年，区妇幼保健院投资近500万元更新和增加医疗设备，率先成立中医妇科、乳腺科、孕妇体重管理门诊，扩大产后康复中心及儿童早期综合发展中心。引进进口数字化X射线摄影仪（DR）、电化学发光仪、LS-100型半导体激光治疗仪、免散瞳眼底照相机和非接触式眼压计、乳腺红外光治疗仪、过敏源检测仪、母乳分析仪、光电电子阴道镜等先进设备。通过中华预防医学会盆底康复专家评审组评审，在全省率先成为国家级盆底康复筛查诊治中心。拓展儿童早期综合发展中心，开展0—6岁小儿神经心理发育筛查、感统训练等新项目，检验科成立微生物实验室。

【关爱帮扶群众】2013年，区妇幼保健院全院职工为雅安地震灾区群众捐款捐物，共捐款6445元；全院职工为辖区见义勇为事业和勇士捐款2940元；开展“万人献爱心，慈善一日捐”活动，每位职工捐出一天的工资，共捐款16752.2元。母亲节期间，进行健康知识宣传和分发乐扣杯等礼品500多份，并参加市举办的“共话中国梦——幸福母亲·和谐同行”“母亲健康1+1”公益募捐活动，为贫困母亲捐款1000元。“六一”儿童节，院工会为职工15岁以下独生子女发放购书卡。与翔安区新圩镇后埔村、同安区汀溪镇武峰村签订岗村结对协议书，院长李淑莲带领医院党员干部及巾帼志愿者为贫困妇女儿童、残疾和孤寡老人家庭送上价值近2万元的大米、食用油、棉被及慰问金。开展“党员义诊日”活动，每季度每个党员奉献一天挂号费，全年累计为850人义诊，免除挂号费5950元。

【文明创建】2013年，区妇幼保健院配合“湖里区志愿者联合分会”系列活动，组织医院志愿者利用休息时间开展“爱我妇幼、洁净家园”卫生大扫除，清除单位周边墙面的乱张贴及“牛皮癣”广告等。配合区卫生局文明创建卫生检查督导及共建社区文明交通督导80人次。抽调专业人员队伍，利用流动体检车深入社区便民办理健康证25712人次。在医院外墙醒目处悬挂文明创建条幅，制作一期文明创建展板。配合区卫生局开展健康服务进社区活动，每周安排2次医务人员到社区开展义诊咨询。

（朱春雷）

湖里街道社区卫生服务中心

【概况】2011年7月，厦门大学附属中山医院湖里第一社区医疗服务中心与厦门市湖里区湖里街道社区公共卫生服务中心重组合并为厦门市湖里区湖里街道社区卫生服务中心（第二名称为厦门大学附属中山医院湖里社区卫生服务中心）。厦门市湖里区湖里街道社区卫生服务中心为独立法人全民事业单位，举办单位为厦门大学附属中山医院，隶属于厦门市卫生局管理。中心保留东渡路93号服务点（原厦门大学附属中山医院湖里第一社区医疗服务中心业务用房）；租赁海天路53号作为业务用房，2013年6月启用。湖里社区卫生中心业务用房总面积4556.14平方米（其中海天点2671.14平方米，东渡点1885平方米）。湖里社区卫生中心服务范围为湖里街道。截至2013年12月31日，湖里社区中心领导职数为1正3副，核定人员编制数99人，在岗人员87人，其中在编人员82人，设有行政主任1人，副书记兼副主任1人；编制外人员5名（其中4名退休返聘人员）。研究生学历2人，本科学历52人，大专及以下学历33人；高级职称6人，中级职称23人，初级职称51人；临床医生37人，护理专业24人，医技7人，药学专业7人，财务5人，行政与后勤人员7人。湖里社区卫生中心设有全科医疗科、中医科、妇产科、儿科、口腔科、康复医学科、急诊科、内科、外科、公共卫生科（健康教育、精神病管理、慢性病管理、传染病管理等）、预防保健接种科、妇女保健科、儿童保健科、医学检验科、医学影像科（B超、放射）等科室。

【基本医疗服务】2013年，湖里社区卫生中心门诊106312人次，其中内科500096人次，中医科26679人次，全科9403人次，外科16968人次，妇产科1282人次，口腔科1736人次；中医技术治疗1200余人次；上门出诊及医疗服务20余人次。医疗总收入792.82万元，其中药品收入675.47万元，治疗费收入24.64万元，辅助检查收入8.95万元。完善中医门诊、中药房、针灸理疗、康复室建设，开展多项中医药适宜

2013年湖里街道一类疫苗接种情况

表21

疫苗名称	应接种人次	已接种人次	接种率（%）
卡介苗	827	821	99.27
脊髓糖丸疫苗（不含强化）	10645	10638	99.93
吸附近无细胞百白破	11117	11102	99.87
麻风疫苗	3345	3340	99.85
麻风腮疫苗	2806	2800	99.79
乙肝疫苗	7560	7557	99.96
乙脑疫苗	5065	5054	99.78
流脑疫苗	5739	5727	99.79
流脑A+C疫苗	4019	4007	99.70
白破疫苗	2006	1996	99.50
甲肝疫苗	2327	2314	99.44
合计	55456	55356	99.82

2013 年湖里街道二类疫苗接种情况

表 22

序号	疫苗名称	接种人次
1	甲肝疫苗	402
2	水痘疫苗	1150
3	B 型流感嗜血杆菌疫苗	11
4	成人乙肝疫苗	2222
5	进口脊灰疫苗	847
6	麻腮风疫苗	8
7	七价肺炎	202
8	流感疫苗	300
9	五联疫苗	198
合计	—	5340

技术，增加中医特色疗法。配合市卫生局开展“中医专家下社区”工作，提升社区中医药服务水平。完成中医药健康保健指导 1286 人次，0—36 月龄儿童中医药健康保健指导 756 人次。免费为社区居民测血脂 396 人次、血压 4874 人次，完善辖区居民健康档案及体检档案 2130 人次。参与各项义诊活动 16 次，参与人员 20 人次；配合湖里区卫生局参加社会医疗保障工作 10 余次；在“6·7 ”BRT 突发公共卫生事件工作中迅速成立救援应急小组，勇于承担，积极配合，完成遇难家属的医疗保障。同辖区厦门港务集团和平旅游客运有限公司、厦门国际邮轮中心、厦门金宝酒店、金鼎社区居委会、东荣社区居委会等单位签订共建（医疗）服务协议，为辖区单位提供基本医疗求助服务。

【健康教育】2013 年，湖里社区卫生中心参加市疾病预防控制中心的健康教育培训 1 次，对中心人员进行健康教育专业技能培训 2 次。利用宣传栏、黑板报、贴报栏、LED 等形式，宣传普及健康保健知识，其中自制宣传板报 12 期，《人与健康》墙报 12 期。同时，利用各种宣传日、季节性流行病等契机制作张贴相关疾病的健康教育宣传知识，通过设置报刊取阅架，健康教育资料取阅架，发放健康处方、折页、小册子共计 15.5 万册。组织开展各类健康教育宣传活动，包括“3·24”结核病防治宣传日、“4·25”预防接种宣传日、“10·28”全国高血压病日、“11·14”世界糖尿病日等宣传活动，开展宣传活动 16 场，受教育 4000 余人；联系辖区居委会等相关单位，走进辖区居委会、学校等，为不同人群举办各专题健康教育知识讲座 13 场，受教育 800 余人。创建无烟单位，组织开展“控制吸烟”活动，做好宣传，发放禁烟知识宣传材料 10000 余份；成立控烟小组，不定期组织控烟检查活动，开展职工控烟健康知识培训。

【计划免疫】2013 年，湖里社区卫生中心完成辖区内 14 岁以下儿童接种档案建立、国家规定 11 种一类疫苗和 14 种二类疫苗规范预防接种并追踪管理，辖区 52 所中小学、托幼园所接种疫苗情况查验证督导工作。共计接种一类疫苗应种 55456 人次，实种 55356 人次，接种率 99.72%。共接种二类疫苗 9 种，计 5340 人次。10 月 9—18 日，对辖区 2010 年 9 月 1 日至 2010 年 12 月 31 日出生非厦门户籍儿童开展麻风腮强化免疫活动，强化目标儿童 1861 人，实际接种 1824 人，接种率 98.01%。12 月 5—8 日，对辖区 2010 年 1 月 1 日 2013 年 9 月 30 日出生儿童进行脊髓灰质炎强化免疫活动，共接种 4328 人，接种率 98.82%。4—5 月，对辖区 2006 年 1 月 1 日至 2012 年 12 月 31 日出生的未按照免疫程序完成接种的儿童开展查漏补种活动。此次摸底人数 22396 人，

11 月 14 日，湖里社区卫生服务中心开展“世界糖尿病日”宣传　（王明香　摄）

目标儿童人数1725人，实际接种1688人，查漏补种免疫接种率97.86%。9月27—29日，入校查漏补种麻风腮128针次。

【妇幼保健】2013年，湖里街道户籍人口产妇数916人，活产数921人，孕产妇系统管理率95.55%，早孕检查率95.55%，建卡率96.07%，产前检查率99.46%，产后访视率96.85%，住院分娩率100%，高危孕妇筛查率49.34%，高危管理率100%，低出生体重儿发生率4.69%，出生缺陷发生率10.76‰，孕产期中重度贫血发生率0.55%，孕产妇死亡率为0，围产儿死亡率9.69‰。2013年，湖里街道7岁以下儿童7263人，3岁以下儿童3075人，3岁以下儿童系统管理率95.06%，体弱儿筛查率3.13%，体弱儿管理率100%，5岁以下儿童中重度营养不良发生率0.53%，6个月母乳喂养率95.05%，6个月纯母乳喂养率84.3%，新生儿访视率97.18%，5岁以下儿童死亡率5.43‰，婴儿死亡率5.43‰，新生儿死亡率2.17‰，新生儿破伤风发生率0。在做好儿童体检同时，对体检儿童进行血铅及微量元素（铜、锌、铁、钙、镁）等的测定。

【传染病防治】2013年，湖里社区卫生中心严格执行传染病登记、报告制度，网络直报实行双人双岗，全年共发现传染病22例，每月进行自查，无漏报、迟报现象，报告率100%，及时报告率100%。定期组织传染病防治、疫情报告及个人防护等专业知识培训，进一步掌握传染病的诊疗技术，提高疫情报告及疫情处理技能，增强个人防护意识。

【结核病防治】截至2013年12月31日，湖里社区卫生中心共管理肺结核病人132人。新增涂阳病人30人，共电话追踪疑似结核病病人216人。结合“3·24”结核病防治宣传日等，组织宣传活动，发放相关宣传资料，提高群众的防治意识。

【慢性非传染性疾病管理】截至2013年12月31日，湖里社区卫生中心累计建立居民健康档案145634份；同时，门诊随访、电话随访，对已建立的健康档案进行管理、更新。2013年，共接收7955名高血压病人，高血压病管理率31.22%；糖尿病病人4621人，糖尿病管理率33.84%；湖里社区卫生中心从厦门市各大医院2012年、2013年门诊记录中筛选出8000余名的慢病病人，进行电话随访；年内，对慢性非传染性疾病病人（包括高血压病及糖尿病病人）共进行18000余人次的电话随访。9月起，在慢性非传染性疾病病人病情稳定的前提下，62位慢性非传染性疾病病人与全科医师签订服务协议。4月1日，湖里区开始开展社区诊断工作，4—6月，湖里社区卫生中心完成724份社区诊断问卷调查表。

【老年人健康管理】7月，湖里社区卫生中心与辖区居委会民政相关工作人员配合，免费为辖区空巢老年人提供健康体检、保健咨询和常见病治疗，同时发放健康知识宣传材料，为空巢老人建立健康信息档案，关爱随访15名空巢老年人。9月，该中心与湖里街道办事处、辖区居委会等单位配合，为辖区2350位65岁以上老年人进行免费健康体检及建立健康档案，体检项目包括血常规、尿常规、肝功能、肾功能、血脂、血糖及心电图等。

【人员培训】2013年，湖里社区卫生中心1名专科医师参加全科医师转岗培训；3名全科医师参加全科规范化培训；1名放射医师参加厦门大学附属中山医院进修学习；5人参加厦门市疾病预防控制中心举办预防接种培训班并取得预防接种证书；3人参加厦门市疾病预防控制中心举办的院感培训班；2人参加厦门市护理学会举办的海峡两岸慢性非传染性疾病护理管理模式的建立与进展培训课；1人参与厦门市卫生局举办的育婴师培训并取得证书及5人参与营养师培训班并取得证书。

（张少阳）

殿前街道社区卫生服务中心

【概况】2011年6月，厦门市湖里区殿前街道社区公共卫生服务中心与厦门市中山医院殿前街道社区医疗服务中心合并成立厦门市湖里区殿前街道社区卫生服务中心，第二名称为厦门市中医院殿前街道社区卫生服务中心，为全民事业单位，隶属于厦门市中医院管理。截至2013年12月31日，该中心在编在岗49人，副主任医师2人，中级职称16人，初级职称33人，研究生学历2人，本科学历18人，大专学历25人，临床医生13人，护理专业23人，医技3人，药剂3人，公共4人，财务收费3人，全科医师团队7队。殿前街道社区卫生中心服务范围为殿前街道辖区，设有全科、中医内科、妇科、计划免疫科、儿保科、康复理疗科、口腔科、护理部、中西医药房、检验科、B超心电图室、放射科和挂号收费处等，承担着辖区居民健康档案的建立、健康教育、预防接种、0—6岁儿童健康管理，孕产妇健康管理、老年人及慢性病患者健康管理、重性精神疾病患者管理、传染病和突发公共卫生事件报告与处理、中医药健康管理、卫生监督协管。

【医疗门诊】2013年，殿前社区卫生中心门诊49092人次，其中44217人次使用医保卡结算，医疗总收入（含基药）515.08万元，其中基药收入441.52万元。中医药处方153张，中医药饮片收入0.64万元，中成药处方量25912张，中成药收入95.33万元。

【健康教育宣传】2013年，殿前社区卫生中心组织人员参加市疾控举办的健康教育培训2次，对本中心人员进行健康教育专业技能自我培训4次。对社区基层健康教育工作人员开展健康教育工作培训20场次，950人次获益。利用宣

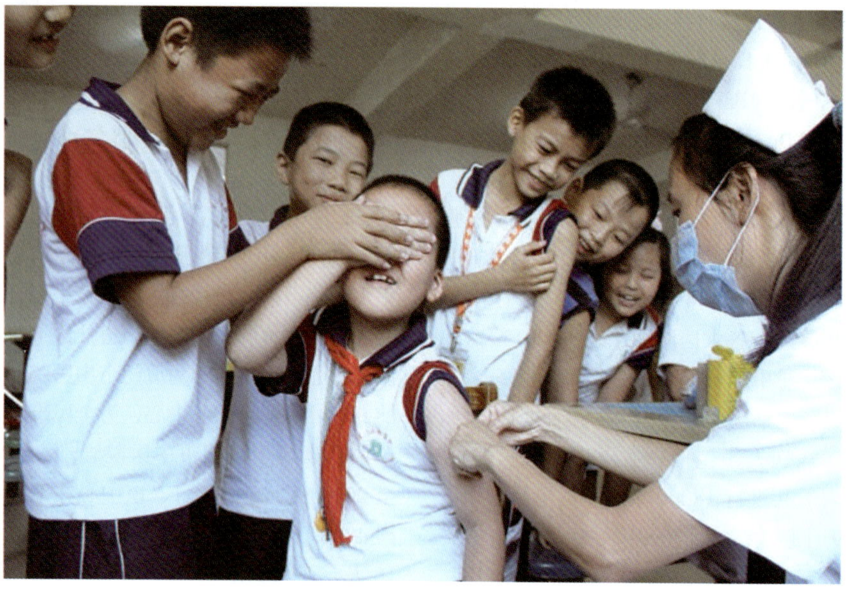

9月27日，学校麻风疫苗强化补种　　　　（郭樱樟　摄）

传窗、黑板报、贴报栏、LED等形式，宣传并普及健康保健知识。办宣传栏38栏（包括黑板报、小黑板报，健康教育宣传栏）。固定一处宣传栏张贴健康教育海报，每月2期；同时，制作张贴相关疾病的健康宣传知识，在中心入口处长期摆放健康资料栏，发放各种健康教育材料21000多份。另外，中心利用LED显示屏及时更新宣传标语。开展“3·24”结核病防治宣传日、“4·7”世界卫生日、“4·25”预防接种宣传日、“5·20”母乳喂养日、8月系列家庭急救知识宣传活动等，举办社区大众健康知识讲座10次，举办专题讲座、张贴标语、上街宣传、发放传单、举办大型文艺表演、现场问卷调查等多种形式宣传活动21次。中心定期自制健康教育宣传资料，包括温馨小提示，张贴上相关的宣传标语如“遏制结核　健康和谐”“手足口病可防可治不可怕”“优质护理　服务社区”等，不定期组织发放。组织开展并检查“控制吸烟”活动，做好对世界卫生组织《国际烟草控制框架公约》的舆论宣传。其中，张贴大型“图形警示揭露烟草真相”横幅3幅；发放“图形警示揭露烟草真相”折页200多份。每月不定期组织控烟检查，有检查记录表。开展职工控烟健康知识培训，组织职工测试控烟知识，控烟知识知晓率98%以上，不定期对申报无吸烟单位进行现场督导，指导兴园居委会创建“无烟单位”。

【计划免疫】2013年，殿前社区卫生中心接种11种一类疫苗，应种85167人次，实种85167人次，接种率98.8%，比上年同期接种量增加7.5%。年内，接种二类疫苗12种11823人次。其中：甲肝疫苗826人次，水痘疫苗3168人次，b型流感嗜血杆菌疫苗1788人次，23价肺炎疫苗578人次，口服轮状病毒疫苗54人次，成人乙肝疫苗1586人次，进口脊灰疫苗2188人次，麻腮风疫苗4人次，七价肺炎917人次，流脑A+C结合疫苗40人次，流脑A+C+Y+W135疫苗350人次，五联疫苗324人次。10月9—18日，对2010年9月1日至2012年12月31日出生的非厦门户籍儿童开展麻风强化免疫活动。发放短信8510条，张贴宣传海报400张，发放宣传单22000份（其中街道自制10000份），悬挂横幅19条，做到家喻户晓。目标儿童2888人，实际接种2845人，接种率98.51%。12月5—8日，对2010年1月1日至2013年9月30日出生儿童进行脊髓灰质炎强化活动，接种6288人，接种率99.1%。4—5月，对2006年1月1日至2012年12月31日出生的未按照免疫程序完成接种的儿童开展查漏补种月活动，此次摸底人数36332人，目标儿童人数566

2013年殿前街道一类疫苗接种情况

表23

疫苗名称	应接种人次	已接种人次	接种率（%）
合计	85167	84182	98.84
卡介苗	34	34	100.00
脊灰糖丸疫苗（不含强化）	21224	21076	99.30
吸附无细胞百白破	14426	14239	98.70
麻风疫苗	9996	9897	99.00
麻风腮疫苗	5637	5598	99.30
乙肝疫苗	6374	6343	99.51
乙脑疫苗	7255	7118	98.11
流脑疫苗	8050	7930	98.50
流脑A+C疫苗	5633	5538	98.30
白破疫苗	2995	2936	98.00
甲肝疫苗	3543	3473	98.00

人，实际接种563人，查漏补种免疫接种率99.46%，知晓率100%。9月27—29日，入校查漏补种麻风腮791针次。

【妇幼保健】2013年，殿前社区卫生中心建立孕产妇早孕建卡追踪登记本、孕产妇系统管理追踪登记表、高危孕妇及育龄妇女死亡登记本、新生儿出生缺陷及围产儿死亡登记本。开展产后访视、围产保健宣教及指导，年内访视447人次。辖区产妇数453人，出生数460人，早孕建卡率96.45%，住院分娩率100%，产后访视率97.17%。孕产妇保健覆盖率100%，孕产妇系统管理率96.74%。对辖区内的儿童进行4-2-1体检，一年查一次血色素，对未按时来体检的儿童电话追踪。年内，3岁以下儿童体检5951人，同比增长25.23%，儿童系统管理1240人，系管率95%。全年筛查出体弱儿102人，其中在中心管理的低体重9人，早产儿31人，体重<-2SD的9人，中度营养性贫血28人，重度营养不良6人，先天性心脏病2人，中度以上肥胖症22人，先天性甲状腺功能低下14人，精神发育迟滞6人。对轻度营养性贫血788人，轻度营养不良480人等缺陷儿童给予保健指导与治疗。广泛宣传母乳喂养的优点，6个月内母乳喂养率93.2%。

【结核病防治】截至2013年年底，殿前社区卫生中心管理肺结核病人91人。新增的34个涂阳病人，2个月末痰检转阴30人，转阴率88.3%。前三个月治愈患者24人，治愈率25.3%，家属筛查数32人，转出治疗数5人，中断服药数1人。电话追踪疑似结核病病人，督促查痰，共追踪168人。发放结核病人交通和营养补助25人。结合“结核病”“艾滋病”等宣传日，发放相关宣传资料。2013年，每月及每季度开展一次传染病自查，全年共报传染病53例，报告率100%，漏报率0。

【慢性病管理】2013年，殿前社区卫生中心定期收集“居民死亡报告单”，填写完整规范，每季度召开死因分析例会，死因调查20人次。建立和管理居民健康档案，定期更新，截至年底，中心建立电子档案193690份，与上年同比增长13%。登记和管理高血压患者，定期随访并进行饮食及日常行为保健指导，截至年底管理高血压病人4489人，随访8027人次。登记和管理糖尿病患者，定期随访并进行饮食及日常行为保健指导，截至年底，管理2087人，随访5345人次。

【老年人健康管理】截至2013年年底，殿前社区卫生中心为辖区65岁以上老年人建档2888人，与上年同比增长5%。殿前街道办事处、辖区居委会、中医院社区部全程参与老年人体检，人力、物力、车辆及活动经费得到保障。年内，体检年龄由65岁提前到60岁，同时与中心全科医生签订健康服务协议的慢性病病人、精神病病人均能免费参加体检，共体检1558人次，其中65岁以上老年人1168人，与上年同比增长248%。单次体检活动完成人数创历史新高。为方便老年人就近体检，在中心、居委会设置体检地点。对老老年人、活动不便（残疾、精神异常、长期卧床不起等）的人群，中心组织4个入户小组，由居委会带队，入户为他们进行一般体检、采集血标本，并针对每个病人的情况给予指导和建议。此次体检项目增多，包括一般项目（身高、体重、腰围、臀围、血压）、辅助检查（肝功能、肾功能、血糖、血脂、血、尿常规、心电图），提高居民的参与热情。在没有体检报告软件的条件下，临床科医生分析体检报告，为每一位参检人员出具一份详细的体检报告书，给予个性化的健康指导，附上常见疾病防治知识，以期提高居民的防病治病意识。

【精神卫生】截至2013年12月，殿前辖区内新增55例重性精神疾病患者，累计病人数302例，同意参加网络管理88例。重性精神疾病患者检查例1.5‰，管理率90%，规范管理率92%，病情稳定率95%。殿前社区卫生中心每季度组织各社区残疾人联络员培训精神疾病个案管理相关知识，举行4场例会，举办精神病患者家属健康教育讲座2次。在10月10日精神卫生日进行广场宣传，义诊825人次，发放宣传折页3000份，参与调查问卷250人。在区、

9月25日，殿前社区卫生服务中心义诊现场　　（郭樱樟　摄）

孕产妇393人，纳入管理393人，产后28天内接受过产后访视的产妇685人，产后访视次数687人。2013年，户籍人口产妇数624人，活产数632人，孕产妇系统管理率96.20%，早孕检查率96.36%，建卡率96.36%，产前检查率98.73%，产后访视率96.20%，住院分娩率100%，高危孕妇筛查率49.52%，高危管理率100%，低出生体重儿发生率5.54%，出生缺陷发生率7.91‰，孕产期中重度贫血发生率0.32%，孕产妇死亡率为0。

【儿童系统保健管理】2013年，禾山街道社区卫生服务中心儿童保健实行“4-2-1”体检制，重点加强对0—3岁儿童系统管理。加强儿童生长发育的监测、疾病防治，提高儿童健康水平。每月电话温馨提醒家长按时带儿童到中心儿保科进行健康体检。对体弱儿、新生儿疾病和听力筛查阳性患儿全部进行专案管理。5月，按照市妇幼要求承担5岁以下儿童生长迟缓及血色素监测，总计1210人。2013年，7岁以下儿童4221人，3岁以下儿童2002人，3岁以下儿童系统管理率95.50%，体弱儿筛查率3.32%，高危儿管理率100%，5岁以下儿童中重度营养不良发生率0.89%，6个月母乳喂养率92.170%，6个月纯母乳喂养率79.37%，新生儿访视率96.678%，5岁以下儿童死亡率1.58‰，婴儿死亡率1.58‰，新生儿死亡率1.58‰，围产儿死亡率3.16‰，新生儿破伤风发生率为0。

【计划免疫工作】2013年，禾山街道社区卫生服务中心建卡、建证率常住人口100%，流动人口98%。截至12月25日，共接种126445人次，其中国家一类疫苗接种97469人次，二类疫苗接种17446人次，强化疫苗11530人次，上半年接种率98%，其中国家二类疫苗，本着自愿自费原则，通过宣传，对社区居民给予详细的介绍及接种。4月，对2006年1月1日至2012年12月31日出生未按免疫程序完成接种的儿童进行查漏补种。此次活动共发短信4630条，张贴450张宣传海报、挂横幅26条。此次摸底目标儿童数21404人，乙肝疫苗应种人数473人，实种人数465人；脊灰疫苗应种人数1040人，实种人数1026人；百白破疫苗1041人，实种人数1023人；麻疹类疫苗应种人数560人，实种人数552人；流脑疫苗应种人数999人，实种人数982人，乙脑疫苗应种人数473人，实种人数464人；甲肝疫苗应种人数315人，实种人数308人；接种率超过95%，无发生异常反应。

【完善慢病管理工作】2月，禾山街道社区卫生服务中心全科医师参加慢性病网络化系统操作，建立糖尿病、高血压病两类慢性病患者的全程关照计划，负担起慢性病患者的疾病管理。2013年，有高血压患者总数3694人次，实际管理数3501人次，管理率94.77%，规范管理率85.8%，控制率52.1%；糖尿病患者总数2001人次，实际管理数1883人次，管理率94.10%，规范管理率81.5%，控制率50.2%。截至12月25日，禾山街道社区卫生服务中心管理高血压病人5492人，糖尿病2245人，居民健康档案建档数198262份。4月7日，开启老年人健康体检活动，历时6月余，街道、卫生中心与社区协作，完成此次活动。参与体检项目社区预约600余人，实际参与人数586人，体检报告发放586人，门诊健康体检1000余人，发现高血压、糖尿病高危人群500余人。对病情较重的老年人，医护人员入户健康随访60余人。开展老年人常见病义诊16次，老年人健康讲座10次。

【重症精神管理】2013年，禾山街道社区卫生服务中心录入216例重性精神疾病患者信息，同比增长81.51%；纳入管理95人，同比增长35.71%，其中有100例加入重性精神疾病网络管理，20例加入个案管理计划。中心工作人员对建档患者随访与危险性评估至少4次，并针对重性患者及时上报精卫中心。

【结核病防治工作】3月24日，禾山街道社区卫生服务中心开展“3·24”结核病防治日宣传活动，制作结核病防治知识宣传展板2块，横幅1个，在社区中心设咨询点，共解答咨询200余人，发放宣传单200余份、宣传折页200余份。利用各村广播进行结核病健康宣传。将结核病防治知识纳入中小学生健康教育内容。实施每季度人员培训，为防治工作搞好技术保证。截至2013年2月10日，共登记疑似肺结核病人193例，发现活动性肺结核病人229例，其中初治涂阳67例、初治涂阴149例。全年发现并管理耐多药结核病4例。

（刘颖莎）

金山街道社区卫生服务中心

【概况】金山街道社区卫生服务中心于2011年8月1日由原社区公共卫生服务中心和社区医疗服务中心合并而成，归入厦门市中医院统一管理。主要承担湖里区金山街道辖区内的医疗和公共卫生服务项目。中心坐落于湖里区后坑后社389号，办公用房占地面积510平方米，总建筑面积2512平方米。下设全科、妇科、中医理疗科、计免科、妇幼保健科、健康教育科、精神卫生科、放射科、检验科、口腔科、B超室、心电图等科室。2013年，中心在编在岗50人，其中副高职称1人，中级职称4人，初级职称43人；研究生学历4人，本科学历36人，大专学历10人。中心固定资产总值232万元，仪器设备总值127万元，拥有数字化DR机、B超机、全自动血液分析仪、血流变测试仪、连体式牙科治疗设备、红外线乳腺治疗仪、十二道自动分析心电图机等现代检测设备。

【医疗业务】2013年，金山街道社区卫

9月10日，65岁以上老年人免费健康体检　　　　（吴艺凌　摄）

生服务中心门诊量87735人次，同比增长12.2%，平均每月门诊量7311人次。业务总收入651万元，月均收入54万余元。5月，中心口腔科正式对外门诊，有工作人员2名，仪器设备有微焦点牙科X射线机、空压机、日本NSK电动式根管治疗仪等，提供龋齿填充、根管治疗、洁牙、喷砂、乳牙拔除、窝沟封闭等。

【社区诊断】5月，金山街道社区卫生服务中心组织全体员工开展社区诊断。指定一名医生为主要负责人，再从每一科室抽调1—2名工作人员协助工作，如期完成社区诊断575人。

【老年人体检】9月起，金山街道社区卫生服务中心从每个科室抽调1—2名员工组建成15人的老年人体检团队，与辖区居委会共同协作，开展65岁以上老年人免费健康体检工作。共做3个居委会，老年人体检586人。

【居民健康档案建立及管理】2013年，金山街道社区卫生服务中心与街道、居委会共同协作，通过上门随访服务、门诊等形式，为辖区人口建立统一规范的居民健康档案。已建立的居民健康档案114746份，全部为电子健康档案，居民建档率95.43%，电话随访2710人次。

【慢性病管理】2013年，金山街道35岁以上人群首诊测血压完成4205人。高血压患者健康管理3130人，健康管理率26.03%，规范管理率60.37%，对原发性高血压患者1689人年提供至少4次面对面的随访。糖尿病患者健康管理1745人，健康管理率44.11%，规范管理率75.13%，血糖控制率77.44%，对糖尿病患者869人年提供至少4次面对面的随访。

【预防接种】8月，金山街道社区卫生服务中心加强麻疹疫苗、脊髓灰质炎疫苗的查漏补种工作。通过短信、电话、组织居委会入户搜索，对2010年9月1日之后出生的非厦门户籍儿童摸底调查，共计调查儿童3342人，完成接种3099人，未完成接种243人。9月22—30日，中心对幼儿园和小学内无接种证或漏种麻疹类疫苗的儿童进行入园、入校集中补种麻疹类疫苗。摸底结果为无证儿童1288人，补种麻腮风疫苗975人，拒绝接种284人，缓种37人。截至12月底，中心完成常规免疫接种55831人次、疫苗强化接种7990人次，本地儿童一类疫苗各苗接种率100%，外地儿童一类疫苗各苗接种率98%以上；13种二类疫苗接种10441人次，二类疫苗由每月的几十人次增长至每月800多人次。

【健康教育】2013年，金山街道社区卫生服务中心开展健康知识讲座12场，受益人数9000人次。讲座选题包括预防流感、宝宝饮食及常见疾病护理、关注女性健康、高血压防治知识、糖尿病防治、吸烟与疾病等。出刊宣传栏6期，每两月更换一次内容，做到常换常新，按季按实际情况更换。动员中心员工参加对辖区高林、金安、金山等社区人群的义诊、下乡或义务咨询活动。3月22日，在湖里万达广场开展“你我共同参与，消除结核危害”第18个结核病宣传日宣传活动。5月31日无烟日，在金安社区开展9次“禁止烟草广告、促销和赞助”宣传活动。

【妇幼保健】2013年，金山辖区儿童保健严格实行“4-2-1”体检制，重点加强对0—3岁儿童系统管理。定期到计划免疫科调取建卡儿童资料，结合计生提供名单，电话追踪儿童建卡体检，提高本地及外来流动人口儿童建卡体检率。截至12月底，3岁以下儿童系统管理率95.07%，纳入规范管理的0—3岁儿童1745人，开展儿童体检4930人次。是年，妇保人员每季度到街道了解常住和省外流动孕产妇情况，掌握本季度孕产妇数及出生名单，及时电话随访通知产检。截至12月底，纳入系统管理的孕产妇455人，按规范要求在孕期接受相应频次产前随访455人，产后28天内接受产后访视的产妇455人，产前随访次数455次，产后随访次数455次。

【重性精神疾病管理】2013年，金山街道社区卫生服务中心对精神疾病病人实行一人一档、分级管理。对病情稳定的精神疾病患者每三个月随访一次，对病情不稳定或有发病症状的重性精神疾病患者建议住院治疗或每两周随访一次。中心登记重性精神疾病患者281人，其中纳入规范管理172人，建立个案管理40份。

【中医药专家进社区服务】6月，厦门市中医院主任陈进春、主任医师管昌益轮流到金山街道社区卫生服务中心开展专家门诊，门诊量536人次。专家下社区的同时与中心4位临床医师签订师徒协议。

（吴艺凌）

厦门市中医院（厦门华侨医院）

【概况】厦门市中医院（厦门华侨医院）创建于1956年11月，创建人是爱国侨领、全国著名老中医陈应龙。医院为三级甲等中医医院，北京中医药大学临床医学院、福建中医药大学第三临床医学院、厦门大学医学院临床教学医院。医院占地面积7.25万平方米，建筑面积9.6万平方米，2013年编制床位1200张（其中新院址开放床位800张，原江头分院作为南区，设肝病、肛肠病、骨关节病、肿瘤病区，开放床位400张）。下设禾祥东门诊部，并管辖江头、禾山、金山和殿前四个社区卫生服务中心。有职工1737名，其中高级专业技术人员207名，享受国务院特殊津贴专家3名，全国名老中医药专家4名，省级名老中医药专家8名，硕士生导师25名。博士20名，硕士199名。医院设有临床科室21个、医技科室11个、职能科室18个、中医特色专病门诊39个、开放专科门诊67个。医院固定资产总值5.85亿元，其中医疗设备总值2.39亿元，配置DSA、64排螺旋CT、核磁共振、DR、贝克曼自动生化分析仪、实验室流水线信息系统等大型精密设备。医院是国家中医药管理局中医药国际合作基地，2008年成立“厦门海峡中医药合作发展中心”，成为国家中医药管理局设在厦门的唯一开展两岸中医药交流的基地。至2013年，医院成功承办8届“海峡两岸中医药发展与合作研讨会”。医院是全国唯一设立杂志社的中医医院，承办的《中医药通报》杂志是福建省唯一的中华中医药学会杂志，也是唯一的中医药类的科技部核心期刊。2013年，医院获得市直机关授予的“先进基层党组织”和市总工会授予的“厦门市先进职工之家”等荣誉称号。

【医疗门诊】2013年，市中医院门诊量247万人次，其中社区31.3万人次。入出院3.81万人次，周转次数31.75，平均住院天数13.09。

【重点专科建设】2013年，市中医院肝病中心开展国家中管局临床基地重点项目2项，国家“十二五”科技攻关计划课题1项，上海中医药大学国家级课题1项。肛肠科制定便秘等2个病种全国协助组的观察病例例数，7月，被省卫生厅确定为中医肛肠病重点研究室建设项目。儿科加强国家临床重点专科建设的各项工作，参加中医临床路径的修改和制定。脾胃病科完成国家中管局布置的慢性胃炎、消化性溃疡及胃癌前病变的全国中医优化方案的临床验证工作及临床路径的验证工作，开展临床药物试验，作为组长单位主持肠安颗粒项目。

【提升医疗技术服务水平】2013年，市中医院在北京阜外医院和市心脏中心的指导下，成功利用DSA开展新诊疗的临床项目，并得到快速发展。完成肿瘤科的一级学科建制，将肿瘤科整体搬迁到南区五楼，扩大医院总床位数，缓解消化和呼吸内科床位紧张的问题。配备新的64排高速螺旋CT，为临床诊断提供保障，并向主管部门申请第二台医用核磁共振成像系统（MR）的乙类大型设备配置许可证。

【社区卫生工作】2013年，市中医院确定各社区卫生服务中心独立法人单位建制及事业单位登记，完成金山、江头社区的新址装修和搬迁。配合卫生局慢病管理要求，利用“慢病一体化”管理平台，在医院和社区做好慢病的登记、诊治和随访。安排四名中医专家定期到金山社区和禾山社区看门诊，提高社区中医药服务水平。

【对口支援和援藏援建工作】2013年，市中医院选拔援藏医疗干部1名。开展中医适宜技术推广、人员交流等中医对口支援工作，派出26名医务人员到龙海中医院和武平县中医院进行帮扶，并接受对口单位医务人员12名到医院进修。根据省卫生厅要求，接受全省县级中医院管理干部培训学习班，共8批，培训72人次。

【教学管理】2013年，市中医院接收各类专业实习生214名，在院学习研究生60名，完成课程班、研究生班和函授班的授课任务。完成北中医共24个班，1452人次的教学任务，在校生726名，成为北中医省外最大的函授教学点。

【海内外交流进展】2013年，市中医院成功承办第八届海峡两岸中医药发展与合作研讨会，配套完成中医特色体验项目，推动中医药科技平台建设，与台南大学、红崴科技集团签订合作协议。先后举办5期中医临床适宜技术培训班，举办香港针灸提高班，新加坡第三期骨伤高级研修班等海内外培训交流项目，培训海内外人士300多名。

（李沫）

厦门市口腔医院

【概况】厦门市口腔医院是福建省大型公立口腔专科三级医院之一，集临床教学和科研为一体，总院位于吕岭路1309号，邻湖边水库，建筑面积近10000平方米，2012年12月28日正式开诊。分院位于思明区斗西路，毗邻中山公园西门，建筑面积5500平方米。设有义齿加工中心和口腔医学研究所。职工总人数350余人，其中硕士研究生以上学历100余人，博士生40余人。科室设置齐全，网络信息系统较为完善，设有牙体牙髓病科、牙周病科、口腔黏膜病科、口腔颌面外科、口腔修复科、口腔种植科、口腔正畸科、儿童牙病科、口腔预防保健科及相关辅助科室，其中口腔修复科、口腔内科（牙体牙髓病科、牙周病科、口腔黏膜病科）是厦门市第二期及第四期重点专科。2013年，门诊量30余万人次，拥有7位中华口腔专业委员会委员，20多位福建省口腔医学专业委员会委员。年内，市卫生局委托北京零点公司做的卫生系统行风调查中，医院定量考评64.77分，列全市医院（公立、私立）中第二名，定性考评96.57分，列全市医院的第一名，年度综合考评74.31分，列全市医院的第二名。

【口腔慢病防控】2013年，市口腔医院推动慢病防控工作，与湖里区疾病预防控制中心配合，对湖里区辖区内29所小学的学生进行口腔检查。完成湖里区口腔保健干预实施工作，约8000人次。根据相关统计数据，相对于未进行窝沟封闭的地区，儿童患龋率有所降低。为争创慢病防控示范区，通过一系列的宣传、防治等措施，经过多部门合作，由厦门市口腔医院等专业机构协助，开展口腔保健活动。

【开展义诊活动】2013年9月，市口腔医院围绕“健康口腔，幸福家庭”“关爱老人，修复失牙”的主题，开展为期一个月的爱牙日活动。“9·20”爱牙日，该院与蔡塘社区开展义诊活动，主动贯彻爱牙日主题精神，创建幸福家庭、文明社区。

【科研学术活动】2013年，市口腔医院协助厦门市口腔医学会定期开展口腔医学新技术新进展讲座，做好医院学术活动安排，上半年安排大型学术讲座40场次，外派参加学术会议78人次。年内全院发表论文22篇，其中SCI3篇。医院注重科研发展，完成武汉大学博士班挂牌及报名工作，报名人数29人。通过福建省住院医师规范化培训基地复评工作。

（张华君）

厦门大学附属中山医院湖里分院

【概况】厦门大学附属中山医院湖里分院位于厦门市湖里区华昌路72号，前身为1985年升格的厦门市经济特区湖里医院，2008年，因医疗体制改革归并于厦门大学附属中山医院，是一所二级综合性医院，设有急诊科、内科、普外科、泌尿外科、骨科、妇产科、儿科、中医科、针灸理疗科、麻醉科、皮肤科、乳腺科、五官科、口腔科等临床科室和放射、检验、病理、超声、心电图等医技科室。与中山医院合并后与总院的专家以及先进设备仪器可以资源共享。2013年，门诊量297952人次，比上年同期上升5.43%；住院病人出院人数4512人次，比上年同期上升1.01%；病床使用率104.32%，平均病床周转次数53.33次，入出院诊断符合率100%；治愈好转率98.16%；危重病抢救成功率100%；住院病例甲级率95%以上。经济收入4813万元，比上年同期增加11.8%，其中医疗收入3639万元，比上年同期增加13.11%。医疗收入占经济收入75.6%；药品收入占经济收入24.4%，比上年同期减少0.8%。

【狠抓医疗护理质量】2013年，中山医院湖里分院根据总院以“病人为中心，保障安全，提升质量，改善服务，提高效率，争创优质医院”活动的精神，抓医疗环节质量，以保证医疗质量和医疗安全。按照《福建省病历书写规范》的要求对住院病历、病程记录，及其相关资料的书写提出进一步的规范要求，组织院医疗质控小组，制定医疗质量控制方案、医疗质量检查考核标准，每月按时抽查归档病历、门诊病历和处方、病历首页完整性，每季度抽查输血病历、各临床科室质控资料，大额病历、大额处方等，将存在问题反馈给科室及个人，促其整改并按医院规定做出处罚，通过科室、质控小组、医务科监督，分院临床医师的病历、处方书写意识及书写质量有一定的提高，病历甲级率达98%。依据总院《抗菌药物临床应用专项整治活动质量管理考核方案》内容，组织学习抗菌药物临床应用指导原则，定期抽查病房、门诊抗菌素使用状况，进一步规范抗菌素使用。迎接市区二级疾病预防中心对分院传染病防治、疫情报告的检查，迎接上级主管部门对分院急诊急救质量、临床合理用血、助产技术等检查，以及公共卫生任务书落实情况考评。

【强化制度管理】2013年，中山医院湖里分院加强医技科室同临床一级科室的沟通和交流，进一步防范医疗纠纷的发生。每月依据门诊、住院收费控制分析报告，对存在的主要问题进行分析，并要求相关科室及个人做出整改措施。根据市、区疾控中心的精神，通过院内网发放学习材料、考试、看录像等多种形式进行传染病知识、疫情报告制度的培训。要求各相关科室加强对传染病监测、登记，并及时将各种法定传染病级上报。至年底，分院通过网络直报传染病共235例。作为湖里区伤害监测试点医院，每月都安排相关科室人员参加区疾控中心举办的伤害监测例会，并按照全国伤害监测方案及市疾控中心要求，完成监测工作，及时上报共5112人次。配合总院的工作安排，学习领会各种医疗文件精神，及时督促各科室执行。提供湖里区医疗保障服务、咨询活动等。参与文明城市复查的各项准备工作，协

人力资源和社会保障

人事人才

【概况】2013年年末，湖里区政府口有机关在编工作人员3535人，包括公务员303人，机关工人22人，事业单位工作人员3210人，其中参公事业单位人员173人，管理人员198人，专业技术人员2877人，工勤技能人员135人。湖里区有非在编雇用人员550人，编外补充性工作人员2045人。全年接收军转干部23人，招考公务员及参照公务员管理事业单位工作人员16人，补充事业单位编内人员42人，新增退休人员25人。

【招考及人才引进】2013年，湖里区人社局规范人事人才引进程序，增加公开招聘次数，保障各部门的用人需求。委托市公务员局统一招考公务员8名，事业单位工作人员8名。春季，事业单位公开招考12个岗位，计划招考12人，实际录用11人；区少体校工作人员公开招考3个岗位，计划招考3人，实际录用3人；夏季卫生专业公开招考16个岗位，计划招考25人，实际录用13人（不含延后录用人员）；11月，公开补充事业单位编内工作人员，涉及12个岗位，计划招考16人，拟录用15人。年内，分9批公开招考编外人员工作人员，涉及149个岗位，计划招聘546人，共聘用465人，其中非在编雇用人员51人，编外补充性工作人员414人。通过简化程序选聘、聘用非在编人员15人。卫生系统引进正高级专业技术人才1名，副高职称、硕士学位的卫生人才1名。区属国有企业根据《厦门市湖里区区属国有企业补充人员管理暂行办法》招考企业工作人员。全年区属两家国有企业共计接收工作人员13名，其中，区国投公司上半年7个岗位，计划招聘8人，实际录用4人，下半年8个岗位，计划招聘9人，实际录用4人；天地公司7个岗位，计划招聘8人，实际录用5人。

【职称改革及事业单位岗位设置】2013年，区人社局协同区教育局开展中小学教师职称制度改革试点工作，初中级职称过渡按要求按计划完成，其中初级职称903人，中级职称1010人，高级职称报送市公务员局审批。开展初级职称评审、确认382人（其中非公企业初级职称134人）；事业单位岗位设置变更99家，岗位聘任单位76家，工作人员岗位聘任2593人次。

【人事管理】2013年，区人社局选派人事科干部参加省、市人事系统组织的业务培训，统一为全区机关事业单位人事干部配备《工资福利退（离）休工作文

10月22日，全区人事干部业务培训

件选编》和《工资福利与离退休业务培训教材》。组织开展人事系统软件（网络版）培训，为期1天半，全区有118家单位135人参加。组织开展全区人事干部业务培训，邀请市公务员局人事业务主要负责人现场授课，讲解机关事业单位在职工资、福利待遇、退休、事业单位聘用制、公开招聘、职称评定与岗位设置等多项人事业务知识，培训为期2天，全区有116家单位450人次参加培训。

【人才服务】2013年，区人才服务中心接收大中专毕业生365人，其中研究生学历32人，本科学历302人，大专学历28人，中专学历3人；本地生源912人，就业749人，继续上学深造93人，未就业70人，就业率91.45%；办理毕业生职业见习手续76人，发布见习岗位157个；引进外地人才31人，其中硕士学历3人，本科学历19人，大专学历7人，中专学历2人；办理人才流动手续398人次；办理个人委托和单纯寄档143人；新增人事代理立户单位36家，年末，有人事代理单位1053家；举办网络人才招聘会2次，有53家企业提供就业岗位2004个，达成就业意向314人；区人力资源网站新增个人会员331人，新增企业会员100家，网站访问量134677人次。

劳动就业

【概况】2013年，湖里区人社局实施积极的就业政策，全年培训失业人员1112人，完成市、区年度目标任务的185.3%、185.3%；促进失业人员再就业12364人，完成市、区年度目标任务的171.3%、137.4%；帮助就业困难对象再就业2966人，完成市、区年度目标任务的146.1%、118.6%；开展农村劳动力技能提升培训1469人，完成市、区年度目标任务的146.9%、104.9%，技能鉴定1406人，完成市、区年度目标任务的200.9%、172.8%。是年，湖里区就业中心获福建省人社系统文明行业创建暨窗口单位创先争优活动“优质服务岗”。

2月26日，湖里区春季企业用工招聘会

【政策扶持】2013年3月，湖里区出台《关于进一步做好促进就业工作的补充通知》，侧重对辖区被征地人员、退养渔民、计生困难户等就业困难对象的鼓励和帮扶，加大企业用工贴补奖励力度，完善辖区促进就业政策扶持体系。政策出台后，区人社局及时制定具体操作办法，编印政策汇编手册1000册、宣传单10.3万份，将政策宣传到位、落实到位。全年兑现各项促进就业优惠政策1589.6万元，其中审核办理3139家次用人单位社保补贴（差）16418人次1498.7万元；兑现本地劳动力自主创业奖励金57人12.5万元；发放83家企业1251人劳务协作奖励金37.5万元；支付培训补贴38.6万元。此外，认定灵活就业人员3283人，审核发放灵活就业人员社保补贴32391人次，补贴金额4804.6万元（此项补贴由市失业保险基金支付）。12月，《湖里区促进培训就业和企业用工服务工作的十五条意见》出台，提高居民参加职业技能培训补助标准，制定鼓励自主创业、降低企业用工成本等优惠政策。

【企业用工服务】2013年，区人社局对全区50余家重点用工企业实地走访，实时了解，动态掌握企业生产用工情况。年内，举办10场大中型用工招聘会，1308家次企业提供3.2万个岗位参加招聘，供需双方达成就业意向7800多人。组织13家企业参加市人社局赴全国各地的招聘活动，引进人力资源。搭建校企交流平台，组织辖区93家企业参加校企对接会，邀请云南曲靖工商职业技术学校对湖里区欣贺服装及华联电子实地考察，组织企业参加湄洲湾职业技术学院举办的校企对接会，引入职业技术人才133人。开展“春风行动”。发放“春风卡”、《致辖区外来务工朋友的一封信》、劳动法律法规、用工优惠政策等宣传材料6万多份，帮助企业主和务工人员认清就业形势，构建温馨和谐务工环境。湖里区各街道企业固定招聘点正常运作，为1525家次企业提供服务，促成对接意向5800多人。开展用工诚信企业评选活动，湖里区宸鸿科技、群鑫机械、好利来电子等12家企业参选全市诚信用工承诺企业。

长乐社区、湖里街道康晖社区评为“全国综合减灾示范社区”。

【慈善救助】2013年，湖里区建立3个冠名慈善基金，启动“情暖湖里迎新春”“雨露育青苗”“金秋助学”“重阳助老”等帮扶项目。组织开展“慈善一日捐”等慈善活动，募集款物1345万元。全年支出慈善款物1200万元用于扶老、救孤、济困、救灾、助医等。

社区管理

【概况】2013年，湖里区以“美丽厦门，共同缔造”为契机，创新社区治理与服务机制，发挥基层自治组织管理社会和服务群众的功能。加强社区网格化建设力度，建立街社两级信息化管理平台。加强社工人才队伍的建设，推进政府购买社工服务。推动社区办公用房建设和社区服务站“一站式”服务标准化建设。开展各类社区创建活动和社区“民生关切10件事”征集活动，推动社区志愿服务常态化开展。全年开办8期培训，总时长96个学时，培训765人次，招聘52人，充实基层工作力量。

【网格化建设】2013年，湖里区按照全市社区网格化建设总体要求，结合湖里区社区建设“五二工程”具体部署，采取先试点，后铺开的方式，推进社区网格化建设。制定《关于全面推进网格化、信息化、精细化建设　不断提升和谐社区创建水平的实施意见》，形成具有湖里特色的“三先两网三服务”运作模式，基本达到责任网格化、平台信息化、管理精细化、服务人性化的要求。50个社区完成网格划分并建立网格管理综合信息服务平台，安装终端服务器520多台，建立社区网站50个、电子信息显示屏45个，开通社区服务热线50个，服务对象25.8万人（次）。禾欣和金山社区获评“厦门市社区网格化建设先进单位”；金安、金尚、兴园、康辉等7个社区获评“福建省首批五星级信息化社区”。

12月5日，金安社区国际志愿者日

【政府购买社会工作服务】2013年，湖里区区、街财政共投入480.9万元，分别向希望社工服务中心、日新工友服务中心、霞辉老年社会服务中心等8家民办社工机构购买社区矫正、青少年全面发展、居家养老、关爱残疾人等12项社会工作服务项目，实现政府购买社会工作服务全区全覆盖。4月，签约启动全省首个由民营企业出资购买的居家养老社工服务项目，引入厦门市煌业投资管理有限公司资金112.84万元购买居家养老服务，实现“政府主导”以外的“社会力量广泛参与”的突破。年内，湖里区被评为“全国社会工作服务标准化建设示范区”，湖里街道康乐社区、江头街道吕岭社区、禾山街道禾盛社区、金山街道金山社区等4个社区被评为“全国社会工作服务标准化建设示范社区”，湖里区希望社工服务中心、湖里区霞辉老年社会服务中心被评为“全国社会工作服务标准化建设示范单位”。

【社会工作服务机构培育管理】8月，区社会组织孵化园搬迁至枋湖路30号，面积扩大到700多平方米，为入驻的社会组织提供免费办公场所、会议场地、办公设备和免费的水电、物业管理服务及能力建设培训等后勤服务。入驻“培善社会服务中心”“霞辉老年社会服务中心”等8家民办社工机构和一支由100余名专业社会工作师、心理咨询师、医师、护理师组成的社会组织机构人才队伍。孵化园采取“政府资金资助、民间力量运作、民政部门管理、社会公众受益”的运营模式，为湖里区社会组织建设创新发展提供探索和实践的基地，为社会组织的合作发展提供公共平台。

【社工服务项目建设】截至2013年年底，全区共开展社区社工服务项目80余项，政府购买社工服务项目19项，服务对象覆盖外来员工、老年人、青少年、台胞、矫正对象、残疾人等人群。希望社工服务中心的援助“单亲家庭”社工服务示范项目，被列为2013年中央财政支持社会组织参与社会服务的社工服务示范项目予以立项，立项资金46万元；霞辉老年社会服务中心的社区“家庭病房”综合养老示范服务项目，被列为2014年中央财政支持社会组织参与社会服务的社工服务示范项目予以立项，立项资金50万元；康乐社区的“星火行动”——社区党建与社区建设双赢建设项目、希望社工服务中心的援助“单亲家庭”社工服务项目在2013年度厦门市优秀专业社会工作服务项目评选中获一等奖，全市15个获得表彰的社会工作服务项目有12个来自湖里区。

拥军优抚

【双拥共建活动】“八一”建军节期间，区双拥办为驻区部队官兵送去慰问金39.8万元。安排专项资金1200万元支持驻区部队基础设施、文化设施、训练设施和生产生活设施建设，其中支持湖里消防大队、边防大队、91134部队、预备役高炮营、区人武部“四项工程”建设及补助业务工作经费1000万元。开展为驻军办实事活动和拥军优属活动，为辖区驻军办好事、实事70余件，为随军家属、部队子女在就业、就学方面提供帮助。部队支持、参与地方文明创建、抢险救灾等工作，年内，驻军部队先后出动兵力3500多人（次）、车辆830多台（次）、冲锋舟3台次，为困难群众、地震灾区捐款20余万元。

【落实优抚政策】2013年春节、“八一”建军节期间，走访慰问优抚对象530人次，发放慰问金44.12万元；清明节、“八一”建军节期间，慰问家庭困难的烈属等重点优抚对象51人4.53万元，春节前夕，为158名重点优抚对象和原“海工一团”退役人员发放年夜饭158盒，中秋节，为“三属”、享受定补的参战退役人员发放月饼69盒；为141名义务兵家属悬挂“光荣之家”牌匾；为优抚对象报销医疗补助金、救助金26人次10.26万元，为生活困难的优抚对象发放临时救助金25人次3.44万元；为141户义务兵家属发放优待金219.9278万元；为30名参军入伍的普通高校大学生发放一次性奖励金6.5万元；为277名优抚对象和革命“五老”人员发放一次性生活补贴10.032万元；为347名优抚对象发放定期抚恤补助金220.4806万元；给予66名参战退役人员和原“海工一团”退役人员报销医疗、养老保险28.48万元，为118名重点优抚对象发放门诊费用、组织健康检查费用8.124万元。

【安置工作】2013年，湖里区接收退役士兵64人，其中符合政府安排工作条件的转业士官5人，复员士官16人（上士2人、中士1人、下士13人），退伍义务兵43人。为3名转业士官安排工作并办理报到手续。为61名退役士兵办理自主就业手续，共发放自主就业地方一次性经济补助费249.97万元，为34名立功受奖的退役士兵发放奖励金5.9632万元，通过帮扶培训53名退役士兵走上工作岗位。

社会公共服务

【社会组织管理】2013年，湖里区围绕加强和创新社会组织管理，推动辖区社会组织健康有序发展。全区登记备案社会组织269个，其中社会团体34个，民办非企业单位169个，备案社区社会组织66个。6—7月，组织55家社会组织的法定代表人及财务负责人共115人进行为期2天的社会组织政策及财务培训。全年实行社会组织直接登记4家，对61家社会组织进行等级评定，其中获得AAAA社会组织2家，AAA社会组织4家，AA社会组织47家，无等级社会组织8家。

【婚姻登记】2013年，湖里区办理国内公民结婚登记3620对，离婚登记1135对，补领结婚证书350对，补领离婚证书59人，出具无婚姻登记记录证明6852人。协调相关部门做好婚前免费医学健康检查宣传引导，婚检率99%以上。

【地名管理】2013年，湖里区编排完成楼牌141块、大门牌146块、梯位牌409块、室牌3762块，收费10.3822万元。设置小区导向牌90座，增设单杆式路牌12座。

【保障性住房服务】2013年，湖里区受理全区保障性租赁住房申请192户；经济适用房申请104户；商品房申请583户；开展保障性住房协查340户。全区保障性租赁房入住10606户，发放租金补助647.98万元。

慈善事业

【概况】2013年，区慈善会募集慈善款物1345万元，发放慈善款物近1200万元，举办12场慈善活动，逾3万人次

9月17日，社会组织等级评估

受益。先后被福建省慈善总会及湖里区委、区政府授予“慈善工作先进单位”，被区民政局授予“中国社会组织评估等级”AAAA级单位，连续三年成为厦门市第一批公益性捐赠税前扣除资格的公益性社会团体。

【慈善助学】2013年，区慈善会发放助学、奖学、奖教金168万元。区慈善会、街道分会、社区慈善驿站三级网络向辖区631人次贫困大学生发放107.3万元助学金。开展第三届“方庆明奖学金”颁发活动，为湖里区50所中小学（含民办）的152名学生颁发奖学金30.4万元。开展“新景地奖教奖学金”颁发活动，为154名教师和363名学生颁发奖教奖学金30万元。

【慈善助老】2013年，区慈善会开展助老活动，出资近120万元，为8个社区购买为期一年的居家养老专业社工服务，中秋节、重阳节期间，走访慰问1304名高龄、特困、困难失能老人，发放慰问款物150万元。

【慈善助孤】2013年，区慈善会为全区173名孤困儿童发放每人1800—3000元不等的扶助金、文具、食品，款、物逾36万元，逾百人次志愿者参与入户关怀。

老龄工作

【概况】2013年，湖里区60岁以上老人27352人，占当年户籍人口10.63%，其中80岁以上老人3687人，占老年人口13.48%。全区老龄工作坚持“党政主导、社会参与、全民关怀”的方针，以“六个老有”为目标，在维护老年人合法权益、提高养老保障水平、加强养老基础建设、居家养老服务工作等方面取得新成效。

【走访慰问困难老人】2013年春节期间，区老龄办、区老年福利协会走访慰问400户困难老人家庭，发放慰问金35万元。老年节期间，区老龄办和区老年福利协会走访慰问800名特困老人，发放慰问金49.24万元，为350多名高龄老人发放固定生活补贴和节日慰问金62.7万元。

【完善困难老人救助制度】10月，区政府设立500万元关爱专项资金，11月4日，制定出台《湖里区关爱资金管理使用办法（暂行）》（厦湖府办〔2013〕96号），对户籍在湖里区且常住在本辖区的困难老年人等民政部门认定应当予以关爱救助的特殊家庭和人员，给予2000元至1万元的救助资金。2013年，为49名病困老人提供大病救助补助19.75万元，为全区近3000名65—69岁老人办理敬老E通卡。

6月2日，“雨露育青苗”扶助金发放

【居家养老服务】4月17日，湖里区制定下发《湖里区关于加强和完善社区居家养老服务站建设管理的实施意见》，明确将居家养老服务工作经费列入同级财政年度预算，每个社区每年安排不少于10万元的工作经费。出台《政府购买社会工作服务项目实施办法（试行）》，将居家养老专业社工服务纳入政府购买社工服务范围，区财政投入近500万元为31个社区购买专业社工服务项目，其中17个社区购买居家养老服务项目。11月，区民政局、区老龄办、区财政局联合对全区50个社区居家养老服务进行专项检查。年内，全区建成社区居家养老服务站50个，总面积26496平方米，专兼职为老服务人员430人，助老志愿者服务队伍1203支4408人，在社区居家服务站接受养老服务的老人4697名。

【制定老龄事业发展三年规划】2013年，区老龄委制定《湖里区老龄事业发展三年规划（2013—2015年）》。规划明确建立、巩固和完善各项社会养老保障制度、完善老年社会救助制度、加快推进社会化养老服务事业发展等8项工作目标，确立发挥政府的主导作用、加大老龄事业的投入力度、创新老龄工作机制、加强老龄信息建设和老龄问题调查研究等4项保障措施。

【养老基础设施建设】5月13日，经区政府常务会议和区重大项目开发建设工作领导小组会议研究，决定启动区社会福利服务中心建设项目，拟采用公建民营模式，由区财政、区国投公司共同投资约1.8亿元，区国投公司代建，力争到2015年年末建成一所设有700张养

10 月 10 日，金安社区创建全国“敬老文明号”

老床位、提供老年养护、医疗康复、托管等服务的综合性、多功能社会福利中心。3 月，区政府常务会议研究决定，将位于禾山路与金湖路交会处的总建筑面积约 3800 平方米的“园山综合楼”改造为新的区老年活动中心。经区重大项目领导小组研究确定，该项目拟投入装修改造及设备经费约 1080 万元，委托区国投公司进行招标改造，计划改造成为 6 层有 8 室 2 厅 3 球类等 13 项功能的综合性老年活动中心。

【基层老龄工作】2013 年，全区开展“敬老文明号”创建活动，金安社区、吕岭社区、区社保中心等 3 个单位被评为厦门市“敬老文明号”。10 月，金安社区获评全国和省级“敬老文明号”。加强社区老年学校建设，开展示范校评选活动，怡景社区、兴隆社区 2 所老年学校被评为市级示范校。开展失能老年人状况调查，全区抽取 18 个社区，调查 1500 多名老人。

【提高老年人维权意识】9 月，区老龄办举办专题讲座，聘请厦门大学法学院博士潘峰对新修订的《中华人民共和国老年人权益保障法》条文进行讲解，帮助老年人了解自己的法定权利，提高老年人的依法维权意识。

【老年节系列活动】2013 年，湖里区先后组队区老年人代表厦门市参加全国老年人健身大会健身球操和象棋赛，取得优秀成绩。组织辖区 19 支队伍参加厦门市首届中老年广场舞比赛，组织 5 对金婚老年夫妇参加市“牵手半世纪·金婚展风采”活动。开展“美丽湖里·爱暖夕阳”老年节系列活动，举办“美丽湖里·爱暖夕阳”老年节文艺演出，组织 80 余名老人参加“古龙酱文化园”之旅，组织千名老人参加重阳登仙岳山健步行活动，举办老年书画展、“巾帼杯”门球赛、“五一杯”保龄球、象棋赛等多场比赛。

（陈琴）

残疾人事业

【残联组织建设】2013 年，区残联登记办理第二代残疾人证 448 人。至年底，全区持证者 3695 人，其中视力残疾 296 人、听力残疾 228 人、言语残疾 72 人、肢体残疾 1766 人、智力残疾 465 人、精神残疾 602 人、多重残疾 266 人。1990 年 12 月，湖里区残疾人联合会成立，2013 年有编制 3 人。区残联成立之后，5 个专门协会（肢残人协会、聋人协会、盲人协会、智力残疾人及亲友会、精神残疾人及亲友会）相继成立，5 个街道均成立街道残联，50 个社区也都成立社区残疾人协会，实现残疾人组织“横向到边、纵向到底”的目标。2013 年，根据中残联《关于开展城乡社区残协会员实名制试点工作的通知》要求，湖里区在江头街道吕岭社区、金尚社区、园山社区等三个社区开展“社区残协会员实名制”试点工作。12 月 10 日，中残联在辖区金尚社区召开全国社区残协会员实名制现场研讨会，并考察吕岭社区、金尚社区残协会员实名制试点。3 月，区残联被市残疾人工作委员会评为先进残疾人组织。

【残疾人康复】2013 年，湖里区实施白内障患者免费复明手术 60 例，开展 5 场白内障筛查活动，邀请市博爱康复中心的眼科专家到社区为 200 多位老年人免费检测，巩固“全国白内障无障碍县（区）”创建成果。578 名精神残疾人申请精神病服药补助。53 名“四残”（详见附录“文件选录”）儿童康复补助 39.5 万元。

【残疾人就业】2013 年，区残联开展“沉香包装加工”“车轮气门蕊盖帽装配”“梳子加工”等就业、实用技术培训 30 期，培训 951 人次，组织 24 名残疾人参加就业指导员远程培训。全年安置残疾人就业 40 人，其中：扶持 11 名残疾人在社区实现灵活就业，帮助 7 名残疾人自主创业；共组织 21 家企业参与招聘会及日常推荐接洽，累计推荐 50 余名残疾人前往企业应聘，为其中 16 名有劳动能力的残疾人在企业找到就业岗位，新增集中安置就业 6 名。年内，征收残疾人就业保障金 101 万余元。依法开展残疾人个体工商户“参加职工基本养老保险和职工基本医疗保险经费”补助工作。为符合条件的60名残疾人个体工商户发放“两险”补助金34.3万余元。扶持63名残疾人自主创业，发放一次性创业补贴和经营性补贴23.3万元。全国助残日期间，在湖里区特教辅读班开展以智障学生为主角的特教生生活和劳动技能展示大赛，向社会展现特教学生自信、自强、乐观的生活态度，全面展示湖里区的特殊教育成果。参与共青团倡导的“五四”青年节慈善义卖活动，共征集手工作品320件，义卖作品147件2520元。4月底，湖里街道残疾人职业援助中心正式投入运行，为辖区30名残疾人提供就业和日间托养服务。至此，全区所有街道都建立残疾人职业援助中心。6月，区残疾人管理中心由区社区工作指导中心加挂牌子改为独立设置，为全民事业单位，隶属区残联管理。

【残疾人帮扶救助】2013年，全区共有455户565名符合低保条件的残疾人享受最低生活保障金，实现应保尽保；落实重残瘫痪在床残疾人居家护理补助工作，审核发放829名重残瘫痪在床残疾人居家护理补助金243.73万元；实施困难残疾人生活救助597人，发放救助款203万元；全区有1200余人次的低保对象中重度残疾人、老年残疾人和低保边缘残疾人三类重度残疾享受每人每月50元的困难补助，发放困难补助金6万余元；为全区3849名残疾人购买最高赔付金额为10万元的意外伤害保险，协助2名残疾人办理意外伤害保险理赔；为全区3000多人次的残疾人发放医疗救助金190余万元，有28名残疾人轮椅代步车领到燃油补贴7280元。在全国助残日期间，以一户多残的特困残疾人为重点慰问对象，安排45万余元的帮扶慰问专项资金，对全区5个街道的3488名残疾人进行全面走访慰问。

【为残疾人服务】2013年，区残联在禾山街道和金山街道的5个社区尝试引入社会工作理念，采用由政府向民间社区组织购买社工服务的方式，通过开展个案、小组和社区工作等方法，秉持社会、社区、社团“三社一体”，社工、义工“两工联动”的服务方式，为辖区残疾人及其家庭提供心理辅导、康复服务、就业就学服务、社交训练、家属互助支持、康复员支持、志愿者发展等服务，受益残疾人群体1000多人。在10月15日国际盲人节期间，向重度视力残疾的残疾人发放盲人电子计价挂钩秤和电子体温计102个。

【残疾人文体活动】2013年，在全国助残日期间，开展“帮扶贫困残疾人”等大型就业推荐会，并在全区范围内开展5场扶残助残献爱心及宣传咨询活动，组织福乐家园和街道残疾人职业援助中心的残疾学员现场制作手工作品，展示学习成果，共制作手工作品320件，并参与全市残疾人手工作品义卖募捐活动，共义卖作品147件，募得善款2520元。4月，组团参加厦门市第一届残疾人运动会。选拔训练40名优秀残疾人运动员，参加残运会5个大项、56个小项的比赛，取得13金11银1铜，在全市6个参赛代表团中位列团体总分第2名，同时取得游泳单项团体赛第一名、田径单项团体赛第二名，实现历史性突破。

（李惠萍）

民族与宗教事务

【民族团结进步创建活动】2013年，区民宗局根据创建工作要求指导钟宅社区制定《钟宅畲族社区建设“全国民族团结进步创建活动示范社区”工作方案》，支持钟宅社区创办钟宅民族幼儿园，将创建活动融入提升社区服务管理水平、改善民生、建设和谐平安社区的实际工作中。协助承办省人大代表钟神枝提出的“关于民族小学建设的建议”，提供相关的民族工作法规和政策依据。配合政协委员开展“钟宅社区民族团结进步创建工作”调研活动，呼吁社会各方面力量关注支持民族小学建设。钟宅社区于2012年6月被中央宣传部、中央统战部、国家民委联合命名为第一批“全国民族团结进步创建活动示范单位”。

【挂钩帮扶民族乡】2013年，区民宗局落实省委、省政府下达湖里区对口龙海市隆教畲乡帮扶资金100万元，帮助隆教乡新厝村重建新圩桥、修复排洪水闸，以解决新厝村民众交通出行及内涝排洪的实际困难。

【落实民族政策】2013年，区民宗局严格执行变更民族成分有关规定，共审核区内居民20人变更民族成分。完成区内89名少数民族中考生民族身份的核实确认工作。

【城市民族工作】2013年，区民宗局全面开展社区少数民族基本情况调查摸底，建立健全社区少数民族人员台账。

【宗教和民间信仰管理】2013年，区民宗局在所辖宗教和民间信仰活动场所开展安全消防检查，排查治理安全隐患，强化各场所负责人的安全责任意识以及场所管理人员的安全教育。协办第六届福德文化节。倡导宗教场所和民间信仰场所开展扶贫济困、慈善送温暖活动。受理群众来信来访，实地调查枋湖社区万福寺因其建筑物严重破损申请翻建事宜，协调街道、社区做好安全防范工作，协同区佛协指导万福寺建立管理组织，逐步规范寺务管理。春节前夕，湖里区佛教活动场所觉性院携手南普陀慈善基金会为枋湖社区50名特困户送去年货和慰问金。

（陈巧茜）

侨务港澳事务

【概况】2013年，湖里区人民政府外事侨务办公室（以下简称区外侨办）接待和受理涉侨来信来访来电48件；走访慰问贫困归侨103人次，发放慰问金37500元；落实特困归侨5名，发放补助金额12000元。

【服务经济】2013年，区外侨办会同区投资促进局统计全区投资总额1亿元以上的重点侨资企业55家。元旦春节期间，走访慰问侨资企业16家；端午节期间，走访慰问SM商业城有限公司、印华地砖厂等荣誉市民企业。与区投资促进局、区经发局、区侨联、区台办协调，推荐上报第九批厦门市荣誉市民初步人选、国侨办第三批重点华侨华人创业团队。

【团结联谊】元旦期间，区外侨办向全区584户归侨赠送新年挂历；春节前夕，走访慰问贫困归侨49户，发放慰问金24500元；“六一”儿童节，走访慰问贫困归侨侨眷子女12户；端午节，走访慰问部分重点侨界人士；中秋节，走访慰问贫困归侨20户；重阳节，走访慰问88周岁以上高龄老归侨22名。是年，区外侨办组织与致公党湖里总支开展对口联系活动两次，共同探讨新时期侨务工作新做法，提高对侨务工作重要性的认识。会同区教育局对在辖区各中小学校就学的海外华裔学生进行统计，为进一步做好华裔学生工作打下基础，并与市侨办联合举办归侨侨眷子女夏令营。

【为侨服务】2013年，区外侨办办理归侨证9本，出具“三侨子女”身份证明5份。全年接待和受理涉侨来信来访来电48件，对涉及侨房、华侨子女就学等热点问题及时给予协调处理，维护侨胞的合法权益，维护侨界的和谐稳定。配合市侨办落实低保归侨16名，定期给予每人每月100元补助；落实重病特困归侨户1户，给予一次性5000元补助；落实特困归侨子女就读大学归侨户1户，给予一次性2500元补助；落实特困归侨5名，定期给予每人每月200元生活补助。探索社区侨务工作，到社区检查指导侨务工作开展情况，推广“五必到”（详见下页）工作法，为社区做好侨务工作提供经费支持，共下拨金山、金安、和通、濠头、康乐五个社区侨务工作经费25000元。是年，金山街道金山社区被国侨办授予“全国社区侨务工作示范单位”荣誉称号。

【“香港周”协调保障】2013年，区外侨办会同区相关经济部门联络辖区内SM城市广场、中闽百汇等大型商场，提供场地推介香港品牌和商品，协助市外办做好“香港周”的相关保障工作。

（刘慧锦）

侨联工作

【概况】2013年，湖里区归国华侨联合会（以下简称区侨联）贯彻落实区委、区政府的决策部署，做好“凝聚侨心、汇集侨智、发挥侨力、维护侨益”的工作。召开湖里区第5次归侨侨眷代表大会，选举产生新一届侨联委员会；在湖里街道濠头社区开展“组织建设加强年”示范点活动。到基层和侨资企业开展课题调研，完成《开创新时期侨联工作新局面的实践与思考》《侨联工作创新建议之整体创新共同发展》等4篇调研报告，其中《加强务工人员安全教育和管理，防范和遏制因工伤亡事故频发》获得区委统战部和区政协研究室联合表彰。将调研文章提炼成提案提交区“两会”。接待前来参加侨代会的海外嘉宾。组织辖内侨青会员到侨资企业参观交流，推动侨资企业合作发展。与台办等部门联合举办“海峡两岸青少年夏令营”活动。接待菲律宾华侨李德万等多位侨领侨商来厦参加第十七届“9·8”投洽会，与泰国南顺集团签订投资总部经济意向书。与思明区侨联联合组织一次侨界青年联谊活动。

【区第5次侨代会】3月30日，湖里区第5次归侨侨眷代表大会在湖里区行政

3月30日，湖里区第五次归侨侨眷代表大会

中心辅3楼会议室召开。来自全区各条战线的123名侨界代表齐聚一堂，共商侨联事业未来5年的发展大计。厦门市侨联主席王德贤，湖里区领导梁美丽、林凡、黄炜、陈国荣、陈海松、刘琦龙、林世裕出席大会。大会选举产生第五届侨联委员会委员35名，严志和当选新一届侨联委员会主席。

【刘育生到区侨联调研】3月28日，湖里区委书记刘育生到区侨联调研，对进一步做好新年度侨务工作提出4点要求：一是要热情开展为侨服务。重点是要关心归侨侨眷的工作生活，积极开展走访慰问、扶贫帮困、普法维权等活动，热情为他们提供帮助和服务，让他们感受到党和政府的温暖。二是要努力加强海外联谊。采取寄贺年片、寄挂历、发电邮、打电话等传统方式，与海外侨胞保持经常性的联系。特别是在海外侨胞回国参加经贸洽谈、省亲进香等活动时，要抓住时机热情接待，做好关心服务工作，密切相互联系，强化他们的爱国爱乡之情。三是要主动协助招商引资。要充分发挥桥梁纽带作用，利用各种时机做好政策环境宣传工作，大力介绍湖里的投资建设环境和发展前景，把有影响的侨商引到湖里来，为湖里的建设发展做贡献。四是要积极创新方式方法。要加强对新形势下侨联工作新情况、新问题的研究，重视做好新侨工作，强化对基层侨联工作的指导，不断提高侨联工作的科学化水平。最后，还对开好湖里区第五次归侨侨眷代表大会作具体部署和指导。

【总结推广为侨服务“五必到”工作法】5月15日，湖里区侨联下发《关于推广湖里街道和通社区“为侨服务‘五必到’工作法”的通知》(厦湖侨联〔2013〕4号文)，希望各街道侨联紧密结合本街道实际，认真抓好这一做法在所属社区的全面推广落实，以达到凝集侨心、汇集侨智、维护侨益、发挥侨力的目的。积极促进归侨侨眷融入社区。“五必到”工作法的主要内容是：一、侨属海外亲人回国探亲，必到家拜访，沟通交流，增进感情；二、侨属家有喜事，必登门祝贺，共享欢乐，增添喜庆；三、侨属家遇变故，生活困难，必到家看望，关心帮助送去温暖；四、侨属与邻居发生纠纷，必介入调解，耐心劝说，化解矛盾；五、侨属家有丧事，必上门慰问，帮助料理，慰籍家属。

【侨界参政议政】2013年，区侨联撰写、报送信息、社情民意116条，分别被中国新闻网、福建侨联网等10多家网站录用。其中，“城市内涝问题亟待关注和解决”等2条社情民意信息被省委“八闽快讯”采用，同时被采用为全国《政协专报件》和福建省《政协专报件》；“采用中水回用措施，可以大大提高我国水资源利用率”被采用为福建省侨联《侨情专报件》；“建立鼓浪屿限客预警信息系统，加强鼓浪屿生态旅游环境保护”被采用为厦门市《政协专报件》，获得市政协主席陈修茂和副市长国桂荣批示；“建设分散地埋式污水处理厂站，全面解决湖里区水污染问题”被采用为厦门市《政协专报件》，获市委常委、常务副市长林国耀批示；“建议暂缓建设厦门岛连接大陆的出入通道”和“关于改善和提升厦门机场公共交通出行状况的建议”分别被采用为《建言专报》，获得市委常委、统战部长黄菱批示；3条社情民意信息单篇刊登于《厦门政协》期刊。24篇被《厦门统战网》采用，50多篇被《湖里简讯》《鹭风报》《福建侨报》，省、市侨联简报等刊物登载。

【依法护侨】2013年初，区侨联与区外侨办联合成立《湖里区归侨侨眷维权人民调解委员会》，为辖区归侨侨眷提供咨询，受理纠纷，协调有关单位提供法律服务；对调解协议的履行情况进行监督，把矛盾纠纷化解在基层、消除于萌芽，有效维护社会和谐稳定。

【开展各项惠侨活动】2013年，区侨联开展“创家交友”和“走基层、解民忧，聚侨力、办实事”活动，“以侨帮侨”开展走访慰问、结对帮扶、文明创建等工作。春节期间，走访看望26家重点侨企，走访慰问49户贫困归侨，发放慰问金32500元、慰问品49份；中秋节，到社区走访慰问20户贫困归侨；“六一”节，慰问12户贫困归侨侨眷子女；重阳节，慰问22位88岁以上的高龄老归侨，并送去老人生活用品。区侨联助侨基金对辖区内的孤、寡等16户特困归侨给予每个月200元固定生活补助，全年发放定补金38400元。帮扶残弱家庭，与康辉社区特困户黄明琴结成帮扶对子，给予3000元资助其女儿完成学业。配合省、市侨联发起的“百侨助百村—共建美丽乡村”活动，与湖里街道濠头社区结成帮扶对子，开展送文化、送法律、送医疗和送温暖活动。

【信访接待工作】2013年，区侨联接待来访来电10多人次，其内容既有咨询涉侨房产，也有咨询“三侨”子女中考加分、子女就学问题，还有要求帮助寻找海外亲人等事宜。接访人员热情接待，耐心细致地为他们讲解有关政策，理顺情绪，化解矛盾，促进侨界和谐稳定。

【侨界文体活动】2013年，区侨联组织侨界“舞蹈小组”“健身小组”开展经常性的活动。配合市侨联举办的“幸福厦门　和谐侨界”首届侨界联欢节活动，选送广场舞《雪莲》和《马来西亚土风舞》两个节目参加演出，各街道侨联组织500多名归侨侨眷前往观摩。重阳节期间，由市侨联主办、区侨联承办的“美丽厦门　和谐侨界”健步行活动在仙岳山举行，各街道侨联发动近500名归侨侨眷参加活动；与区台办等部门联合举办以“节约粮食，从我做起”为主题的2013年两岸青少年夏令营。

【侨联会所管理】2013年，区侨联召开会所管理小组成员会议，通报年度工作情况。经常走访租户，了解经营管理情况和安全情况。做好会所部分出租房屋的日常管理工作，及时收取租金，按时缴纳税收。

（黄霓裳）

台湾工作

综　　述

【理论政策学习贯彻】2013年，区台办、台联组织学习中共十八大精神，学习中央、省、市领导对台重要讲话、中央对台工作会议精神和中央领导考察福建厦门的重要讲话，学习国务院批准的《厦门市深化两岸交流合作综合配套改革试验总体方案》等。依托区台联、台盟湖里支部，组织台联理事、台盟盟员、台商和台胞代表、台办工作人员、基层涉台干部研讨和学习，传达上级指示精神，提高涉台干部的理论水平和专业素养，进一步提高湖里区台胞、金门同胞、台属对对台政策的认识。组织台联理事、台盟盟员和台商代表召开缔造“美丽厦门·创新湖里”座谈会，大家结合湖里实际，广开言路，积极发言，建言献策，共收集七个方面25条建议。

【招商引资】2013年，区台办致力于向台商推介湖里区的招商政策。2月10日，协助组织300多名会员企业和台商代表举办“政企对接”联谊活动，现场播放宣传片、发放宣传资料，重点推介两岸金融中心（湖里园）和“五缘湾高端医疗合作示范区”等在建项目。4月18日，协助组织市台商协会召开招商座谈会，区委书记刘育生及相关部门领导参加，现场发放工业园区招商手册和《湖里区“550”高层次人才引进和培育计划优惠政策》60余册，力推湖里区的招商项目。先后接待台湾国立交通大学交通运输研究所教授冯正民一行、台湾君立集团董事长林松毅一行、台湾台东代表团、台湾“中华两岸友谊交流协会”代表团、台东县议员王清坚及执行长江金香一行及基隆市市长张通荣率领的经贸考察团、台北市政顾问吴木川率领的台北市台海两岸经贸文教交流协会和台北市企业家菁英代表团。双方就进一步加强两岸贸易、流通和运输等问题及大米贸易合作事宜进行洽谈交流。全年引进台资项目21个，台资企业增资项目9个，总投资1032万美元，合同利用台资884万美元。

【服务台胞台资企业】2013年，区台办、台联结合各种传统节日开展活动，多渠道、多层次体现党和政府的关怀，增强同胞的凝聚力。春节前夕，向台胞、金门同胞、台属和台商寄发贺卡，发送祝福短信；陪同市、区分管领导走访慰问重点台资企业35家，台胞、金门同胞、台属46人，走访慰问贫困台胞、金门同胞、台属。端午节，走访慰问53名台胞和17家重点台资企业。“六一”儿童节前夕，走访慰问重点台企、台联、台盟和部分机关台籍干部子女55人。“三八”节，组织女台胞考察上古文化艺术馆、“美格农艺”和“同安盛之乡生态园”；举办“节约粮食，从我做起”台商子女夏令营活动。重阳节，入户慰问老台胞、金门同胞、台属95人，

1月23日，区委常委、统战部部长陈国荣（中），副区长丁红斌（右）走访台资企业华信公司

组织辖区内60岁以上台胞、金门同胞、台属120多人参观湖里区对台交流基地。

【宣传信息工作】2013年，区台办发动区相关部门订阅《两岸关系》《台湾工作通讯》等宣传刊物206份，同时，为重点台企、部分台联理事赠阅全年对台宣传刊物。年初，区台办被国台办授予“对台宣传和调研”工作先进单位称号，连续12年获此荣誉；同时，连续6年获区委统战部信息报送先进单位一等奖。

对台交流交往

【调研座谈促进涉台产业提升】2013年，区台办组织各级各类调研4场次，推动和促进湖里区对台工作涉台项目建设。3月4日，区委书记刘育生到区台办调研，对今后做好对台工作提出希望和要求。年初，区台办会同民盟市委针对湖里区台湾工业园改造召开座谈会，市台商协会会长黄如旭等8名台商代表参加座谈会，提出以“小台北”概念为特色建设厦门，以园区旧厂房改造为切入点，共同建设综合型台湾商业城等设想。3月8日，省台办副主任韦忠慈率海峡论坛组委会人员到厦门调研，实地考察湖里区惠和石文化园，力争将该园区的石文化纳入海峡论坛配套活动项目。4月中旬，区台办与市民盟针对湖里宜宾路台湾工业园“三旧改造”的课题开展调研，共同为在厦台商的产业升级建言献策。区人大、政协两会期间，区台联、台盟及特邀界别委员在前期调研的基础上，提交9件提案，得到区委、区政府领导的重视。

【两岸经贸交流】2013年，区台办在“台交会”“第五届海峡论坛”“文博会”期间，共接待台湾和境外客商9批次120多人，重点推介“两岸区域性金融服务中心”、台湾水果批发市场、环东海域、高新技术园、闽台花卉高科技园等重点招商项目。会同区相关部门和街道接待台湾台开公司、富邦金控等多家台资企业，组织20多位台资企业负责人召开招商项目对接会和恳谈会，交流经验共谋发展。协助区委、区政府做好“9·8”投洽会参会团组的邀请、接待、联络和会务保障等各项工作。先后接待国台办副主任叶克冬、台湾君立代表团、台湾台东代表团、台湾“中华两岸友谊交流协会”代表团、台北市台海两岸经贸文教交流协会、台北市企业家代表团。

两岸民间交流

【两岸乡镇对接】2013年，区台办为贯彻落实中央关于广泛开展两岸民间交流指示精神和省台办《关于开展闽台乡镇对接工作的通知》精神，结合湖里区各街道及相关部门与台湾乡镇开展交流交往的情况，共申报3个“民间社团交流计划”项目和5个特色乡镇对接交流团。1月26日，接待台湾台东县议员王清坚率团到湖里区洽谈池上乡大米及儿童夏令营事宜，双方交流取得实质性进展并签署合作意向书；协助区政府、区文体出版旅游局、区教育局、区民政局等单位赴台考察交流。

【两岸宗教交流】9月23日，湖里区第六届福德文化节以“文化同根、福祉同享、梦想同圆”为主题在湖里区仙岳山土地公庙举办，接待来自中国大陆、台湾地区及新加坡、马来西亚、日本、韩国、泰国、印尼、美国等15个国家和地区的专家学者、社会知名人士、宫庙信众代表共计2800多人，共襄福德文化盛举。受到国内和境外嘉宾、信众的一致好评。全年先后有台湾杨氏宗亲、陈氏宗亲、叶氏宗亲、萧氏宗亲等4批次200多人到大陆谒祖、省亲访友。2月8日，协助凤和宫保生慈济文化分会开展周年庆典活动，接待来自中国大陆、台湾地区及马来西亚等地信众80多人；3月2日，接待金门县县长李沃士、议长王再生带领的金门各界1300多名人员到湖里区仙岳山土地公庙开展信俗文化交流。

【民间经贸文体交流】4月25日，湖里区“厦门惠和石文化园”“厦门上古文化艺术馆”“厦门市福德文化联谊会”获厦门市首批“海峡两岸（厦门）交流基地”授牌。4月27日，协助做好组团赴金门参加台湾土地开发公司2013年MIT展销会人员赴金手续的办理并赴会。首次协助组织相关部门在湖里区五缘湾举办海峡两岸畅游冬泳锦标赛，来自两岸的39支代表队536名游泳爱好者参加，其中有2支代表队30余人分别来自台湾、金门。

对台服务

【维护台胞合法权益】2013年，区台办受理台胞、台商求助投诉件31件，结案率100%。投诉求助件中占最大比例的是台胞子女就学问题。区台办及时与教育部门协调，妥善解决台胞子女就读问题。在第六届海峡论坛、“9·8”投洽会、中共十八届三中全会期间，区台办都坚持做好对台方面的维稳工作，采用轮班值日的方式，时刻关注社会动态和台胞的权益保护。区台办还与区司法局建立台企普法联络员联席制度，与台企相关的法律、法规、政策宣传实现日常化和常态化，最大程度地保护台胞的合法权益。

【关心台胞台商生产生活】2013年，区台办关注台胞在厦的生产生活，做好辖区内宗亲族谱，同乡会，民间信仰，涉台婚姻，贫困台胞、金门同胞、台属以及重点台资企业的基础信息摸底工作，建立相关的数据库，并做好数据库的日常更新。1月14—31日，区委分管领导带队走访慰问辖区重点台资企业36家，了解情况，为台企排忧解难。4月17日，区政府分管领导带队走访台资企业，同企业建立卫生绿色通道，并为企业送去卫生、计生和社会救助等服务。6月8日，市台联常务副会长陈永东到辖区台企个体工商户开展调研，现场帮助解决个体户提出的工商、税务、交通、治安等六个方面的问题。

【促进台湾人才在厦就业】2013年，区台办为落实湖里区“550”高层次人才引进和培育计划，营造良好的台企引才、用才氛围，按照区委组织部的相关文件和政策要求，重点摸底辖区内台企。利用联席会、走访台企、“政企对接会”、“台商联谊会”等契机，宣传湖里区人才引进优惠政策，现场发放《湖里区“550”高层次人才引进和培育计划优惠政策》等宣传手册800多本。协助湖里区人才办调查摸底，评出华信、法蓝瓷、欣贺、翔鹭大酒店、台松等6名人员为湖里区2012年“550”台湾专业人才。

【鼓励台胞参与公益事业】5月18日，四川雅安发生7级地震后，区台办向台资企业和台胞发出倡议书120余份，并利用短信平台发送信息80余条，筹集12万元，通过湖里区红十字会送往灾区。台资企业华信混凝土工程开发有限公司发动员工捐款4.3万元和物资送往灾区，体现“万众一心，共渡难关”的两岸情结。中秋节期间，台湾生产党主席卢月香会同厦门市台属联、湖里区台办慰问辖区3户特困台胞，给他们送去台湾月光米、台湾月饼等生活用品，使贫困台胞深受感动。

【推进涉台项目建设】2013年，区台办找准湖里区对台工作的着力点和突破口，主动承接台湾光电、软件和动漫等新一轮产业的转移，引进航运物流、医疗、教育和中介服务等三产项目，吸引台湾知名企业前来设立营运中心和研发机构，促进现有台资企业增资扩产；做强做大台湾水果销售集散中心，力促台湾农产品中转集散分拨中心、闽台花卉科技园建设；协助做好国际旅游客运码头、东渡厦金客运码头、五通海空联运码头、高崎闽台国家级中心渔港规范化建设、闽南古镇招商和建设；协助做好“两岸金融服务中心”的各项工作。协助区委、区政府做好“台交会”“海峡论坛”期间来访客商的接待和服务工作，共接待来自台湾各行业8批次100多人考察两岸金融服务中心（湖里园）和湖里的各工业园区。

湖里区台胞金胞台属联谊会

【概况】2013年，湖里区台胞金胞台属联谊会根据上级领导和全国台联的部署要求，组织学习贯彻中共十八大精神，学习总书记习近平系列重要讲话精神和中央、省、市领导对台重要讲话精神，贯彻落实《厦门市深化两岸交流合作综合配套改革试验总体方案》，进一步学习领会和贯彻中央在新时期的对台方针和决策部署，围绕开创两岸和平发展的新局面，扎实有效地开展各项工作。通过学习座谈，让台联理事了解中央领导重要讲话精神和中央对台工作新举措，提高理事们的理论水平和政治觉悟，增强凝聚力和向心力。

【主要活动】2013年，湖里区台胞金胞台属联谊会开展多形式的联谊活动，在元旦春节期间走访慰问重点台商、贫困的台胞金胞台属和老台胞金胞台属；在“三八节”、端午节、“六一”儿童节、中秋节、重阳节等传统节日期间，组织参观、考察和联谊活动。在区“两会”期间，区台联政协委员在前期调研基础上，提交7件提案，得到区委、区政府的重视。组织区台联、台盟湖里支部、台商代表召开“美丽湖里·共同缔造”座谈会，与会代表结合湖里实际，积极建言献策，共提出25条意见和建议。9月28日，区台联组织台联界别政协委员参加区政协“界别活动日”活动。开展宣传日活动，在前期调研和深入走访的基础上，针对辖区台商多、台胞多、台属多的特点，精心策划，以“听呼声、送关爱、暖民心”等活动为重点，现场发放《台湾同胞投资保障条例》《厦门市深化两岸交流合作综合配套改革试验总体方案》《湖里区“550”高层次人才引进和培育计划优惠政策》等宣传手册200余份，解答涉法、涉诉问题20余件。

湖里区台商联谊会

【概况】2月10日，湖里区台商联谊会举办第二十一次“政企对接”餐叙会，300多名会员企业和台商代表参加。现场播放宣传片，发放宣传资料，重点推介两岸金融中心（湖里园）和“五缘湾高端医疗合作示范区”等在建项目。12月31日，举办第二十二次餐叙会暨跨年迎新联欢晚会，近200人齐聚一堂，现场发放新出版的招商资料，宣传湖里区投资新环境，寻求与广大台商进一步合作。4月18日，区台商联谊会正、副会长及重点台资企业负责人在湖里悦华酒店召开座谈会，现场发放工业园区招商手册和《湖里区“550”高层次人才引进和培育计划优惠政策》60余册。1月31日，国台办经济局副局长彭庆恩到湖里区走访困难台企和中小台企，与湖里区台商座谈交流，听取台商的意见和建议。

（李宝龙）

街道

湖里街道

【概况】厦门市湖里街道是厦门经济特区的发祥地，1981年9月与厦门经济特区同步诞生、同步发展。位于厦门岛西北部，辖区面积12平方公里，下辖金鼎、新港、东渡、东荣、和通、濠头、湖里、村里、海天、南山、康晖、康乐、康泰、塘边、后浦、怡景、徐厝、兴华18个社区居民委员会，人口15.2万人，其中常住人口8.6万人，流动人口6.6万人。2013年，街道实现财政总收入24.59亿元，同比增长19.8%；本级财政收入1.69亿元，同比增长19.5%；引进外资3300万美元，内资83亿元；完成固定资产投资13.1亿元。街道先后获全国社区志愿服务示范街道、全国"十佳魅力（城镇）街道"、福建省2012年度村（居）委会换届选举工作先进乡（镇、街道）、福建省安全社区、市"法治镇（街）创建活动"先进单位、市市容管理工作先进单位、市政风行风建设先进单位、市先进基层妇女组织、市计生系统群众满意基层站所等荣誉。

【"三旧"改造】2013年，湖里街道辖区电子商务大厦、厦华3号、4号等厂房完成改造，推进华信石油、五矿大厦、华美、名鞋库、金元伞业、金鹭特种合金、厦昌厂房等项目改造。华信石油、五矿大厦、金鹭特种金厂房等改造项目均通过市土管会审批。

【重点项目】2013年，湖里街道全力推进18个重点项目。配合做好市湖里老工业厂房文创园协调管理办公室工作，推进文创产业发展。完成邮轮母港一期土地协议收储570亩，协助举办两岸邮轮对接会，推进美高梅公司建设邮轮酒店综合体。在全区率先签订轻轨一号线湖里段的第一份征地协议，做好林海野趣项目征地拆迁工作。

【招商理税】2013年，湖里街道兑现94家纳税大户奖金624.4万元，兑现招商引资奖金325.27万元。推进鹭燕、欣贺、圣元环保等企业上市步伐，新增1幢亿元税收楼宇信达大厦，13家企业被区认定为总部企业，占全区37家的35.1%，欣贺股份有限公司被厦门市认定为9家市级总部企业之一。培育名鞋库等3家零售额超过500万元的电商企业，占全区总量的一半。完成华信商业1亿元注册资金的税源变更。全年共完成协税护税金额1.2亿元。

【平安创建】2013年，湖里街道与18个社区和751家企事业单位签订责任状，通过电子公告屏和短信平台向居民发送平安创建信息，提高居民知晓率。定期召开党政联席会研究矛盾纠纷排查工作，落实领导干部接访制度，全年，妥善处置群体性上访事件10起，解决历史遗留问题1件，领导干部参与接访50多人次。处理劳资纠纷13起，调解劳资争议267起。先后投入30多万元维护社区监控系统，在塘边、和通社区试点推广指纹门禁系统。开展省级安全社区试点创建，街道被评为福建省安全社区。

【计生工作】2013年，湖里街道发挥计生大讲堂的宣传作用，筹建相关网站，制作动漫宣传片，举办专题知识讲座140多场，建立仙岳山人口计生文化女儿园。为744对夫妇进行孕前免费优生健康检查。发放各类计生低保金、补助金、奖励金132万元。持续开展第8批"幸福工程"救助贫困母亲活动，救助金累计81.5万元。全街道计生政策符合率92.1%，其中常住人口91.4%、流动人口92.5%。

【民生保障】2013年，湖里街道累计发放各类民政救助2625户、4368人次，共计120.28万元；完成失业人员再就业4256人，就业困难对象再就业763人，失业人员再就业培训130人，农民工技能提升培训251人，安排公益性岗位就业63人。建成残疾人职业援助中心，筹集善款100多万元。受理保障性租赁房、经济适用房和保障性商品房申请364份。

2 月 23 日，湖里街道第五届仙岳山歌会演出“千手观音”

【文教体育】2013 年，湖里街道做好国家公共文化服务体系示范区创建工作。为 189 名贫困学生发放助学金 24.46 万元，开办康晖幼儿园。开展群众性文体活动近百场，举办第五届仙岳山歌会，承办厦门市第九届元宵民俗文化节暨海峡两岸民俗踩街活动。

【社区建设】2013 年，湖里街道和通、塘边、后浦社区解决办公用房问题，新港社区服务中心于年底动工建设。通过省民政厅自然灾害避灾点检查。年内，康晖社区被国家减灾委、民政部评为“全国综合减灾示范社区”，新港社区被国家计生协会评为“全国人口和计划生育基层群众自治示范村（居）”，兴华社区被中国社工协会评为“全国社区志愿服务示范单位”，康泰社区被福建省司法厅评为“全省人民调解先进集体”，东荣社区被福建省妇女联合会、福建省“巾帼建功”活动领导小组评为“省级巾帼文明岗”，怡景社区的“外来务工人员教育培训模式实验”获评教育部“2013—2014 年全国社区教育实验项目”。

【文明创建】2013 年，湖里街道建立文明创建长效机制，完成全国和省公共文明指数测评迎检任务，申评全国文明单位。建立网络志愿服务队，广泛开展“道德讲堂”活动，全街共举办 76 场。加强未成年人思想道德教育，打造社区“爱心少年”志愿小分队和关爱流动儿童志愿分队等品牌。

【综合整治】2013 年，湖里街道建立城市管理网格化工作机制，在巩固海天路整治成果的基础上，集中整治南山路、东渡路、康乐路。通过网格化管理发现制止违法建设 42 处，强制拆除 27 处，拆除违章搭建面积 2330 平方米。

【美化绿化】2013 年，湖里街道开展仙岳山义务植树造林基地志愿者植树活动，投入 300 多万元做好绿化彩化美化工程建设，新增绿地 2 公顷。辖区园林绿地总面积 440.77 公顷，公共绿地面积 289.12 公顷，人均公共绿地面积 37.62 平方米，绿地率 34.9%。安排 100 多万元用于破损道路和市政设施改造，投入 80 多万元更新社区环卫设备。

【共同缔造美丽厦门】2013 年，湖里街道加强对“美丽厦门共同缔造”行动的宣传，丰富宣传载体，发放宣传册 8 万份，举办文艺宣传活动 19 场，厦门日报新闻大篷车栏目走进海天、康泰、兴华等社区，专题刊载街道非公企业为美丽厦门添砖加瓦等事迹。厦门晚报宣传怡景、兴华、海天、东渡、和通等社区亮点；邀请厦门市委讲师团副团长苏秋华教授，专题授课“美丽厦门共同缔造”；制作宣传车，录制语音宣传片巡回播放。启动康乐一期、华昌小区、徐厝干部宿舍 3 个老旧小区改造。做好康乐、海天 2 个试点社区项目推进。康乐社区以探索居民自管自治为重点，结合完善社区听评会制度，发动群众共谋共商小区改造。海天社区以老旧小区改造提升为重点，探索业委会自管、居委会代管和物业公司共管相结合的管理模式，重点将华昌小区打造为老旧小区改造的示范点。

【湖里获评全国“十佳魅力城镇（街道）”】2013 年，湖里街道在半月谈主办的《第四届品牌生活榜》2013 年城市榜“十佳魅力城镇（街道）”评选中，通过网上投票和专家评审。9 月 13 日，在北京举行的颁奖典礼上，有北京西城区金融街街道、海南琼海市博鳌镇、江苏昆山市周庄镇、河南安阳县水冶镇、浙江绍兴市越城区灵芝镇、福建厦门市湖里区湖里街道、湖南永顺县芙蓉镇、广东中山市小榄镇、深圳龙岗区布

9 月，湖里街道获评全国“十佳魅力街道”

吉街道、上海浦东新区花木街道10个镇（街道）被半月谈杂志社、中国名牌杂志社授予“十佳魅力城镇（街道）”称号。

【基层党组织建设】2013年，湖里街道发展预备党员21名，53名预备党员按期转正，全街有党员3171名。完成机关党总支换届和党支部调整，组建街道大党工委和14个社区大党委、4个社区大党总支。11个社区党总支升格为社区党委，1个社区党支部升格为社区党总支。成立街道党代表联络工作室和社区党代表工作站。开展“百日攻坚行动”，新组建46家非公党组织。成立首家非公党委——欣贺股份有限公司党委。

【群众组织建设】2013年，湖里街道组建非公企业工会23家，创“合格职工之家”15家，抓好职工服务站建设，并通过市总工会检查验收。街道推荐的4名候选人获评区第四届“十佳外来青年”；欣贺团委获市“五四”红旗团组织称号；新组建25家非公企业团组织。街道妇工委被评为市先进基层妇女组织，举办“关爱留守流动儿童，共筑美丽中国梦”主题活动，帮助7名困难妇女申请创业补助资金2.1万元。

【人才工作】2013年，湖里街道落实550人才计划，划拨50万元专项资金，强化服务保障，引进磁云生物科技和厦门千藤环保2家厦门市“双百人才计划”企业。有41名社区工作者通过社工师资格考试。

【勤政廉政】2013年，湖里街道贯彻落实中央“八项规定”，取消“两节”期间座谈会、尾牙聚餐等多项活动，精简文风会风，严格控制三公经费支出。加强廉政风险点排查，健全防控体系，完善责任网络。狠抓案件查办和效能投诉工作，年内，党纪立案2件，业务内举报信件2件，受理效能纠风投诉9件。街道被市纠风办评为民主评议政风行风先进单位，为2013年度全市唯一民主评议政风行风免评街道。

10月10日，全国妇联、全国人大常委会法工委到兴华社区调研反家暴工作

【领导调研】10月10日，全国妇联权益部部长蒋月娥、全国人大常委会法工委社会法室副主任陈佳林、全国妇联权益部法规处处长李岳阳一行到湖里街道兴华社区进行调研，对街道和社区“两所一社区”警民联调和“预防和制止家庭暴力”工作取得的成效，给予充分肯定。省妇联副主席王秋梅、省妇联权益部部长袁素玲、市妇联主席陈亚汝等陪同调研。

（刘爱军）

殿前街道

【概况】殿前街道下辖高殿、马垅、兴隆、兴园、长乐、北站、神山7个社区居委会，其中高殿、马垅为“村改居”社区。至2013年12月31日，辖区总人口190023人，其中常住人口33792人，流动人口156231人。2013年，规模以上工业总产值329.25亿元，规模以上商业营业额432.39亿元；固定资产投资84.18亿元；财政总收入11.26亿元，其中街道本级财政收入8333.11万元。

【招商引资和企业服务】2013年，殿前街道招商引资引进内资32.2亿元，引进外资6555万美元。全年引进的重点企业有：全市首家小额贷款公司湖里诚泰小额贷款股份有限公司、太古部件维修（厦门）有限公司、外资总部项目金士邦（厦门）商业管理有限公司，投资运营闽南古镇。闽南古镇总投资40亿元，是辖区引进的第一个大型综合商业项目，一、二期建设基本完成，三期已开工，同时进行招商运营架构。夏商中埔农产品中转集散批发中心和旗山物流园建筑体量均达到10万平方米，主体完工进入整体招商策划阶段。利用机场北区14.63万平方米用地集中规划“夏商汽车文化产业园”。建立领导分片、分项目联系固投项目制度，跟踪闽南古镇、T4航站楼、航空港物流中心、夏商农产品中转集散分拨中心等重点固投项目建设进度，及时协调解决固投项目建设过程中遇到的各种问题，确保各项固投项目的序时进度。

【征地拆迁】2013年，殿前街道完成征地14.78万平方米，拆除房屋建筑5338.88平方米，发放各项拆迁补偿金3672.28万元。成立轨道交通1号线工作领导小组，全面启动轨道交通1号线项目的工作。福厦铁路、公铁大桥项目返迁工作全面展开，入户宣传小组引导居民推选返迁户代表。返迁工作组到居民家中，收集村民意见上百条，协调解决有关道路规划、城中村村民出行难、新增人口安置等问题。殿前片区防洪整治——三号路（2#箱涵延伸段）项目完成征收集体土地4247平方米，签订地上建筑的补偿协议。滨海路涉及的39300平方米（60亩）工程用地先行交地，连接高集海堤的滨海路填海开始建设。佛祖山公园建设项目交地。

【教育事业】2013年，殿前街道辖区有中学2所，公办小学4所，民办学校4所，公办幼儿园1所，集体办幼儿园1所，民办幼儿园19所。辖区内小学适龄人口按时入学率和初中适龄入学率均为100%；6—14周岁三类残疾儿童入学率100%；15—50周岁人口文盲率为0。街道初步形成以“社区教育中心”为载体，以街道、居委会市民学校为主体，以网络信息教育为现代手段，以辖区文化、教育资源为参与辅助的终身教育培训体系。营造尊师重教的社会氛围，全年投入教育经费139.7万元，获得厦门市优秀市民学校、福建省社区教育先进单位、福建省学习型组织先进单位等荣誉称号。

【文化惠民】3月30日，由街道投入200万元建设的厦门市图书馆殿前街道分馆正式对外开放，建筑面积920平方米，藏书3万册，吸引辖区居民和外来务工人员，每日接待读者1000余人。街道在文化活动中心举办文化惠民工程“殿前梦想秀”公益培训班，开办葫芦丝、广场舞、排舞、瑜伽、书法、声乐等16门课程，培训学员近千名。全年举办254场文体活动，全年文体工作经费投入372万元。

【殿前获全国文化建设先进集体】2013年8月23日，文化部创建国家公共文化服务体系示范区验收组一行到殿前街道文化站验收创建成果。验收组从公共文化设施网络建设、服务供给、组织支撑、资金人才和技术保障、服务评估以及其他相关工作等6个方面、30项、76个指标进行评定，给殿前街道文化站创建示范区的工作打出高分。12月9日，被厦门市创建国家公共文化服务体系示范区工作领导小组办公室授予创建“创建国家公共文化服务体系示范区先进单位”荣誉称号。被中宣部授予“第五届全国服务农民服务基层先进集体”荣誉称号。

【劳动社保】2013年，殿前街道完成失业人员再就业1644人，就业困难对象再就业357人，失业人员再就业培训202人，农民工技能提升培训281人，技能鉴定229人。参加城乡居民养老保险的46—59周岁居民234人，参保率100%，领取待遇人数477人。受理全民医保参保登记1362人；家庭共济417户；自付医疗困难补助117人。为15名被征地人员办理养老保险参保手续，及时兑现参保补助款37500元（街道级），为95名被征地人员办理社会化管理退休手续，协助28名退休人员家属办理丧葬费及一次性补助费领取手续。全年办理1931本失业证；认定灵活就业人员421名；认定就业困难人员323名。接收社会化管理退休人员248名，其中失地退养人员95名；协助异地养老金认证341人；走访辖区退休人员708人次，慰问重病住院退休人员86人，慰问亡者家属16人以及协助办理丧葬费及一次性补助费手续。发放劳动监察书面审查195份、录入系统195份；排查29起劳资纠纷隐患。街道劳动争议调解委员会处置268起劳动争议案件，调解215起，调解金额120余万元。

【帮困救助】2013年，殿前街道发放各类民生救助补助款227.81万元。其中，慈善超市物资19.04万元；各类困难户春节慰问1498人次39.83万元；发放低保补助1302人次43.48万元，全年增加低保10人、退出29人，低保动态率33%；发放残疾人、重点优抚对象等医疗补助75人次17.31万元；发放70周岁以上重残人员、“三无”人员（无劳动能力、无法定赡养人、无经济收入）等日常医疗救助605人次3.03万元；发放重度残疾人生活补助36人次0.54万元；发放困难家庭临时救助42人次4.6万元；发放困难残疾人生活补助783人次23.49万元；发放重度残疾人居家护理补助1006人次32.24万元；发放残疾人“全国助残日”、中秋节慰问补助813人次10.8万元；发放“四残”儿童（肢残、听残、智障、自闭症）抢救性康复补助15人次10万元；发放残疾学生助学补助17人次2.7万元；发放高龄老人津贴补助36人次8.2万元；发放困难老人补贴、孤儿养育费822人次12.55万元。

【卫生医疗】2013年，殿前街道辖区有二级医疗机构1家（殿前街道社区卫生服务中心），一级医疗机构2家（健民医院和马垅医院），综合门诊部6家，32家有证私人诊所。全年接种11种一类疫苗应种85377人次，实种84182人次，接种率98.6%，接种二类疫苗9种11350人次。建立和管理居民健康档案，定期更新，建立电子档案193690份。登记和管理高血压患者4489人，定期随访并进行饮食及日常行为保健指导8027人次。登记和管理糖尿病患者2087人，定期随访并进行饮食及日常行为保健指导5345人次。辖区产妇数453人，出生数460人，早孕建卡率96.45%，住院分娩率100%，产后访视率97.17%。孕产妇保健覆盖率100%，孕产妇系统管理率96.74%。3岁以下儿童体检数5951人，同比增长25.23%，儿童系统管理数1240人，系统管理率95%。为户籍在辖区的1599名60岁及以上老人进行体检和建立健康档案。

全年开展除四害统一行动4次，累计投入灭鼠药8710公斤、凯素灵粉15500公斤、灭蟑饵剂291500小包、高效氯氰菊酯2240瓶、杀蟑胶饵800瓶，拨补各社区除四害人员消杀人工费33600元。殿前街道牛羊免疫408头次，排查饲养家禽1201只，消毒面积50000多平方米，控制H7N9病毒蔓延流行。

【社区服务转型】2013年，殿前街道全面推动社区服务升级转型。公开社区办事指南、办事程序、服务承诺，定期公示办理事项；整合社区资源，加大社区软硬件环境建设力度，投入21万元用于社区信息化平台建设，为实现网格化管理服务提供条件；完善社区远程教育电教室图书阅览室等居民文化活动场所，提升社区服务水平；培育志愿者队伍，参与社会自治管理；引入专业社工队伍，与厦门大学合作在街道开展“殿前街道社区服务创新研究”文科横向科研项目；为辖区日新工友社工机构免费提供近600平方米的办公活动场所，扶持辖区社工机构发展；与捷立智能科技有限公司商谈注册成立民办社工机构——厦门捷立居家养老智能关爱中心，助力社区居家养老服务工作的开展；在马垅、长乐社区开展“关爱外来务工人员项目”，其中马垅社区的项目获得市民政局2013年度厦门市专业优秀社会工作服务项目三等奖；在兴隆、兴园社区开展“光华公益创业”社工项目，举办光华创业厦门赛区大奖赛；在高殿社区开展的“居家养老服务”社工项目推进有序，“高殿社区大学”获得国家、省、市多部门及媒体机构的宣传报道和肯定；结合社区前期申报调查及相关专家组的评估审核，兴隆社区台胞台属社工服务项目、兴园社区青少年全面发展社工服务项目、北站社区购买社会工作专业督导项目、神山社区购买社区居家养老社工服务项目开展进行。

殿前街道航道下屋顶绿化工程

【社区办公用房建设】2013年，殿前街道加大对社区办公服务用房建设投入。给予高殿和马垅社区各10万元办公用房补助经费；在兴隆社区原有办公用房的基础上向火炬集团公司新租用原居委会楼上办公楼层，并投入165万元用于该办公用房装修改造，解决兴隆社区服务中心办公场所不足的问题；根据街道关于社区调整筹建的规划，出资650万元向兆翔置业有限公司购置位于翔云一路的盛通中心配套建筑作为北站社区调整行政区划分之后的机场片区办公用房，北站社区殿前片区新办公用房的规划拆迁工作在进行中。另外，各安排50万元分别用于马垅社区文化活动中心和小东山室内标准篮球场的建设。

【计划生育】2013年，殿前街道人口计生工作全面实施“生育文明·幸福家庭”促进计划，综合治理“三高”（人口出生率、自然增长率高，出生性别比高，出生缺陷发生率高）。当年出生人口4244人，政策符合率91.28%；出生性别比110.10，其中户籍出生490人，出生性别比111.21，政策符合率92.04%，非户籍出生3754人，出生性别比109.96，政策符合率91.18%。流入育龄妇女办证登记率100%；“双查”到位率98.40%，综合节育率86.35%；计划生育家庭奖励兑现率100%，统计准确率96%以上；群众满意率和计生知识知晓率均达到90%以上。

【“美丽厦门”缔造工作】2013年，殿前街道贯彻落实“美丽厦门”工作部署，推动殿前航道下屋顶绿化工程，完成一期施工作业。推动开通“社区公交”，安排276.9万元专项资金，补助思明公交公司开通象屿五金机电城至怡景花园公交线路（432路）车辆购置和运营费用，解决周边群众出行难问题。安排60万元专项资金补助兴隆、马垅两个试点社区开展缔造活动。兴隆社区在全省首创聘请台胞担任主任助理；马垅社区封闭式管理、宜居城中村建设等工作取得成效。

【市容管理】2013年，殿前街道加大环卫资金投入。在区街财政投入1223.14万元的基础上，街道和2个村改居社区再增加投入约1200万元，其中：街道增加投入约300万元、高殿社区增加投入约750万元、马垅社区增加投入约150万元，实现“村改居”社区环卫经费纳入区街公共财政预算。实行保洁和垃圾清运分开，推行垃圾上门收集，减少中间转运环节，加快建设部分环卫设施和道班房，改善辖区市容环境面貌。马垅社区小东山社“以点带面、上下联动”的立体化市容与环卫管理模式，两次被区城管办推荐为市容管理现场观摩点。安排资金250万元用于辖区绿化，完成对马垅、兴隆、兴园等5个社区及辖区的外国语学校湖里分校、消防八中队、厦门三中的绿化提升改造。

【平安殿前建设】2013年，殿前街道投入综治和平安创建工作经费1200多万元，探索引进城市社区物业管理办法，采取由村改居社区居民出资的形式筹集本社区的小区综合管理费，保障综治和平安创建的进行。安排120万元（共5年计600万元）财政资金租赁建设兴隆、兴园社区监控系统。对辖区1530个生产经营单位和6000多家个体工商户开展隐患排查治理工作，及时将排查出来的111处“三合一”场所报送公安、消防等相关部门。依法对马垅社区园山北侧、励弘商场等处隐患较大的“三合一”场所进行整治。全年受理和调处各类社会矛盾纠纷76起，调处成功75起，调处案件纠纷总标的424万多元，涉案人数35人，纠纷调处率100%，调处成功率98.6%。建立健全每周一街道领导接访、每月5日区挂点联系领导到街道接访制度，主动靠前，对排查出来的突出矛盾纠纷和不稳定因素，做到逐一摸排梳理、逐一登记造册、逐一落实责任，努力把矛盾纠纷解决在基层。

【文明创建工作】2013年，殿前街道加强文明创建长效机制建设，更好地落实创建常态化，充实调整创建领导小组及市容环境整治组等五个工作小组的参加部门和具体人员，迎接区级专项月督查、市级季度测评和全省、全国文明程度指数测评。街道机关干部创建挂点包责任片区、包重要路段、包迎检项目，街道两委成员组成督查组，对创建工作进行督促检查，发现问题立即整改，确保创建为民、创建惠民。

【思想道德建设】2013年，殿前街道邀请市委讲师团进行“十八大进基层”宣讲。开展“我推荐、我评议身边好人”评选活动，发动群众推荐和评选身边好人。举办道德讲堂，以“身边人讲身边事，身边人讲自己事，身边事教身边人”为主要形式，请身边好人、模范走进道德讲堂，分享邻里道德故事。推进“我们的节日”主题活动，以群众喜闻乐见、具有地方特色的活动为抓手，弘扬中华民族传统文化。开展家训书法征集、中国梦公益广告征集、“中国梦·美丽厦门”基层宣传栏评比活动。

【名家讲堂活动】9月28日起，每周六上午9时“湖里星期六”名家讲堂准时在殿前街道十楼开讲。名家讲堂主要涉及老百姓感兴趣的教育、健康、礼仪、文化等话题，截至12月举办12场。开办以来走进讲堂的专家有厦门市教育局副局长任勇、全国资深家庭教育专家刘烁炀、著名作家谢春池、厦门第一医院儿内科主任吴谨准、厦门著名人文学者彭一万等，有近2000人次参加并聆听讲座。

【志愿服务活动】2013年，殿前街道开展“学雷锋·三关爱”志愿服务，围绕关爱社会、关爱自然、关爱他人三大主题开展活动。先后组织开展“宣传十八大、亲情暖湖里——红红火火过大年”主题志愿服务活动、“春天志愿行，温暖旅客心”快乐返乡志愿服务、“敬重阳——我和空巢老人有个约会”志愿服务、“爱我厦门·家园清洁”志愿服务、“共同缔造美丽厦门·我们在行动”志愿服务、中秋国庆期间“美丽厦门共同缔造”学雷锋志愿服务、“国际志愿者日”主题志愿服务。在辖区交通路口开展文明交通劝导活动。传播网络文明正能量，高殿社区陈棋珊、马垅社区陈彩欣被评为全省网络文明传播优秀志愿者。

【未成年人思想道德建设】2013年，殿前街道构建学校、家庭、社会“三联合”的教育网络，合理利用小精灵俱乐部、社区文化活动中心、心理咨询室、家长学校等活动阵地，组织丰富多彩、形式多样的教育活动。关注特殊家庭子女情况，特别关心关爱流动人口子女、留守儿童、单亲家庭子女、生活困难家庭子女等特殊弱势群体未成年人。由殿前街道关工委组织开展的“放飞梦想，

6月26日，市委常委、政法委书记詹沧洲（中）到殿前街道党群活动中心调研

让成长在关爱中绽放美丽”夏令营被评选为区优秀夏令营。

【共建帮扶工作】2013年，殿前街道履行省级文明单位职责，与同安区洪塘镇新霞村共建，帮扶慰问村里3户困难户，组织40多名志愿者到新霞村开展洁净家园活动，美化环境。

【基层组织建设】2013年，殿前街道大党工委成立，指导各社区成立社区大党委、大总支，形成区域化党建工作的新格局。完成殿前街道党代表联络工作室和社区党代表服务站的组建工作，人大代表联络室正式更名为人大工作委员会。5月，殿前街道被省台办批准作为闽台乡镇友好对接项目，厦门市2013年度第一批赴台交流的街道之一。高殿社区的“环村道路路口改造”和兴园社区的“解决兴隆新村房屋产权和居民用电难题”两个项目被评选为“湖里区解决民生问题十佳案例”。

【非公党建】2013年，殿前完成30家非公党支部组建任务，覆盖企业171家。推行“2233”工作法，规范科宏眼科、港龙汽车培训有限公司党支部等非公党建示范点建设。投资近500万元经费，按“六有七室”标准率先在殿前街道建成市级党群活动服务中心，6月正式启用。全市党群活动服务中心建设现场推进会在街道召开。

名词解释

非公有制企业党建“2233”工作法：即两亮两双三化三结合，开展“两亮”（党员亮身份、党员亮承诺）创争活动，推行“两双”（“双培养机制：把党员培养成企业生产经营管理骨干；把企业生产经营管理骨干培养成党员。“双进入”机制：党组织负责人纳入企业中高级管理层序列；推荐企业中高级管理层党员进入党组织班子）工作机制，加强党组织“三化”（党建活动经常化、制度建设规范化、场所建设标准化）建设，党建工作与企业发展“三个结合”（与企业生产经营相结合、与企业文化建设相结合、与企业群团工作相结合）。

“六有七室”标准：“六有”即有场所、有设施、有标志、有党旗、有书报、有制度；“七室”即一个多功能会议室、一个党建工作室、一个党建成果展览室、一个图书阅览室、一个电脑室、一个健身运动室、一个谈心室（心理疏导室）。

【党风廉政建设】2013年，殿前街道严格落实中央关于改进工作作风、密切联系群众的八项规定，精简会议内容、办事程序，厉行勤俭节约，提高办事效率。深化效能建设和廉政风险防控，出台《殿前街道机关及社区工作人员绩效廉问责促发展管理办法》，进一步完善机关效能长效机制。召开社区党风廉政标准化建设现场会，高殿、兴隆、兴园等试点社区分别介绍党风廉政标准化建设工作经验。其中兴隆社区投入30多万元建设廉政文化舞台，推动社区党风廉政标准化建设上新水平。

（林红）

江头街道

【概况】江头街道成立于2004年，面积10.41平方公里，下辖后埔、蔡塘、江村、江头、金尚、园山、吕厝、吕岭、祥店等9个社区，人口20.19万人，其中常住人口5.86万人，流动人口14.33万人。街道地处厦门岛地理几何中心，交通便利，历史文化底蕴厚重，公园、医院、学校等配套完善，商贸、金融服务业发达，汇聚SM城市广场、国美、苏宁、沃尔玛等众多商业龙头，以及万科房产、喜来登等知名企业，拥有建材五金、百货批发、手机通信、蔬菜批发等四大专业市场，成为厦门市重要的商贸中心区域。2013年，街道实现财政总收入18.05亿元，同比增长16.3%；本级收入1.48亿元，同比增长32.7%；引进内资61.18亿元；实际利用外资4000万美元，完成合同外资3007万美元；实现规模以上工业产值13.98亿元，同比增长9.6%，先后获得“全国计划生育依法行政示范街道”“全国和谐社区建设示范街道”“全国社区教育示范街道”“福建省社会管理综合治理先进集体”“厦门市非法占地违法建设专项整治工作先进单位”“厦门市信访工作先进单位”等荣誉称号。

【产业优化】2013年，完善《江头街道经济发展若干规定》，加大对上市企业、楼宇经济、现代服务业和高新技术产业的扶持力度。发展商贸服务业，扶持发展精品家居装饰、餐饮娱乐、电子产品市场、大型百货等产业，第三产业比重加大。推进SM三期开发建设，提升华永天地招商品质，推动城东机械厂改造升级，完善提升以台湾街、SM商城、天地美食城等为主要支撑点的江头商圈。蔡塘商业中心建设进展顺利，大型百货、酒店和超市进驻装修，带动蔡塘商圈繁荣发展，街道全年实现社会消费品零售额38.41亿元。

【招商引资】2013年，江头街道挖掘辖区空间，利用区属工业园等“飞地”空间搭建引资平台，拓宽招商渠道。跟踪服务，联系SM三期、华永天地增资、永榕贸易、东方国银融资租赁、书生天下软件及万科总部等在谈大企业、大项目，促成项目落地。全年共引进500万元以上项目350个。加大理税力度，全年共理税当代置业、奇正股份等企业122家，注册资金15.9亿元。

【重点项目】2013年，江头街道完善征地拆迁工作机制，加大商谈力度，推进蔡塘湖边水库、江村乌石浦、后埔枋湖等三大片旧村改造，完成拆迁9.8万平方米。江村、后埔发展用地建设有序推进，蔡塘广场大型百货、酒店和超市进

3 月 13 日，蔡塘社区文明示范街一角

驻装修，万科湖心岛三期完成建设，筼筜·温莎公馆、新景华府等地产项目进展顺利。

【共同缔造】2013 年，江头街道党工委办事处宣传发动群众参与共同缔造，征集心愿卡 2530 份，解决群众意见建议 54 条；推进街道发展所需、群众所求的 21 项具体工作；推进三个试点社区改造提升并取得初步成效，打造祥店“文明示范一条街”，居民踊跃参与金祥花园以奖代补项目；金尚“美丽社区”项目改造完成，规范停车等难题得到破解，小区南北大门等项目改造完成；蔡塘社区通过自我拆迁，集体出资，共同受益模式，推动蔡塘广场建设。

【城区环境】2013 年，江头街道华成花园小区完成改造，推进源泉山庄等老旧小区改造；开展道路交通安全专项整治“百日行动”和 3 条道路整治专项行动，辖区道路交通不安全、乱停车和占道经营现象有效改善；创新蔡塘社区立体化市容与环卫管理模式，获得肯定并被推广，街道在市容环境考评中获 3 次市级第一名，10 次区级第一名。

【平安创建】2013 年，江头街道加强社会治安防控体系建设，推行居民小区分类管控模式，破解小区管控难题。推进蔡塘“城中村”管理综合试点工作，后埔、蔡塘“五四三”治安防控工程被全市推广，辖区刑事警情数比上年同期下降 478 起，降幅达 14.5%。完善矛盾纠纷排查调处机制，在蔡塘社区成立全区首个社区劳资纠纷调解工作室，将劳资纠纷隐患排查、调解纳入制度化、常态化管理，全年共排查社会矛盾纠纷 479 件，成功调处 471 件，调处成功率 98.3%。加强安全生产监管，开展“清剿火患”战役行动，组织消防、地震应急疏散演练，做好防火和防汛工作。

【社区建设】2013 年，江头街道开展社区便民服务代办点标准化建设、居务公开标准化建设，建立网上办事公开综合平台，方便群众办事。街道健全领导班子成员挂钩联系社区制度，加强对社区工作的指导和督导。加大资金投入，解决园山等社区办公用房紧张和活动场所不足问题，完善社区办公设备和活动设施，加强社区建设。金尚社区“五个一”工作法、社区事务听评会，吕岭社区居家养老服务，后埔社区城中村整治、村集体资产管理，蔡塘社区集体经济发展先后成为全市、全区社区建设典型。

【科教文卫】2013 年，江头街道广泛开展科普活动，江村社区被评为“全国基层科普行动先进单位”，金尚社区被定为“全市科普示范社区品牌”。探索街道、社区办幼儿园模式，投入 280 万元支持江头幼儿园、蔡塘幼儿园建设，肯定和推广蔡塘幼儿园的社区集体办园模式。加大基层文化设施投入，吕岭社区“自主式”管理模式被市、区认可并着力推广，金尚社区作为全区唯一的社区级单位接受国家创建办评估验收，获

3 月 13 日，蔡塘社区集体幼儿园午餐

高度评价。广泛开展群众性文化体育活动，年内，组织参加首届市残运会获得6个第一名、4个第二名、3个第三名，开展规模以上文体活动114场。强化计生服务与管理，建成一批以吕岭社区“生育文化园”为代表的特色人口文化阵地，健全流动人口服务与管理体系，后埔社区被确定为“厦门市流动人口计划生育基本公共服务均等化示范点”。

【民生保障】2013年，江头街道投入500万元开发公益性岗位，组织12场就业招聘会，进一步拓宽就业渠道。深入推广城乡居民养老保险，辖区内60岁以上老人参保率100%。在社区全面推行政府购买社工服务，辖区初步建立以居家养老为主体，购买服务为补充，全社会广泛参与的为老服务体系。成立厦门市湖里区慈善会江头分会，建立街道慈善资金管理“阳光运行”制度。加大对弱势群体的帮扶力度，以吕岭、金尚、园山三个社区为试点开展残疾人协会会员实名制工作，受到中残联肯定。开设医疗救助一站式即时结算服务，基本实现医疗救助体系动态化管理。街道全年发放各类民政对象补助3735户次5630人次，补助金135.5万元。

【基层组织建设】2013年，江头街道党工委推进基层党组织分类定级、晋位升级工作，评定“好”和“较好”的党组织149个。推广吕厝社区党建“好八联”、吕岭社区“凤凰绿荫助学基金”等特色党建品牌，金尚社区服务型党组织建设典型经验受到中组部部长赵乐际肯定，在《中国组织人事报》刊登推广。开展非公组建“百日攻坚行动”，年内，街道组建35家党支部，超额完成区下达组建任务。

【干部队伍建设】2013年，江头街道开展“四下基层”活动，落实领导挂点社区制度，通过社区党代表服务站、社区纠风工作点等平台，收集民情、解决难题，其中“科学推进蔡塘社区发展用地建设”和“妥善解决祥店社区安置房产权遗留问题”两案例入选湖里区首届解民生问题十佳案例。推进学习型党组织建设，落实中心组学习制度，开展中共十八届三中全会精神学习教育活动和机关党员“学党章、强党性、作表率”学习活动，提高干部综合素质。完善“千分制”考核、评先评优等制度，落实奖惩激励机制，激发干部队伍活力。

【党风廉政建设】2013年，江头街道党工委办事处加强党风廉政宣传教育，严格执行中央“八项规定”，完善落实《公车管理》《财务管理规定》；抓好机关效能建设，改进工作作风，提高工作效能；推进社区纠风点建设，配合区纪委抓好江头廉政文化园建设。

（廖建淳）

禾山街道

【概况】湖里区禾山街道成立于2004年9月，地处厦门岛的东北部，北邻高崎国际机场，南靠薛岭山，西邻福厦铁路，东至五缘湾内湖区域。下辖钟宅畲族、枋湖、坂尚、岭下、围里5个村改居社区和禾欣、禾盛、禾缘、禾山4个城市社区，辖区总面积11.8平方公里，2013年，常住人口31.7万多人，其中户籍人口3.7万人、外来人口28万人。环岛路、湖里大道、金尚路、县黄路、成功大道等主干道贯穿辖区，构成“三横三纵”为主的便捷陆路交通体系，是湖里区的政治、经济、文化中心，“四个聚集”（行政办公中心聚集、品牌学校聚集、高档楼盘聚集以及大型商贸广场聚集）优势明显，是厦门市行政审批中心所在地。先后荣获创建全国文明城市先进单位、全国社区教育示范街道、福建新农保先进单位、厦门市文明单位、厦门市安全生产先进单位、厦门市军警民共建先进单位、厦门市全民健康活动先进单位等荣誉称号。

【转型升级】2013年，禾山街道完成财政收入19.40亿元，同比增长64%，本级收入1.72亿元，同比增长84%。引进内资49.07亿元，引进外资8569万美元，分别完成年度任务的158%和122%。引进湖里区“550”人才计划的5个人才双创项目，兑现扶持奖励金255万元。成功吸引金日（中国）贸易有限公司、闽商资本运营（厦门）有限公司、厦门一丰控股有限公司等18家亿元以上的企业入驻；完成源昌、特房五缘、安力电力工程等40多个项目和企业的理税收入2.2亿元。

【重点项目】2013年，禾山街道新建和

禾山街道负责人四下基层

续建建设项目70个，完成固定资产投资72亿元，投资量和完成进度均位居全区各街前列。中铁元湾、乐都汇、中央湾区等项目建设超序时推进。兆丰金、牡丹港都酒店、星航商务中心、枋湖文化旅游产业园开工和推进。岛内体量最大、总建筑面积25万平方米的枋湖社区发展中心完成第二轮集资，动工建设。钟宅发展用地取得建设用地红线图。完成禾山、禾盛、五缘湾等6个社区（片区）服务中心选址，其中禾山、围里取得用地红线批复。街道社区服务中心基本竣工。枋湖、钟宅、墩上岭下等片区旧村改造持续推进，全年完成拆迁128234平方米。同时，全力加强文明创建工作，通过国检。投入1808万元环卫保洁经费，投入208万元改造提升美化街道绿地，新增园林绿化面积8公顷。

8月1日，禾山街道省市区人大代表选民接待日

【民生保障】2013年，禾山打造街道和社区品牌特色服务，增强民生保障功能。成立禾山、禾缘2个社区。推行街、居便民服务自行车，推进购买社工服务项目。多渠道开发公益性岗位，多形式开展就业培训，完成失业人员再就业1433人，完成区下达任务的114%。举办以“禾山欢乐季”“激情五缘湾”系列活动为主线的各类文体活动260多场。率先开通厦门岛内首条“社区公交”，解决居民出行“最后一公里”问题。钟宅畲族社区民族幼儿园开办，制定实施《教育强街五年规划》，街道被评为全国社区教育示范街道。形成禾欣社区“慈善驿站”“道德讲堂”，禾山社区“社区微信公众平台”“社区预约服务”，禾盛社区“亲子国学班”“小区调解工作室”等特色服务。开展“生育文明、幸福家庭”活动，枋湖社区推行“党员计生承诺制”，打造钟宅、岭下、坂尚、禾盛4个计生样板社区。成立6个社区慈善驿站，街道慈善分会募集资金465万元，发放救助金109万元。

【平安建设】2013年，禾山街道在“社区网格”和“小区物业”模式上创新驱动，推动平安建设。构建“两网”（业务网、应急网）管理模式，编印《禾山街道网格员工作手册》，把日常业务管理和应急管理工作结合起来。禾欣、禾盛社区网格化建设受到省、市领导肯定。禾欣社区获“全市网格化建设先进单位”荣誉称号。在4个城市社区试行社区居委会、物业和业委会“三方联动”机制。成立9个社区调委会、1个警民联合调解工作室、1个和谐拆迁工作室、6个行业性专业性调委会等调解机构，构建大调解格局。全年调处矛盾纠纷1153起，调处成功率100%，排查企业5706家，签订安全生产责任书4197份。枋湖客运中心整治获得省、市领导的肯定，安兜林后综合整治成效明显。街道被评为区级“法治街道”、党政领导履行综合责任检查优秀街道、2012年市容管理工作先进单位。钟宅畲族社区获“全市无讼社区创建先进单位”称号。

【党建保障】2013年，禾山街道“两个责任制”落实情况得到市委督查组肯定，机关支部在全区“学党章、强党性、做表率”知识竞赛中获一等奖，禾山街道获全区信息工作标兵单位，禾欣社区被评为“省级五四红旗团支部”、枋湖社区被评为“市级五四红旗团支部”。新建立街道大党工委和社区大党委（大党总支），全面铺开街道区域化党建工作，全面推进社区党代表服务站建设。推动钟宅、枋湖（安兜、林后等4个片）社区党群活动中心建设。发挥驻街包企工作组作用，推进太古可乐、吉家、立达信、飞利浦等5家企业党群活动中心建设，在全市率先完成非公企业党组织组建“百日攻坚”任务，组建非公企业党支部51家（单独26家，联合25家、覆盖267家）。挂牌成立“禾山街道人大工作委员会”，推行省、市、区三级人大代表履职联动机制，建立人大代表社情民意联系点，在全市街道人大工作经验交流会上进行经验交流。落实述职述廉、“双述双评”、党务居务公开、月工作例会等制度，规范“三公”经费开支及社区“三资”管理标准、办公场所使用面积等，制定《非公党组织星级管理办法》《禾山街道人大工作制度汇编》《禾山街道绩效考核办法》，加强机关效能建设，规范工作开展。

（杨明堂）

金山街道

【概况】金山街道成立于2004年9月，是禾山镇撤镇改街后成立的新街道。位于厦门岛东部，辖区面积11.8平方公里，下辖金山、后坑、金湖、湖边、高林、金林、金安、五通、金海9个社区，人口约16.2万人（其中流动人口10.5万）。坐拥五缘湾、环岛路、湖边水库等旅游休闲资源，享有五通码头、集美大桥、翔安隧道等交通枢纽优势，拥有岛内规模最大的保障性住房区以及对台重点项目两岸金融中心。2013年，在区委、区政府的领导下，街道贯彻落实中共十八大精神，围绕“海峡西岸重要中央商务区”战略目标，实现经济社会发展新跨越。街道有党政领导班子成员7名，社区“两委”班子成员68名。基层党组织160个，其中党委2个，党总支9个，党支部149个，共有党员1397名。金山社区党委、金安社区党总支获“福建省先进基层党组织”称号。街道建设党务居务公开LED触摸屏、法制廉政文化苑（长廊）。其中，金山社区被评为中纪委廉政文化进社区示范联系点，金山社区廉政文化园被厦门市委组织部评为厦门市首届街道社区党建十大品牌。

【经济发展】2013年，街道围绕打造环五缘湾旅游休闲带，加快两岸金融园建设，促进万达商圈繁荣发展，形成“一带、一园、一圈”特色经济发展新格局，抓好经济建设。街道财政总收入23.68亿元，本级收入2.32亿元，超额完成区下达任务；固定资产投资46.46亿元。重点瞄准科技含量高、税收贡献大、发展前景好的企业，加强选商引资；协助做好将竣工的恒安国际广场、宝远集团大厦的招商工作，促进万达写字楼、五缘湾办公楼等楼宇深度招商，在已有4幢的基础上多培育税收亿元楼。街道引进内资73.6亿元，注册资金大于5000万元的有鑫裕成股权投资、新景地房地产等14家，引进外资11068万美元，其中恒安（中国）投资有限公司增资3.8亿元，鼎丰商业管理有限公司增资17080万港币。

【重点项目】2013年，金山街道重点促进两岸金融中心A组团启动区、明发海湾度假村、世茂湖滨首府、厦航古地石商业项目、恒禾置地酒店等项目建设。随着岛内东部新城建设，推进高林—五通片区，五缘湾南片区、湖边水库片区征地拆迁，征地拆迁数量在全区街道中排名第一。加强社区新发展用地建设，推动高林等六块社区发展用地规划选址、业态定位、资金筹措等工作。街道累计完成征地83.43亩，拆迁141户、28.10万平方米，企业搬迁109家。其中，两岸金融中心东宅片区一期项目完成非住宅拆迁25户、12.87万平方米，企业签订搬迁协议51家。

1月18日，金山街道廉政文化现场会

【社区新发展用地建设】2013年，街道专门成立促进社区新发展用地项目建设工作领导小组，由街道主要领导任组长，各社区主要领导为领导小组成员，加强对社区新发展用地建设的协调指导，定期组织区建设部门、区国投公司、社区等相关人员召开协调会议，及时解决工作中存在的困难。后坑、湖边、金湖社区新发展用地完成退地手续和规划选址意见书审批，办理方案设计和用地规划许可证；高林—金林社区新发展用地项目完成规划选址意见书，进行项目策划及市场定位，该项目所涉及的烟草公司征地拆迁问题与对方达成初步共识，在洽谈中；五通社区新发展用地项目完成土地农转用的相关手续办理，进行方案设计。

【文明创建】2013年，金山街道推进“环卫一体化”工作，完善环卫设施配套和人员配置，新建并投入使用5座清洁楼，全年5次市级市容考评中街道4次获得全市第一名，1次获得全市第二名。落实网格管理，遏制违建抢建之风，累计查处违法建设152起（102处），实施强拆行动93次，拆除违法建设13738平方米。及时整改“5·16”暴雨暴露出的防汛问题，重点推进“村改居”社区水网、电网、路网、厕所、排污沟等项目的建设和改造，累计补助各社区491万元。8月文明创建迎国检期间，街道办领导到社区、街巷、农贸市场检查督导迎检工作，解决金山西路和万达广场周边乱停车、“三不管”地带脏乱差、云顶北路西潘段占道经营严重等“老大难”问题。

1 月 22 日，老挝干部考察团到金山社区参观

【美丽厦门共同缔造行动】2013 年，落实区部署开展“美丽厦门共同缔造，我来做什么”活动的要求，抽调精干人员成立金山街道“美丽厦门共同缔造”领导小组及办公室，召开街道研讨会、征求意见会、推进会等，部署开展共同缔造行动。按照区活动方案，立足街道实际，从房前屋后做起，安排 30 个街道行动项目；联合区委宣传部在湖边社区开展大型宣传活动，支持金山、五通等社区举办文艺晚会宣传共同缔造美丽厦门，把美丽厦门宣传资料发放到每家每户；做好意见征集和梳理，街道领导班子成员分别到挂点社区召开征求意见会，社区工作人员全部出动开展入户宣传和意见建议征集，共收到意见建议 423 条，及时上报需市、区统筹解决的意见建议 29 条；在五通和后坑社区开展区级试点工作，后坑社区开辟空间增设停车场，解决居民停车难问题，增设植被绿化美化环境，建设出租屋信息公示栏、安装指纹读卡器，加强出租房管理，西潘示范一条街建设稳步推进；探索“以奖代补”做法，五通社区店里段排洪沟堵塞，导致大雨天积水严重，街道动员社区自行组织群众出工出力清淤整治，疏通排洪沟，排水效果明显改善。街道给予社区 6 万元奖励。

【民生工程】2013 年，金山街道打造社区服务品牌，申报“‘展翅 1+N’青少年社工服务”“邻里互助站”“流动常住人口计生服务均衡化”等 9 个社区服务管理品牌创新项目。落实民生政策，做好社会救助和慈善救助，累计发放各类物资、补贴、慰问金等 384 万元；加强 9 个社区居家养老服务工作站建设，在金山、后坑、湖边、五通 4 个社区开展社工居家养老购买服务；以五通社区创立社区物业公司为试点，开发公益性岗位，街道完成失业人员再就业 1071 人。落实计生国策，全年预算投入人口计生事业经费 593 万元，同比增长 25%；投入 100 万元设立“生育关怀”基金，实施关怀计划生育特殊家庭、困难家庭等“六项关怀”；抓实流动人口服务管理、打击“两非”、“双查”等工作，确保人口计生工作达标，截至 9 月 30 日（计生年度截至日），街道总人口 161672 人（户籍人口 37664 人、户籍协管 19357 人、非户籍 104651 人），当年出生政策符合率 91.27%，出生性别比 103.92。解决入园难问题，9 月，开办高林社区集体幼儿园，294 名儿童入园接受学前教育。同时，配合推进高林南片区幼儿园建设，完成预招生工作，11 月 18 日正式开园，满足高林保障性住房片区儿童学前教育需求。

【社会管理】2013 年，金山街道狠抓信访维稳，做好领导接访和日常接访，受理群众来信来访 126 件，办结 124 件，办结率 98%；调处死亡赔偿纠纷 7 件，均及时化解在街道层面，未发生过因死亡赔偿纠纷到市、区上访事件；制订浦口未返迁户上访应急预案，靠前工作，与未返迁居民交谈、引导，向采访浦口返迁问题的记者做好解释说明，及时处置浦口未返迁户群体性上访和进京上访事件；协助推进金林湾花园 B 区安置房规划调整，稳定金林社区村民情绪，化解因安置房未解决所带来的矛盾；“6·7 ”BRT 纵火事件发生当晚，全市处置工作指挥部设在金山街道，街道相关工作人员和应急分队在第一时间全部到位，全力配合做好会场、会务及后勤保障；事后及时成立善后安抚和伤员安抚工作组，稳定遇难者家属和伤员的情绪，与 5 名遇难者家属较快签订赔偿协议。打防结合，持续开展“城中村”整治行动，在金安、金山、高林建设社区社会管理服务中心，投入 180 万元提升五通、金湖、高林治安监控系统，设置“警民联调”工作室，实现民警、治保委员、巡逻队员网格管理；“110”刑事类报警数降为 1412 起，比上年同期下降 5.6%，在“四率”调查中，街道平安建设知晓率、党政机关重视率、纠纷化解满意率、治安状况满意率均名列前茅。抓好安全生产监管，定期召开安全培训会，组织辖区 8 支志愿消防队开展集训、比武和森林防火演练，多次开展灭火疏散演练。加强企业安全检查，排查各类企事业单位（场所）9225 家次，整治重大隐患单位（场所）254 家，辖区未发生较大以上生产安全事故。

【文化建设】2013 年，推进国家公共文化服务体系示范区建设，成立金山街道促进群众性文化体育活动工作领导小组，推进“文化惠民·幸福金山”主题系列活动开展。先后投入 500 余万元完善综合文化中心建设，确保 9 个社区均有 200 平方米以上的文化活动室。金海

2月21日，2013年“金山杯”篮球赛

社区文化活动场所面积达1000多平方米，后坑文体中心达800多平方米。建设金林社区文化广场、湖边社区文化活动广场、后坑社区前社文化中心二楼露天舞厅等活动场所，为居民开展“幸福广场秀”创造条件。搭建“草根舞台”，组建社区腰鼓队、舞龙队、广场舞队。开展“文化惠民·幸福金山”主题系列活动，年内，开展60多场群众性文体活动，做到周周有活动、月月有安排、季季有比赛。打造金山大鼓、宋江阵、“打嘴鼓”“腾飞中华”“金山金嗓子”等文化节目精品和文化活动品牌。

【党风廉政和机关效能】2013年，街道党工委书记主持召开全体干部职工会议，部署街道“情系民生·勤廉双优”主题活动，确保湖里区“深化效能建设，争创勤廉双优”工作在基层落实。制定《金山街道开展问责问效问廉的暂行规定》，开展对照检查，落实限期整改，规范街道和社区干部的工作纪律，提高机关效能。落实市效能建设9项制度的要求，规范各级便民服务中心和社区便民服务代办点建设，提升窗口单位服务水平。抓好党风廉政示范点建设，筹资120余万元在高林社区建设廉政文化长廊，指导金安社区建设法制廉政文化广场，在高林社区和金山社区举办两场廉政文艺晚会。

（方福城）

人 物

领导干部

【刘育生】男，汉族，1960年10月出生，福建安溪人。1980年8月参加工作，1985年6月加入中国共产党，中央党校大学学历。1978年9月至1980年8月，福建省南安师范学校普师专业学习。1980年8月至1981年9月，福建省安溪县感德学区槐植学校教师、少先队大队辅导员。1981年9月至1982年9月，福建省安溪县感德学区少先队总辅导员、团支部副书记、专职体干。1982年9月至1985年4月，福建省安溪六中教师、团委书记。1985年4月至1988年1月，福建省安溪县六中团委书记、团县委常委。1988年1月至1989年5月，福建省安溪团县委副书记，其间，1985年8月至1988年7月，参加福建广播电视大学汉语言文学专业学习。1989年5月至1990年8月，福建省安溪县参内乡党委副书记。1990年8月至1995年4月，福建省安溪团县委书记、中共安溪县委委员，其间，1994年3月至1995年3月，福建省委组织部研究室挂职主任助理。1995年4月至1998年6月，福建省委组织部研究室副主任，援藏任西藏林芝地委组织部副部长，其间，1994年8月至1996年12月，参加中央党校函授学院本科班党政管理专业学习。1998年6月至1998年8月，福建省委组织部研究室调研员。1998年8月至2002年1月，厦门市同安区委常委、组织部部长，其间，1998年9月至2000年6月，参加北京科技大学管理学院工商管理硕士专业课程班学习。2002年1月至2006年4月，厦门市人事局局长、党组书记。2006年4月至2006年10月，厦门市人事局局长、党组书记、市委组织部部务会成员。2006年10月至2011年1月，厦门市人事局局长、党组书记、市委组织部部务会成员、市纪委委员。2011年1月至2011年6月，厦门市人力资源和社会保障局局长、党组书记、市公务员局局长、党组书记、市委组织部部务会成员、市纪委委员。2011年6月至2011年9月，厦门市湖里区委书记、市纪委委员。2011年9月起厦门市委委员、厦门市湖里区委书记。

【梁美丽】女，汉族，1957年9月出生，福建安溪人。1981年5月参加工作，1981年6月加入中国共产党，中央党校大学学历。1974年7月至1979年5月，福建省天马种猪场文书。1979年5月至1981年5月，厦门市郊区农业大专班学习。1981年5月至1984年2月，厦门市郊区政府机要员。1984年2月至1984年4月，郊区纪委干部。1984年4月至1987年11月，厦门市集美区纪委办公室主任，其间，1984年12月至1985年9月，福建省委驻晋江地区整党联络员。1987年11月至1990年10月，厦门市集美区纪委常委、办公室主任。1990年10月至1996年11月，厦门市集美区纪委副书记。1996年11月至1997年4月，厦门市集美区委常委、区纪委副书记。1997年4月至1998年11月，厦门市集美区委常委、区委办主任。1998年11月至2001年6月，厦门市集美区委常委、区纪委书记、市纪委委员，其间，1998年9月至2000年12月参加中央党校函授学院领导干部本科班经济管理专业学习。2001年6月至2003年9月，厦门市开元区委副书记、区纪委书记、市纪委委员。2003年9月至2007年2月，厦门市湖里区委副书记、区纪委书记、市纪委委员。2007年2月至2007年3月，厦门市湖里区委副书记、区人大常委会主任、区纪委书记、市纪委委员。2007年3月至2007年7月，厦门市湖里区委副书记、区人大常委会党组书记、主任、区纪委书记、市纪委委员。2007年7月至2011年12月，厦门市湖里区人大常委会党组书记、主任、市纪委委员。2011年12月至2012年1月，厦门市湖里区人大常委会党组书记、主任。2012年1月起，厦门市人大常委会委员、湖里区人大常委会主任、党组书记。

【张毅恭】男，汉族，1968年10月出

生，福建厦门人，1990年8月参加工作，1995年1月加入中国共产党，大学学历，农学学士，助理农艺师。1986年9月至1990年7月，福建农学院农学系农学专业学习。1990年8月至1992年6月，厦门蔬菜公司技术员。1992年6月至1992年9月，福建省同安县汀溪农业技术推广站工作。1992年9月至1994年12月，福建省同安县汀溪农业技术推广站助理农艺师。1994年12月至1996年12月，福建省同安县莲花镇副镇长。1996年12月至1997年9月，福建省同安县莲花镇党委副书记、镇长。1997年9月至1999年5月，厦门市同安区莲花镇党委副书记、镇长。1999年5月至1999年8月，厦门市同安区莲花镇党委书记、镇长。1999年8月至2002年7月，厦门市同安区莲花镇党委书记。2002年7月至2002年8月，厦门市同安区马巷镇党委书记。2002年8月至2003年7月，厦门市同安区委常委、马巷镇党委书记。2003年7月至2003年10月，厦门市翔安区委副书记。2003年10月至2006年2月，厦门市翔安区委副书记、副区长。2006年2月至2007年7月，厦门市翔安区委副书记、区政协主席、党组书记。2007年7月至2011年2月，厦门市翔安区政协主席、党组书记。2011年2月至2011年3月，厦门市湖里区委副书记、翔安区政协主席、党组书记。2011年3月起，厦门市委委员、厦门市湖里区委副书记、区长、党组书记。

【林凡】男，汉族，1962年6月出生，福建永泰县。1984年8月参加工作，1989年4月加入中国共产党，大学学历，农学学士学位，助理工程师。1980年9月至1984年7月，福建省林学院林学系林业专业学习。1984年8月至1984年12月，三明市三元区中村办事处干部。1984年12月至1987年8月，三元区团委副书记。1987年8月至1987年10月，三元区政府莘口镇筹备领导小组副组长。1987年10月至1989年3月，三元区莘口镇副镇长。1989年3月至1990年10月，三元区绿化办公室主任。1990年10月至1991年8月，厦门市杏林区劳动人事局干部。1991年8月至1993年10月，杏林区劳动人事局副局长，其间，1992年3月至1993年9月，在厦门市委组织部办公室挂职任副主任。1993年10月至1996年2月，厦门市委组织部办公室副主任。1996年2月至1997年6月，厦门市委组织部参照管理处副处长。1997年6月至1998年10月，厦门市委组织部知识分子工作处处长。1998年10月至2003年9月，厦门市集美区委常委、区委组织部部长。2003年9月至2006年1月，厦门市湖里区委常委、组织部部长。2006年1月至2006年4月，厦门市湖里区委副书记、组织部部长。2006年4月至2009年4月，厦门市湖里区委副书记、区直机关党工委书记。2009年4月至2010年3月，厦门市湖里区委副书记、区直机关党工委书记、区委教育工委书记。2010年3月至2010年12月，厦门市湖里区委副书记、区政协主席、党组书记、区直机关党工委书记、区委教育工委书记。2010年12月起，厦门市湖里区政协主席、党组书记。

【胡亚才】男，汉族，1963年10月出生，福建厦门人。1982年8月参加工作，1986年11月加入中国共产党，中央党校大学学历，小学高级教师。1980年9月至1982年7月，厦门师范学校学习。1982年8月至1985年12月，厦门市第一农场小学教师。1985年12月至1990年8月，厦门市东孚莲花中心小学副校长，1990年8月至1993年1月，厦门市集美区教育局初教股副股长，1993年1月至1996年4月，厦门市集美小学校长，1996年4月至1998年10月，厦门市集美区教育局党委副书记、纪委书记，其间，1995年6月至1996年12月，参加厦门大学成人教育学院社会工作与管理专业证书班学习。1998年10月至1999年3月，厦门市集美区委办公室副主任。1999年3月至2003年9月，厦门市集美区委办公室主任。其间，1997年12月至1999年12月，参加厦门大学研究生课程班哲学系马克思主义哲学专业学习；1997年8月至2000年6月，参加中央党校函授学院大专班党政管理专业学习；2000年8月至2002年12月，参加中央党校函授学院本科班经济管理专业。2003年9月至2010年11月，厦门市集美区委常委、办公室主任。2010年11月至2011年7月，厦门市集美区委常委、纪委书记。2011年7月起，中共厦门市湖里区委常委、纪委书记。

【黄炜】男，汉族，1962年10月出生，福建泉州人。1979年11月参加工作，1990年12月加入中国共产党，中央党校大学学历。1979年11月至1983年9月，厦门市杏林区人民法院工作。1983年9月至1985年9月，厦门市杏林区人民法院书记员。1985年9月至1987年7月，中央政法管理干部学院第二学员部学习。1987年7月至1990年5月，厦门市杏林区人民法院书记员、助理审判员。1990年5月至1993年11月，厦门市杏林区人民法院副科级审判员、审判委员会委员。1993年11月至1994年3月，厦门市杏林区人民法院刑事审判庭庭长。1994年3月至1999年1月，厦门市杏林区委政法委副书记、区综治办主任。1999年1月至2002年4月，厦门市社会治安综合治理委员会办公室副主任。2002年4月至2006年8月，厦门市委反邪教办公室副主任，其间，2002年8月至2004年12月参加中央党校函授学院本科班法律专业学习。2006年8月至2008年1月，厦门市社会治安综合治理委员会办公室副主任。2008年1月至2012年11月，湖里区委常委、政法委书记。2012年11月起，厦门市湖里区委副书记兼区委教育工委书记、区海外联谊会荣誉会长、区计生协会会长、区关工委主任。

【陈国荣】男，汉族，1961 年 5 月出生，福建厦门人。1978 年 11 月参加工作，1987 年 2 月加入中国共产党，中央党校研究生学历。1978 年 11 月至 1979 年 12 月，福建省委办公厅机要专业训练班学习。1979 年 12 月至 1984 年 1 月，福建省龙溪地委机要科译电员。1984 年 1 月至 1989 年 7 月，福建省厦门市委机要处科员，其间，1983 年 9 月至 1987 年 7 月参加厦门职工业余大学中文专业学习。1989 年 7 月至 1992 年 10 月，福建省厦门海沧开发筹建处、嵩屿电站筹建处干部、工会副主席。1992 年 10 月至 1993 年 11 月，福建省厦门海沧台商投资区人事劳工局干部。1993 年 11 月至 1994 年 12 月，福建省厦门海沧台商投资区人事劳工局综合处副处长。1994 年 12 月至 1995 年 12 月，福建省厦门海沧台商投资区人事劳工局综合处处长。1995 年 12 月至 2001 年 9 月，福建省厦门海沧台商投资区人事劳工局劳资处处长，其间，1995 年 8 月至 1997 年 12 月，参加中央党校函授学院本科班涉外经济专业学习。2001 年 9 月至 2002 年 9 月，福建省厦门市湖里区人事劳动局局长。2002 年 9 月至 2003 年 10 月，福建省厦门市湖里区人劳社保局局长。2003 年 10 月至 2007 年 7 月，福建省厦门市湖里区副区长。2007 年 7 月起，福建省厦门市湖里区委常委、统战部部长、区工会主席、区海联会会长，其间，2005 年 9 月至 2008 年 7 月，参加中共中央党校研究生院经济学专业学习。

【王中】男，汉族，1970 年 12 月出生，江苏滨海人，1992 年 11 月加入中国共产党，1991 年 8 月参加工作，在职大学学历。1988 年 9 月至 1991 年 7 月，江苏省徐州彭城职业大学（徐州工程学院）企管系管理专业学习。1991 年 8 月至 1992 年 4 月，江苏省滨海县粮食局科员。1992 年 4 月至 1993 年 5 月，江苏省滨海县粮食局饲料公司业务科长。1993 年 5 月至 1993 年 11 月，江苏省滨海县粮食局饲料公司副经理。1993 年 11 月至 1995 年 6 月，江苏省徐州市外经贸委外企科科员、副科长。1995 年 6 月至 1998 年 2 月江苏省外经贸委外经处副主任科员、主任科员。1998 年 2 月至 2000 年 6 月，福建省厦门市人民政府办公厅秘书二处主任科员，其间 1995 年 9 月至 1998 年 8 月，中国人民解放军国际关系学院本科班英语语言专业学习。2000 年 6 月至 2000 年 7 月，厦门市委办公厅主任科员。2000 年 7 月至 2001 年 4 月，厦门市委办公厅助理调研员。2001 年 4 月至 2002 年 3 月，厦门市委办公厅督查处副处长。2002 年 3 月至 2004 年 9 月，厦门市委办公厅处长。2004 年 9 月至 2008 年 9 月，厦门市湖里区人民政府党组成员、副区长。2008 年 9 月至 2010 年 11 月，厦门市湖里区人民政府党组成员、副区长、兼区工业园区管委会主任。2010 年 11 月起，厦门市湖里区委常委、区政府党组成员、副区长兼区工业园区管委会主任。

【林重阳】男，汉族，1967 年 3 月出生，福建厦门人。1987 年 8 月参加工作，1985 年 4 月加入中国共产党。中央党校研究生学历，历史学学士，讲师。1983 年 9 月至 1987 年 8 月，参加福建师范大学历史系历史学专业学习。1987 年 8 月至 1990 年 1 月，厦门市集美师范专科学校政治辅导员、助教。1990 年 1 月至 1992 年 12 月，厦门市集美师范专科学校团委副书记、助教。1992 年 12 月至 1995 年 7 月，厦门市集美师范专科学校团委书记、讲师。1995 年 7 月至 1997 年 3 月，厦门市委统战部科员。1997 年 3 月至 2002 年 12 月，厦门市委统战部办公室副主任。其间，1999 年 9 月至 2002 年 7 月参加中共中央党校研究生院在职研究生班科学社会主义专业学习。2002 年 12 月至 2007 年 9 月，厦门市委统战部办公室主任。其间，2006 年 3 月至 2007 年 3 月在重庆市武隆县挂职任县长助理。2007 年 9 月至 2011 年 7 月，厦门市工商联（总商会）副主席、党组成员。2011 年 7 月至 2012 年 12 月，厦门市湖里区委常委、组织部部长。2012 年 12 月至 2013 年 2 月，厦门市湖里区委常委、组织部部长兼区委党校校长、区行政学校校长。2013 年 2 月起，厦门市湖里区委常委、组织部部长兼区委党校校长、区行政学校校长、区老年大学校委会主任、校长。

【潘少銮】女，汉族，1966 年 11 月出生，福建永春人。1990 年 8 月参加工作，1990 年 6 月加入中国共产党，省委党校研究生学历，工商管理学士。1986 年 9 月至 1990 年 7 月，福建省华侨大学工商管理系企业管理专业学习。1990 年 8 月至 1994 年 7 月，厦门市杏林区委组织部干事。1994 年 7 月至 1995 年 9 月，厦门市杏林区经济局党总支副书记。1995 年 9 月至 1996 年 7 月，厦门市杏林区经济局党总支副书记、副局长。1996 年 7 月至 1997 年 5 月，厦门市杏林区东孚镇党委副书记。1997 年 5 月至 1997 年 9 月，厦门市杏林区经贸局局长。1997 年 9 月至 1999 年 3 月，厦门市杏林区经贸局党总支书记、局长，其间，1995 年 9 月至 1998 年 1 月，参加中共福建省委党校在职研究生班政治经济学专业学习。1999 年 3 月至 2000 年 12 月，厦门市杏林区杏林镇党委副书记、代理镇长。2000 年 12 月至 2002 年 10 月，厦门市杏林区杏林镇党委副书记、镇长。2002 年 10 月至 2003 年 10 月，厦门市杏林区杏林镇党委书记。2003 年 10 月至 2007 年 1 月，厦门市集美区副区长。2007 年 1 月至 2011 年 7 月，厦门市思明区副区长。2011 年 7 月起，厦门市湖里区委常委、宣传部部长。

【庄海英】女，汉族，1973 年 2 月出生，福建厦门人。1992年8月参加工作，1994年3月加入中国共产党，中央党校大学学历。1988年9月至1992年7月，福建电子学校计算机应用专业学生。1992年8月至1996年8月，福建省同安县委组织部干部，其间，1993年8月至1996年6月，参加中央党校函授学院大专班经济管理专业学习。1996年8月至2002年8月，福建省同安县团委副书记，其间，1996年9月至1998年12月，参加中央党校函授学院本科班党政管理专业学习。2002年8月至2003年12月，共青团福建省厦门市同安区委书记。2003年12月至2011年7月，厦门市同安区大同街道党工委书记。2011年7月起，厦门市湖里区委常委、区委办主任兼区直机关党工委书记。

【黄瑞来】男，汉族，1968年6月出生，福建龙海人。1986年11月参加工作，1989年3月加入中国共产党，在职大学学历。1986年11月至1990年3月，南京军区守备第十二师通信营通信连战士。1990年3月至1995年5月，福建省军区司令部作战处微机操作员。1995年5月至1996年5月，福建省军区教导大队预提军官集训队学员。1996年5月至1996年11月，南京军区海防第五十六团三营营部副连职司务长。1996年11月至1997年12月，福建省漳州军分区政治部干部科副连职干事。1997年12月至2000年12月，南京军区海防第五十六团特务连政治指导员。其间，1996年9月至1998年7月，参加南京工程学院政治工作大专班学习。2000年12月至2003年3月，福建省漳州军分区政治部组织干部科副营职干事。2003年3月至2004年3月，福建省漳州陆军预备役后勤保障旅政治部组织科科长。其间，2000年9月至2003年12月，参加石家庄陆军指挥学院本科班军事高科技专业学习。2004年3月至2006年3月，福建省漳州军分区政治部组织干部科正营职干事。2006年3月至2009年3月，福建省漳州军分区政治部组织干部科科长。2009年3月至2012年3月，漳州市诏安县县委常委，县人武部政委。2012年3月起，厦门市湖里区委常委、区人武部政委。

【钟伟东】男，汉族，1966年11月出生，福建长汀人。1988年7月参加工作，1990年12月加入中国共产党，大学学历，法学学士。1984年9月至1988年7月，厦门大学法律系法学专业学习。1988年7月至1993年5月，厦门市湖里区检察院书记员、助理检察员。1993年5月至1994年12月，厦门市湖里区检察院检察员。1994年12月至1997年4月，厦门市湖里区检察院副科级检察员。1997年4月至1999年8月，厦门市湖里区检察院副处检察员、法纪科科长。1999年8月至2001年9月，厦门市湖里区禾山镇党委委员、纪委书记。2001年9月至2002年12月，厦门市湖里区禾山镇党委副书记、纪委书记。2002年12月至2003年12月，厦门市湖里区禾山镇党委副书记、镇长。2003年12月至2004年9月，厦门市湖里区禾山镇党委副书记，其间2004年2月至2004年4月，参加厦门市委党校县处级干部进修班学习。2004年9月至2005年6月，厦门市湖里区委党建办主任。2005年6月至2006年1月，厦门市湖里区湖里街道党工委副书记、办事处副主任（主持工作）、区委党建办主任。2006年1月至2006年8月，厦门市湖里区湖里街道党工委副书记、办事处主任。2006年8月至2008年11月，厦门市湖里区人民政府区长助理，其间，2006年7月至2008年7月，挂职宁夏海原县县委副书记。2008年11月至2011年7月，厦门市湖里区人民政府副巡视员、区长助理、区政府党组成员。2011年7月至2012年11月，厦门市湖里区政府党组成员、副区长，2012年11月至2013年2月，厦门市湖里区委常委、政法委书记、区政府党组成员、副区长。2013年2月起，厦门市湖里区委常委、政法委书记。

【陈远志】男，汉族，1958年7月出生，江西丰城人。1977年3月参加工作，1990年6月加入中国共产党，大学学历。1977年3月至1978年9月，江西省地质局探矿机械厂工人。1978年9月至1983年8月，江西医学院医疗系医疗专业学习。1983年8月至1987年2月，江西省第二人民医院住院部医师。1987年2月至1990年11月，江西省卫生厅医政处干部。1990年11月至1992年9月，江西省卫生厅办公室主任科员。1992年9月至1993年7月，厦门市第一医院主治医师。1993年7月至1996年4月，厦门第一医院医务科科长。1996年4月至1998年8月，厦门市卫生局医改处副处长。1998年9月至2002年11月，厦门市卫生局副局长、党委委员。2002年11月至2011年12月，厦门市湖里区人民政府党组成员、副区长、区红十字会会长。2011年12月起，湖里区人大常委会副主任、党组副书记。

【叶春和】男，汉族，1957年1月出生，福建厦门人。1976年3月参加工作，1978年12月加入中国共产党，在职大专学历。1976年3月至1976年5月，海军工程兵建筑一团新兵三连战士。1976年5月至1977年2月，海军工程兵建筑一团一营一连战士。1977年2月至1979年6月，海军工程兵建筑一团一营一连给养员。1979年6月至1980年4月，海军工程兵建筑第一团机械汽车营汽车二连司务长。1980年4月至1983年6月，海军工程兵建筑一团后勤处军需股副连职助理员。1983年6月至1984年4月，海军工程兵建筑一团后勤处军需股正连职助理员。1984年4月至1986年7月，海军第二工区后勤部军需科正连职助理员。1986年7月至1989年4月，海军工程兵第二工区后勤部器材科副营职助理员。1989 年 4 月至 1989 年 12 月，海军第二工区后勤部农场场长。1989 年 12 月至 1992 年 2 月，海军第二工区后勤部军需科正营职助理员。1992 年 2 月至 1994 年 10 月，海军第二工区后勤部军需科科长，其间，1990 年 1 月至 1992 年 12 月参加解放军军事经济学院（自学考试）大专班军需管理专业学习。1994 年 10 月至 1995 年 1 月，厦门市湖里区禾山镇党委委员。1995 年 1 月至 1997 年 1 月，厦门市湖里区禾山镇党委委员、镇人武部部长。1997 年 1 月至 1999 年 12 月，厦门市湖里区禾山镇党委委员、镇人武部部长、副镇长。1999 年 12 月至 2004 年 3 月，厦门市湖里区禾山镇人大主席。2004 年 3 月至 2004 年 9 月，厦门市湖里区禾山镇党委副书记、镇长。2004 年 9 月至 2006 年 1 月，厦门市湖里区金山街道党工委书记。2006 年 1 月至 2006 年 9 月，厦门市湖里区人大常委会副主任、金山街道党工委书记。2006 年 9 月起，厦门市湖里区人大常委会副主任、党组成员。

【梁国富】男，汉族，1962 年 2 月出生，福建厦门人。1979 年 11 月参加工作，1982 年 6 月加入中国共产党，大专学历。1979 年 11 月至 1980 年 9 月，陆军八十七师二六〇团六连战士。1980 年 9 月至 1983 年 7 月，南昌陆军学校作战指挥专业学习。1983 年 8 月至 1985 年 11 月，陆军九十一师二七三团三营七连排长。1985 年 11 月至 1988 年 12 月，步兵第九十一师司令部作训科副连职参谋。1988 年 12 月至 1989 年 9 月，步兵第九十一师司令部作训科正连职参谋。1989 年 9 月至 1992 年 11 月，厦门市湖里区委组织部干部。1992 年 11 月至 2000 年 8 月，厦门市湖里区湖里街道党委（党工委）副书记，其间，1999 年 5 月至 1999 年 7 月参加厦门市委党校县处级干部任职班学习。2000 年 8 月至 2002 年 9 月，厦门市湖里区殿前街道党工委副书记、纪工委书记。2002 年 9 月至 2010 年 3 月，厦门市湖里区殿前街道党工委书记，其间，2007 年 9 月至 2007 年 12 月参加厦门市委党校第二期中青班学习。2010 年 3 月至 2010 年 7 月，厦门市湖里区人大常委会副主任、党组成员、殿前街道党工委书记。2010 年 7 月起，厦门市湖里区人大常委会副主任、党组成员。

【陈海松】男，汉族，1962 年 2 月出生，福建厦门人。1978 年 12 月参加工作，1981 年 11 月加入中国共产党，在职大学。1978 年 12 月至 1981 年 3 月，厦门边检站监护队战士。1981 年 3 月至 1982 年 7 月，厦门边检站机关食堂给养员。1982 年 7 月至 1983 年 12 月，厦门边检站机关食堂司务长。1983 年 12 月至 1987 年 1 月，厦门边检站管理科出纳，其间，1984 年 6 月至 1986 年 7 月参加自学考试中专军队财务专业学习。1987 年 1 月至 1987 年 8 月，厦门边检站监护二中队副队长。1987 年 8 月至 1989 年 4 月，厦门边检站后勤处副连助理员。1989 年 4 月至 1989 年 9 月，厦门边检站轮训队后勤组长。1989 年 9 月至 1992 年 6 月，厦门边检站后勤处正连助理员。1992 年 6 月至 1992 年 10 月，厦门边检站后勤处技术 11 级助理会计师。1992 年 10 月至 1993 年 10 月，厦门边检站交检科副科长。1993 年 10 月至 1997 年 9 月，厦门市湖里区财政局干部。1997 年 9 月至 1998 年 4 月，厦门市湖里区财政局局长助理，其间，1996 年 5 月至 1997 年 12 月参加福建师范大学行政管理专业大专证书班学习。1998 年 4 月至 1999 年 6 月，厦门市湖里区财政局局长助理、综合科科长。1999 年 6 月至 2003 年 12 月，厦门市湖里区财政局副局长兼区国有资产管理局副局长，其间，2000 年 3 月至 2000 年 7 月参加厦门市委党校中青年干部培训班学习。2003 年 12 月至 2008 年 11 月，厦门市湖里区财政局局长，其间，2003 年 9 月至 2006 年 6 月参加福建省委党校函授大专班经济管理专业学习。2008 年 11 月至 2011 年 11 月，厦门市湖里区财政局局长、区国资办主任，其间，2006 年 3 月至 2009 年 1 月参加武汉理工大学本科班经济学专业学习。2011 年 11 月至 2011 年 12 月，厦门市湖里区人大常委会党组成员、区财政局局长，区国资办主任。2011 年 12 月起，厦门市湖里区人大常委会副主任、党组成员。

【杨书松】男，汉族，1963 年 5 月出生，江西九江人。1983 年 8 月参加工作，1992 年 9 月加入中国民主同盟，大学学历，文学学士，中学高级教师，福建省特级教师。1979 年 9 月至 1983 年 7 月，江西师范学院中文系学习。1983 年 8 月至 1991 年 8 月，江西省永修师范学校教师。1991 年 8 月至 1997 年 8 月，江西省永修县一中教师。1997 年 8 月至 2006 年 12 月，福建省厦门第六中学高级教师。2006 年 12 月至 2011 年 12 月，福建省厦门第六中学高级教师、民盟厦门市委常委，其间，2009 年 8 月至 2010 年 6 月宁夏回族自治区海原县第一中学支教。2011 年 12 月起，福建省厦门第六中学高级教师、民盟厦门市委常委、厦门市湖里区人大常委会副主任（兼）。

【戴宗垒】男，汉族，1961 年 12 月出生，福建莆田人，1981 年 8 月参加工作，1989 年 9 月加入中国农工民主党，中央党校大学学历。1979 年 4 月至 1981 年 7 月，福建林学院林业专业学习。1981 年 8 月至 1988 年 10 月，福建林学院林学系教师。1988 年 10 月至 1991 年 12 月，厦门市湖里区农林水办干部、工程师。1991 年 12 月至 1997 年 4 月，厦门市湖里区农林水办副主任，其间，1996 年 5 月至 1997 年 4 月，在厦门市农业局挂职任生产处副处长。1997 年 4 月至 1999 年 1 月，厦门市湖里区科技局局长。1999 年 1 月至 2011 年 9 月，厦门市湖里区政协副主席，其间，2001 年 8 月至 2003 年 12

月，中央党校函授学院本科班行政管理专业学习。2011年9月至2011年11月，厦门市湖里区人民政府副区长、区政协副主席。2011年11月起，任厦门市湖里区人民政府副区长。

【夏长文】男，汉族，1966年11月出生，安徽青阳人，1989年9月参加工作，1987年12月加入中国共产党，大学学历，经济学学士学位，经济师。1985年9月至1989年7月，厦门大学经济系经济学专业学习。1989年9月至1996年1月，厦门市计委干部。1996年1月至2001年3月，厦门市计委办公室副主任。2001年3月至2002年12月，厦门市计委综合规划处副处长。2002年12月至2003年4月，厦门市发展计划委员会调研员。2003年4月至2003年11月，厦门市杏林区计划统计局局长。2003年11月至2004年6月，厦门市翔安区发展和改革局局长。2004年6月至2004年8月，厦门市翔安区发展和改革局局长、统计局局长。2004年8月至2006年4月，厦门市翔安区发展和改革局局长、统计局局长兼区直机关党工委副书记。2006年4月至2011年7月，厦门市翔安区新店镇党委书记。2011年7月至2011年8月，厦门市湖里区人民政府党组成员。2011年8月起，厦门市湖里区人民政府副区长、党组成员。

【刘琦龙】男，汉族，1971年10月出生，福建仙游县人，1994年8月参加工作，1993年6月加入中国共产党，大学学历，公共管理硕士学位，助理农艺师。1990年9月至1994年8月，福建农林大学土地与植物营养专业学习。1994年8月至1998年4月，厦门市湖里区农林水办农技中心干部，其间，1995年11月至1998年4月借调湖里区委组织部工作。1998年4月至1999年8月，厦门市湖里区委组织部综合科科长；1999年8月至2002年10月，厦门市湖里区禾山镇党委委员。2002年10月至2003年12月，厦门市湖里区禾山镇党委副书记。2003年12月至2011年7月，厦门市湖里区人事劳动和社会保障局局长，其间，2001年9月至2004年12月参加华中科技大学公共管理专业学习，获公共管理硕士学位。2011年7月至2011年11月任厦门市湖里区人民政府副区长、党组成员、区人事劳动和社会保障局局长。2011年11月起，厦门市湖里区人民政府副区长、党组成员。

【丁红斌】女，回族，1966年3月出生，台湾台南人，1995年6月加入中国共产党，1988年7月参加工作，大学学历，法学学士学位。1984年9月至1988年7月，中南民族学院政治系政治理论专业学习。1988年7月至1990年12月，厦门市湖里区人民检察院书记员。1990年12月至1995年6月，厦门市湖里区人民检察院助检员。1995年6月至1998年8月，厦门市湖里区人民检察院检察员。1998年8月至1999年7月，厦门市湖里区人民检察院正科级检察员。1999年7月至1999年12月，厦门市湖里区检察院民行科科长。1999年12月至2002年10月，厦门市湖里区纪委办公室副主任。2002年10月至2004年2月，厦门市湖里区纪委常委、监察局副局长、案件审理室主任。2004年2月至2005年10月，厦门市湖里区纪委常委、监察局副局长、执法监察室主任。2005年10月至2006年7月，厦门市湖里区纪委常委、监察局副局长、正处级纪检监察员、执法监察室主任。2006年7月至2006年9月，厦门市湖里区纪委副书记、监察局副局长、正处级纪检监察员、执法监察室主任。2006年9月至2006年11月，厦门市湖里区纪委副书记、监察局副局长。2006年11月至2007年至4月，厦门市湖里区纪委副书记、监察局局长。2007年4月至2007年12月，厦门市湖里区人民政府党组成员、办公室主任、国动委交通战备办主任。2007年12月至2008年10月，厦门市湖里区人民政府党组成员、办公室主任、国动委交通战备办主任、法制办公室主任。2008年10月至2011年9月，厦门市湖里区人民政府党组成员、办公室主任、国动委交通战备办主任。2011年9月至2011年11月，厦门市湖里区人民政府党组成员、副区长、办公室主任、国动委交通战备办主任。2011年11月起，厦门市湖里区人民政府副区长、党组成员、福建陆军预备役高射炮兵师第五团政治处副主任。

【张家伟】男，汉族，1975年9月出生，福建厦门人，1997年7月参加工作，1995年1月加入中国共产党，大学学历，公共管理硕士学位。1993年9月至1997年7月，华侨大学建筑工程专业学习。1997年7月至1999年9月，厦门市杏林区海沧镇党政办干部、科员。1999年9月至2000年10月，厦门市杏林区海沧镇团委副书记。2000年10月至2003年1月，厦门市海沧投资区海沧镇团委书记。2003年1月至2003年10月，共青团厦门市委宣传部主任科员。2003年10月至2006年6月，共青团厦门市委办公室副主任，其间，2001年9月至2004年9月，厦门大学公共管理专业学习，获公共管理硕士学位。2006年6月至2007年11月，共青团厦门市委办公室主任。2007年11月至2011年7月，共青团厦门市委常委、组织部长。2011年7月至2011年8月，厦门市湖里区人民政府党组成员。2011年8月起，厦门市湖里区人民政府副区长、党组成员。

【刘云标】男，汉族，1968年1月出生，福建安溪人，1989年7月参加工作，1991年6月加入中国共产党，大学学历，公共管理硕士学位，会计师。1985年9月至1989年7月，福建农学院农业经济系经济管理专业学习。1989年7月至1994年3月，厦门市湖里区人大工作。1994年3月至1996年8

月，厦门市湖里区人事劳动局干部，兼区劳务服务公司经理。1996 年 8 月至 1997 年 4 月，厦门市湖里区人事劳动局局长助理。1997 年 4 月至 2002 年 9 月，厦门市湖里区人事劳动局副局长，其间，1998 年 4 月至 1999 年 7 月兼劳动科科长。2002 年 9 月至 2010 年 7 月，厦门市湖里区殿前街道党工委副书记、办事处主任，其间，2001 年 9 月至 2004 年 9 月参加厦门大学硕士班公共管理专业学习，获公共管理硕士学位。2010 年 7 月至 2013 年 2 月，厦门市湖里区殿前街道党工委书记。2013 年 2 月至 2013 年 3 月，厦门市湖里区人民政府副区长、党组成员。2013 年 3 月起，厦门市湖里区人民政府副区长、党组成员，区残联第五届主席团主席（兼）。

【谭苏建】男，汉族，1958 年 3 月出生，江苏涟水县人。1975 年 10 月参加工作，1981 年 6 月加入中国共产党，大学学历，教育学学士学位，讲师。1975 年 10 月至 1978 年 2 月，福建省潘洛铁矿知青农场插队知青。1978 年 2 月至 1982 年 2 月，福建师范大学政教系学习。1982 年 2 月至 1984 年 7 月，龙岩师范专科学校工作。1984 年 7 月至 1994 年 6 月，厦门市委党校工作，其间 1992 年 3 月至 1993 年 10 月在厦门市湖里区委宣传部挂职任副部长。1994 年 6 月至 1999 年 6 月，湖里区委办公室主任。1999 年 6 月至 2002 年 11 月，湖里区委助理巡视员、区委办公室主任。2002 年 11 月起，湖里区政协副主席、党组成员。

【林新荣】男，汉族，1955 年 9 月出生，福建莆田人。1973 年 12 月参加工作，1978 年 1 月加入中国共产党，中央党校大学学历。1973 年 12 月至 1980 年 8 月，厦门守备四师两栖侦察队战士、艇长。1980 年 8 月至 1981 年 6 月，解放军体育学院学习。1981 年 6 月至 1983 年 12 月，厦门守备四师两栖侦察队分队长、副政治指导员。1983 年 12 月至 1986 年 2 月，厦门守备四师船运大队二中队 F3136 艇政治指导员。1986 年 2 月至 1990 年 2 月，厦门市郊区人武部政工科干事，其间，1984 年 9 月至 1987 年 6 月参加福建省自学考试大专班党政管理专业学习。1990 年 2 月至 1993 年 3 月，集美区人武部副科级干事。1993 年 3 月至 1994 年 6 月，厦门市湖里区人武部政工科副科级干事。1994 年 6 月至 1995 年 4 月，厦门市湖里区人武部政工科副科长。1995 年 4 月至 1996 年 4 月，厦门市湖里区人武部政工科科长。1996 年 4 月至 1997 年 4 月，厦门市湖里区委组织员、组织部副部长。1997 年 4 月至 2003 年 3 月，厦门市湖里区委组织员（正处级）、组织部副部长，其间，1994 年 9 月至 1997 年 6 月，参加中央党校函授学院本科班党政管理专业学习；1998 年 10 月至 2000 年 7 月，参加厦门大学行政管理专业研究生课程班学习。2003 年 3 月至 2008 年 1 月，厦门市湖里区人大常委会副主任、党组成员。2008 年 1 月起，厦门市湖里区政协副主席、党组成员。

【林世裕】男，汉族，1960 年 6 月出生，福建厦门人。工商管理硕士，经济师。1979 年 10 月至 1983 年 8 月，中国银行厦门分行行员。1983 年 9 月至 1985 年 7 月，武汉大学经济管理学系国际金融专业学习。1985 年 7 月至 1988 年 6 月，中国银行厦门分行会计处、稽核处工作。1988 年 6 月至 1994 年 6 月，厦门兴厦有限公司进口部副经理。1994 年 6 月至 1999 年 12 月，香港兴厦有限公司机械电子部经理，其间 1997 年 12 月至 1999 年 3 月，参加澳大利亚莫道克大学商学院工商管理硕士学位学习。1999 年 12 月至 2000 年 5 月，奉调回厦门市委组织部报到、安排工作。2000 年 6 月至 2004 年 8 月，厦门市湖里区经发局投资科科长、经贸科科长。2004 年 8 月至 2006 年 11 月，厦门市湖里区禾山街道办事处副主任。2006 年 11 月至 2008 年 8 月，厦门市湖里区招商局副局长，主持工作。2008 年 8 月至 2011 年 12 月，厦门市湖里区投资事务局局长。2011 年 12 月至 2013 年 4 月，厦门市湖里区政协副主席、湖里区投资事务局（投资促进局）局长。2013 年 4 月起，厦门市湖里区政协副主席。

【施立华】女，汉族，1966 年 9 月出生，江苏南通人。1991 年 4 月参加工作，九三学社，研究生学历，硕士学位，高级工程师。1983 年 9 月至 1988 年 7 月，清华大学化学工程系化学工程专业学习。1988 年 9 月至 1991 年 4 月，清华大学化学工程系生物化工专业研究生学习。1991 年 4 月至 1992 年 1 月，福建省厦门信息—信达有限公司职员。1992 年 1 月至 1998 年 2 月，中国汽车工业进出口厦门公司职员。1998 年 2 月至 2000 年 5 月，福建省厦门高新技术创业中心项目经理、项目部经理。2000 年 5 月至 2001 年 6 月，厦大三达膜科技有限公司副总经理。2001 年 6 月至 2002 年 9 月，借调到厦门火炬高新区管委会工作。2002 年 9 月至 2003 年 6 月，厦门高新技术创业中心主任助理、副主任。2003 年 6 月至 2004 年 8 月，厦门软件产业投资发展有限公司总经理。2004 年 8 月至 2011 年 12 月，厦门高新技术创业中心主任。2011 年 12 月起，厦门市湖里区政协副主席（兼）、厦门高新技术创业中心主任。

【郑陆全】男，汉族，1971 年 10 月出生，福建厦门人。1992 年 7 月参加工作，1997 年 12 月加入中国共产党，在职大学。1990 年 9 月至 1992 年 7 月，福建司法学校法律专业学习。1992 年 7 月至 1994 年 2 月，厦门市湖里区人民检察院工作。1994 年 2 月至 1995 年 4 月，厦门市湖里区人民检察院书记员。1995 年 4 月至 1998 年 9 月，厦门市湖里区人民检察院助理检察员，其间，1993年9月至1996年7月，参加厦门广播电视大学大专班法律专业学习。1998年9月至1999年7月，厦门市湖里区人民检察院科员、检察员。1999年7月至2000年9月，厦门市湖里区人民检察院禾山检察室副主任，其间，1997年9月至2000年7月，参加厦门大学（函授）本科班法律专业学习。2000年9月至2005年10月，厦门市湖里区人民检察院正科级检察员，其间，2002年12月至2004年7月厦门市湖里区禾山镇挂职任副镇长；2004年9月至2005年10月厦门市湖里区金山街道办事处挂职任副主任。2005年10月至2010年11月，厦门市湖里区金山街道办事处副主任，其间，2008年7月至2010年7月在宁夏海原县挂职任县委副书记。2010年11月至2012年2月，厦门市湖里区经济贸易发展局党委委员、区安全生产监督管理局局长。2012年2月至2013年3月，厦门市湖里区安全生产监督管理局局长。2013年3月至2013年4月，厦门市湖里区纪律检查委员会委员副书记、湖里区安全生产监督管理局局长。2013年4月起，厦门市湖里区纪律检查委员会委员副书记。

【纪华国】男，汉族，1970年10月出生，福建龙海人。1991年7月参加工作，1998年8月加入中国共产党，在职大学，工商管理硕士，高级审计师。1988年9月至1991年7月，集美财政专科学校外经财会专业学习。1991年7月至2000年12月，厦门市审计局内联处科员，其间，1997年9月至1999年12月，参加厦门大学自学考试本科班会计专业学习。2000年12月至2004年2月，厦门市审计局外经贸审计处副主任科员。2004年2月至2006年8月，厦门市审计局金融与外贸审计处主任科员。其间，2003年3月至2005年12月，参加厦门大学硕士班工商管理专业学习，获工商管理硕士学位。2006年8月至2007年8月，厦门市纪委纠风工作室主任科员。2007年8月至2008年3月，厦门市机关效能投诉中心综合处处长（副处级）。2008年3月至2008年11月，厦门市湖里区纪委常委、执法监察室主任。2008年11月，厦门市湖里区纪委常委、执法监察室主任、区监察局副局长。2008年11月至2012年2月，厦门市湖里区纪委常委、执法监察室主任、区监察局副局长、区国资办副主任。2012年2月至2012年6月，厦门市湖里区纪委常委、执法监察室主任、区监察局副局长、区国资办副主任、区财政国资党委委员、纪委书记。2012年6月至2012年7月，厦门市湖里区纪律检查委员会副书记、执法监察室主任、区监察局局长、区国资办副主任、区财政国资党委委员、纪委书记。2012年7月起，厦门市湖里区纪律检查委员会副书记、区监察局局长、区国资办副主任、区财政国资党委委员、纪委书记。

【高碧青】男，汉族，1962年1月出生，福建厦门人。1979年11月参加工作，1986年3月加入中国共产党，在职大学学历。1979年11月至1988年4月，厦门市集美检察院干部，其间，1982年9月至1985年7月参加福建广播电视大学大专班中文专业学习。1988年4月至1991年4月，厦门市湖里区人民检察院股级检察员。1991年4月至1996年10月，厦门市湖里区人民检察院副科级检察员，其间，1994年6月至1996年10月，厦门市湖里区湖里街道办事处挂职副主任。1996年10月至1998年4月，厦门市湖里区湖里街道办事处副主任。1998年4月至2002年9月，厦门市湖里区湖里街道办事处副主任兼经济办主任。2002年9月至2004年9月，厦门市湖里区委政法委副书记。2004年9月至2008年7月，厦门市湖里区禾山街道党工委书记，其间，2003年10月至2006年1月，厦门大学网络学院本科班社会管理专业学习。2008年7月至2011年7月，厦门市湖里区湖里街道党工委书记。2011年7月至2011年8月，厦门市湖里区湖里街道党工委书记、湖里区人民法院党组副书记。2011年8月至2011年11月，厦门市湖里区湖里街道党工委书记、湖里区人民法院党组副书记、副院长。2011年11月至2011年12月，厦门市湖里区人民法院党组书记、副院长、代院长。2011年12月起，厦门市湖里区人民法院党组书记、院长。

【林育清】男，汉族，1963年4月出生，福建仙游人。1988年7月参加工作，1988年5月加入中国共产党，大学学历，法学学士。1984年9月至1988年7月，华东政法学院法律系法学专业学习。1988年7月至1989年7月，厦门市人民检察院控申处干部。1989年7月至1991年8月，厦门市人民检察院控申处书记员。1991年8月至1994年11月，厦门市人民检察院经检处助理检察员。1994年11月至1995年5月，厦门市人民检察院反贪局办公室副主任、助理检察员。1995年5月至1997年5月，厦门市人民检察院反贪局办公室副主任、检察员。1997年5月至2001年4月，厦门市人民检察院反贪局办公室主任、检察员，其间，1997年6月至1999年3月，厦门市湖里区人民检察院挂职副检察长。2001年4月至2007年2月，厦门市人民检察院反贪局副局长、检察员。2007年2月至2007年7月，厦门市湖里区人民检察院党组书记、检察长、厦门市检察院反贪局副局长。2007年7月起，厦门市湖里区人民检察院党组书记、检察长。

（熊学军）

英模人物

刘元飞

刘元飞，生于1992年2月，福建省莆田人，现为厦门警备区鼓浪屿好八连战士，2011年被授予“福建省见义勇为英雄模范”、“感动福建十大人物”、厦门市第六届“十佳来厦务工青年”；2013年，被授予“全国道德模范”“全省优秀共青团员”“厦门市青年五四奖章”等荣誉称号。

2011年6月24日晚上11点，厦门市民凌女士在厦门忠仑公园附近被歹徒抢走挎包。在厦门打工、途经此处的福建莆田籍贯的刘元飞和两个表兄弟听到呼救声后，勇追抢匪，一举将抢匪抓获。但在追击过程中，刘元飞手臂被捅穿，手筋也断了7根，他的两位表兄弟也受伤严重。2012年年底，怀揣军旅梦的刘元飞带着伤疤报名参军，厦门市征兵办破格批准他入伍。

在获得“全国道德模范”的荣誉称号后，中共中央总书记、国家主席习近平在北京京西宾馆接见了他，刘元飞说，习近平握着他的手的时候，他自我介绍“我是鼓浪屿好八连的战士刘元飞”，习近平马上回复说“哦，好八连”，语气很亲切。刘元飞说，本来连他自己都快把勇斗歹徒的事情淡忘了，没想到能获奖，还能被总书记接见。“真是太激动了，要是一年之后再问我，我还是很激动！”

（邓静）

肖林斌

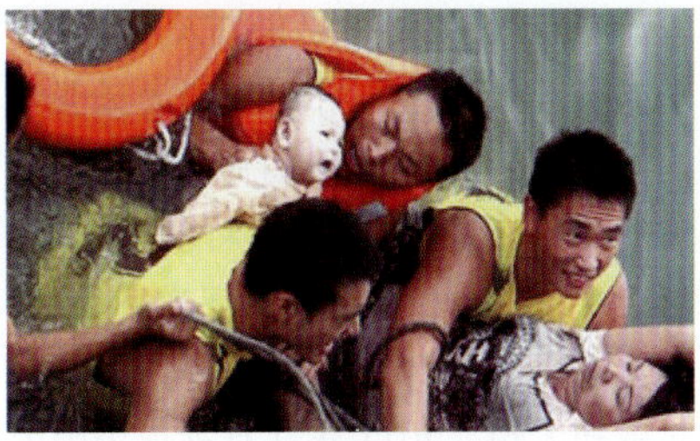

肖林斌（上中）和战友奋力救人

肖林斌，1992年出生于江西省上饶市鄱阳镇的一个普通家庭，2010年12月入伍，现任厦门消防支队五缘湾中队一班副班长。

2012年9月13日上午8时30分许，厦门市消防支队五缘湾中队全体官兵在进行室外消防技能训练，突然听到中队长巩海军在喊：“快点、快点，有人掉海里了，快去救人！”只见中队营区外50米处的海里，一名妇女怀抱着一名婴儿，在海水里双手不停地拍打水面，时沉时浮。全体消防官兵见状，拔腿向海边飞奔而去，中队官兵按照平时训练的分工，迅速跑到抢险车上拿救生绳和救生圈，立即展开救援。

在海堤上的消防官兵看到，15米开外的海里有一名妇女，妇女怀中还有婴儿在海水里已经快要沉入水里。此时4名消防员顾不上个人的安危，腰系救生绳、携带救生圈，相继扑进海里，奋力向母婴游去。靠近妇女身边后，消防员肖林斌一把将孩子抱过来，为了不让孩子呛到海水，他一只手将孩子托举出水面。与此同时，另外两名消防员将一个救生圈套在落水妇女的身上，肖林斌一手抓着救生圈，一手托举着婴儿，在陆地上消防员的牵引下，艰难的向海堤游去，海堤很高又很滑，官兵们无法迅速将母女救上岸。就在这时，离事发地点不远处的东海救助队基地的两名救助人员游了过来，加入救援行动中。6名救援人员保护着母婴，向东海救助基地方向转移。肖林斌在一名救援人员的帮助下，将婴儿托举起来，送上救助船。三名消防员则保护着落水妇女，送上另一艘木船。落水母婴被救上岸，获救母女均安然无恙。事后，肖林斌被大家亲切地称为“消防托举哥”。2013年，获共青团厦门市委、厦门市青联颁发的“厦门青年五四奖章”。

（陈应周）

游文晃

游文晃，1955年12月生，福建省厦门市湖里区祥店社区第七党支部书记。

被誉为平民慈善家的游文晃18年如一日资助205位孤儿贫困生，资助金额达200多万元，资助的孤儿贫困生遍及厦门、仙游、莆田、连城、长汀、漳平、上杭、闽清、浦城等地，新华网、人民网、中国文明网、福建日报、湄洲日报、厦门日报、台湾两岸时报等媒体多次报道他的事迹。

1976年，游文晃从仙游入伍，在空军航空兵某部机械师，参加过对越自卫反击战，立三次“三等功”，四次被评为“学雷锋”先进个人和“优秀共产党员”。从部队转业后担任仙糖专职消防队队长，先后义务出警扑灭火灾51起，在一次扑救火灾中负伤致残。

当游文晃得知各地仍有一些失去双亲的孤儿和因家庭变故引发贫困造成儿童无法完成学业时，就加入“春雷计划”献爱心行列，其实游文晃并不富裕，个人生活非常俭朴，出行乘公交，生活少花费，多帮助孩子。2008年，在股票亏损非常严重的情况下，为了不让孩子们辍学，游文晃毅然把福津大街55平方米店面卖了，卖店面的钱全用于后续资助孤儿贫困生，至今还是骑单车和乘公交车出行，从1996年年初资助第一个孩子成弘开始，18年来游文晃资助每位孩子的过程都是一篇感人的故事。2011年6月，在福建省慈善儿童30年感动人物表彰会上，受助者代表王琳含泪深情地说："我的家是个非常特殊的家庭，只有养父和我两人，住的是别人家旧瓦房，直到2008年我念初三时，唯一相依为命的养父病逝，我成了大家口中的孤儿，那时候贫困造成重度营养不良的我频频生病，病魔折磨着我，让我彻底绝望了，是游文晃叔叔给了我学费和每月500元的生活费，我学习生活有保障，使我顺利完成学业，游文晃叔叔象慈祥的父亲关爱着我，我会永远铭记游文晃叔叔这份无私的爱，并用实际行动把这份爱传递下去。"2012年3月，游文晃从福建省妇联基金会得知莆田市有个15岁女孩许剑梅烧伤惨不忍睹，因家庭贫困十年了缺钱医治，许剑梅皮肤感染，面部五官严重损毁，双手痉挛，向省妇联求援，游文晃得知后第二天即汇给许剑梅2万元作为医疗费用。

18年来，游文晃收到孤儿贫困生的来信有300多封，张丽美是游文晃资助的仙游山区第二个大学毕业生，现在是人民教师，她在信中说："感谢你多年的资助，你那父爱般的关怀，你的恩情永远铭记在心。"来自西安培华学院念大一的晓梅在来信中诉说自己的父亲不幸遭受车祸丧身，全家陷入极度悲哀境遇时充满感激地说："你一直在用爱心浇灌我们这些饱受种种磨难却始终等待开放的花朵，就在我们全家处于绝望的时候，游叔叔您送来了及时雨，让我们感受到人间的真情和温暖，幸亏有了您的帮助，才使我能够重返校园。转眼之间十多年已悄然逝去，你不辞辛劳地对我们这些贫困生嘘寒问暖，寄衣服、鞋子、书包等，还有那沉甸甸的一笔笔善款……滴水之恩，定当涌泉相报，我一定努力学习，为将来铺好路，将这份爱心传递下去。"游文晃助人为乐，坚持不懈，深受民众的好评和受助者的爱戴，同时他是厦门许多"道德讲堂"讲师，在"道德讲堂"中以自己的事例打动许多爱心企业家、爱心人士、爱心学生一起加入爱心行列去帮助孤儿贫困生75人。2013年3月游文晃被授予厦门市"学雷锋"先进个人称号，2008年游文晃入选厦门市第二届道德模范，2011年6月被评为福建省慈善儿童30年感动人物，2011年2月被评为中国"好人榜"助人为乐好人。2012年，游文晃与厦门市妇联共同为困难学生开展一对一结对爱心资助，先后有50多位个人与企业参与爱心帮扶。

陈世峰

陈世峰，1977年7月出生，2010年入党，厦门市湖里区江头街道非公有制经济同安工业园联合党支部书记，厦门市红十字晨露爱心服务队队长，曾获"福建省第二届学雷锋优秀志愿者""2009—2010年度厦门市优秀志愿者"称号。

1999年，正在部队服役的陈世峰看到他所在的边防派出所所长时常资助贫困生，便学着所长开始每年资助一个贫困生。

2006年之后，陈世峰资助贫困生的人数从每年一个增加到每年四五个，除了给予学费，他还尽量地去了解孩子们在生活方面的需求，给予一定的生活费用，他说只希望孩子能专心地投入学习中，截至2013年12月，陈世峰资助的贫困生达150多人，资助金额达200多万元。陈世峰资助的大部分是高中生，当孩子考上大学后，他便开始鼓励孩子们申请助学贷款，勤工俭学，他说他要教给孩子们在羽翼渐丰时自力更生、用奋斗改变命运，这对于个人人格的独立有着更重要的意义。孩子们时常和陈世峰交流自己的学习、生活情况，跟他谈自己的成长与进步，陈世峰也因此收获许多快乐，于是，他开始号召身边的朋友跟他一起用这种方式去帮助更多有需要的孩子。

慢慢地，越来越多的人跟陈世峰一起资助贫困学生。有一次和朋友聊起此事，朋友说："需要帮助的还有很多人呀，我看那些自己呆在家里的老人也挺可怜的。"受到朋友的启发，陈世峰开始有意识地去了解厦门老人们的生活状况，当他了解到社会上很多贫困、孤寡、残疾的老人因为行动不便，很难出去走走，为此，陈世峰决心成立一支服务、关爱贫困户、贫困生、残疾人和空巢、孤寡、残疾老人的公益服务队，这一想法立即得到他几位友人的支持，于是一个人的爱心变成几个人的爱心，有了最初的晨露爱心服务队。

2009年1月，服务队正式成立，虽然最初只有8名志愿者，但长期坚持爱心志愿服务的好名声口耳相传吸引了不少的新人，发展至今已有325名志愿者。如今，服务队得到厦门市红十字会的授旗，成为一个拥有完整规章制度、组织规划的运营良好的志愿团队。他们每次出行总是三四十辆车，老老小小地载了几十、上百号人。服务队每周进行一次活动，车主和乘客之间或是第一次相识，或是没有血缘关系却亲昵胜过亲人，一路总是欢声笑语其乐融融。

2011年以后，服务队吸收社会各界爱心人士加入，服务领域也拓展到扶贫助困、助学等。2010年以来，晨露爱心服务队先后开展257场爱心活动，总计2859人次志愿者参与活动，志愿者贡献12000余小时志愿服务。每逢周末，志愿者们的私家车就成了公益车，载着老人、残疾人、儿童游览美丽的厦门，陪伴他们度过愉快的一天。在活动过程中涌现许多感人的事迹，让所有人都感到发自内心的感动和震撼。

在一次活动中，一位老人说自己已经二十多年没出去过了，着实让在场的所有人感到震撼，很多老人从未到过五缘湾和观音山，甚至环岛路都没去过，因此，服务队的社区爱心行活动受到老人们普遍的欢迎。服务队社区爱心行的主要服务对象为社区的残疾、孤寡、特困、独居、空巢老人，让这些没人陪或子女没空陪的老人有机会能出来走走，看看厦门的变化。主要景点有厦门的各大桥、隧道、公园、环岛路、湿地公园、园博苑、同安影视城、大嶝小商品市场、海沧青礁慈济宫等。截至2013年12月，服务队走进100多个社区，服务过的老人、残疾人、儿童有4800多位。除了社区爱心行，扶贫助困也是服务队的重要活动内容，2013年1月，服务队开展春节元旦送温暖活动，先后向400个困难家庭赠送油米面鞋等爱心物资，总价值4.5万余元；2013年端午节，向200多个老人、残疾人家庭送粽子，中秋期间为300多个贫困家庭送月饼，向云顶小学、新店中学、大嶝中学、同安大同中心小学、柑岭小学等学校的贫困学生赠送图书、油、米、拖鞋等各类爱心物资价值2.5万多元。

（刘群静）

逝世人物

【罗德林】1931年9月出生于福建龙岩。毕业于浙江大学工业民用建筑专业。教授、高级工程师。曾任齐鲁石化公司乙烯工程指挥部副总工程师，厦门特区副主任，湖里工业区管理局局长，厦门特区建设发展公司高级顾问，1991年12月从厦门特区建设发展公司退休，2009年10月移交湖里区。

1951年9月至1953年9月，分别在厦门大学工学院土木系和浙江大学土木系工业与民用建筑本科学习；1955年9月至1982年11月，在重工业部第三公司、化学冶金部第二公司、齐鲁石油化工总公司工作，历任见习技术员、技术员、工程师、副总工程师；1982年11月至1983年1月，任厦门经济特区管委会建设处高级工程师；1983年5月至1984年10月，任厦门经济特区管委会副主任；1984年10月至1987年12月，任湖里工业区管理局局长、党组书记；1987年12月至1991年12月，任厦门经济特区建设发展公司高级顾问；1991年12月退休，享受副地专级待遇。

1955年浙江大学毕业后，根据自己所学的专业和工程中出现的难题，采用新技术使工程顺利进行并取得一定的成绩。有18篇论文在国家刊物中发表。曾被评为1956年太原市先进工作者，1957年山西省先进工作者，1958年全国社会主义建设积极分子，1959年太原市先进科技工作者，1960年太原市革新能手，1974—1980年山东齐鲁石化总厂先进工作者。1982年后，调厦门特区担任特区副主任兼湖里工业区管理局局长、党组书记。其间，认真贯彻落实党的改革开放政策和发扬特区建设精神，在湖里工业区基础设施建设、项目谈判、引进外资等方面做出一定的贡献。

【叶进德】1936年12月出生于福建省厦门市，1957年7月参加工作，1970年1月加入中国共产党，中专学历。1957年7月至1959年8月，在福建省水产局平潭海带场任技术员。1959年8月至1972年8月，在福建省平潭县水产局任技术员。1972年8月至1979年11月，在厦门市郊区宣传部、组织部、区落实政策办公室任干事、副主任。1979年11月至1981年7月，在厦门市郊区前线公社任副书记。1981年7月至1984年7月，在厦门市郊区计生办任副主任。1984年7月至1987年10月，在厦门市郊区水产局任局长兼党总支书记。1987年10月至1993年10月，在厦门市湖里区禾山镇任党委书记。1993年10月至1996年11月，在厦门市湖里区政协任副主席。1996年12月，经组织批准退休。是厦门市第七次党代会代表。

湖里区领导干部名录

中共湖里区委员会

书　记　刘育生
副书记　张毅恭　黄　炜
常　委　胡亚才　陈国荣　王　中
　　　　林重阳　潘少銮（女）
　　　　庄海英（女）　黄瑞来
　　　　钟伟东

中共厦门市湖里区纪律检查委员会

书　记　胡亚才
副书记　周　斌（至3月）
　　　　郑陆全（3月任）　纪华国
常　委　文国清（至3月）
　　　　吴劲松（至11月）　许付志
　　　　黄木清（11月任）
　　　　李文龙（11月任）
　　　　洪建利（11月任）

区委办公室

主　任　庄海英（女）
副主任　黄　伟　洪志伟

档案局（馆）

局（馆）长　黄　伟

机要局

局　长　黄　伟

组织部

部　长　林重阳
副部长　黄双凤（女）　刘秋生

宣传部

部　长　潘少銮（女）
副部长　傅伯伟（至3月）　杨运华
　　　　文国清（3月任）

统战部
部　长　陈国荣
副部长　林秀瑜（女）　柯希正
政法委
书　记　钟伟东
副书记　洪奕文　许鸿艺　刘与庆（兼）
综治办
主　任　许鸿艺（至5月）
　　　　洪奕文（5月任）
台湾工作办公室
主　任　周　怡（女）
机构编制委员会办公室
主　任　许艺艺（女）
区直机关工作委员会
书　记　庄海英（女）
常务副书记　雷爱和
精神文明建设办公室
主任　文国清（3月任）
信访局
局　长　吴丽英（女，3月任）
副局长　苏春生（至3月）
老干局
局　长　刘芳坤
党校
校　长　林重阳
常务副校长　黄双凤（女）
湖里区人大常委会
主　任　梁美丽（女）
副主任　陈远志　叶春和　梁国富
　　　　陈海松　杨书松（兼）
办公室
主　任　陈开惠
法制内司工作委员会
主　任　周福民
财经工作委员会
主　任　郭素芬（女）
城建环资工作委员会
主　任　曾秋皓
科教文卫侨工作委员会
主　任　戴团源
湖里区人民政府
区　长　张毅恭
副区长　王　中　钟伟东（至2月）
　　　　戴宗垒　夏长文　刘琦龙
　　　　丁红斌（女）　张家伟
　　　　刘云标（2月任）
办公室
主　任　郑尚定（至6月）
　　　　陈枫（6月任）
副主任　欧阳平　张天勇（挂职）
　　　　左勇涛（6月任）
发展和改革局
局　长　胡　军
副局长　潘南渊　林文（女）
教育局
局长、教育工委副书记　陈媛（女）
教育工委副书记、纪工委书记　向延琼（8月任）
教育工委委员、副局长　向延琼（至8月）
　　　　朱　觉
　　　　吴雪慧（女，8月任）
科技局
局　长　王太兴
经济贸易发展局
党委书记　苏建设
党委副书记、局长　吴智明
党委委员、副局长　黄建成（3月任）
民政局
局　长　章再耕
副局长　李天真
司法局
局　长　林荣福
副局长　张明海　傅瑞生
财政局
局　长　辜琦皇
副局长　马竞生
人力资源和社会保障局
局　长　方文群（至4月）
　　　　刘秋生（4月任）
副局长　李殿忠　蔡筱双（女，7月任）
建设局
局长、党委副书记　王华安
党委书记　朱绍峰
副局长　孙琦（2月任）
文体出版旅游局
局　长　郭漳楚
卫生局
局　长　肖德良
副局长　李　东（至4月）
人口和计划生育局
局　长　曲志坚（至4月）
　　　　李东（4月任）
副局长　李玉荣　苏雅慧（女）
审计局
局　长　吴淑真（女）
副局长　林诗球（至7月）
　　　　陈永定（7月任）
安全生产监督管理局
局　长　郑陆全（至4月）
　　　　傅伯伟（4月任）
统计局
局　长　陈　枫（至6月）
　　　　张金坪（6月任）
投资促进局
局　长　林世裕（至4月）
　　　　陈颢颖（4月任）
副局长　柯友升（2月任）
人民防空办公室
主　任　商明元
副主任　施天来
市政园林局
局　长　裴再生
副局长　卢景锋（3月任）　叶跃民
城市管理行政执法局
局　长　范金炉
副局长　陈春吉　周泽勇　姜海军
机关事务管理局
局　长　翁国华
民族与宗教事务局
局　长　林明辽（至8月）
政协湖里区委员会
主　席　林　凡
副主席　谭苏建　林新荣　林世裕
　　　　施立华（兼）
秘书长　黄伟清
办公室
主　任　黄伟清
提案委员会办公室
主　任　黄章源
专门委员会办公室
主　任　宋晓华（女）
研究室
副主任　阙占彪

法检机关

区人民法院

院长、党组书记　高碧青
副院长　王毅、林颖（女）蔡守业
纪检组组长　蔡志红（女）
政治处主任　叶青（女）
执行局局长　何如男（女，12月任）

区人民检察院

检察长、党组书记　林育清
副检察长　侯春盛　杨天赐　叶斌（女）
纪检组组长　林雪峰（女）
政治处主任　苏水明
反贪局局长　张天勇

群众团体

工会委员会

主　席　陈国荣
常务副主席　曾新周

团区委

副书记　洪志伟

妇女联合会

主　席　张聪敏（女）
副主席　胡金藤（女）

归国华侨联合会

主　席　严志和

工商联（商会）

常务副会长　林秀瑜（女）

海外联谊会

会　长　陈国荣

科学技术协会

副主席　熊新民

残疾人联合会

副理事长　陈文其

计划生育协会

会　长　黄　炜
常务副会长　曲志坚（4月任）

红十字会

会　长　丁红斌（女）
常务副会长　王萍萍（女）

文学艺术界联合会

主　席　潘少銮（女）

社会科学界联合会

主　席　杨运华（5月任）

关心下一代工作委员会

主　任　黄　炜

街　道

湖里街道

党工委书记　陈雄辉
党工委副书记　郭晓平
崔家和（5月任）
党工委委员　林乐庆　阳良彬
人大工委主任　林乐庆
办事处主任　郭晓平
办事处副主任　崔家和（至5月）
阳良彬
施育德（5月任）
蔡卫国（5月任）

殿前街道

党工委书记　刘云标（至2月）
林进春（女，5月任）
党工委副书记　卢景锋（至3月）
苏春生（3月任）
党工委委员　王　斌　胡建荣
林筱丽（女）王水可
万　峰（兼）
人大工委主任　王　斌
办事处副主任　王水可（主持工作）
苏春生（3月任）
商建坤

江头街道

党工委书记　谢国勇
党工委副书记　蒋晓民　林跃算
党工委委员　陈必山
人大工委主任　陈必山
办事处主任　蒋晓民
办事处副主任　赵海燕（女）汪益华
陈天友

禾山街道

党工委书记　李伟宏
党工委副书记　黄锦城　涂进杉
党工委委员　陈慈明　洪志彬
人大工委主任　陈慈明
办事处主任　黄锦城
办事处副主任　范小萍（女）洪志彬
李建军（6月任）
林长发（9月任）

金山街道

党工委书记　蔡永和（至3月）
方文群（5月任）
党工委副书记　林志荣
江太智（至10月）
党工委委员　俞加洪　洪珠琴（女）
姚于权　邱骁佳（兼）
人大工委主任　俞加洪
办事处主任　林志荣
办事处副主任　姚于权
林家雄（至8月）
陈永定（至7月）
陈　滨（7月任）
郑高良（9月任）

工业园区管委会

主　任　王　中
副主任　陈福龙（至5月）陈文约
朱碧蓉（女）

区属国有企业

厦门天地开发建设有限公司

董事长　蔡寿飞
监事会主席　辜琦皇（兼）
监事会副主任　杨队赴
副总经理　许毅军　叶根德
肖宝珍（女）柯丰

湖里区国有资产投资有限公司

董事长　刘成就
副董事长　孙传真
监事会主席　辜琦皇（兼）
监事会副主席　张福全
总经理　张卫兵
副总经理　陈安东　何兆开　王韶锋

（熊学军）

2013 年湖里区先进集体表

表 24

单位名称	荣誉称号	授予单位	授予时间
禾山街道	文明单位	市委市政府	持续保留
	全民健康活动先进单位	市政府	2013.9
	全国社区教育示范街道	中国成人教育协会	2013.12
厦门市音乐学校	全国第四届中小学生艺术展演活动“精神风貌奖”	教育部	2013.2
	福建省第四届中小学生艺术节“精神风貌奖”	省教育厅	2013.1
江头街道	第二批全国人口和计划生育依法行政示范乡镇（街道）	国家卫生和计划生育委员会	2013.3
	全国社区教育示范街道	中国成人教育协会社区教育专业委员会	2013.12
	全国和谐社区建设示范街道	民政部	2013.12
	福建社会管理综合治理先进集体	省委省政府	2013.10
金尚社区	全国文明交通示范社区	全国实施“文明交通行动计划”领导小组	2013.3
	第二届全国社区网络春晚优秀组织奖	中央文明办志愿服务工作组社区志愿服务全国联络总站	2013.7
	全国关工委创建“五好”基层关工委先进集体	中国关心下一代工作委员会	2013.12
	福建省学雷锋优秀志愿服务组织	省精神文明建设指导委员会	2013.4
吕岭社区	全国社会工作服务标准化建设示范社区	民政部	2013.12
	福建省居家养老服务先进单位	省老龄工作委员会办公室	2013.7
祥店社区	福建省科普示范社区	省科协	2013.2
蔡塘社区	人民调解先进集体	省司法厅	2013.2
江村社区	全国“基层科普行动计划”奖	中国科协　财政部	2013.7
	福建省青少年科学工作室达标单位	省科学技术协会	2013.7
	福建省科普示范社区	省科协	2013.12
禾山派出所	全省深化创新流动人口专项成绩突出集体	省公安厅	2013.3
	非法占地违法建设专项整治工作先进单位	市政府	2013.5
湖里刑侦大队	全省公安刑事侦查工作成绩突出集体	省公安厅	2013.12
	2011 年“12·25”特大抢劫案专案组：集体二等功	省公安厅	2013.6
湖里公安分局	全省公安调研工作成绩突出集体	省公安厅	2013.4
	全省缉枪治爆专项行动成绩突出集体	省公安厅	2013.4
江头街道金尚社区关工委	五好基层关工委先进集体	中国关工委	2013.9
殿前街道关工委	福建省关心下一代工作先进集体	省关工委	2013.11
湖里区台办	中央台办“两刊”对台宣传工作先进单位	中共中央台湾工作办公室宣传局	2013.8
殿前街道调委会	模范人民调解委员会	司法部	2013.9
湖里区司法局	人民调解宣传工作先进单位	中华全国人民调解员协会	2013.8

续表 24

单位名称	荣誉称号	授予单位	授予时间
金山司法所	全省人民调解先进集体	省司法厅	2013.2
禾山街道禾欣社区团支部	省五四红旗团（总）支部标兵	团省委	2013.5
欣贺股份有限公司团委	市五四红旗团委	团市委	2013.5
湖里区财政国资团委	市五四红旗团委	团市委	2013.5
湖里区人民法院团支部	市五四红旗团支部	团市委	2013.5
厦门市上好仁真食品有限公司	市五四红旗团支部	团市委	2013.5
禾山街道枋湖社区总支部委员会	市五四红旗团支部	团市委	2013.5
江头街道蔡塘社区团总支	市五四红旗团支部	团市委	2013.5
盈众控股集团有限公司	“厦门青年五四奖章”集体奖	团市委	2013.5
湖里区北站社区居民委员会	“厦门青年五四奖章”集体奖	团市委	2013.5
江头街道金尚社区	全国妇联基层组织建设示范社区	全国妇联	2013.3
湖里区教育局	省级“三八”红旗集体	省妇联	2013.3
湖里区金山社区居委会	省“巾帼文明”标兵岗	省妇联	2013.3
湖里街道东荣社区居委会	省级“巾帼文明岗”	省妇联	2013.3
殿前街道北站社区居委会	省级“巾帼文明岗”	省妇联	2013.3
禾山街道禾欣社区居委会	省级“巾帼文明岗”	省妇联	2013.3
湖里区机关事务服务中心	省级“巾帼文明岗”	省妇联	2013.3
江头街道金尚社区	省先进妇女之家示范村（社区）	省妇联	2013.3
湖里区财政审核中心	市级“三八”红旗集体	市妇联	2013.3
湖里区湖里街道兴华社区居委会	市级“三八”红旗集体	市妇联	2013.3
	非法占地违法建设专项整治工作先进单位	市政府	2013.4
湖里区城市管理行政执法局	全省建设监察（城管执法）工作考核优秀单位	省住房和城乡建设厅	2013.12
湖里区工商局	全国工商行政管理系统诚信市场创建活动工作突出单位	国家工商总局	2013.12
湖里工商所	全国工商行政管理系统先进工商所	国家工商总局	2013.12
湖里区工商局办公室	全省工商系统宣传政务信息先进单位	省工商局	2013.5
金尚社区“久久爱心”团队	第二届福建省学雷锋优秀志愿服务组织	省文明委	2013.4
湖里区人民法院禾山法庭	法院系统“全国青年文明号”	共青团中央、最高人民法院	2013.4
湖里区检察院	城乡共建社会主义精神文明先进单位	市委市政府	2013.5
湖里幼儿园	省示范性幼儿园	省教育厅	2013.2
湖里区社会保险管理中心	省劳动合同制度实施示范单位	省人力资源和社会保障厅省总工会省企业和企业家联合会省工商业联合会	2013.3
	全省社会保险业务档案管理优秀单位	省人力资源和社会保障厅省档案局	2013.3

续表 24

单位名称	荣誉称号	授予单位	授予时间
湖里区	首批全国社会组织建设创新示范区	民政部	2013.12
	首批全国社会工作服务标准化建设示范地区	民政部	2013.12
康乐社区	首批全国社会工作服务标准化建设示范社区	民政部	2013.12
禾盛社区	首批全国社会工作服务标准化建设示范社区	民政部	2013.12
金山社区	首批全国社会工作服务标准化建设示范社区	民政部	2013.12
吕岭社区	首批全国社会工作服务标准化建设示范社区	民政部	2013.12
希望社工服务中心	首批全国社会工作服务标准化建设示范单位	民政部	2013.12
霞辉老年社会服务中心	首批全国社会工作服务标准化建设示范单位	民政部	2013.12
金安社区	首届全国敬老文明号	全国老龄工作委员会	2013.11
康晖社区	全国综合防灾减灾示范社区	国家减灾委员会、民政部	2013.12
长乐社区	全国综合防灾减灾示范社区	国家减灾委员会、民政部	2013.12
湖里区民政局	福建省民政系统行风建设示范单位	省民政厅	2013.2
	省级民政标准化建设试点地区	省民政厅	2013.2
湖里区	省双拥模范城	省委、省政府、省军区	2013.7
湖里区社会保障性住房工作协调领导小组办公室	保障性安居工程建设管理先进单位	省住房和城乡建设厅	2013.1
吕岭社区	省居家养老服务先进社区	省民政厅、省老龄办	2013.4
殿前街道	第五届全国服务农民、服务基层文化建设先进集体	中共中央宣传部文化部国家新闻出版广电总局	2013.11
	全国创建学习型社区示范街镇	中国成人教育协会社区教育专业委员会	2013.12
	非法占地违法建设专项整治工作先进单位	市政府	2013.4
	厦门市五一劳动奖状	市总工会	2013.4
殿前街道兴隆社区	全国科普示范社区	中国科协、财政部	2013.6
殿前街道司法所	全省规范化司法所	省司法厅	2013.2
	全省人民调解精品案例	省司法厅	2013.2

2013 年湖里区先进个人表

表 25

姓　名	性别	荣誉称号	工作单位	授予单位	授予时间
苏辉明	男	省劳动模范	枋湖社区	省委省政府	2013.4
江榕霞	女	最美厦门人	厦门电子职业中专学校	市政府	2013.9
叶　暄	女	第二届厦门十佳班主任	厦门电子职业中专学校	市委市政府	2013.9
张希勇	男	福建省中等职业学校第十届田径运动会优秀教练员	厦门电子职业中专学校	省教育厅	2013.12

续表 25

姓 名	性别	荣誉称号	工作单位	授予单位	授予时间
肖林斌	男	全省公安机关学雷锋活动成绩突出个人 厦门青年五四奖章	厦门市公安消防支队湖里区大队五缘湾中队	省公安厅政治部 团市委厦门青联	2013.3 2013.5
张 涵 张 辉 刘元飞	男	第四届全国“见义勇为”模范		中央宣传部中央文明办总政治部全国总工会共青团中央全国妇联	2013.9
郭传北	男	全国见义勇为好人	后埔幼儿园	中央文明办	2013.11
张明	女	福建省孝劳爱亲好人	齐安养老院	省文明办	2013.1
游文晃	男	第三届福建省“助人为乐”道德模范	祥店社区	省文明委	2013.1
唐年生	男	新疆维吾尔自治区优秀支教教师	厦门三中	昌吉回族自治州委州政府	2013.12
伍巧玲	女	第二届厦门市十佳班主任	厦门三中	市委市政府	2013.9
李 俊	男	个人二等功 厦门市特区青年卫士标兵	江头派出所	省公安厅 市公安局团市委	2013.1 2013.6
周家根	男	省财政系统民主评议政风行风先进个人	区财政局	省财政厅	2013.5
陈建强	男	市“五大战役”先进个人	区财政局	市委市政府	2013.8
黄炳辉	男	福建省关心下一代工作先进工作者	区人大	省关工委	2013.11
林振其	男	福建省关心下一代工作先进工作者	高崎中心小学	省关工委	2013.11
杨飞鹏	男	全省党委宣传部先进工作者	区委宣传部	省委宣传部省公务员局省人力资源开发办公室	2013.3
陈瑜瑾	男	非法占地违章建设专项整治先进个人	区委宣传部	市政府	2013.4
施育德	男	全国侨联系统先进个人	湖里街道侨联	全国归国华侨联合会国务院侨务办公室	2013.12
黄霓裳	女	全国归侨侨眷先进个人	中国科学院福建物质结构研究所二部	全国归国华侨联合会国务院侨务办公室	2013.12
曾清华	女	省劳动模范	康乐社区居民委员会	省政府	2013.5
方丽蓉	女	市五一劳动奖章	东荣社区居民委员会	市总工会	2013.5
李启超	男	市五一劳动奖章	江头街道环卫所	市总工会	2013.5
陈顺利	男	市五一劳动奖章	禾山街道建设服务中心	市总工会	2013.5
蔡碧月	女	市五一劳动奖章	金山街道办事处	市总工会	2013.5
朱永亮	男	市五一劳动奖章	市容环境卫生管理处	市总工会	2013.5
赖新水	男	市五一劳动奖章	厦门建弘装修工程有限公司	市总工会	2013.5
关晔峰	男	市五一劳动奖章	厦门海嘉面粉有限公司	市总工会	2013.5
王小平	男	市五一劳动奖章	厦门吉家物业管理有限公司	市总工会	2013.5
彭 勇	男	市五一劳动奖章	厦门雅迅网络股份有限公司	市总工会	2013.5
钟雅艺	女	市五一劳动奖章	厦门新景风华物业有限公司	市总工会	2013.5
贾促超	男	市五一劳动奖章	厦门厦华新技术有限公司	市总工会	2013.5
周光华	男	市五一劳动奖章	机关事务服务中心	市总工会	2013.5

续表 25

姓　名	性别	荣誉称号	工作单位	授予单位	授予时间
黄孝石	男	市五一劳动奖章	厦门虹鹭钨钼工业有限公司	市总工会	2013.5
郭灯亮	男	市五一劳动奖章	厦门湖里国宇门诊部	市总工会	2013.5
林荣福	男	省社会管理综合治理先进工作者	区司法局	省委省政府	2013.1
王鲁闽	男	全省优秀人民调解员	区司法局	省司法厅	2013.12
王建光	男	全省优秀人民调解员	区司法局	省司法厅	2013.12
林俊芳	女	省人民调解能手 省优秀调解员	区司法局	省司法厅	2013.2
庄　伟	男	全省司法行政基层建设先进个人	区司法局	省司法厅	2013.2
曾　彦	男	福建省十佳共青团干部	湖里区殿前街道团工委	团省委	2013.5
郑娜萍	女	福建省优秀共青团员	湖里区江头街道办事处	团省委	2013.5
周　卓	男	厦门青年五四奖章	厦门市禾山中学团委	团市委	2013.5
庄楚剑	男	厦门青年五四奖章	湖里环卫处区市政园林局团总支	团市委	2013.5
曾　雷	男	厦门青年五四奖章	湖里公安分局刑侦大队重案中队	团市委	2013.5
吴丽敏	女	省级“三八”红旗手	金安社区	省妇联	2013.3
陈素珍	女	省级“三八”红旗手标兵	金尚社区	省妇联	2013.3
范小萍	女	市级“三八”红旗手	禾山街道办事处	市妇联	2013.3
戴瑞仁	女	市级“三八”红旗手	湖里街道怡景社区	市妇联	2013.3
林雪秋	女	市级“三八”红旗手	江头街道园山社区	市妇联	2013.3
施苳萍	女	市级“三八”红旗手	殿前街道	市妇联	2013.3
林水春	女	市级“三八”红旗手	湖里区疾病控制预防中心	市妇联	2013.3
陈世峰	男	第二届福建省学雷锋优秀志愿者	江头街道	省文明委	2013.4
周运才	男	非法占地违法建设专项整治工作先进个人	机关事务管理局	市政府	2013.4
林　颖	女	荣誉天平奖章	区人民法院	省高级人民法院	2013.11
冉茂国	男	荣誉天平奖章	区人民法院	省高级人民法院	2013.11
王友平	男	荣誉天平奖章	区人民法院	省高级人民法院	2013.11
李剑锋	男	荣誉天平奖章	区人民法院	省高级人民法院	2013.11
谢　辉	男	全省法院优秀廉政监察员	区人民法院	省高级人民法院	2013.3
陈巧玲	女	全省法院刑事审判工作先进个人	区人民法院	省高级人民法院	2013.11
白毅宁	男	全省查处无证无照先进个人	区劳动保障监察大队	省社会治安综合治理委员会办公室	2013.6
陈若琳	女	省统计系统先进个人	殿前街道办	省统计局	2013.3
陈健成	男	全省抗洪抢险救灾先进个人	殿前街道办	省政府防汛抗旱指挥部	2013.3

统计公报

湖 里 区
2013 年国民经济和社会发展统计公报

湖里区统计局

2014 年 4 月 16 日

2013 年，全区人民在区委、区政府的正确领导下，深入学习贯彻党的十八大和十八届三中全会精神，着力转方式促提升、抓项目促增长、惠民生促和谐，实现了经济社会健康协调发展。获评全国社区教育实验区、全省双拥模范区、全省劳动合同制度实施示范区，通过“2011—2012 年全国科技进步区”考核、全国文明城市检查、省级文明城区复查，并在创建国家级慢性病综合防控示范区工作获全省总分第一。

一、综合

初步核算，全年地区生产总值（GDP）732.16 亿元，仅次于思明区，比上年增长 12.0%，增速居全市第二，高出全市 2.6 个百分点。其中，第二产业增加值 382.52 亿元，增长 15.3%；第三产业增加值 349.65 亿元，增长 7.2%，三次产业的比重为 0∶52.2∶47.8。第二产业快速增长，是拉动地区生产总值增长的主要因素，其中工业增加值增长 16.4%，拉动 GDP 增长 7.3 个百分点。按常住人口计算，人均 GDP 达 7.4 万元，增长 10.0%，折合美元 1.22 万美元 / 人。

二、工业和建筑业

至年底，全区规模以上工业企业 340 家，现价工业总产值 1497.41 亿元，扣除价格因素后可比增长 16.2%，实现现价增加值 319.99 亿元，可比增长 14.7%。亿元以上企业 87 家，较上年增加 3 家，实现现价工业总产值 1382.65 亿元，按现价计算（下同）增长 1.4%。其中，十亿元以上企业 18 家，实现产值 1173.18 亿元，占全区规模以上工业比重达 78.4%，支撑作用明显。电子及通信设备制造业、机械制造业、纺织服装业三大行业分别实现产值 1224.10 亿元、119.64 亿元及 56.97 亿元，增速分别为 1.4%、3.4% 和 –3.1%。

全区规模以上工业企业实现销售产值 1480.96 亿元，产销率为 99.0%。出口交货值 717.75 亿元，比上年下降 2.7%，出口交货值率 48.5%。工业用电量 11.91 亿千瓦时，增长 4.1%。

建筑业增加值 41.51 亿元，比上年增长 5.1%。全区 2013 年具有资质等级的 120 家建筑业企业完成建筑业总产值 147.76 亿元，增长 15.4%，其中，建筑工程产值 139.31 亿元，增长 15.3%；安装工程产值 6.77 亿元，增长 11.7%；全年房屋建筑施工面积 1193.96 万平方米，增长 15.7%；当年建筑企业新签合同价款 159.60 亿元，增长 36.2%。

三、固定资产投资

全社会固定资产投资（不含农户）239.35亿元，下降10.6%。其中，第二产业投资下降18.9%，第三产业投资增长22.0%。全区38个重点建设项目完成投资82.95亿元，完成年度计划的122.3%。

基础设施投资87.44亿元，增长4.5%，其中交通运输业投资58.55亿元，增长15.7%；公共设施管理业投资12.18亿元，增长73.7%。工业投资27.31亿元，下降19.3%，其中制造业投资25.42亿元，下降24.9%。社会产业投资5.03亿元，增长66.7%，其中教育事业投资1.72亿元，增长12.7%；卫生和社会工作投资2.38亿元，增长64.3%；文化、体育和娱乐业投资0.79亿元，增长18.7倍。

房地产开发投资85.27亿元，下降36.1%，其中土地购置费13.91亿元，下降79.1%，占房地产投资的比重为16.31%，占全社会固定资产投资的比重为5.8%。全区商品房施工面积600.05万平方米，下降8.0%；商品房新开工面积100.46万平方米，下降31.1%；商品房销售面积138.90万平方米，增长21.4%，其中住宅销售81.70万平方米，增长19.1%；至年底，全区商品房待售面积43万平方米，下降33.6%，其中住宅待售面积10.51万平方米，下降32.7%。

四、国内贸易

社会消费品零售总额285.73亿元，比上年增长15.8%。其中，批发业零售额28.03亿元，增长46.7%；零售业零售额234.19亿元，增长13.9%；住宿业零售额4亿元，下降9.8%；餐饮业零售额19.51亿元，增长11.0%。

限额以上企业零售额194.06亿元，增长18.9%，占全区社会消费品零售总额的69.7%；限额以下单位实现零售额91.67亿元，增长9.7%。全年零售额超亿元的批发零售贸易企业41家，合计零售额165.59亿元，净增28.20亿元，增长20.5%；零售额超千万元的住宿餐饮企业17家，合计零售额6.35亿元，减少0.21亿元，下降3.3%。

在限额以上企业商品零售额中，汽车类零售额98.42亿元，增长3.1%；食品饮料烟酒类零售额15.14亿元，增长10.8%；服装鞋帽针纺织品类零售额13.33亿元，增长26.5%；家用电器和音像制品类零售额8.44亿元，增长50.6%；石油及制品类零售额6.71亿元，增长2.3%；通讯器材类零售额9.08亿元，增长91.4%。

五、对外经济

全年外贸进出口总值340.66亿美元，比上年增长17.8%，其中，出口209.28亿美元，增长18.2%；进口131.37亿美元，增长17.2%。

全年新批外资项目57个，合同利用外资3.87亿美元，比上年增长15.9%；实际利用外资2.66亿美元，增长4.8%。

六、财税和金融

全区实现财政总收入106.01亿元，比上年增长20.3%；地方级财政收入68.85亿元，增长29.1%；区级收入33.05亿元，增长28.3%。在区级收入中，税收收入完成32.54亿元，增长28.3%，其中，土地增值税、城镇土地使用税、增值税、个人所得税增幅较高，分别增长81.5%、59.5%、44.5和33.8%。

全年财政总支出31.82亿元，比上年下降6.4%，公共预算支出29.56亿元，增长31.4%。其中教育支出9.08亿元，增长34.7%；城乡社区事务支出4.73亿元，增长60.1%；社会保障和就业支出3.20亿元，增长29.1%。

金融业实现增加值34.43亿元，比上年增长12.0%。

七、教育和科学技术

教育

全区拥有各级学校（含成人教育、社会办学）146所，学年初招生数14855人，在校学生数90063人。其中：普通高等学校2所，学年初招生数824人，在校学生数2368人；普通中等学校14所，学年初招生数4566人，在校学生数12901人；小学44所，学年初招生数9465人，在校学生数51238人；幼儿园100所，学年初在园人数23527人；特殊教育辅读班1间，学年初在校学生29人。在各级各类学校中任职的专任教师6110人。

科学技术

2013年全区累计专利授权量2871件，其中发明专利264件。2013年区高新技术企业数达233家，总收入达902.90亿元，占全市2210.89亿元的40.8%。其中火炬高新技术园区高新技术企业数107家，收入达682.30亿元，占全市2210.89亿元的30.9%。

八、文化、体育和卫生

文化

辖区共有文化馆1个，图书馆1个，文化站55个，社区文化活动室50个，网吧经营单位50家，“24小时街区自助图书机”35台，政府云桌面系统终端630台；区图书馆全年共借阅图书33万册（其中馆内借阅量15万册，24小时自助图书馆借阅量18万册），办理新增读者证4300人，接待读者35万人次，全年新增文献55381册，新增光盘448片，新增电子资源 1.5T；播放共享工程视频节目 108 场次，观影人数 21696 人次，举办讲座 12 场，服务人数 902 人次；开展送书下基层活动 85 场次，服务人数 2 万人次。

洛基山五缘湾影视基地为我区导入了影视新兴文创行业，并致力于打造厦门首个专业化影视基地；乌石浦油画协会会员蔡笃取创作的“一岁一枯荣”油画作品现场创下 35 万元最高成交价，曾凤飞、蔡美月联袂服饰秀为我区文博会分会场增添光彩，“美丽乌石浦”行动中众油画师绘制的 3D 涂鸦墙颇具人气；法蓝瓷选送的“鱼跃腾达红龙鱼瓷瓶”和缘漆轩工艺品选送的“神韵”获中华工艺优秀作品金奖，麒麟名汇、惠和石文化园报送的作品共获 4 项银奖和 2 项铜奖。

体育

在厦门市第 19 届运动会中，我区代表团夺得成年组金牌 21 枚、银牌 26 枚、铜牌 19 枚，青少年组金牌 44 枚、银牌 46 枚、铜牌 49 枚，奖牌总数突破 205 枚，总分排名第二，创历史最好成绩；成功举办第九届中国俱乐部杯帆船挑战赛，共吸引了来自大陆和台湾等地近 30 支赛队 220 多名帆船选手，赛队竞技水平达到新高；成功举办 2013 年海洋周系列钓鱼赛，其中，共有本市 50 个家庭 150 人参加第九届五缘湾家庭趣味海钓赛，我市 30 多名专业钓手参加第五届中国（厦门）国际游艇帆船展游钓赛，国内和台湾等地 20 个代表队 60 多人参加两岸矶钓邀请赛。

卫生

全区各类医疗卫生机构 257 个，其中医院 6 家、门诊部 33 个、妇幼保健机构 1 个、疾控预防控制中心 1 个、诊所 143 个、村卫生所 33 个、企事业单位 40 个。专业卫生技术人员 2119 人，其中执业医师 1016 人、执业助理医师 229 人、注册护士 620 人，其他卫生技术人员 254 人。医疗机构实有开放床位 120 张。

九、人口、民生、就业和社会保障

人口

全区户籍人口 25.7 万人，常住人口 98.9 万人。人口出生率 12.8‰，人口死亡率 1.4‰，人口自然增长率 11.4‰，比上年下降 0.7 个千分点。户籍人口中，男性人口和女性人口分别为 12.99 万人、12.71 万人。

民生

城镇居民人均可支配收入 43127 元，比上年增长 9.0%。城镇居民人均消费性支出 28253 元，增长 7.2%。

就业

全年促进失业人员再就业 12364 人，完成市下达年度目标任务的 171.0%；帮助就业困难对象再就业 2966 人，完成市下达年度目标任务的 146.1%；开展失业人员技能培训 1112 人，完成市下达年度目标任务的 185.3%；开展农村劳动力技能提升培训 1469 人，完成市下达年度目标任务的 146.9%；开展技能鉴定 1406 人，完成市下达年度目标任务的 200.9%。基本养老、基本医疗、失业、工伤和生育保险参保人数分别为 28.95 万人、29.60 万人、29.30 万人、29.30 万人和 28.80 万人。

社会保障

全区累计共有城镇低保家庭 9963 户、17062 人次，领取最低生活保障 648.80 万元。全年双救、双拥、老龄、残联等民政救济口共累计发放救助 36394 人次，发放各类补助慰问款 4247.48 万元。2013 年度湖里区慈善、老年福利协会共接收捐赠款 1394 万元，为辖区累计为约 51955 人次计各类困难群众发放救助款、物 1201.79 万元。

十、环境保护和安全生产

环境保护

全年空气质量优良率按照 API 标准计算为 98.9%，按照 AQI 标准计算为 82.9%；三种主要污染物年平均浓度均优于国家二级标准。区域环境噪声平均等效声级 55.8 分贝，道路交通噪声平均等效声级 67.4 分贝，与去年相比基本稳定。

全区累计投入绿化建设改造提升资金 9354.51 万元，新建绿地 26.08 公顷，改造绿地 45.58 公顷，改造补植地被植物 24.69 万平方米，改造提升绿篱 1.30 万平方米，认建绿地 1 处。

安全生产

全区共发生各类事故 116 起，死亡 9 人，分别比上年下降 22.1%、50.0%。

十一、各街道经济

工业

2013 年各街道规模以上工业总产值分别为：湖里街道 83.36 亿元，比上年下降 18.3%；殿前街道 329.25 亿元，增长 1.1%；江头街道 13.98 亿元，增长 9.6%；禾山街道 987.18 亿元，增长 3.5%；金山街道 12.29 亿元，增长 2.6%。

固定资产投资

2013 年各街道固定资产投资额分别为：湖里街道 13.10 亿元，比上年下降 15.2%；殿前街道 84.14 亿元，增长 7.8%；江头街道 15.35 亿元，下降 55.0%；禾山街道 72.06 亿元，下降 10.1%；金山街道 46.46 亿元，下降 22.5%。

社会消费品零售总额

2013 年各街道社会消费品零售总额分别为：湖里街道 51.15 亿元，比上年增长 40.2%；殿前街道 154.85 亿元，增长 19.1%；江头街道 38.41 亿元，增长 4.1%；禾山街道 28.17 亿元，增长 11.2%；金山街道 13.14 亿元，增长 17.5%。

财政总收入

2013 年各街道实现财政总收入分别为：湖里街道 24.59 亿元，殿前街道 11.26 亿元，江头街道 17.81 亿元，禾山街道 19.41 亿元，金山街道 23.68 亿元。

招商引资

2013 年各街道实现招商引资分别为：湖里街道合同利用外资 3584 万美元，实际利用外资 5140 万美元，引进内资 87.28 亿元；殿前街道合同利用外资 5446 万美元，实际利用外资 4060 万美元，引进内资 28.71 亿元；江头街道合同利用外资 3098 万美元，实际利用外资 4030 万美元，引进内资 45.57 亿元；禾山街道合同利用外资 8569 万美元，实际利用外资 5455 万美元，引进内资 49.07 亿元；金山街道合同利用外资 11068 万美元，实际利用外资 7912 万美元，引进内资 73.60 亿元。

（杨菲）

要文存目

区委文件目录选辑

中共湖里区委办公室、湖里区人民政府办公室《关于印发湖里区网上办事公开综合平台建设工作方案的通知》(厦湖委办〔2013〕3 号)

中共湖里区委办公室《关于印发湖里区 2012—2016 年培养选拔年轻干部工作、女干部队伍建设、党外干部队伍建设三个规划的通知》(厦湖委办〔2013〕5 号)

中共湖里区委办公室印发《党员干部直接联系和服务群众制度》等十项创先争优长效机制的通知(厦湖委办〔2013〕7 号)

中共湖里区委办公室《关于区属各党(工)委书记履行基层党建和党风廉政建设工作责任专项述职的实施方案》(厦湖委办〔2013〕18 号)

中共湖里区委办公室《关于印发〈湖里区政府工作部门领导班子和领导干部年度综合考核评价办法(试行)〉的通知》(厦湖委办〔2013〕19 号)

中共湖里区委办公室、湖里区人民政府办公室《关于调整区级领导到联系的街道办事处下访的通知》(厦湖委办〔2013〕22 号)

中共湖里区委办公室、湖里区人民政府办公室《关于进一步落实全市重点建设项目交地工作措施的通知》(厦湖委办〔2013〕23 号)

中共湖里区委办公室、湖里区人民政府办公室《关于印发湖里区 2013 年病媒生物防制工作方案的通知》(厦湖委办〔2013〕26 号)

中共湖里区委办公室、湖里区人民政府办公室《关于印发〈湖里区慢性非传染性疾病防控工作规划(2013—2015 年)〉的通知》(厦湖委办〔2013〕27 号)

中共湖里区委办公室、湖里区人民政府办公室《关于开展 2013 年全区“万人献爱心、慈善一日捐”活动的通知》(厦湖委办〔2013〕32 号)

中共湖里区委办公室《关于印发〈湖里区直属部门集体议事决策办法〉的通知》(厦湖委办〔2013〕33 号)

中共湖里区委办公室、湖里区人民政府办公室《关于印发湖里区领导挂钩联系重点企业一览表的通知》(厦湖委办〔2013〕34 号

中共湖里区委办公室、湖里区人民政府办公室《关于印发〈湖里区“深化勤廉双优”活动方案〉的通知》(厦湖委办〔2013〕47 号)

中共湖里区委办公室《关于印发〈关于加强和改进非公有制企业党组织建设的工作意见〉的通知》(厦湖委办〔2013〕49 号)

中共湖里区委办公室《关于印发〈关于加强和改进国有企业基层组织建设的工作意见〉的通知》(厦湖委办〔2013〕50 号)

中共湖里区委办公室《关于印发〈关于加强和改进社区基层组织建设的工作意见〉的通知》(厦湖委办〔2013〕51 号)

中共湖里区委办公室、湖里区人民政府办公室《关于印发 2013 年信访稳定工作责任书的通知》(厦湖委办〔2013〕54 号)

中共湖里区委办公室、湖里区人民政府办公室《关于印发开展占道经营专项整治工作方案的通知》(厦湖委办〔2013〕56 号)

中共湖里区委办公室、湖里区人民政府办公室《关于印发〈湖里区接受新闻采访工作规定〉的通知》(厦湖委办

〔2013〕70号）

中共湖里区委办公室、湖里区人民政府办公室《关于贯彻“马上就办、办就办好”活动实施意见的通知》（厦湖委办〔2013〕72号）

中共湖里区委办公室、湖里区人民政府办公室《关于印发〈湖里区2013年度绩效管理工作方案〉的通知》（厦湖委办〔2013〕73号）

中共湖里区委办公室、湖里区人民政府办公室《关于印发〈湖里区政府购买社会工作服务实施办法（试行）〉的通知》（厦湖委办〔2013〕75号）

中共湖里区委办公室、湖里区人民政府办公室《关于综合治理人口出生率和自然增长率高、出生人口性别比高、出生人口缺陷发生率高等“三高”问题的工作意见》（厦湖委办〔2013〕77号）

中共湖里区委办公室、湖里区人民政府办公室《关于印发湖里区推进行政服务中心标准化建设实施意见的通知》（厦湖委办〔2013〕78号）

中共湖里区委办公室《关于印发〈湖里区机关工作人员及其亲属伤、病、亡慰问办法〉的通知》（厦湖委办〔2013〕81号）

中共湖里区委办公室、湖里区人民政府办公室《转发市“两办”关于认真学习〈美丽厦门战略规划〉（征求意见稿）的通知》（厦湖委办〔2013〕84号）

中共湖里区委办公室、湖里区人民政府办公室转发《中共厦门市委办公厅、厦门市人民政府办公厅关于印发〈开展党政机关办公用房清理工作实施方案〉的通知》的通知（厦湖委办〔2013〕86号）

中共湖里区委办公室、湖里区人民政府办公室《关于认真学习〈美丽厦门战略规划〉（征求意见稿）的实施意见》（厦湖委办〔2013〕87号）

中共湖里区委办公室、湖里区人民政府办公室《转发〈关于加大惩治和预防渎职侵权违法犯罪工作力度的实施意见〉的通知》（厦湖委办〔2013〕88号）

中共湖里区委办公室、湖里区人民政府办公室《关于建立重大事项专项效能督查机制的通知》（厦湖委办〔2013〕89号）

中共湖里区委办公室《印发〈关于加强和改进区委督促检查工作的实施办法〉和〈中共湖里区委督促检查工作领导小组工作规则〉的通知》（厦湖委办〔2013〕90号）

中共湖里区委办公室、湖里区人民政府办公室《关于转发省委办、省政府办〈关于在全省开展会员卡专项清退活动的通知〉的通知》（厦湖委办〔2013〕101号）

中共湖里区委办公室、湖里区人民政府办公室《关于公布2013年湖里区重点产业人才和台湾专业人才名单的决定》（厦湖委办〔2013〕104号）

中共湖里区委办公室、湖里区人民政府办公室《关于印发〈湖里区拔尖人才选拔管理办法〉的通知》（厦湖委办〔2013〕107号）

中共湖里区委办公室、湖里区人民政府办公室《关于开展2013年就业、社会保险、劳动关系工作责任书综合考评工作的通知》（厦湖委办〔2013〕109号）

中共湖里区委办公室、湖里区人民政府办公室《关于印发湖里区2014年春节期间烟花爆竹禁放查非专项行动方案的通知》（厦湖委办〔2013〕113号）

中共湖里区委办公室、湖里区人民政府办公室《关于务实节俭做好2014年元旦春节期间有关工作的通知》（厦湖委办〔2013〕116号）

中共湖里区委、湖里区人民政府《关于表彰区级“五好文明家庭”标兵户的通报（厦湖委〔2013〕5号）

中共湖里区委、湖里区人民政府《关于下达2013年就业、社会保险、劳动关系工作责任书的通知》（厦湖委〔2013〕10号）

中共湖里区委、湖里区人民政府《关于进一步做好促进就业工作的补充通知》（厦湖委〔2013〕11号）

中共湖里区委、湖里区人民政府《印发〈湖里区关于开展问责问效问廉促进转型跨越发展的办法〉的通知》（厦湖委〔2013〕13号）

中共湖里区委、湖里区人民政府《关于表彰2012年度“勤廉双优”示范单位、示范岗位的决定》（厦湖委〔2013〕14号）

中共湖里区委《关于推进区域化党建工作的实施意见》（厦湖委〔2013〕18号）

中共湖里区委《关于成立湖里区党建工作联席会议的通知》（厦湖委〔2013〕19号）

中共湖里区委、湖里区人民政府《关于命名表彰湖里区第十七届（2012年度）精神文明建设工作先进单位、先进个人的决定》（厦湖委〔2013〕22号）

中共湖里区委、湖里区人民政府《关于进一步完善区对街财政管理体制的通知》（厦湖委〔2013〕27号）

中共湖里区委、湖里区人民政府《关于开展“美丽厦门共同缔造，我来做什么”活动的通知》（厦湖委〔2013〕38号）

中共湖里区委《关于印发区级领导干部“四下基层”八条规定的通知》（厦湖委〔2013〕41号）

关于深入学习宣传贯彻习近平总书记一系列重要讲话精神的通知》（厦湖委〔2013〕42号）

中共湖里区委、湖里区人民政府《关于印发〈湖里区加强和创新社会管理规划纲要（2013—2015年）〉通知》（厦湖委〔2013〕46号）

中共湖里区委关于印发《关于在社区党组织和党员中开展“金服务工程”的实施意见（试行）》的通知（厦湖委〔2013〕52号）

（吴鹭娟）

区政府文件目录选辑

湖里区人民政府关于认真做好第三次全国经济普查的通知（厦湖府〔2013〕7号1月11日）

湖里区人民政府关于公布2013年重点项目名单的通知（厦湖府〔2013〕11号1月18日）

湖里区人民政府关于义务教育均衡发展和“两项督导”省级督导评估问题的整改意见（厦湖府〔2013〕22号2月25日）

湖里区人民政府关于印发湖里区城乡接合部火灾隐患专项整治工作实施方案的通知（厦湖府〔2013〕31号3月8日）

湖里区人民政府转发厦门市人民政府关于进一步做好退役士兵安置工作实施意见的通知（厦湖府〔2013〕33号3月12日）

湖里区人民政府关于印发湖里区2013年推进依法行政建设法治政府工作要点的通知（厦湖府〔2013〕52号4月28日）

湖里区人民政府关于贯彻落实2013年厦门市纠风工作实施意见的通知（厦湖府〔2013〕53号4月27日）

湖里区人民政府关于印发厦门市湖里区开展2013年全国科技进步考核工作实施方案的通知（厦湖府〔2013〕59号5月8日）

湖里区人民政府关于下达2013年安全生产目标责任的通知（厦湖府〔2013〕80号6月15日）

湖里区人民政府关于印发湖里区推进政府行政权力公开透明运行工作方案的通知（厦湖府〔2013〕103号8月8日）

湖里区人民政府关于开办厦门市高林南区幼儿园的批复（厦湖府〔2013〕120号9月18日）

湖里区人民政府关于印发湖里区“十二五”地质灾害防治规划的通知（厦湖府〔2013〕121号9月22日）

湖里区人民政府关于表彰2011至2012年湖里区科技进步奖的决定（厦湖府〔2013〕127号10月20日）

湖里区人民政府关于厦门市轨道1号线一期工程（湖里段）国有土地上房屋征收补偿方案征求意见的公告（厦湖府〔2013〕132号11月2日）

湖里区人民政府关于表彰2012年度总部企业的决定（厦湖府〔2013〕139号11月26日）

湖里区人民政府关于印发《湖里区开展国家知识产权强县（区）工程试点工作方案的通知》（厦湖府〔2013〕147号12月18日）

湖里区人民政府关于厦门市轨道1号线一期工程（湖里段）房屋征收补偿方案征求意见及修改情况的公告（厦湖府〔2013〕151号12月25日）

湖里区人民政府关于印发湖里区促进培训就业和企业用工服务工作的十五条意见的通知（厦湖府〔2013〕152号12月25日）

（袁宏昱）

市级以上新闻媒体报道题录

《厦门日报》

1月5日	湖里：新打造一批税收亿元楼
1月10日	围绕大局认真履行审判职责
1月14日	湖里：力解“民生68题” 温暖百姓的心
1月16日	集体办幼儿园 缓解“入园难”
1月16日	履职尽责 保稳定护大局促和谐
1月17日	超六成财政支出投向民生事业
1月17日	纠风惠民活动，邀您参加
1月17日	投入上百万建文化乐园
1月18日	围绕中心 依法履职 服务大局
1月18日	江头街道：构筑没有“围墙”的养老院
2月1日	湖里查酒驾 越夜越严厉
2月5日	社区“管家”上门 劝说业主拆违建
2月16日	确保春节违建“零形成”
2月20日	年底蔡塘社区发展中心投用
2月20日	上月收入超四亿元 金山地税开门红
2月22日	湖里：19场元宵好戏邀您赏
2月23日	两岸民俗盛宴明日“开席”
2月23日	蔡塘学校将迁建 招生规模扩大
2月24日	爱心妈妈黄彩云下岗创办幼儿园 全年无休“带”孩子

2月24日　简易搭盖着火　一小时扑灭
3月5日　湖里："马路天使"倡导文明出行
3月8日　湖里妇联：创新服务品牌　给她"温暖之家"
3月8日　拜把子结对子　提升民办园水平
3月13日　湖里：300株紫荆扮靓仙岳山
3月19日　湖里街道：老工业区蜕变　高端商务新区起飞
3月19日　枋湖：宜居新城崛起岛内东部
3月19日　蔡塘：人大代表支招社区建设
3月26日　旅游搭台　石头"唱歌"
3月26日　近15亿元投向民生项目
3月28日　湖里8个老旧小区将启动改造
4月1日　全市最大清洁楼试运行
4月1日　湖里侨联选出新主席
4月3日　日日心怀慈善　天天温情常在
4月5日　报考音乐学校　今年在岛内上课
4月7日　禾山街道：60岁以上老人将享免费体检
4月8日　执法为民护和谐忠诚履职创佳绩
4月8日　全区餐厨卫生难逃千里眼
4月10日　重拳整治　车站拒绝"乱糟糟"
4月10日　湖里率先成立诉调对接中心
4月10日　违建藏密林　城管揪出来
4月11日　地下屠宰场端了
4月11日　一岁小孩拿走1.7万元
4月11日　当心井盖坑人！
4月11日　撞塌车站　撞伤一人
4月11日　独占半条路
4月11日　横停马路　当街卸货
4月15日　刑侦尖刀提升破案战斗力
4月16日　班车半路着火　还好没有乘客
4月16日　剪纸影雕擦出艺术之火
4月17日　湖里："五步工作法"解民生难题
4月18日　周六，请您来湖里感受浓浓书香
4月18日　鸡鸭藏身半山小别墅
4月18日　被窝里藏黑气
4月19日　后背都贴到公厕地面
4月21日　细品书香享受悦读乐趣
4月23日　湖里：GDP增速连续九季度全市第一
4月23日　湖里将建全市首个"读书公园"
4月24日　自助图书馆学生最爱惜
4月24日　当东北剪纸遇上闽南影雕
4月25日　"城中村"试水小区式管理
4月25日　周日一起关爱老人
4月26日　禾山街道：湖里区新中心正崛起　金湖路将"变身"湖里特色商业街
4月26日　湖里区：女性参政议政地位节节高
4月27日　打造司法为民"新样本"
4月27日　八个逃犯落网　七人命案在身
4月28日　湖里：评选"十佳外来青年"
4月28日　到万达购物听歌看游艇
4月29日　湖里慈善会为灾区募款44万
4月29日　非法养殖　湖里一月处理3662只
4月30日　看豪华游艇，仿佛置身夏威夷
5月2日　湖里：街道大党工委亮相
5月2日　"智慧社区"便民利民
5月2日　免费学陶笛　居民乐悠悠
5月3日　摊贩霸占斑马线
5月6日　湖里文明创建再提升
5月7日　艰苦创业　跃居全省"亿元村"
5月7日　督促企业整改噪音扰民
5月7日　为选民办实事是一个幸福的过程
5月8日　居民变股民　共同实现"财富梦想"
5月9日　创新管理　"点亮"居民幸福生活
5月9日　湖里："幸福工程"让贫困母亲圆梦
5月9日　社区开微信　居民夸方便
5月11日　改善市容市貌　提升生活品质
5月11日　湖里：8个地震避难点首次统一演练
5月13日　专抢高档手机　一男子两进班房
5月13日　开展"城中村"出租房管理竞赛
5月14日　宣传交通安全开来了大篷车
5月15日　穿行"绿道"　享受慢生活
5月15日　万禹国际为母亲节献上健康大礼
5月15日　湖里：开展H7N9应急演练
5月15日　青春在司法为民中闪亮
5月16日　湖里：三大安置房将陆续投用
5月16日　环保"老师"来到学生身边
5月16日　湖里中学：为师生算好"四笔账"
5月16日　居民乐享文化自助餐
5月17日　金山街道：岛内东部新城引巨贾扎堆
5月18日　湖里国企有了反腐"智囊团"
5月18日　湖里：烹制"爱心午餐"
5月20日　湖里：党代表"驻"社区　为百姓解难题
5月20日　增强群众防骗能力
5月20日　区间路污水不再溢出路面
5月21日　湖里：出台信息工作评选表彰办法
5月22日　2000万赃物　在他手里追回
5月23日　禾山街道：昔日边缘地　今日新城区
5月23日　垃圾堆里违章搭盖被拆除
5月24日　湖里：全面推进十大金融项目
5月24日　"鹭岛门户"活力无限
5月25日　社区3100名老人接受免费体检

10月24日　居民在家门口免费上“大学”
10月25日　建筑设计文创园开园
10月25日　湖里：25亿文创项目为文博会添彩
10月25日　这里，绽放青春笑容
10月25日　“剩女教主”将做客读书公园
10月26日　美里湖里·洁净家园　湖里区中小学生灭鼠灭蟑海报制作比赛活动获奖及优秀作品选登
10月28日　点“石”成金　创意雕塑让厦门更美丽
10月28日　金山街道健康宣传受欢迎
10月30日　湖里一办公商业用地昨日底价成交
10月31日　湖里：打造安全生产标准化“升级版”
11月1日　湖里：为居民搭建欢乐大舞台
11月1日　老社区居民期待美丽新生活
11月4日　广场秀：市民跳出“专业范”
11月4日　殿前街道：“台胞之家”年内亮相
11月4日　“小走访”受好评
11月5日　我市非法占地违建专项整治迈向新台阶
11月5日　约“惠”湖里购物节　商家派送大礼包
11月5日　本周末，百对新人甜蜜奔跑
11月7日　湖里将增一座社区公园
11月7日　湖里实验小学：成立书画社　师生齐挥毫
11月8日　湖里购物节“搭乘”游艇帆船展　十名幸运儿可乘游艇出海
11月1日　厦门农商银行5亿元支持枋湖社区发展中心建设
11月11日　湖里电子企业“抱团”发展
11月11日　金山好声音唱响“美丽厦门”
11月11日　“党员爱心团”帮助贫困家庭
11月13日　湖里红会：志愿服务凝聚大爱　共同缔造美里湖里
11月14日　湖里：带着解决方案　下基层解民忧
11月15日　湖里购物节：促销加优惠　您还等什么
11月15日　“激情五缘湾”第三季幸福上演 百对情侣甜蜜奔跑
11月17日　湖里：公园成了没有围墙的“城市书房”
11月18日　湖里“悦读”集聚正能量
11月18日　诉调对接 小“杠杆”发挥大作用
11月20日　湖里：高层次创新创业人才星光熠熠
11月21日　禾山街道：“城中村”改造　难点成亮点
11月28日　湖里街道：非公企业党组织　为美丽厦门添砖加瓦
12月2日　湖里8000张安全生产光盘送到基层
12月4日　湖里行政服务中心昨启用
12月4日　湖里 汇聚民智 让“1+1>2”
12月5日　湖里：实施人才战略　引领产业提升
12月5日　台胞在厦当上社区主任助理
12月6日　湖里：老外和台胞　争当志愿者
12月12日　江头街道为残疾人撑起一片爱的天空
12月13日　湖里 出门进公园 尽享“慢生活”
12月13日　明天上午，去五缘湾健步走
12月16日　禾山街道 点滴善举汇成爱的潮水
12月16日　禾山派出所：民生“金点子”服务“城中村”
12月18日　禾山街道：三级网络帮扶困难人群
12月18日　江头街道：美丽元素融入居民生活
12月19日　湖里：迈向海西重要消费购物中心
12月23日　实现五大重点突破　建设美丽幸福湖里
12月23日　七个月欢乐季举办活动150多场
12月24日　快来“湖里达人秀”秀才艺
12月25日　特区建设当先锋　美丽厦门新作为
12月26日　为每一个案件的公平正义努力
12月26日　清风润物细无声　廉政文化入人心
12月27日　美丽湖里　宜居宜商新城区
12月30日　“喜乐金山”开锣 居民自编自演
12月31日　马垅社区：出租屋装上指纹门禁
12月31日　咖啡为“媒”两岸青年交朋友
12月31日　提高社区医疗服务水平

《厦门晚报》

4月1日　辖区居民免费借书
4月5日　钟宅“吃祖墓”：比春节还要热闹
4月8日　湖里公共卫生楼预计6月投用
4月10日　枋湖客运中心今起开展新一轮整治
4月10日　厦门首个诉调对接中心成立
4月10日　兴隆社区：科普文化节启动　看谁折的纸袋好
4月10日　湖里区：税收宣传月会演　节目精彩送礼品
4月15日　剪纸影雕摄影作品周四起免费展出
4月15日　怡景社区：税收宣传月　快乐进社区
4月18日　“剪刀·石头·布”群英荟萃
4月19日　500斤私宰肉昨被查　有摊主试图抢肉
4月21日　起得更早走得更晚，回到家就拼命检讨
4月23日　周六殿前科普讲堂关注身体健康要素
4月23日　书卷多情　阅之超凡脱俗
4月24日　惠和的石头会唱歌
4月25日　企业出资120万　购买专业服务给老人
4月28日　裤裆里鼓鼓的 原来塞满赌资
5月4日　“禾山欢乐季”启动5月延续到12月
5月4日　怡景社区：职工趣味运动会　趣味多多
5月5日　当选湖里十佳外来青年　儿女入学有照顾
5月5日　湖里区青年快来拍“美丽东大门”
5月9日　岛内终于要设通宵夜市了
5月13日　带上妈妈过个“母亲月”吧
5月14日　五缘湾商务营运中心　防范提示牌“上岗”

5月15日　漫步骑行　沐浴海风
5月16日　金林湾花园A区封顶
5月16日　万名小学生免费“看牙”
5月22日　家里没米了，第一个念头就是打5667110
5月28日　“雨鞋哥”升官了
5月29日　外来娃尽享节日
6月1日　吹奏葫芦丝庆“六一”
6月5日　“雨鞋哥”值得全国民警学习
6月6日　湖里区青少年明年可到这个中心活动
6月6日　重污染小电镀厂　湖里半年查8家
6月13日　湖里区：餐餐送饭到遇难者家属的房间
6月22日　江头公园将变身廉政文化园
6月23日　居民“凑钱”建城市综合体　蔡塘社区发展中心封顶
6月27日　“爱之屋”一年筹20万　百个计生困难家庭获助
6月28日　占道小贩好大胆　公共道路也敢出租
7月6日　惠和增“牵手柜台”展残障人士手工艺品
7月8日　60组家庭PK大富翁8龄童勇夺百个大肉包
7月9日　特卖、酒店加球馆　灿坤文创园要转型
7月12日　少一点占道经营　多一份干净整洁
7月13日　我市首条社区公交有望8月1日开通
7月18日　南山公寓居民以后不用错时洗澡了
7月24日　免费孕前优生检查
7月30日　“看不见的商场”生意比超市百货还火
8月1日　首条社区公交开通 全程1元
8月1日　湖里街道四千计生家庭　免费获得意外伤害保险
8月1日　心理专家进公司讲授如何快乐工作
8月6日　进百家门　知百家情　帮具体忙
8月16日　修路建幼儿园舍得花钱
8月19日　牙签先生逗笑全场
8月19日　网上预约　下班后也可到社区办事
8月19日　专业市场汇聚不“嫌贫爱富”
8月21日　买不到中药，不妨到燕来福试试
8月22日　遇上麻烦事 都愿意找社区帮忙
8月25日　1438名外来娃派进湖里公办小学
8月29日　43名“马路招工者”被列入黑名单
9月3日　100个探头实现主干道全覆盖
9月4日　“美丽宣传员”社区听民意
9月8日　美丽厦门让湖里“动起来”
9月11日　殿前首家社区园 八成都是外来娃
9月17日　首条社区公交运行良好
9月22日　民办校办学有困难公办校来帮一帮
9月23日　你帮我守门　我帮你看家
9月23日　2000多名信众齐聚仙岳山
9月24日　听任勇讲家庭教育
9月25日　殿前街道：建设美丽街道差异化很重要
9月25日　司仪一句普通话一句闽南话
9月26日　家门口聊天看病　湖里区送健康进社区
9月28日　禾缘社区 湖里最年轻的社区办了首场文艺晚会
9月29日　家庭是所学校　父母要会分工
10月5日　200名帆船高手五缘湾竞技
10月7日　全国少儿游泳赛　湖里体校获三项第一
10月9日　专为社区小朋友开办陶艺工作室
10月11日　像家人陪伴他们　渡过每一个难关
10月16日　今起整治枋湖路乱象　违规占道坚决取缔
10月16日　禾山派出所行动　连夜冲击赌窝和站街女　当场抓获6名涉嫌人员
10月17日　副区长上街劝导　枋湖路整治拉开
10月20日　湖里寨上：野蛮拖头车　把路当车场
10月26日　152名学生获奖学金　超六成是外来娃
11月4日　湖里区将培养242名健康生活方式指导员
11月4日　五缘湾畔幸福广场秀“湖里Style”好激情
11月5日　湖里和通社区 丈夫调音老婆跳舞　秀出恩爱收获健康
11月10日　拖欠工资？想都别想！
11月13日　周六湖里悦读季　精彩活动一箩筐
11月17日　火热公园书声琅琅　台上自信满满
11月18日　老外学中文向厦门示爱　感受琅琅书声幽幽书香
12月5日　占道经营摊贩不见了 路好走耳根也清静了
12月15日　小学生办跳蚤书市 搞促销还真有一套
12月15日　五缘湾千人健步行　每走一公里捐一元
12月18日　钟宅社区：社区慈善驿站助困“短平快”
12月21日　移动执法车　现江头市场
12月30日　做老人的拐杖　为老人们祈福
12月31日　两岸大学生开心聊咖啡

《海西晨报》

4月1日　湖里8家企业去年纳税过亿
4月2日　湖里区图书馆开纸雕免费培训班
4月7日　湖里公共卫生楼今年6月投用
4月8日　湖里兴隆社区周六有科普文化节
4月8日　禾山街道老人快去免费体检
4月10日　枋湖客运中心整治非法营运
4月10日　厦门首个诉调中心在湖里法院挂牌
4月11日　湖里殿前街道周五邀社区老人爬山
4月13日　怡景社区宣传税收
4月15日　18日去厦门美术馆看剪纸影雕作品展
4月16日　华昌路路面不平 湖里市政将维修
4月16日　湖里街道开展税收宣传活动

4月16日　周四来听剪纸影雕“讲”故事
4月18日　湖里悦读季：书香助飞特区梦
4月18日　中心城区禁养鸡鸭　湖里城管集中整治
4月19日　湖里有书海 邀您来畅游
4月19日　到厦门美术馆看剪纸影雕
4月20日　超人气漫画家十九番现场签售
4月22日　城市，因热爱读书而受人尊重
4月22日　悦读，别忘为遇难者寄托哀思
4月22日　老少并肩 现场挥毫
4月22日　花絮 采访、献艺、追星都不误
4月23日　十九番呼吁粉丝多读书
4月25日　“居家养老义工服务”将启动
4月28日　湖里18家单位获得诚信称号
4月28日　湖里区启动评选十佳外来青年
5月4日　禾山街道居民快来展示才艺
5月6日　以文会友 品读人生
5月8日　摊上麻烦事了？找党员民情驿站
5月9日　1424套安置房明年底交付
5月11日　湖里图书馆有亲子美食培训
5月13日　万禹国际广场为母亲义诊
5月14日　地震应急演练师生居民共参与
5月15日　未来可去五缘湾慢道散心
5月16日　见女友被纠缠当场买菜刀砍人
5月26日　29日来吕岭社区看书画展
5月28日　去忠仑公园游“爱丽丝仙境”
5月29日　手机一扫，就能浏览警务资讯
5月29日　他成功帮外来人员维权630多起
5月30日　明天来海天社区教您防诈骗
5月31日　忠仑公园儿童园探险
5月31日　读书无早晚　只要有恒心
6月1日　康乐小学义卖认捐爱心格子
6月2日　厦门再添一个全国实验区
6月2日　九年如一日 帮扶社区大小事
6月4日　台湾街：银行多得像“插蛏”
6月5日　学习和阅读圆了他的创业梦
6月7日　湖里校外体育中心明年11月投用
6月7日　爱读书的老板为员工设读书角
6月9日　高殿社区大学开设免费课程
6月12日　坂上社一回收品仓库起火
6月13日　和遇难者家属吃住在一起 连续工作三天后才回家
6月17日　与孩子一起踏上阅读之旅
6月19日　15年后开始创作，为打工者写小说
6月21日　湖里区开展安全生产大检查
6月24日　每位参股居民预计每年分红3万
6月24日　湖里55家LED企业将享受出口优惠
6月26日　钟贵瑞：用毛泽东思想管理公司
6月27日　上湖洪塘安置房今年底竣工
6月28日　带薪学跳舞每月四千元，你信吗？
6月29日　马垄黑中介横行到几时
6月30日　禾山街道居民跳《湖里style》
7月1日　湖里街道8支代表队展开党建知识决赛
7月4日　湖里区慈善会换届 洪再生连任会长
7月6日　到居委会办事可网上预约了
7月6日　湖里各街道社区将上演文艺盛宴
7月7日　如今男子也能学影雕了
7月10日　湖里建筑工人领取降温物品
7月12日　想学纸雕，来湖里惠和石文化园
7月14日　公交车将在您家门口遛弯
7月15日　湖里外来员工子女免费参加夏令营
7月17日　爸妈和孩子，一起学纸雕
7月18日　湖里中老年人比拼广场舞
7月18日　湖里南山公寓8月下旬起改造
7月21日　湖里区诵读协会昨日成功换届
7月21日　两百名少年儿童暑期学传统文化
7月22日　诗歌爱好者“追梦青春”
7月24日　湖里区领导慰问部队官兵
7月25日　首条社区公交进行实地测试
7月27日　湖里9支队伍秀广场舞技艺
7月29日　杨运华当选湖里区社科联主席
7月31日　你读我听，不出门知天下事
8月1日　湖里外来娃今起上网预报名
8月2日　社区公交首发 阿婆直夸方便
8月4日　独居老人每月可获补助1600元
8月8日　一双雨鞋走遍中埔批发市场
8月9日　明起，到江头街道来看电影
8月14日　湖里：从细节入手　坚持创建为民
8月14日　7场电影，邀您共赏
8月15日　周六来湖里参加亲子阅读
8月16日　从马上能做的事入手开展五大对接
8月21日　湖里和通社区有了阳光警务站
8月21日　在厦难找的中药来这里找
8月22日　35名贫困大学生每人获3000元资助
8月23日　虚实光影中，撞见美里湖里
8月24日　发送社区微信　服务马上就到
8月25日　临派位前又挖出58个学位
8月25日　需要帮助　可直接找他们
8月26日　“魅力湖里·欢乐悦购”2013湖里区购物节火热来袭！
8月27日　自愿到岛外就读补贴5000元
8月28日　福德文化节下月在湖里举行

8 月 28 日　爱学习的家庭一起来读书吧
8 月 29 日　“打不死的小强”彻底蔫了
8 月 30 日　明日起到金山街道看电影
8 月 30 日　爱人患病 全家陷入困境 社区帮扶 助其渡过难关
8 月 31 日　吕岭社区：慈善工作站帮扶困难户
8 月 31 日　以法学之眼看文学经典
9 月 1 日　文化活动让善良种子生根发芽
9 月 3 日　湖里购物节 秋季最 IN 消费盛宴来袭
9 月 4 日　数千居民参与 提 600 多个心愿
9 月 8 日　湖里掀起“美丽厦门”建言风暴
9 月 9 日　会议点击
9 月 12 日　入户调查时，拉上物业人员帮忙
9 月 12 日　今日起，到殿前街道和湖里街道看电影
9 月 12 日　慈善工作站成立
9 月 13 日　诵读的美等您来分享
9 月 13 日　“十进十送十宣传”进社区 知识送到家
9 月 14 日　计生服务实现“四化”多项服务更便民
9 月 15 日　“生育文明——幸福家庭”惠及计生家庭
9 月 16 日　小朋友诵读《三字经》打动人心
9 月 18 日　首条社区公交日送 2500 人
9 月 18 日　“湖里星期六”名家讲堂受热捧
9 月 22 日　谢春池：在书堆里品味人生
9 月 23 日　“美丽厦门”文化提升行动“湖里星期六”开讲
9 月 23 日　湖里首个科普大学在海天社区挂牌
9 月 23 日　后埔社区：让外来居民感受到家的温暖
9 月 24 日　街道社区应差异化发展
9 月 24 日　祥店社区：“手牵手结对子”帮您解决实际困难
9 月 25 日　市民纷纷预约“湖里星期六”首讲听课席位
9 月 25 日　2000 多名信众聚厦祈福颂典
9 月 25 日　社区帮扶 7 年 一家渡过难关
9 月 25 日　喜欢哪个商家，就为它投票吧
9 月 26 日　江头街道：举办文艺晚会传播计生知识
9 月 27 日　单亲妈妈有困难　社区来帮忙
9 月 28 日　计生小组长王阿姨：帮社区做点事，感觉非常好
9 月 29 日　教育局副局长现场变魔术聊教育
9 月 30 日　殿前街道举办广场舞大赛
9 月 30 日　江头街道帮扶 17 户失独家庭
9 月 30 日　“魅力湖里·悦享国庆”湖里购物节第二波扫货潮国庆疯狂袭来
9 月 30 日　10 月 12 日来把好习惯学回家　新东方厦门学校校长刘烁炀将现场为您传授
10 月 9 日　他家书太多，买房来“安置”
10 月 9 日　刘烁炀教孩子养成好习惯
10 月 9 日　辫子姐姐来厦念“写作咒语”
10 月 10 日　学习效率低　专家教您“提速”
10 月 10 日　商家活动引人潮，市民购物享实惠
10 月 10 日　649 位老人收到“重阳礼”
10 月 11 日　湖里千名老人登山庆重阳
10 月 11 日　听课席位不多了，快预约吧！
10 月 12 日　吕岭社区：计生双查为居民健康护航
10 月 14 日　殿前街道 百岁老人受表彰
10 月 14 日　岛外家长赶来听讲座取经
10 月 16 日　和谐长乐：为缔造美丽厦门出力
10 月 17 日　想让自己更有魅力，快来报名吧
10 月 17 日　外来人员可凭指纹出入出租房
10 月 18 日　想知道“礼仪秘诀”吗？来听讲吧
10 月 18 日　兴隆社区：社区贴心服务 台胞赞不绝口
10 月 21 日　上班族学习怎样“茄”得更美
10 月 21 日　经典诵读晚会亮相湖里公园
10 月 23 日　想让孩子少生病，来找专家要秘诀
10 月 24 日　儿童冬季怎么防感冒
10 月 25 日　“剩女教主”将做客读书公园
10 月 25 日　文创园开园，曾凤飞蔡美月跨界联展
10 月 26 日　湖里 152 名学生获 30.4 万元奖学金
10 月 27 日　来生育文化园，边散步边学计生知识
10 月 28 日　儿童生病，别动不动就用抗生素
10 月 28 日　“剩女教主”韩韵：让孩子养成做读书笔记的习惯
10 月 28 日　殿前街道推“三优”活动
10 月 29 日　明晚起，到禾山街道看电影
10 月 30 日　您是孩子合格的启蒙老师吗？
10 月 30 日　撑起社会保障的“平安伞”
10 月 31 日　家长如何当好孩子的启蒙老师
11 月 1 日　快拨 5722629，抢占听课席位
11 月 4 日　幸福广场秀 舞出湖里 Style
11 月 4 日　陪孩子成长，这些事你得懂
11 月 7 日　湖里城管拆除 31 个私设停车位
11 月 7 日　车辆乱占道 过路要蛇行
11 月 8 日　购物就有机会体验豪华游艇
11 月 11 日　秋冬季颈腰腿痛多发，专家来支着
11 月 12 日　周末悦读季 16 日亮相忠仑公园
11 月 13 日　好书大优惠　名家来签售
11 月 14 日　漫画家慕容引刀、蔡华华现场签售
11 月 15 日　不请外来名家，咱本土节目唱主角
11 月 17 日　书香满城乐满城　悦读有你更有我
11 月 18 日　四个好习惯让您远离颈椎病
11 月 18 日　高雅殿堂上“草根”味道浓
11 月 20 日　听谢春池聊知青“生命的突围”
11 月 21 日　听个性谢春池聊厦门知青
11 月 21 日　湖里 48 名技工争当“技能之星”
11 月 23 日　金尚社区：“爱之屋”储钱罐凝聚居民爱心

11月24日　吕岭社区：29日有防艾宣传活动
11月24日　禾山街道宣传计生知识
11月25日　以苦为乐 苦中作乐 突围前行
11月25日　足不出户了解计生办事指南
11月26日　郑辉龙老师教您培养数学思维
11月28日　来和郑辉龙老师一起学数学
11月28日　江头社区：65个"爱之屋"帮助社区困难户
11月30日　吕厝社区"爱之屋"帮扶社区困难户
12月1日　江头街道系列活动 宣传防艾知识消息
12月2日　学好数学不靠题海战术靠反思
12月3日　来现场学如何保护眼睛
12月5日　带上孩子来学护眼知识
12月5日　祥店社区：60个储钱罐集结居民爱心
12月6日　闽社区主任助理迎来首位台胞
12月6日　湖里志愿者队伍提供10多项服务
12月7日　殿前街道高殿社区举办亲子教育培训
12月7日　兴隆社区宣传妇女权益保障法
12月9日　孩子开灯睡觉，近视风险更大
12月10日　来听名家传授中考语文阅读技巧
12月12日　来和徐璐老师一起学语文
12月13日　全家总动员 健走五缘湾
12月13日　美丽社区怎么建 湖里四处"取经"
12月16日　名师二次登台授课　听众仍不解渴
12月17日　听彭一万解读美丽厦门的灵魂
12月19日　从"我"到"我们"社区变成家
12月19日　彭一万带您了解厦门文化
12月23日　把生意做成文化，把文化变成生意
12月24日　厦门达人秀开始征集啦
12月25日　生殖保健应以预防为主
12月25日　湖里法院启动审判综合改革
12月30日　如何保持美丽如花？妇科专家教您
12月30日　苏辉明当选湖里劳模协会会长
12月31日　"物理王"教您快乐学物理
12月31日　两岸30名青年交流咖啡文化

《海峡导报》

4月8日　60岁以上老人免费体检
4月11日　残缺井盖"咬"女孩的脚
4月11日　天湖广场：被单沾鸽粪　世纪嘉园：半夜鸡叫扰民
4月18日　城市诵读节周六启动
4月23日　书香湖里，让"悦读"成为一种时尚
4月27日　20天抓了8个命案逃犯
4月30日　湖里民办幼儿园取名有多个禁区
5月4日　"禾山欢乐季"昨启动
5月5日　面包车撞墙　夹死一女工
5月7日　爬索道去找含羞草
5月7日　外来青年文学社读书会昨日成立
5月9日　客运汽车票跑到火车上卖？
5月10日　金林湾花园A区安置房明年底投用
5月10日　厦门将现"台湾版夜市"
5月14日　江头开展市容专项整治
5月15日　五缘湾将现8250米慢行绿道
5月31日　忠仑公园将建"开心农场"
6月4日　金尚小学"红领巾相约中国梦"
6月6日　湖里青少年将拥有校外体育活动中心
6月6日　集大声乐教师　任五缘湾形象大使
6月24日　厦门首例居民筹资建城市综合体
6月26日　忠仑公园要建5座森林木屋
6月27日　多重"紧箍咒"紧盯收费员
7月18日　南山公寓下月启动大修
7月25日　湖里公布88所民办园定级结果
7月29日　外来娃优先派位实行"等级制"
8月2日　厦首条社区公交开通
8月16日　湖里搭建两个平台　推多项美丽举措
8月18日　公共自行车年内"骑"进五缘湾
8月25日　暂住时间越久　派位时就越优先
8月28日　湖里区下月举办第六届福德文化节
8月28日　湖里外来娃盼来千余个学位
8月29日　最严整治"打死"马垅黑中介
8月29日　坚持文明执法　打造和谐城管
9月2日　建设美丽厦门　湖里启动32项工作
9月4日　美丽厦门 湖里进社区收集百姓心愿
9月7日　湖里区65名青年走进军营
9月17日　社区公交将进更多社区
9月25日　两千余名信众昨在厦同拜土地公
9月29日　星期六 一起去湖里听名家讲堂吧！
10月6日　220名帆船高手杨帆竞渡
10月11日　湖里千名老人登山
10月12日　幸福广场将在湖里全面覆盖
10月16日　190路探头助力 湖里警方连破大案
10月19日　枋湖路月底将变身"林荫大道"
11月1日　部门共治　龙腾花园二期油烟少了！
11月7日　江头吕厝路段31个停车位锁被拆除
11月17日　市民齐声赞叹期待再参加
11月19日　"草根"达人传递"悦读"正能量
11月21日　湖里500多万元扶持核心骨干人才
11月23日　一年筹500万 湖里专项关爱弱势群体
12月5日　80家用工单位 周五殿前专场招聘

12月5日　湖里行政服务中心正式启用
12月17日　在公园里回味"老照片"
12月19日　湖里启动"大巡逻"200名警力上路
12月24日　元宵达人秀等你来"战"

《人民政协报》

3月11日　两岸金融聚湖里　潮涌海西踏浪行

《福建日报》

3月27日　打开心墙，让沟通不再有障碍
3月27日　征集"美丽湖里"摄影赛作品
4月2日　湖里8家企业纳税超亿元
4月2日　湖里加大补贴力度促就业
4月16日　厦门首个诉调对接中心挂牌
4月23日　阅读·提升·圆梦 第五届厦门（湖里）城市诵读节暨湖里悦读季启动
4月25日　产业融合促发展　稳中求进捷报来
6月4日　五缘湾聘选文化旅游形象大使
6月7日　厦门五缘湾绿道改造规划出炉
7月1日　厦门启用首家市级党群活动服务中心
7月9日　湖里：延长服务"手臂"让社工扎根社区
7月9日　湖里绩效评估两年连获全市各区第一
7月9日　为民解决生活琐事
7月9日　湖里"月督查"制度推进勤廉双优
7月16日　青春追梦在特区
7月30日　湖里推进政府购买社工服务全覆盖
8月1日　湖里区电商产业集群效应凸显
8月6日　湖里加强党务公开标准化建设
8月15日　厦门湖里：创新管理，为民编织"安全网"
8月18日　公交开到家门口
9月30日　美丽厦门 书香湖里
10月29日　第六届海峡两岸文博会湖里硕果累累
12月9日　厦门：台胞当社区主任助理
12月24日　湖里"禾山欢乐季"闭幕

《经济日报》

10月24日　湖里文化有乾坤——来自福建省厦门市湖里区文化产业的调查

（刘峰）

文件选录

湖里区政府购买社会工作服务实施办法（试行）

为建立健全政府购买社会工作服务制度，加快推进社会工作专业人才队伍建设，根据民政部、财政部《关于政府购买社会工作服务的指导意见》（民发〔2012〕196号）和厦门市民政局、财政局《关于印发〈厦门市政府购买和资助社会工作服务实施办法（试行）〉的通知》（厦民〔2013〕22号）精神，结合我区实际，制定本实施办法。

一、政府购买服务的指导思想和目的意义

（一）指导思想

以中国特色社会主义理论体系为指导，以满足人民群众服务需求、保障和改善基本民生为根本出发点，以建立健全政策制度、完善体制机制为着力点，以培养使用社会工作专业人才队伍、扶持培育民办社会工作服务机构为基础，深入推进政府购买社会工作服务，扶植培育民办社工机构，支持民办社工机构承接政府职能转移，为进一步推进转变政府职能和提高行政效能，完善社区服务体系，促进湖里区社会事业健康发展提供有力保障。

（二）目的意义

社会工作服务是社会工作专业人才运用专业方法为有需要的人群提供包括困难救助、矛盾调处、人文关怀、心理疏导、行为矫治、关系调适、资源协调、社会功能修复和促进个人与环境适应等在内的专业服务，是现代社会服务体系的重要组成部分。政府购买社会工作服务，是政府利用财政资金，采取市场化、契约化方式，面向具有专业资质的社会组织和企事业单位购买社会工作服务的一项重要制度安排。

建立健全政府购买社会工作服务政策制度，形成协调有力的政府购买社会工作服务管理体制以及规范高效的工作机

制，培养一支高素质的社会工作专业人才队伍，培育一批数量充足、治理科学、服务专业、作用明显的民办社会工作服务机构，是改进现代社会管理服务方式、丰富现代社会管理服务主体、完善现代社会管理服务体系的客观需要，有助于加快政府职能转变、提高公共财政投入效益、建设服务型政府、有效满足人民群众不断增长的个性化、多样化、专业化的社会服务需求。

二、政府购买服务的工作原则

（一）立足需求、量力而为。区相关职能部门要根据人民群众最基本、最紧迫的需求，组织购买服务的设计、实施，扶持培育社会工作专业服务机构，以人民群众社会服务需求是否得到有效满足作为检验政府购买社会工作服务的重要标准。通过以点带面、点上突破、面上推广的方式，以困难群体、特殊人群和受灾群众为重点，有计划、有步骤地开展政府购买社会工作服务，逐步拓展政府购买的领域和范围。

（二）政府主导、突出公益。加强对政府购买社会工作服务的组织领导、政策支持、财政投入和监督管理，区相关职能部门要根据转变政府职能的要求，在本业务范围向民办社工机构购买社工服务。结合湖里区经济社会发展水平和财政承受能力，将购买服务经费纳入年度财政预算，并逐年加大投入。充分尊重市场主体地位，发挥市场机制在配置社会服务资源中的基础性作用，通过公开透明、竞争择优方式选择服务提供机构；引导服务提供机构按照公益导向原则组织实施社会工作服务项目。

（三）循序渐进、竞争择优。对政府购买服务的主要环节和主要方面，要按照有关规定和要求，严格规范操作，试点先行，摸索经验。在试点阶段，可采用邀请招标、竞争性谈判或定向购买等方式确定服务供应方，并探索制定规范的政府购买服务规程和操作流程，按照公平、公正、公开的原则，采取竞争性方式选择承接政府购买服务的民办社工机构，最终向市场化、社会化过渡，实现以最低成本购买最有效的服务，保证社会效益最大化。

（四）鼓励创新、强化实效。立足我区经济社会发展实际，充分借鉴其他省、市、区的先进经验，创新政府购买社会工作服务的体制机制，改进政府购买社会工作服务的方式方法，建立健全具有湖里特色的政府购买社会工作服务制度；切实加强绩效管理，降低服务成本，提高服务效率，增强政府购买社会工作服务的针对性和有效性，使社会工作服务的范围、数量、规模和质量适应我区经济社会发展要求。

三、政府购买社会工作服务的主体、对象、范围

（一）购买主体：政府是购买社会工作服务的主体。民政部门具体负责购买社会工作服务的统筹规划、项目受理、组织实施和绩效评估；财政部门具体负责购买社会工作服务规划计划审核、经费安排与监管；各相关部门、群团组织和街道负责本系统、本行业、本单位社会工作服务需求评估，向民政部门申报社会工作服务项目并具体实施；街道购买社工服务，可向民政、财政部门申报配套经费。

（二）购买对象：政府购买社会工作服务的对象主要为具有独立法人资格，拥有一支能够熟练掌握和灵活运用社会工作知识、方法和技能的专业团队，具备完善的内部治理结构、健全的规章制度、良好的社会公信力以及较强的公益项目运营管理和社会工作专业服务能力的社会团体、民办非企业单位。具备相应能力和条件的企事业单位可承接政府购买社会工作服务。试点期间，重点购买在湖里区登记注册的民办社工机构的服务。

（三）购买范围：按照“政府关注，民生急需”原则，重点围绕困难群体、特殊人群和受灾群众的个性化、多样化社会服务需求，组织开展政府购买社会工作服务。推进老年人、残疾人、困难和受灾群众、优抚对象、失独家庭的社会照顾工作，为他们提供生活照料、精神慰藉、社会参与、代际沟通等服务。开展特殊群体社会关爱服务，帮助药物滥用人员、有不良行为的青少年、艾滋病患者、精神病患者、流浪乞讨人员、社区矫正人员、服刑人员、刑释解教人员等特殊人群纠正行为偏差、缓解生活困难、疏导心理情绪、改善家庭和社区关系、恢复和发展社会功能等。实施城市流动人口社会融入计划，为他们提供临时救助、就业援助、权益维护等服务，帮助其尽快融入城市生活。

四、政府购买社会工作服务的方式、程序和评估验收

（一）购买方式：主要通过购买服务项目的方式，向符合条件的公益类社会组织和企事业单位购买社会工作服务项目。政府有关部门制定并发布社会工作服务项目需求以及预算经费，通过公开招标或定向委托等方式，购买民办社工机构提供的社会工作服务，实行“政府购买、合同管理、评估考核”的契约方式，对购买服务项目进行探索与尝试。

（二）购买程序：一是编制预算。将社会工作发展所需资金列入区、街财政年度预算。根据现行财政财务管理制度，购买主体购买服务所需资金从其部门预算安排的公用经费或经批准使用的专项经费中列支。重大项目、重大民生事项或区委、区政府因工作需要临时确定的重要事项，按照财政专项资金管理规定和“一事一议”原则，专项研究确定购买服务资金规模和来源。各街道除编制购买服务的配套经费外，要编制以街道为主体的购买社工服务专项经费预算。我区的政府购买社会工作服务，由区民政局负主责，协调有关部门和群团组织，根据湖里区经济社会发展水平、民生需求，提出当年政府购买社会工作服务的数量、规模，编制年度社会工作服务项目预算报区财政局审批。二是组织购买。政府购买社会工作服务的组织实施，必须符合《中华人民共和国政府采购法》以及相关法律法规和部门规章要求。区民政局将政府所需购买的社会工作服务通过区政府网站或其他媒体

向社会公布招标或招募邀请书，一般在接受机构申请前30个工作日。内容包括：政府购买服务项目的名称；申报项目的内容及范围；实施项目的总体资金规模；申请人的资质、条件及申请时需提供的有关材料；受理的起始和截止时间、受理地址或网站、咨询联系方式等；其他需公布的信息。原则上应通过公开招募或招标方式进行。对只能从有限范围服务机构购买，或因技术复杂、性质特殊而不能确定具体服务要求、不能事先计算出价格总额的社会工作服务项目，经区财政局批准后，可采用邀请招标、竞争性谈判或定向购买的方式，从在前期有一定合作基础或者具备承接条件，在本行业中有一定规模影响的社会组织中确定服务供应方，一般用于续签，或购买金额不大、实施期限较短，或行业专业特殊的项目。以街道为主体购买的社工服务项目，经区民政局核定，在区政府网站或通过其他媒体向社会公布，并在项目签订后，由区民政局负责落实配套经费。社区购买服务经费原则上按区、街两级财政各50%比例承担。三是签订合同。服务供应方确定后，服务购买方与服务供应方签订正式合同。明确购买服务的范围、数量、目标要求以及资金支付方式、违约责任等内容，细化购买服务标准，并在服务方案中明确机构提供服务的范畴，服务方案作为合同附件，服务合同一年一签。超出社工机构服务范畴的，根据服务对象的要求，由社工机构提供转介服务，产生的费用由服务对象承担。四是指导实施。区民政局、区财政局及服务购买方要及时下拨购买经费，指导、督促服务承接机构严格履行合同义务，按时完成工作任务，保证服务数量、质量和效果。

（三）评估验收：逐步建立健全政府购买社会工作服务监督管理制度，形成完善的社会工作服务项目购买文件档案，制定具体、翔实、严格的专业服务、资金管理及效果评价等方面指导标准。切实加强过程评估，按照政府购买社会工作服务合同要求，对专业服务过程、任务完成和资金使用情况等方面进行督促检查，及时组织对已完成的社会工作服务项目进行结项验收。由服务提供方提交自评报告，建立由购买方、服务对象及第三方组成的综合性评审机制。推进第三方评估，委托第三方专家咨询团或由项目购买方推荐单位实施评估验收，发挥专业评估机构、行业管理组织、专家等各方作用，对购买服务项目的目标实现程度、社会效益、受益群体的反馈意见及认同程度进行全面评估，确保评估工作的全面性、客观性和科学性。并将考评结果与后续政府购买服务挂钩，对考评合格者，继续支持其开展购买服务，对考评不合格者，提出整改意见，并取消一定时期内承接政府购买社会工作服务资格。

五、加强对政府购买社会工作服务的组织领导

（一）建立健全领导体制和工作机制。各有关部门要将政府购买社会工作服务提上重要议事日程，纳入基本公共服务发展规划。适应社会工作分布广泛、高度分散的特点，建立健全以民政和财政部门为主导、各有关部门密切配合、社会力量广泛参与的工作机制。加强社会工作行业组织建设，发挥其在推动政府购买社会工作服务中的积极作用。

（二）建立健全政府购买社会工作服务制度。将政府购买社会工作服务要求纳入社会工作专业人才队伍建设、民办社会工作服务机构发展以及政府采购、公共财政投入等方面的规章制定修订范围。逐步完善社会工作服务流程、专业方法、监督管理、需求评估、成本核算、招投标管理、绩效考核等环节制度，逐步建立科学合理、协调配套的社会工作管理服务标准体系，为政府购买社会工作服务提供制度保障。

（三）培育发展社会工作服务载体。在充分发挥现有相关社会组织和企事业单位作用基础上，通过完善管理体制、适当放宽准入条件和简化登记程序等措施，鼓励社会工作专业人才创办民办社会工作服务机构。进一步规范完善区民办社工机构孵化园建设，充分发挥孵化园扶植培育社工机构作用，采取财政资助、落实税收优惠政策、加大政府购买力度等方式支持处于起步阶段、具有发展潜力的民办社会工作服务机构发展。引导民办社会工作服务机构完善内部治理结构，健全规章制度，加强队伍建设，提升资源整合、项目管理和社会工作服务水平，增强承接政府购买社会工作服务的能力。建立健全民办社会工作服务机构信息公开制度，着力提高其社会公信力。培育发展一批社会工作专业能力建设与评估咨询机构，为更好开展政府购买社会工作服务提供专业支持。

（四）加大政府购买社会工作服务经费投入。要将政府购买社会工作服务经费列入区、街财政预算，每年从财政预算中安排专项资金用于政府购买社会工作服务，扶持民办社会工作服务机构更好地开展服务工作。逐年加大投入，扩大政府购买的资金来源和数量，建立多元化社会工作服务投入机制，逐步拓宽社会融资渠道，鼓励社会资金支持购买和资助社会工作服务，通过慈善会等社会公益组织引导社会资金支持参与购买社会工作服务。探索建立社会工作服务项目库，实现项目库管理与预算编制的有机衔接。

（五）加强政府购买和资助社会工作服务宣传交流。发挥新闻媒体作用，加强对政府购买社会工作服务的宣传。定期组织开展评选先进民办社会工作服务机构和优秀社会工作服务项目活动，调动民办社会工作服务机构的积极性，增强社会各界对政府购买社会工作服务的认同和支持。建立政府购买社会工作服务信息管理平台，依托信息网络技术，开展需求调查、计划发布、项目管理、政策宣传、信息公开等工作，提升政府购买社会工作服务管理水平。举办社会工作服务咨询、项目推介、公益创投等活动，为民办社会工作服务机构交流经验、推广项目、争取资源创造条件。

湖里区“四残儿童”抢救性康复护理补助试行办法

第一条 为进一步加强和完善我区残疾人社会保障体系和服务体系建设，保障我区残疾儿童少年享有康复服务的权利，根据《中华人民共和国残疾人保障法》、《中共中央、国务院关于促进残疾人事业发展的意见》(中发〔2008〕7号)以及《中共厦门市委、厦门市人民政府关于贯彻落实〈中共中央、国务院关于促进残疾人事业发展的意见〉的实施意见》(厦委发〔2008〕11号)等有关法律、政策规定，结合我区实际，制定本办法。

第二条 补助对象及条件

本办法所称的“四残儿童”是指：7周岁(含)以下脑瘫、听障儿童，7(含)至10周岁(含)的语后聋儿童，14周岁(含)以下智障、自闭症儿童。同时符合以下条件的“四残儿童”给予抢救性康复护理补助：

(一)持有厦门市残联核发的第二代《中华人民共和国残疾人证》;

(二)具有本区户籍且其法定监护人也具有本区户籍；

(三)正在有资质的康复机构进行康复训练的“四残儿童”。

第三条 “四残儿童”抢救性康复护理补助标准

(一)符合补助条件的听障儿童、智障儿童接受康复训练期间每人每月补助600元；

(二)符合补助条件的自闭症儿童接受康复训练期间每人每月补助800元；

(三)符合补助条件的脑瘫儿童接受康复训练期间每人每月补助1000元；

(四)多重残疾儿童每人每月康复训练补助按最高标准的补助类别给予补助，不重复享受；

(五)经民政部门认定为低保户家庭的“四残儿童”以及一户家庭有两名以上“四残儿童”在有资质的康复机构进行康复训练的，在上述补助标准的基础上每人增加30%。

第四条 补助方式

(一)“四残儿童”抢救性康复护理补助实行个人先交费、再按标准据实补助的方式。补助款采用社会化发放方式，由各街道负责发放，每半年发放一次，通过财政体制结算；第一次发放区间为当年的1—6月份，第二次发放区间为当年的7—12月份。

(二)享受康复补助的“四残儿童”必须在经厦门市残疾人康复工作办公室认定的具有资质的本市康复定点机构进行康复训练。需要到本市以外地区的康复机构进行抢救性康复训练的，须提前向区残联提出书面申请，并提供康复机构所在地设区市残联出具的该康复机构资质证明，由区残联审核批准，方能享受康复护理补助。

(三)同时申请厦门市“四残儿童”抢救性康复补助的，康复机构开具的税务或财政部门认可的培训费用发票原件送交市残联审核存档，区残联在审核发票原件后留存发票复印件(复印件加盖所在康复训练机构公章并签署“此件与原件相同”字样)，作为区“四残儿童”抢救性康复护理补助申请的凭据。

第五条 补助的申请和审批

(一)“四残儿童”监护人应当在每年6月和12月向户籍所在地社区居委会提出申请，填写湖里区残疾儿童康复护理补助申请表并提交下列有关材料：

1. 残疾儿童户口簿和监护人户口簿、身份证原件及复印件；
2. 第二代中华人民共和国残疾人证原件及复印件；
3. 所在康复机构出具的康复评估表原件及复印件；
4. 康复档案及病历资料；
5. 低保户家庭提交民政部门核发的低保证原件及复印件；
6. 康复机构开具的税务或财政部门认可的各月份训练费用发票原件及复印件。其中，6月份提供本年度1—6月份训练费用发票原件及复印件，12月份提供本年度7—12月份的训练费用发票原件及复印件；
7. 在外地康复机构进行康复训练的，须提供该机构所在地设区市残联出具的该康复机构的资质证明材料。

(二)社区居委会受理申请后，应在5个工作日内完成初审。认为申请人符合补助条件的，予以张榜公示，公示时间不少于3个工作日。公示无异议的，由社区居委会签署意见并盖章后，将申请材料上报街道残联审核，初审未通过的，书面告知“四残儿童”监护人，并说明理由。

(三)街道残联应在7个工作日内完成审查工作。符合条件的由街道残联签署意见并上报区残联复核，不符合条件的经由社区居委会书面告知“四残儿童”监护人，并说明理由，同时将申请材料退还监护人。

(四)区残联应在7个工作日内对各街道残联上报的申请材料全面复核。符合补助条件的，由区残联主管领导审批。不符合补助条件的则退回街道残联，经由社区居委会书面告知“四残儿童”监护人，并说明理由，同时将申请材料退还监护人。

（五）当年6月份已提出申请并获批享受补助的，在12月份再次申请时仅需提供《湖里区残疾儿童康复护理补助申请表》和训练费用发票复印件。

（六）对各级审核机构的审核结果有异议的，“四残儿童”监护人可以在收到审核结果5个工作日内向上一级审核机构申请复核。上一级审核机构接到复核申请后，应及时复查，并在7个工作日内将复核结果书面通知申请人的监护人，并说明理由。

第六条 补助资金来源

“四残儿童”抢救性康复护理补助所需经费，由区、街财政按照体制承担。

第七条 有关要求

（一）区财政、残联、各街道残联等部门要把落实此项政策作为区委、区政府惠及民生、关爱弱势群体、为民办实事、建设“和谐湖里”的重要举措抓实抓好。做到按章办事、公正透明、便民利民；

（二）区、街、社区三级要严格按照审核程序和工作要求，热情服务、严格把关、按时办理，建立健全工作台账和档案；

（三）区财政局要按照相关规定，实施专项监管，确保补助经费落实到位；

（四）申请“四残儿童”抢救性康复护理补助应当接受有关调查，如实提供所需情况。对拒绝或无正当理由不按时提供有关材料、拒绝或不配合相关调查的，将不予补助。

第八条 本办法由区残联负责解释。

第九条 本办法自2013年10月1日起施行，有效期两年。

湖里区关爱专项资金管理使用办法（暂行）

第一章 总 则

第一条 为贯彻落实国务院关于建立健全社会救助制度和省市区有关完善社会救助的要求，建立湖里区关爱专项资金。为规范资金管理使用，特制定本办法。

第二条 关爱专项资金主要是为帮助和关爱湖里区低收入家庭和特殊对象而设立的专项资金，是建设和谐美丽湖里的重要内容。

第三条 关爱专项资金使用原则

（一）兜底。关爱资金与最低生活保障、医疗救助、临时救助、慈善救助等专项救助互动互补，是各类救助对象在用尽救助政策后仍处困难，由政府进行“兜底”的资金，是区委、区政府为保障困难群众基本生活设定的最后一道防线。

（二）公平。关爱资金坚持公正、公开、便捷原则。

（三）统筹。政府关爱专项资金与慈善救助善款统筹使用，互为补充，有效衔接。

（四）集中。关爱专项资金是根据救助对象的特点及实际情况，每年错时、分批救助，相对集中解决一部分最困难、最需要帮助的群体，是一项适度普惠的救助政策。

第二章 关爱救助对象及标准范围

第四条 关爱救助的对象：户籍在湖里区且常住在本辖区的特别困难家庭、低收入家庭、困难老年人、困难残疾人、孤儿、困难优抚对象以及民政部门认定应当予以关爱救助的特殊家庭和人员。

第五条 关爱救助的标准范围

（一）助困：每年救助部分最困难的家庭，救助标准为6000元到10000元；从低收入家庭中确定一部分需救助的对象，救助标准为3000元到6000元。

（二）助残：每年从依老养残、重度残疾、一户多残等残疾人中确定一部分需救助的对象，救助标准为3000元到6000元。

（三）助老：每年从孤寡老人、高龄老人、失独老人、失能老人等老年人中确定一部分需救助的对象，救助标准为3000元到6000元。

（四）助特：每年从优抚对象、参战人员、孤儿、革命五老、六十年代40%精简职工、失独家庭、计生困难户等特殊对象中确定一部分低收入人员，救助标准为2000元到6000元。

（五）助医：救助对象主要依托现行的民政、慈善、红十字会和人社等部门制定的各类医疗救助政策实行救助，确实因患重特大病，在执行上述救助政策后仍较困难的，视情给予一定生活救助，救助标准为2000元到10000元。

（六）助灾：遇台风、暴雨、地震等自然灾害或公共突发事件，因灾受损的家庭，在《厦门市自然灾害公众责任保险》理赔后，仍影响家庭基本生活的低保户及低收入家庭，视情给予一定救助，救助标准为2000元到10000元。

（七）不重复施救。当关爱对象同时符合上述条件的，选择最高类型给予救助。

（八）特殊情况救助需经区民政局研究，并报区政府分管领导同意后给予救助。

第三章　关爱资金的筹集和管理使用

第六条 关爱专项资金每年筹措500万元，由区、街财政按5∶5比例共同承担。

第七条　关爱专项资金专款专用，区财政局在财政专户中进行专项管理，区民政局设立专账，用于办理与街道资金的结转等业务。

第八条　年度关爱资金结余部分转入下年度使用，不足500万元的部分，由区、街财政按比例补足。

第九条　关爱专项资金接受财政、监察、审计等部门检查和社会、群众的监督。

第十条　区民政局每年会同区财政局制定关爱专项资金年度使用计划，报区政府分管领导审定后组织实施。关爱资金为临时动态救助，施救对象类型和施救时间每年根据实际情况确定。原则上助困安排在四大传统节日、助残安排在全国助残日、助老安排在重阳节等特定时期分类施救。

第十一条　区民政局给街道下达具体的救助名额和救助标准等指标，街道对社区上报的救助情况进行初审，审核无异议的，上报区民政局审核。

第十二条　区民政局负责救助对象的审核，并汇总报区分管领导审定。街道负责关爱救助金的发放工作。

第十三条　关爱救助金原则上实行社会化发放，特殊情况需现金发放的，须经区民政局领导审定。

第四章　附　则

第十四条　本暂行办法由区民政局负责解释。

第十五条　本暂行办法自印发之日起执行，有效期限为两年。

厦门市湖里区人民政府
关于厦门市轨道1号线一期工程（湖里段）房屋征收补偿方案征求意见及修改情况的公告

因厦门市轨道1号线一期工程（湖里段）建设需要，厦门市湖里区人民政府拟征收湖里、殿前、江头街道范围内国有土地上房屋（具体范围以征收范围红线图为准），我府已于2013年11月2日按照《国有土地上房屋征收与补偿条例》的规定，将该项目房屋征收补偿方案在征收范围和湖里区政府网站予以公布并征求意见。征求意见期限间共收到32条被征收人书面提交的意见，其中14条涉及征收补偿方案，现根据征求意见将修改后的厦门市轨道1号线一期工程（湖里段）国有土地上房屋征收补偿方案予以公布。

附件：厦门市轨道1号线一期工程（湖里段）国有土地上房屋征收补偿方案（修改稿）

厦门市湖里区人民政府

2013年12月25日

附件

厦门市轨道一号线一期工程（湖里段）国有土地上房屋征收补偿方案

（修改稿）

因厦门市轨道 1 号线项目建设需要，厦门市湖里区人民政府需征收位于厦门市湖里区湖里街道、殿前街道、江头街道等范围内的国有土地上房屋及其附属物（具体范围以征收范围红线图为准）。为保障被征收人的合法权益，推进征收工作有序开展，根据《国有土地上房屋征收与补偿条例》等有关规定，制定本方案。

一、项目概况

（一）征收范围：

1. 厦门市湖里区湖里街道范围内部分房屋及附属物。

2. 厦门市湖里区殿前街道兴隆社区范围内部分房屋及附属物。

被征收房屋门牌号：嘉禾路 502、504、506、508、510、512、514、516、518、520、522、524、526、528、530、532、534、536、538、540；火炬路 1、3、5 号等。

3. 厦门市湖里区江头街道江村社区范围内部分房屋及附属物。

被征收房屋门牌号：园山北路 2 号等。

4. 具体征收范围以征收范围红线图实地放样为准。

（二）征收户数 227 户，征收房屋面积约 63013.45 平方米（其中住宅 220 户，产权面积 12880.67 平方米，非住宅 7 户，产权面积 32906.89 平方米，未经认定及无合法权证面积约 17225.89 平方米）。

（三）安置房地点：厦门轨道 1 号线塘边站安置房、集鑫佳园 B 地块安置房

二、补偿办法

住宅房屋被征收人可选择产权调换，也可选择货币补偿。非住宅一律实行货币补偿。

（一）住宅货币补偿办法

1. 私有住宅货币补偿办法

私有住宅实行货币补偿的，可根据《厦门经济特区城市房屋拆迁管理规定》第 26 条规定的指导公式计算补偿金额，或者根据被征收房屋分户评估结果确定补偿金额：

（1）被征收人可选择相关法规指导公式计算被征收房屋价值，即被征收住宅房屋货币补偿的金额 = 被征收房屋的建筑面积 ×（区位房屋补偿价 + 被征收房屋的重置价结合成新 + 补贴金额）+ 红线内空地面积 × 区位土地使用权补偿价

区位房屋补偿价为设置于征收范围中心位置的标准房屋的市场评估价减去标准房屋的重置价结合成新的余额。

标准房屋为：土地使用权性质为出让，砖混结构三层，层高二点八米，成新率百分之八十，水、电、卫生设施齐全，有独立阳台，外墙为涂料或条砖贴面，铝合金窗，夹板门，四至为相邻房产，无庭院，采光通风较好。

补贴金额 =[上季度区域住宅商品房（不含别墅）平均售价 – 标准房市场评估价] × 80%

区位土地使用权补偿价按区位房屋补偿价的百分之三十计算。

（2）被征收人也可以选择用分户评估的方法确定被征收房屋价值。被征收房屋价值的补偿，不低于房屋征收决定公告之日被征收房屋类似房地产的市场价格。

（3）货币补偿标准（含本方案确定的各类补偿、补助及奖励等费用）按不高于同区位新建普通住宅商品房平均售价控制；同区位新建普通住宅商品房平均售价由市国土房产局提供。

2. 直管公有住宅货币补偿办法

（1）对未享受房改政策和其他福利性住房的直管公房承租人（不含次承租人），可按公房价值的 80% 结合公房承租合同载明的建筑面积给予货币补偿。公房价值按私有住宅被征收房屋货币补偿标准确定。

（2）直管公房承租人选择货币补偿后，不得再申请政府配售的其他福利性住房或享受房改政策。

（二）非住宅货币补偿办法

非住宅一律按分户评估结果实行货币补偿，被征收人对分户评估结果有异议的，可按规定申请原评估公司复核、专家鉴定。

（三）住宅产权调换办法

1. 用于产权调换的安置房价格，按该安置房市场评估价结合楼层调节价计算。

2. 被征收人选择产权调换的，应当结清被征收房屋与用于产权调换房屋价值的差价。

（四）产权调换安置房选房原则

本着“公平、公正、公开”的原则，根据被征收房屋户型、面积以及本项目安置房户型、面积情况确定选房规则。

1. 被征收人可按被征收房屋权证载明的面积就近上靠安置房面积，并结合原房户型选择安置房户型。

2. 严格控制安置房增档或增套安置。

3. 原房户型结构及面积以产权证记载及配图为准。

4. 根据厦府办〔2006〕190号文件，离休干部优先选房。

（五）杂物间补偿办法

1. 被征收住宅房屋的配套杂物间与该房屋同时批建且成一体、建筑结构相同，层高高于2.2米（含2.2米）或房改时以住宅价格购买的，可直接计入被征收房屋产权面积一并予以补偿安置；层高低于2.2米的，按被征收房屋类似房地产市场价格的60%予以补偿。

2. 被征收房屋主体之外的其他类型杂物间，产权证上有记载的，统一按被征收房屋类似房地产市场价格的60%予以补偿，产权证上未记载的，按重置价结合成新或评估价格给予补偿。

（六）装修补偿办法

1. 被征收房屋：住宅房屋装修可按280元/平方米包干补偿，非住宅房屋装修可按250元/平方米包干补偿。不采用包干方式补偿的，可选择评估补偿，但不论评估结果高低，一律按评估补偿结果补偿。违法建筑的装修不予补偿。

2. 用于产权调换的安置房未进行初装修的，给予被征收人300元/平方米的装修补偿。

三、奖励措施

被征收人在规定时间内签订征收补偿协议书并按协议约定的期限搬迁交房的，可享受以下奖励：

（一）住宅被征收人选择产权调换的奖励

1. 私有住宅产权调换的差别化货币奖励：

（1）被征收人选择塘边站安置房的，每个产权户按15平方米安置房的市场评估价格给予货币奖励。

（2）被征收人选择集鑫佳园B地块安置房的，每个产权户按30平方米安置房的市场评估价格给予货币奖励。

2. 直管公有住宅的产权调换面积奖励

（1）按原租赁建筑面积增加每户15平方米就近上靠安置房户型安置。

（2）按本条规定增加安置面积及就近上靠的面积不计缴安置分配费。房屋承租人要求继续增加租住面积的，在具有安置房的条件下，可以允许。安置房建筑面积超出被征收房屋建筑面积与本条第（1）项规定所增加的面积之和15平方米以下的（含15平方米），房屋承租人按安置房市场价格的20%缴纳安置分配费；超出15平方米以上的，按安置房市场价格的40%缴纳安置分配费。

3. 安置房楼层调节价优惠奖励：选择小高层或高层建筑底层至第七层安置房的，免交楼层调节价；选择第八层以上的，从第八层起，每增加一层按30元/平方米的价格递增计算楼层调节价。选择多层安置房的，按《厦门市城市房屋拆迁安置房楼层调节价格表》执行。

（二）抽取商谈流水号奖励

被征收人在规定的时间、地点参加抽取商谈流水号的，按一本产权证给予5000元货币奖励。

（三）签约搬迁奖励

1. 鼓励选择货币补偿的奖励

（1）征收私有住宅房屋实行货币补偿的，被征收人在商谈签约时限内签约且按协议约定时间搬迁交房的，可按被征收房屋类似房地产市场评估价分别给予10%按期签约奖和10%按期搬迁奖。

被征收房屋类似房地产市场评估价由具有相应资质的房地产价格评估机构按照房屋征收评估办法评估确定。

（2）住宅被征收人选择货币补偿，且在房屋征收决定公告的签约期限内签约、并按协议约定的时间搬迁交房的，按被征收房屋产权面积，给予3000元/平方米的奖励。

（3）征收非住宅房屋实行货币补偿的，根据产权证登记的用途、面积，按商业用房2000元/平方米、非商业用房300元/平方米奖励被征收人。

2. 一次性搬迁奖励

被征收人在最后搬迁期限内搬迁的，可按区位房屋补偿价的10%结合被征收房屋产权面积给予一次性搬迁奖励，但每户或每本产权证最高不超过10万元。

3. 对违法建筑被征收人的搬迁奖励

对被认定为违法建筑的房屋，被征收人主动搬迁交房的，可按重置价结合成新给予搬迁奖励，其装修按不高于200元/平方米给予搬迁奖励。

4. 三轮商谈期间的签约奖励

在第一、二、三轮商谈期限内签约的，每平方米分别按不高于1500元、1300元、1100元的标准，结合被征收房屋产权面积，给予被征收人（或直管公房承租人，不含次承租人）签约奖励。

5. 三轮商谈期限届满后、签约期限届满前的签约奖励

被征收人（或直管公房承租人，不含次承租人）在三轮商谈期限届满后、签约期限届满前签约的，按被征收房屋产权面积（或公房承租面积）给予800元/平方米的签约奖励。

6. 签约后15日内搬迁的限期搬迁奖励

被征收人（或直管公有房屋承租人，不含次承租人）在第一、二、三轮商谈期限内签订征收补偿协议，且于签约之日起15日内完成搬迁并交房的，分别按每户8万元、4万元、2万元给予奖励。

7. 对合法建筑内经营者的签约搬迁奖励

对在合法建筑内实际经营、依法纳税的经营者，可按其

实际经营的产权面积给予 800 元 / 平方米的签约搬迁奖励，该奖励不低于 3 万元 / 户，不高于 15 万元 / 户。

四、其他补偿、补助

（一）搬迁补助费

1. 住宅搬迁补助费

一次性安置的，按 7 元 / 平方米结合被征收房屋产权面积给予二次搬迁费；过渡安置的，给予三次搬迁费。

2. 非住宅搬迁补助费

（1）房屋产权用途为办公、工厂、仓库等，按 7 元 / 平方米结合被征收房屋产权面积给予一次搬迁费。

（2）房屋产权用途为商业及可认定为营业性用房的住改非房屋，按 20 元 / 平方米结合被征收房屋产权面积（或认定为营业性用房的面积）给予一次搬迁费。

3. 征收非住宅房屋涉及企业设备搬迁根据评估结果确定搬迁费用的，不再给予上述搬迁补助费。

（二）临时安置费（过渡费）

1. 法定过渡期限内的自行过渡临时安置费

（1）临时安置期限（过渡期限）：在征收范围内安置，安置房为多层建筑的，临时安置期限不得超过二年；安置房为高层建筑的，临时安置期限不得超过三年。在征收范围外安置，安置房为多层建筑的，临时安置期限不得超过一年；安置房为高层建筑的，临时安置期限不得超过二年。

（2）选择房屋产权调换，被征收人需自行过渡，在产权调换房屋交付前，征收部门应支付临时安置费。被征收人已缴清差价款的，临时安置费按安置房面积计算；未缴清的，按被征收房屋产权面积计算。

（3）住宅临时安置费计算标准：（标准房市场评估价 ×0.4%+2）× 被征收房屋产权面积或安置房面积。

（4）非住宅临时安置费标准按厦价房〔2003〕119 号文执行。

2. 逾期临时安置费

超过法定过渡期限的，统一按自行过渡临时安置费的 2 倍计算逾期临时安置费。

3. 临时安置费的起算时点和停发时点

（1）起算时点：从被征收人签署被征收房屋移交单，并将被征收房屋及附属物完整移交给征收实施单位之月起，计发临时安置费。

（2）停发时点：安置房已竣工验收，且具备交房条件的，征收实施单位应予公告或书面通知被征收户交房时间和地点等信息，并从征收实施单位公告或书面通知交房时间的下月起，停发临时安置费。

4. 三个月临时安置费

被征收人选择货币补偿或一次性安置的，可按三个月装修期结合产权面积计算临时安置费。

（三）水表、电表、电话、电视、空调等移机补助费

水表、电表、电话、电视、空调等移机补助费，按厦价房〔2003〕119 号文规定标准执行（水表补助费 500 元 / 户，电表补助费 500 元 / 户，有线电视补助费 380 元 / 户，电话移机补助费 100 元 / 部，空调移机费 150 元 / 台）。

（四）停产停业损失的补偿

1. 征收非住宅房屋造成经营者停产停业损失的补偿标准

（1）根据生产经营者近三年的年平均净利润确定；生产经营期限不足三年的，以实际生产经营期限的年平均净利润确定。净利润根据税务部门出具的税后利润额证明材料确定；税务部门无法出具证明的，根据具备相应资质的会计师事务所出具的企业年度审计报告确定。

（2）征收非住宅房屋造成经营者停产停业的职工工资补偿标准，根据房屋征收公告发布当年的上年度厦门市在岗职工平均工资，结合经营者在社会保障经办机构缴纳社保记录的职工平均人数确定。职工平均人数按下列办法计算：

①房屋征收公告发布时，上年度满一年的，按上年度计算。

②营业执照注册登记之月至房屋征收公告发布当月，期间未满完整自然年度的，按房屋征收公告发布当月往前推算 12 个月计算，不足 12 个月的，按实际月份计算。

（3）停产停业期限，统一按半年计算。

停产停业损失补偿归经营者所有，经营者与被征收人有约定的，从其约定。

2. 实际经营者也可选择简易协商程序给予补偿

（1）对在合法建筑内经营且工商注册地址与经营场所相符的经营企业和个体工商户，停产停业损失可按不高于 3 万元 / 户的标准计算，职工工资补偿按经营企业 5 人、个体工商户 2 人计算。

（2）对在征收范围内实际经营、但工商注册地址与经营场所不相符的或经营场所是违法建筑的经营者，可按上述第（1）点规定标准的 50% 给予补助。

（五）未经批准改变房屋用途的认定及补偿

按厦府〔2004〕255 号文及有关规定执行。

五、其他事项

（一）评估机构的选定

1. 由被征收人协商选定。通过自行协商或以多数人意见选定房地产价格评估机构的（需在市价格评估管理委员会推荐评估机构目录表中），被征收人在征收决定发布之日起 5 日内，将选定结果书面告知征收实施单位。告知书需有超过被征收户百分之五十的被征收人签名及被选定的评估机构盖章确认，并附上被征收人签名的身份证及产权证（或公有房屋租赁合同）复印件。

2. 由征收实施单位按程序确定。征收范围内的被征收人逾期无法协商选定的，由被征收人代表在区监察局、被征收房屋所在街道、社区组织代表及公证机关的监督、公证下，

且在湖里区实际居住满两年以上（含两年，下同）；

（2）适龄儿童父（母）在湖里区合法务工满两年以上，目前仍在湖里区务工；

（3）适龄儿童父（母）近两个年度在厦门缴交社会保险费；

（4）符合国家人口计划生育政策。

3. 湖里区公办小学招收进城务工人员随迁子女程序：

（1）8月6—17日（双休日除外），符合报名条件的非本市户籍进城务工人员随迁适龄子女持暂住证到暂住地所在社区居委会领取并填写《2013年进城务工人员随迁适龄子女要求就读湖里区公办小学一年级申请表》（附件7）。

（2）8月16日，湖里区教育局公布接收学校、招生名额及报名地点。

（3）8月17日至18日，进城务工人员到报名点登记报名，提交报名材料，接受资格审核。

报名时应提供的材料：

①原籍户口簿，适龄儿童与父（母）亲同一户籍的户口簿。

②适龄儿童本人及父（母）亲在湖里区的暂住证。暂住证应表明家长已实际在湖里区居住满一年以上，附页中应有携带子女的相关记录。

③适龄儿童父（母）亲在湖里区的从业证明。需提供能证明其父（母）在湖里区务工满一年以上的劳动合同或合法有效的个体工商户营业执照，且目前仍在湖里区务工。

④适龄儿童父（母）按照规定参加我市社会保险的证明。须提供地税部门出具的其父（母）《厦门市地方税务局社会保险费缴费证明》，并且社保缴交单位应与务工单位一致。

其中符合条件申请优先派入湖里区公办小学的适龄儿童应按下列要求提供材料：

①原籍户口簿，适龄儿童与父（母）亲同一户籍的户口簿。

②适龄儿童本人及父（母）亲在湖里区的暂住证（附页中应有携带子女的相关记录）。暂住证应表明家长已在湖里区实际居住满两年以上。

③适龄儿童父（母）亲在湖里区从业证明。须提供能证明其父（母）在湖里区务工满两年以上的劳动合同或合法有效的个体工商户营业执照。

④适龄儿童父（母）按照规定参加我市社会保险的证明。须提供地税部门出具的其父（母）近两个年度连续逐月按时（若有补缴则补缴期限不超过3个月）缴交的《厦门市地方税务局社会保险费缴费证明》，并且社保缴交单位应与务工单位一致。

⑤符合国家人口计划生育政策的证明。提供暂住地的街道计生部门出具的计划生育状况证明等材料。

上述暂住证与劳动合同（或营业执照）及社保缴费证明应为适龄儿童的父（母）同一人的。

（4）8月24日，电脑派位并公布派位结果。电脑派位时，先对符合优先统筹派位进入公办小学条件的招生对象进行派位，如有余额再对其他符合报名条件的招生对象进行派位。

参与电脑派位的适龄儿童中双胞胎可申请捆绑派位。

（5）未能录取到公办学校的进城务工人员随迁适龄子女，应及时到民办学校或回原籍就读。

五、有关注意事项

（一）为择校而造成“寄户”“挂户”等人户分离情况的适龄儿童，家长应将户口迁回实际居住地入学。对不符合片区招生条件的本区户籍适龄儿童，由区教育局在8月15日前统筹安排接收学校，有关学校和学生应服从安排和调整。

（二）适龄儿童报名时提供的材料应真实可靠。若材料不实，一经查实，做如下处理：①本市户籍的学龄儿童视为非片区内招生对象，由区教育局统筹安排，有关学校和学生应服从安排和调整。②进城务工人员随迁适龄子女取消统筹进入公办学校以及在民办学校就读免除学杂费、课本费、簿籍费的资格。

（三）公办小学应严格控制招收片外生。个别本地户籍适龄儿童因客观原因或学生家长工作、生活等方面的原因存在特殊困难，要求跨片区报名的，须由家长填写片外生就读申请表，在保证接收片区内学生入学的前提下，经接收学校集体研究审核后，于8月14日之前报区教育局核准后方可录取，逾期不予受理。

第二部分　公办中学招生工作意见

一、招生原则

2013年秋季湖里区公办中学的初一新生均以厦门市教育局公布的电脑派位结果为主要生源。

各中学必须严格执行《厦门市2013年初中招生工作意见》，认真落实招生计划，切实防止隐性溜生。

二、公办中学转学和借读要求

因户口迁入中途需要办理转学的学生按其户籍对应小学确定转入的初中学校，如果该小学对应两所或者两所以上的初中学校，视各初中学校的学位情况由区教育局统筹安排转入校。未经区教育局许可，各中学不得跨片区接收转学学生。

借读生取得本市户口后，可以直接转入原借读学校，不受户口片区限制，原借读学校不得拒收。

公办中学接收借读生原则上每个班级控制在2名以内。借读生须经区教育局核准后方可接收并按规定办理借读手续。

第三部分　民办学校招生工作意见

一、招生原则

各民办学校招生工作按照《2013年秋季湖里区民办学校招生计划表》（附件5）执行。各民办学校必须按规定时间、核定招生计划进行招生，不得超范围、超规模招生。

二、民办学校招生对象和报名时间

民办小学一年级的招生对象必须年满6周岁（即2006年9月1日至2007年8月31日之间出生的）。

严禁招收不及龄的儿童入学。

民办小学一年级的报名时间为2013年8月25日。

民办初中一年级的报名时间为2013年6月20日。

未经区教育局批准，任何民办学校均不得提前报名和招生。

三、招生办法

（一）招生公告核准。各民办学校应于2013年8月9日前将招生公告报区教育局审核。

（二）发布招生公告。2013年8月16日前，各民办学校张贴经区教育局审核的招生通告。

（三）办理报名手续。在规定的报名时间由家长或监护人携带孩子并提供户口簿、暂住证、劳动合同等有关材料到学校办理报名手续。民办学校应对学生的报名资格进行严格审核。

（四）招生顺序。优先招收参加湖里区公办小学招生电脑派位而没有派上的适龄儿童，其次招收父（母）亲在厦暂住并合法务工且目前仍在厦务工的进城务工人员随迁子女。

（五）按照《厦门市教育局厦门市财政局关于做好民办学校进城务工人员随迁子女免费接受义务教育工作的通知》(厦教财〔2011〕17号）要求，学生报名时具备以下材料原件及复印件，经学校审核，符合免费接受义务教育条件的，学校留存相应复印件后，不再收取学杂费、课本费、簿籍费。

（1）父（母）在湖里区暂住2年以上的暂住证（应表明已实际居住年限，附页中应有携带子女相关记录）；

（2）父（母）在湖里区务工2年以上的劳动合同或个体工商户营业执照；

（3）父（母）按照规定参加厦门市社会保险。须提供地税部门出具的其父（母）近2年连续逐月按时（若有补缴则补缴期限不超过3个月）缴交的厦门市地方税务局社会保险费缴费证明，社保缴交单位应与务工单位一致。

（4）适龄儿童出生符合国家人口计划生育政策的证明。提供暂住地街道计生部门出具的计划生育状况证明等材料。

四、注意事项

（一）民办初中应于6月23日前将招生名单报送湖里区教育局备案后方可录取；民办小学应于8月30日前将招生名单报送湖里区教育局备案后方可录取。

（二）民办学校应自觉规范招生行为，不得进行不实宣传。要严格按照区教育局核准的招生计划招生，控制班生额，不得超计划招生。因违规招生造成学生就读、升学困难等一切后果，由该学校承担，区教育局将按照《湖里区民办中小学办学绩效评估奖励暂行办法》处理，视情节给予通报批评，并减少该学校下一年度招生指标。

（三）各民办学校要认真做好学籍管理工作，及时建立学生档案，报区教育局审核确认后录入电子学籍系统。接收转学插班生应控制在区教育局核定的招生指标内，并报区教育局审核确认方可办理。

（四）各民办学校要严格按收费许可项目和标准收费，认真执行义务教育免费的相关政策。

第四部分　幼儿园招生工作意见

一、公办幼儿园（含集体办幼儿园及政府统筹的幼儿园）招生工作意见

（一）招生对象

本区户籍的年满3周岁（即2009年9月1日到2010年8月31日之间出生的）的适龄幼儿。

（二）报名时间

幼儿园报名时间统一确定为2013年8月17日。未经区教育局批准，任何幼儿园均不得提前招生。

（三）招生规模

各幼儿园的招生规模按照《2013年秋季湖里区幼儿园招生计划表》执行（附件6）。幼儿园要严格控制班生额。幼儿园班生规模小班25—30人，中班30—35人，大班35—40人。

（四）招生程序

1. 明确招生片区。区教育局公布公办幼儿园以及参与划片招生的各类幼儿园的招生片区（附件2）。

2. 发布招生公告。各幼儿园应于报名前一周张贴招生通告。

3. 办理报名手续。在规定的报名时间由家长或监护人携带孩子到幼儿园办理报名手续。

（1）报名时应提供以下材料的原件和复印件，经幼儿园核对无误后，给予办理报名手续：

户口簿、产权证、免疫卡、健康卡、入园体检表；

属独生子女的提供独生子女证，非独生子女的提供符合计划生育政策证明。

因故不能如期到园报名的，应事先提出书面申请，经幼儿园同意后方可延期报名；未经批准或超过报名期限的，视为自动放弃报名资格。

（五）招生片区招生对象的确定

1. 片区招生对象必须符合户口所在地、实际居住地“两一致”原则，即适龄儿童与父（母）亲户口一致，实际居住地与户口所在地一致，即适龄儿童及其父（母）亲户口所在地的住房是实际住所。确认儿童实际居住地以父（母）亲的户口和产权证为准。

2. 片区招生对象户口落户的截止日期为2013年8月17日，超过报名期限才取得户口的适龄儿童，家长应自行联系

幼儿园就读。

二、民办幼儿园招生工作意见

（一）招生对象

暂住在本区符合政策要求的年满3周岁（即2009年9月1日到2010年8月31日之间出生的）的适龄幼儿。

（二）报名时间

幼儿园报名时间统一确定为8月17日。未经区教育局批准，任何幼儿园均不得提前招生。

（三）招生规模

各民办幼儿园按照区教育局核定的招生规模招生。

（四）招生办法

1. 招生公告核准。各民办幼儿园应于2013年7月15日前将招生公告报区教育局审核。

2. 发布招生公告。2013年8月9日前，各民办幼儿园张贴经区教育局审核的招生通告。

3. 办理报名手续。在规定的报名时间由家长或监护人携带孩子到幼儿园办理报名手续。

报名时应提供以下材料的原件和复印件，经幼儿园核对无误后，给予办理报名手续：

户口簿、免疫卡、健康卡、入园体检表。

4. 根据《厦门市人民政府关于大力推进学前教育事业发展的意见》（厦府〔2011〕347号），报名入读接收分级收费管理的民办幼儿园的非本市户籍幼儿，报名时需出示以下材料原件及复印件，符合财政补助条件的留存相应复印件，并享受限价收费政策：

（1）父（母）在湖里区暂住一年以上的暂住证（应表明已实际居住年限，附页中应有携带子女相关记录）；

（2）父（母）在湖里区务工一年以上的劳动合同或个体工商户营业执照；

（3）父（母）按照规定参加厦门市社会保险。须提供地税部门出具的其父（母）近1年连续逐月按时（若有补缴则补缴期限不超过3个月）缴交的《厦门市地方税务局社会保险费缴费证明》，社保缴交单位应与务工单位一致。

（4）幼儿出生符合国家人口计划生育政策的证明。提供暂住地街道计生部门出具的计划生育状况证明等材料。

（五）招生规定

1. 各民办幼儿园应优先招收所在区域周边的幼儿就近入园。

2.7月30日前，湖里区教育局向社会公示签订协议接受分级收费管理的民办幼儿园名单。接受分级收费管理的民办幼儿园招生时应对符合财政补助条件的幼儿进行资格审查，符合补助条件的幼儿按与区教育局签订的保教费收费标准收费，不符合补助条件的幼儿保教费收费标准可上浮20%。幼儿园不得采取先多收再退还的方式收费。

3. 民办幼儿园应依据相关法规、政策自觉规范招生行为，不得搞不实宣传，要严格控制班生额，严格按收费许可项目和标准收费，每学年应按规定将招生情况报区教育局备案。

第五部分　其他事项

一、我区2013年秋季学校招生工作，按照“统一领导、协调管理、各校招生”的方法进行。各校（园）成立招生工作小组，由校（园）长任组长，有关职能处室的领导为主要成员，共同研究、处理招生中的具体问题。

二、区教育局教育科具体指导各校的招生工作，办理招生工作的日常事务；区教育纪工委受理学生家长的投诉，协调解决各校（园）招生中遇到的各类问题，确保招生工作的公开、公平、公正。

三、加强对招生工作的监督检查，确保清正廉洁。各校（园）应认真学习，准确掌握招生政策，严格招生纪律。各相关人员应增强法制观念，严禁在招生过程中以任何形式谋取个人非法利益，维护教育公平。

四、区教育局将公布招生咨询投诉电话，对违规招生的单位和责任人，依照有关规定，进行严肃处理。

五、本《意见》由湖里区教育局负责解释。

六、本《意见》自发文之日执行，有效期一年。

附件：

1.2013年秋季湖里区公办小学招生划片范围一览表

2.2013年秋季湖里区公办幼儿园及部分民办幼儿园招生划片范围一览表

3.2013年秋季湖里区公办小学、幼儿园招生咨询投诉电话一览表

4.2013年秋季湖里区公办小学招生计划表

5.2013年秋季湖里区民办学校招生计划表

6.2013年秋季湖里区幼儿园招生计划表

7. 进城务工人员随迁子女要求就读湖里区公办小学申请表

附件 1

2013年秋季湖里区公办小学招生划片范围一览表

表 26

序号	学校	招生范围
		湖里街道7所
1	湖里中心小学	1. 村里社区、海天社区、南山社区 2. 华盛路以东华荣路以西的徐厝社区
2	华昌小学	1. 湖里社区、兴华社区 2. 华盛路以西的徐厝社区
3	康乐小学	1. 康乐社区 2. 南山路南面片区：禹州新村以西的康晖社区（含禹州新村） 3. 康泰社区：南山路 253-289 号
4	康乐第二小学	1. 塘边社区 2. 康泰社区（不含南山路 253-289 号） 3. 南山路南面片区：禹州新村以东的康晖社区（不含禹州新村） 4. 火炬学校片区的适龄儿童自愿到康乐二小就学的，康乐二小应视为本片区学生
5	东渡小学	1. 东渡社区、金鼎社区、新港社区、东荣社区 2. 濠头社区：船运大队的两栋宿舍楼
6	东渡二小	濠头社区（不含船运大队的两栋宿舍楼）、和通社区
7	天安小学	怡景社区、后浦社区
		殿前街道5所
1	高殿中心小学	高殿社区的殿前社、中埔社，北站社区、神山社区
2	高崎小学	高殿社区的高崎社
3	翔鹭小学	翔鹭花城 1—3 期
4	寨上小学	高殿社区的寨上社，长乐社区（不含翔鹭花城 1-3 期）
5	火炬学校	兴隆社区、马垅社区、兴园社区
		禾山街道5所
1	湖里实验小学	金尚路以西，薛岭山以北，成功大道以东，湖里大道以南的片区
2	安兜小学	湖里大道（即枋湖北二路）以北的枋湖社区、禾欣社区
3	* 县后小学	以围里社区、岭下社区、坂尚社区为主的外地户口适龄儿童
4	钟宅民族小学	钟宅畲族社区
5	进修附小	金尚路以东，云顶北路以西，湖里大道（即枋湖北二路）以南，虎头山等其他与金山街道分界线以北的片区。涵盖围里社区、坂尚社区和岭下社区以及枋湖社区穆厝地块的本地户籍居民
		江头街道7所
1	江头中心小学	1. 台湾街以东、铁路以西的居民住区及单位 2. 后埔社区的江头苑（含九一工区）、嘉隆公寓
2	江头三小	嘉禾路以东、仙岳路以南、台湾街以西的居民住区及单位
3	乌石浦小学	1. 仙岳路北面片区：嘉禾路以东、仙岳路以北、台湾街以西的居民住区。2. 园山南路北面片区：园山社区。
4	* 蔡塘学校	以蔡塘社区为主的外地户口适龄儿童

续表 26

序号	学校	招生范围
5	金尚小学	金尚社区、蔡塘社区、后坑社区（前社、后社、金秋花园、金北花园、玉山花园）
6	吕岭小学	金尚路以西，仙岳路以南，成功大道以东，吕岭路以北的片区
7	湖里二实小	金尚路以西，仙岳路以北，成功大道以东，薛岭山以南的片区
金山街道 3 所		
1	高林中心小学	金安社区、高林社区、金林社区、金湖社区（湖边花园 B 区、世贸湖滨首府）、湖边社区（湖边花园 A 区、山水新座）
2	金山小学	后坑社区（西潘社）、金湖社区（上湖社、洪塘社）、湖边社区（下湖社）、金山社区
3	乐安小学	金海社区和五通社区

附件 2

表 27

2013 年秋季湖里区公办幼儿园及其他统筹幼儿园招生划片范围一览表

（仅适用于 2013—2014 学年）

公办幼儿园	
湖里幼儿园	海天社区、南山社区、湖里社区、村里社区、兴华社区、徐厝社区本地户籍居民子女
康乐幼儿园	仙洞路以东、兴隆路以南、南山路以北、嘉禾路以西的本地户籍居民子女。如有空余学位，优先招收康泰社区本地户籍居民子女
康毅幼儿园	华荣路以东、宜宾路以南、仙洞路以西、南山路以北的本地户籍居民子女。如有空余学位，优先招收康乐社区本地户籍居民子女。
东渡幼儿园	东荣社区、濠头社区本地户籍居民子女。如有空余学位，优先招收和通社区本地户籍居民子女
都市港湾幼儿园	都市港湾本地户籍居民子女。如有空余学位，按顺序优先招收东渡社区、新港社区、金鼎社区本地户籍居民子女
吕岭幼儿园	铁路以东、后埔老街以西、仙岳路以南的本地户籍居民子女。如有空余学位，优先招收吕岭社区本地户籍居民子女
吕岭五通分园	五通社区浦口社、东宅社、泥金社、凤头社、店里社、西头社本地户籍居民子女
秀德幼儿园	高林保障性住房北片区本地户籍居民子女
高林南片区幼儿园（暂名）	高林保障性住房南片区本地户籍居民子女
五缘第一幼儿园	五缘公寓本地户籍居民子女。如有空余学位，按顺序优先招收五通社区坂美社、仓后社、下边社、浦东社本地户籍适龄幼儿
湖边花园幼儿园	湖边花园 A 区本地户籍居民子女。如有空余学位，按顺序优先招收下湖村、上湖村、洪塘村原住民子女以及湖边花园 B 区本地户籍居民子女
金福缘幼儿园	金福缘小区本地户籍居民子女。如有空余学位，优先招收岭下社区原住民子女
嘉福花园幼儿园	嘉福花园本地户籍居民子女。如有空余学位，优先招收高殿社区本地户籍居民子女

续表 27

集体办幼儿园	
江头幼儿园	吕厝社区本地户籍居民子女
蔡塘幼儿园	蔡塘社区本地户籍居民子女
钟宅民族幼儿园	钟宅社区本地户籍居民子女
高林幼儿园（暂名）	高林社区、金林社区本地户籍居民子女
马垅阳光幼儿园	马垅社区本地户籍居民子女
康晖幼儿园（暂名）	康晖社区（不含禹州新村一期）本地户籍居民子女
其他政府统筹入学的幼儿园	
江头嘉裕园	江头社区本地户籍居民子女
金尚幼儿园	金尚小区步行街以西的金尚社区本地户籍居民子女及金北、玉山花园本地户籍居民子女
金尚小金星园	金尚小区步行街以东的金尚社区本地户籍居民子女、金秋花园本地户籍居民子女、后坑社区前社原住民子女
嘉裕禹州园	禹州新村一期本地户籍居民子女

附件 3

2013 秋季湖里区公办小学、幼儿园招生咨询投诉电话一览表

表 28

单位	电话	负责人	办公地点
区教育纪工委投诉电话	5722488		
区教育局教育科咨询电话	小学 5722668、5722305 幼儿园 5722669、5722676		教育局 432 教育局 433
区教育局值班电话	5722657	教育局值班员	
安兜小学	5771875	刘岚	教导处
蔡塘学校	5971346	詹生樟	值班室
东渡第二小学	5613802-12	陈雅真	教导处
东渡小学	6011987	李海泉	教导处
高殿中心小学	6032216	林玉津	传达室
高林中心小学	5216346	颜华娜	校长室
高崎小学	5742705	江鹭	教导处
湖里二实小	5559313	杨钟志	教导处
教师进修学校附属小学	5714891	陈月玲	教导处
湖里中心小学	6039728-18	陈美婉	教导处
华昌小学	5607223	王坚红	教导处
江头第三小学	5521635	施慧敏	教导处
江头中心小学	5524148-803	叶君爱	教导处

续表 28

单位	电话	负责人	办公地点
金山小学	5220387	陈丽丽	教导处
金尚小学	5252846	吴婉孺	值班室
康乐第二小学	5663648	傅老师	教导处
康乐小学	5632063-203	施春菲	教导处
乐安小学	5211176-16	孙彬彬、洪冬妮	三楼办公室
吕岭小学	3750273	杨惠芳	教导处
实验小学	5705565	叶家森	教导处
天安小学	5606680	林永龙	三楼值班室
乌石浦小学	5254034	陈正玉	教导处
县后小学	5786427	叶雪丽	体育室
翔鹭小学	2633416	陈衍财	教导处
寨上小学	13328760700	黄爱华	教导处
钟宅民族小学	5791197-801	邱凤娟	教导处
湖里幼儿园	5612283	江瑾	副园长室
康乐幼儿园	5632833-822、820	值班人员 、何素玲	值班室 教务室
康毅幼儿园	5634702 5667535	徐蓓静、李如英	行政办公室
东渡幼儿园	6012005	黄晓梅	教务办公室
都市港湾幼儿园	6012213-809、802	许超、吕翠丽	值班室 教务室
吕岭幼儿园	5237501-11	肖丽静	值班室
吕岭幼儿园五通分园	5234118-800	林碧羡	值班室
秀德幼儿园	5288596-8210、8211	值班老师、陈冉冉	值班室 教务部
高林南片区幼儿园（暂名）	5288596-8210、8211	值班老师、陈冉冉	值班室 教务部
五缘第一幼儿园	2916237	熊秋瑾	二楼总务室
湖边花园幼儿园	5591821、5591821—808	值班人员、刘宏艳	值班室 教务处
金福缘幼儿园	5752341-801、5752341-816	值班老师、金霞	值班室、行政办公室
嘉福花园幼儿园	5756186-825	张玲，值班老师	值班室
江头幼儿园	5534200	施梅莲	行政办公室
蔡塘幼儿园	5258809	蔡惠芳	总务室
钟宅民族幼儿园	5792898	钟淑钦 卢燕华	钟宅畲族社区居委会
高林幼儿园（暂名）	5587092	洪春燕、吴丽碧	高林社区旧村委会
马垅阳光幼儿园	5717085	张凯婷	行政办公室
康晖幼儿园（暂名）	5668997	苏荣勤	康晖社区二楼办公室

说明：值班时间为周一至周五上午 8：30—11：30，下午 3：00—5：30

附件 4

2013 秋季湖里区公办小学招生计划表

表 29

学校	总班数	一年级	二年级	三年级	四年级	五年级	六年级
湖里中心小学	24	4	4	4	4	4	4
东渡小学	25	4	3	4	4	6	4
华昌小学	22	4	4	3	4	3	4
康乐小学	24	4	4	4	4	4	4
东渡二小	24	4	4	4	4	4	4
康乐二小	36	6	6	6	6	6	6
天安小学	24	4	4	4	4	4	4
高殿中心小学	34	6	6	6	6	4	6
高崎小学	12	2	2	2	2	2	2
寨上小学	24	4	4	4	4	4	4
翔鹭小学	24	4	4	4	4	4	4
江头中心小学	36	6	6	6	6	6	6
江头三小	30	6	6	4	5	4	5
湖里二实小	36	6	6	6	6	6	6
吕岭小学	18	3	3	3	3	3	3
金尚小学	24	4	4	4	4	4	4
乌石浦小学	24	4	4	4	4	4	4
蔡塘学校	14	2	4	2	2	2	2
湖里实验小学	36	6	6	6	6	6	6
安兜小学	24	4	4	4	4	4	4
县后小学	14	2	2	4	2	2	2
钟宅民族小学	17	2	4	2	2	3	4
进修附小	36	6	6	6	6	6	6
金山小学	24	4	4	4	4	4	4
乐安小学	24	4	4	4	4	4	4
高林中心小学	24	4	4	4	4	4	4
合计	654	109	112	108	108	107	110

附件 5

2013 年秋季湖里区民办学校招生计划表

表 30

学 校	小学总班级数	一年级班级数	一年级招生人数	初中总班级数	初一班级数	初一招生人数
博林学校	28	4	200	6	2	100
超强学校	22	3	150	8	2	100
东芳小学	24	3	150			
光华学校	12	2	100			
国光学校	20	2	100	5	1	50
侯卿小学	6	1	50			
后埔外口小学	12	2	100			
华悦学校	34	4	200	2		
火炬学校	29	5	250	12	4	200
金山民办小学	12	2	100			
启泰学校	30	2	100			
世纪学校	22	3	120	2		
文心小学	18	2	100			
霞光学校	12	2	100			
星光小学	16	2	100			
阳光小学	6	1	50			
育青学校	27	6	300	5		
合计	330	46	2270	40	9	450

说明：收费按照物价部门核定的收费标准执行，详见学校的招生文件

附件 6

2013 年秋季湖里区公办幼儿园（含集体办及政府统筹幼儿园）招生计划表

表 31

	学校	总班数	小班	中班	大班
公办幼儿园	湖里幼儿园	12	4	4	4
	康乐幼儿园	9	3	3	3
	康毅幼儿园	12	4	4	4
	东渡幼儿园	6	2	2	2
	都市港湾幼儿园	9	3	3	3
	吕岭幼儿园	9	3	3	3
	吕岭五通分园	9	3	3	3

续表 31

	学校	总班数	小班	中班	大班
公办幼儿园	秀德幼儿园	12	4	4	4
	高林南片区幼儿园（暂名）	4	2	1	1
	五缘第一幼儿园	9	3	3	3
	湖边花园幼儿园	12	4	4	4
	嘉福花园幼儿园	9	3	3	3
	金福缘幼儿园	9	3	3	3
	小计	121	41	40	40
集体办幼儿园	江头幼儿园	9	3	3	3
	蔡塘幼儿园	9	3	3	3
	钟宅民族幼儿园	7	3	3	1
	高林幼儿园（暂名）	9	3	3	3
	马垅阳光幼儿园	6	2	2	2
	康晖幼儿园（暂名）	4	2	1	1
	小计	44	16	15	13
其他统筹园	江头嘉裕幼儿园	10	3	4	3
	金尚幼儿园	10	3	4	3
	金尚小金星幼儿园	11	3	4	4
	禹州嘉裕幼儿园	7	3	2	2
	小计	38	12	14	12

附件 7

2013 年进城务工人员随迁适龄子女要求就读湖里区公办小学申请表

表 32

<table>
<tr><td>学生姓名</td><td></td><td>性别</td><td></td><td>民族</td><td></td><td>出生年月</td><td></td></tr>
<tr><td>学生身份证号码</td><td colspan="2"></td><td>户籍地址</td><td colspan="4"></td></tr>
<tr><td>在湖里区暂住地址</td><td colspan="7"></td></tr>
<tr><td>暂住地所属社区居委会</td><td colspan="7"></td></tr>
<tr><td>在湖里区暂住年限</td><td colspan="7">满一年不足两年□ 满两年不足三年□ 满三年不足四年□ 满四年及以上□</td></tr>
<tr><td>在湖里区务工年限</td><td colspan="7">满一年不足两年□ 满两年不足三年□ 满三年不足四年□ 满四年及以上□</td></tr>
<tr><td rowspan="3">学生父（母）在湖里区缴交社保的情况</td><td>参保人姓名</td><td></td><td></td><td>社保编号</td><td colspan="3"></td></tr>
<tr><td>参保人与
学生的关系</td><td>父□</td><td>母□</td><td>参　保　人
身份证号码</td><td colspan="3"></td></tr>
<tr><td>参保年限</td><td colspan="6">不满两年□　满两年不足三年□　满三年不足四年□　满四年及以上□</td></tr>
<tr><td>该生是否符合计生政策</td><td colspan="7">计生证明编号：NO. ________　符合□　不符合□</td></tr>
<tr><td>称谓</td><td>姓名</td><td colspan="3">工作单位</td><td colspan="3">联系电话</td></tr>
<tr><td>父亲</td><td></td><td colspan="3"></td><td colspan="3"></td></tr>
<tr><td>母亲</td><td></td><td colspan="3"></td><td colspan="3"></td></tr>
<tr><td>家长意见</td><td colspan="7">1. 本人承诺：报名材料真实有效，若提供虚假资料，愿意接受相应处理。
2. 本人已经了解《厦门市湖里区 2013 年秋季学校招生工作意见》和招生指南，愿意服从电脑派位结果。
家长（签字）：________________
2013 年 8 月　日</td></tr>
<tr><td colspan="8">以上信息由家长填写</td></tr>
<tr><td colspan="4">暂住地址所属社区居委会意见</td><td colspan="4">报名点意见</td></tr>
<tr><td colspan="4">该居民《暂住证》上的暂住地址属于我社区，该居民实际居住在我社区。
（盖章）
2013 年 8 月　日</td><td colspan="4">该生符合报名条件，满足第__________优先派位条件，准予在本报名点报名参加电脑派位。
（盖章）
2013 年 8 月　日</td></tr>
</table>

说明：1. 报名条件：

①学生须是年满六周岁（即在 2006 年 9 月 1 日—2007 年 8 月 31 日之间出生）的进城务工人员随迁子女

②学生父（母）在湖里区暂住满一年，且目前仍在湖里区暂住

③学生父（母）在湖里区务工满一年以上，且目前仍在湖里区务工

④学生父（母）在湖里区参加社会保险，缴交社会保险费

2. 报名须知请详见本表背页和《2013 年进城务工人员随迁子女申请就读湖里区公办小学指南》

2013年进城务工人员随迁适龄子女要求就读湖里区公办小学报名须知

表33

项目	办理时间	办理事项	所需材料
1. 报名	8月17—18日（逾期不予以补报）	携带相应报名材料，并带孩子一起到指定报名点报名，报名后须领取《报名回执单》 （报名地点详见8月16日湖里区教育局公告）	1. 申请参加公办小学招生电脑派位的学生须提供以下报名材料： ①经暂住地社区居委会盖章确认的《2013年进城务工人员随迁适龄子女要求就读湖里区公办小学申请表》原件。 ②学生本人及父（母）的原籍户口本原件和复印件一份。若户口本无法证明学生与其父（母）关系的，还须提供该生与父（母）的关系证明原件和复印件，如出生证明等。 ③学生父（母）在湖里区暂住一年以上（含一年，即2012年8月16日前已暂住），且目前仍有效的暂住证原件和复印件一份（暂住证上须体现携带该子女）。 ④学生父（母）在湖里区务工满一年以上（含一年，即2012年8月16日前来厦门务工）且目前仍有效的劳动合同（或个体工商户营业执照）原件和复印件一份。 ⑤学生父（母）在湖里区缴交社会保险费证明原件《厦门市地方税务局社会保险费缴费证明》。 2. 申请优先参加公办小学招生电脑派位的学生须提供以下报名材料： ①经暂住地社区居委会盖章确认的《2013年进城务工人员随迁适龄子女要求就读湖里区公办小学申请表》原件。 ②学生本人及父（母）的原籍户口本原件和复印件一份。若户口本无法证明学生与其父（母）关系的，还须提供该生与父（母）的关系证明原件和复印件，如出生证明等。 ③学生父（母）在湖里区暂住两年以上（含两年，即2011年8月16日前暂住），且目前仍有效的暂住证原件和复印件一份（暂住证上须体现携带该子女）。 ④学生父（母）在湖里区务工两年以上（含两年，即2011年8月16日前来厦门务工）且目前仍有效的劳动合同（或个体工商户营业执照）原件和复印件一份。 ⑤学生父（母）在湖里区缴交社会保险费证明原件《厦门市地方税务局社会保险费缴费证明》。 ⑥学生暂住地街道计生部门出具的该生符合计划生育的证明。 同时满足在湖里区暂住、务工、缴交社保满四年以上并且符合计生政策的第一优先派位。 同时满足在湖里区暂住、务工、缴交社保满三年以上并且符合计生政策的第二优先派位。 同时满足在湖里区暂住、务工、缴交社保满二年以上并且符合计生政策的第三优先派位。 第一第二第三优先的进城务工人员随迁子女派完后，如果还有学位，再对其他符合报名条件的进城务工人员随迁子女进行派位。
2. 核实报名材料	8月18日、19日	各报名点严格审核报名者提供的报名材料，区教育局亦将协调相关职能部门对报名者提供的报名材料进行复核。一经发现有弄虚作假的情况，将被取消统筹进入公办学校的资格	
3. 组织电脑派位	8月24日上午	对报名的学生根据其所报片区进行电脑派位，并当场公布派位结果	
4. 办理入学	8月30日上午9：00	8月30日，被派入公办小学的学生到录取学校注册办理入学手续	①户口本原件；②《报名回执单》

温馨提示：未被派入湖里区公办小学的，请及时联系厦门市合法民办小学就读，或回原籍就读

索引

说明

本索引为条目索引，按主题词首字音序排列，首字相同按第二个字音序排列，若第二字音序相同则按页码先后排序，分目的主题词用粗体标示；主题词后的数字为页码；涉及本区名称的主题词，不会引起歧义的一般去掉“湖里”和“湖里区”；特载、大事记、附录不做索引。

D

E

F

G

K

L

M

N

P

Q

R

S

T

W

X

Y

Z

图书在版编目(CIP)数据

湖里年鉴. 2014/湖里区地方志编纂委员会编.
—北京:方志出版社,2015.1
ISBN 978-7-5144-1605-3

Ⅰ. ①湖… Ⅱ. ①湖… Ⅲ. ①区(城市)—厦门市—2014—年鉴 Ⅳ. ①Z525.73

中国版本图书馆 CIP 数据核字(2015)第 083010 号

湖里年鉴(2014)

编　　者:湖里区地方志编纂委员会
责任编辑:刘方圆

出 版 人:冀祥德
出 版 者:方志出版社
地址　北京市朝阳区潘家园东里 9 号(国家方志馆 4 层)
邮编　100021
网址　http://www.fzph.org
发　　行:方志出版社发行中心
电话(010)67110500
经　　销:各地新华书店
印　　刷:福州力人彩印有限公司

开　　本:889×1194　1/16
印　　张:23.25
字　　数:807 千字
版　　次:2015 年 1 月第 1 版　2015 年 1 月第 1 次印刷
印　　数:0001～1000 册

ISBN 978-7-5144-1605-3　**定价**:280.00 元